保険法学説史の研究

坂口光男著

文 眞 堂

はしがき

一　本研究は、保険法の分野におけるドイツ及びわが国の基本的で重要な問題に関する学説の形成・発展・承継過程を、可能なかぎり社会的・経済的・歴史的背景及び隣接の他の諸領域と関連づけながら、明らかにすることを試みたものである。このような研究は従来のわが国には存在しないといっても過言ではなく、研究の空白状態が見られる。本研究は、それを少しでも埋めようとするものである。

わが国における保険法の研究方法の重点は、いずれかといえば、現行法の規定の解釈を中心とした目先の現実的・具体的問題への対応ということに置かれているといいうる。とりわけ、判例等を題材として隆盛を極めていると考えられる近時の保険法研究にこの傾向が顕著に認められるように思われる。勿論、そのような研究は、法解釈学の主要な課題として、保険法研究の中心をなす重要なものであることはいうまでもない。しかし、研究がそこにとどまっているかぎり、目先の現実的・具体的問題を巨視的な観点から根源的に把握し解決するという視点が失われることになりかねない。右の問題の把握及び解決にあたるべき学説の形成・発展・承継過程を明らかにすることによって、その学説が有する真の意味・内容及び射程を知ることができるように思われる。学説は、歴史の文脈の中で作られるのである。ここに、学説史研究の意味が認められる。歴史研究に立脚しない法の解釈は、極端に誇張するならば、単なる気紛れあるいは願望の表明に陥りかねない。

二　本研究は、二部から構成されている。第一部は、ドイツを中心として、保険学説一般に関する歴史を跡づけている。ここでは、時期を、第一期（一八〇〇年頃まで）、第二期（一八〇〇年頃から一八八〇年頃まで）、第三期（一八八〇年頃から一九四四年頃まで）、第四期（一九四五年頃以後）に区分し、保険と国家学、保険と商業学、保険と数理、私保険と社会保険、保険と保険契約（法）等の関係に関する学説史を跡づける。ここでは、保険法と隣接の他の諸領域との関連性ないし相互作用に触れながら、保険法学の体系的地位を少しでも明らかにするように努めている。第二部は、主として、保険法総論、保険契約法総論及び損害保険契約法総論の分野における基本的で重要な問題に関する学説の形成・発展・承継過程を跡づけている。その際、まずドイツについて考察している。ここでは、時期を保険契約法の成立前と成立後に区分し、学説が到達した現在の水準を明らかにするように努めている。なお、ここでは、二〇〇七年七月五日改正前の保険契約法を対象としている。次いでわが国について考察している。ここでは、時期を、明治期（一九〇〇年頃から一九一一年頃まで）、大正期（一九一二年頃から一九二五年頃まで）、昭和前期（一九二六年頃から一九四四年頃まで）、昭和後期（一九四五年頃から原則として一九九〇年頃まで）に区分し、それぞれの時期における学説の基本的特色を明らかにするように努めている。

三　本研究を開始したのは、二〇〇〇年の一月頃である。本研究の過程において、少なくとも、二度は悶々と悩み苦しんだ時期がある。最初は、本研究の開始に際してであり、本研究にはどのような意味が認められるか、本研究の対象をどのように設定し、本研究をどのような方法で進めるかということである。これは、研究の視点の根幹に関わる最も基本的で核心的な問題である。とりわけ、判例等を題材として目先の現実的・具体的問題への対応ということが隆盛を極めていると考えられるわが国の近時の保険法研究の状況のもとにおいて、黴が生え見向きもされない時代遅れの異端とも評価されかねない本研究にどのような意味が認められるかということが、最大の悩みとなっていた。次は、本研究を開始してから約三年が経過したときである。このときも、とりわけ、本研究の有する意味について再び疑問が生じ、研究を続行すべきか断念すべきかということの狭間で迷い苦しみ、精神的にも極度の不安・動揺・変調に見舞われた。そのことについては、現在でも鮮明に記憶に残っている。このように、本研究は、研究の意味・対象・方法等に関し確固とした視点・信念が定まらないままで開始し、ともかく一応の終了を見たものである。独歩を始めた現在、本研究に対する評価は読者に委ねるほかはない。

◇———◇———◇

本研究の性格からも明らかなように、本書を一般の書物と同じように刊行することについては多くの困難が伴うと思われる。本研究については、すでに二度ほど、文眞堂の先代の社長であられた前野眞太郎氏にお話をしていたが、その際、本書の刊行を快くお引受け下さっておられた。本書をこのように刊行することができるのも、先代の社長のご遺意を継がれた前野弘氏のご好意によるものである。心より厚く謝意を表する。

本研究の過程において、ドイツ及びわが国の莫大な数の資料及び文献等の検索・収集・整理・一覧表作成、手書き原稿の入力、そして、本書の校正等につき、大阪経済法科大学専任講師・陳亮君、神戸学院大学専任講師・切詰和雅君、明治大学法学部助手・松谷秀祐君、明治大学法学部助手・板垣太郎君、明治大学大学院博士前期課程・遠藤渚さんのお世話になった。面倒な作業であるにもかかわらず、全員が心を一つにして、地道で実に献身的に的確なご協力をして下さった。心より厚くお礼を申し上げるとともに、未来に向かって大きく、かつ力強く羽撃かれるよう心よりお祈りしている。

なお、直接には見えにくいことであるが、質素ながら家事等をとおして私を支えてくれている妻・貴實枝にも、心より感謝をしている。

◇———◇———◇

半ば道楽で取るに足りないと思われがちな本研究を、自由な眼で見て下さっている寛大な大学にも心より感謝を申し上げげ、さらに研鑽を積むことをお約束しつつ、

二〇〇八年三月二三日

明治大学法学部研究室にて

坂口光男

目次

略語表

●ZVersWiss＝Zeitschrift für die gesamte Versicherungswissenschaft
●VersR＝Versicherungsrecht
●VW＝Versicherungswirtschaft
●ZHR＝Zeitschrift für das gesamte Handelsrecht und Wirtschaftsrecht
●NJW＝Neue Juristische Wochenschrift
●ZfV＝Zeitschrift für Versicherungswesen
●Lexikon＝Alfred Manes, Versicherungslexikon, 3. Auflage 1930
●ADB＝Allgemeine Deutsche Biographie
●DBE＝Deutsche Biographische Enzyklopädie
●NDB＝Neue Deutsche Biographie
●HdV＝Handwörterbuch der Versicherung, D. Farny–E. Helten–P. Koch–R. Schmidt (Hrsg.) 1988
●HRG＝Handwörterbuch zur deutschen Rechtsgeschichte 1971–1998
●Bruck–Möller, Kommentar＝Bruck–Möller, Kommentar zum Versicherungsvertragsgesetz
●Prölss–Martin, Kommentar＝Prölss–Martin, Versicherungsvertragsgesetz, 27. Auflage 2004
●W. Römer–T. Langheid, Kommentar＝W. Römer–T. Langheid, Versicherungsvertragsgesetz 1997
●Berliner Kommentar＝H. Honsell (Hrsg.), Berliner Kommentar zum Versicherungsvertragsgesetz 1999
●P. Koch, Geschichte＝Peter Koch, Geschichte der Versicherungswissenschaft in Deutschland 1998
●P. Koch, Pioniere＝Peter Koch, Pioniere des Versicherungsgedankens 1968

第一章　保険学説一般

第一節　保険の理論的研究の開始※

第一款　保険の法学的研究

一　最初の著作

一六世紀及び一八世紀における保険研究の開始とともに(1)、保険に関する問題は、法的問題、経済的問題、数理的問題の三つの問題に区分されていた(2)。いうまでもなく、保険に関する問題の研究は、まず海上保険の法学的研究から開始していた(3)。

保険制度の法的基礎に関する最初の書物は、すでに一六世紀の半ば以来、北イタリアに現れている。それは、もちろん商人の海上保険法を対象とし、保険制度の包括的な解明に対する実務の要望に対応しようとするものであった(4)。

まず、ポルトガルの法学者である Petrus Santerna は、一五五二年にヴェネツィアで Tractatus de assecurationibus et sponsionibus mercatorum という、保険と賭事に関する書物を著していた(5)。これは、商人の勧めにもとづいて書かれたもので、保険法に関する最初の独自の書物である(6)。この書物は、アンコーナの海上保険証券についての注釈書で、[7] 研究の重点は、火災、暴風雨、海賊という危険の概念の解明及び保険と賭事の限界づけに置かれている。[8] 彼の研究は、実務感覚、広範囲にわたるきわ立った経験、地中海諸国の商業生活についての卓越した知識によって、傑出していると評価されている。[9]

また、Benvenuto Straccha は、[10] その最初の書物として、一五五三年にヴェネツィアで Tractatus de mercatura seu mercatore という、商業及び商人論に関する書物を著している。[11] 商人の求めに応じて書かれたこの書物は、商慣習に精通している実務家の書物として、一八世紀までヨーロッパ全体の商法を支配していた。それは、この書物がヴェネツィア、リヨン、アムステルダム、そしてケルンにおいて出版されていたという事実によっても明らかである。その叙述の対象は、商取引の全体ではなく、むしろ商人の概念、若干の商行為及び船舶航行法に関するものである。[12] また、彼は、一五六九年にヴェネツィアで De Assecurationibus Tractatus という書物を著しているが、これはアンコーナで使用されていた海上保険証券について詳細な注釈を加えたものである。その注釈書の最初に包括的な序文が書かれているが、その序文は、その当時の保険制度の普及と法的基本概念を一般的に扱っている。保険契約は、すべてのイタリア、スペイン、とくにアントワープにおいても商人によって日々締結されているというように、慣習的な取引になっていたと述べている。[13] 彼は、Santerna の書物に依拠しつつ、保険に関する最初の定義を行った。それによると、保険は、海上、水上または陸上で運送される他人の物についての危険を一定の約定された報酬（Preis）で引き受けることであるとしている。保険料（Prämie）という概念はまだ使用されておらず、単に報酬または対価（Entgelt）という用語が用いられているにとどまる。[14] そして、保険者に対するこの対価はすでに前払いすべきものとされていた。彼は、保険を危険の売買（Kauf der Gefahr）と定義している。これにより、保険契約は、体系的には売買契約に位置づけられ、売買契約に適用される規定に服するとする。この方法によって、保険は賭事及び暴利行為から区別されるとする。[15]

二　ハンブルクにおける研究

一四世紀の半ばにイタリアで成立した海上保険は、ドイツにおいては一六世紀の終り以来、まずハンブルクで営まれていた。[16] ハンブルクにおける海上保険契約に関する最初の報告は、一五八八年と記録されている。[17]

(1)　海上保険契約が契機となって、一六三〇年に弁護士である R. Rulant[18] はドイツで最初の保険法の書物を著していた。二〇九頁に及ぶこの書物は、Ob nemlich/ wann einer auff ein Schiff versichern lest/ aber kein praemium bezahlet/ und hernacher zur See Schaden erfolget/ als dann denselben er als Assecuratus, von den Assecuratoribus mit rechte zu fordern vermüge? という表題のもとに、付保されている船舶について保険料未払いのままで保険事故が発生した場合に保険給付を請求することが可能かという、保険料の不払いと保険者の給付義務に関する問題について論じている。この書物に対する評価として、第一に、保険契約の基本的・本質的な問題について詳細に論じていること、[19] 第二に、しかし、ドイツ語とラテン語で交互に書かれているこの書物の全体の内容は、表題と同様に、冗長で回りくどいこと、[20] 第三に、それにもかかわらず、まず当時の海上保険法の実務を知るうえできわめて重要であること、[21] 第四に、当時の海上保険実務の状態の判断について間接的な法源として用いられていたという意味において重要であり、それゆえ、この書物はほとんど一世紀にわたってドイツにおける保険法の唯一の書物であり続けることができたという、[22] 高い評価が下されている。[23]

(2)　ローマ法の影響下にあるドイツの法律家にとっては、保険契約をいかに伝統的なローマ法の契約体系に位置づけるかというきわめて重要で困難な問題が存在していた。[24] 一八世紀の前半のドイツにおいて刊行されていた保険法に関する書物は、主として右で述べた問題を扱うものであった。[25]

まず、一七二六年、リューベックの法学者である J. A. Kron は、Tractatus de Jure Assecurationum を著していたが、この書物は、保険法の全体をローマ法及びドイツ普通法における諸概念を用いて体系的に解明しようとしたドイツにおける最初の書物である。[26] その内容及び方法論の概要は次のとおりである。[27] まず、保険契約の起源に関する論争、及びローマ法に保険契約は知られていたか否かに関する論争を整理している。また、保険契約の定義、保険契約のローマ法及びドイツ普通法の契約類型への位置づけの問題について考察しているが、保険契約の位置づけに関する論争についての態度は留保している。すなわち、保険契約に関する約定はきわめて種々の内容を有しうるので、保険契約の位置づけに関する論争についての判断は不要であるとしている。また、保険契約の目的に関する部分においては、ドイツ普通法の思考方法に従い、不能及び重複保険に関する問題について考察している。さらに、長年の慣習となっている保険契約の書式について、先行の研究を評価しつつローマ法大全にまで遡って詳細な解釈を行っている。以上で述べたことを要約すると、彼は、保険契約及びこれに関する諸問題を、ローマ法の影響を受けている債務法の原則の観点から解明することを試みていたとされる。[28]

Kron の前述の書物が刊行された一年後の一七二七年、ハンブルクの弁護士及び Senator である H. Langenbeck[29] は、「保険について」という追録を付したハンブルク船舶法と海法についての注解（Anmerkungen über das Hamburgische Schiff- und See- Recht mit einem Supplementum VI „Von Assecuranzen“）をハンブルクで著していた。この書物の追録VI（Supplementum VI）は、その当時のハンブルクに適用されていた保険法について詳細な考察をしており、当時のハンブルクの海上保険法分野における諸事情を知るための最も重要な文献の一つとなっている。[30] この書物には、弁護士としての実務にもとづく保険法についての傑出した知識と経験が存分に反映されている。[31] なお、すでに述べたように、保険契約をローマ法及びドイツ普通法の契約の範ちゅうに位置づけようとする努力がなされていた。これに対し、一八世紀になると保険契約をこのように位置づけることに反対し、保険契約の固有・独自性を強調する見解が主張されるに至っている。その代表者が Langenbeck である。[32] 彼は、保険法とドイツ普通法との関連性を意識的に切断しようとし、保険契約をドイツ普通法の契約の範ちゅうに位置づけることに対して懐疑的であった[33]。彼は、保険契約はローマ法に起源を有するのではなく、最近の慣習法（Jus Consuetudinarium）にもとづく固有の性質を有する契約であると主張していた[34]。このことは、保険法の立法をも含めて、その後におけるドイツ保険法の発展にとってきわめて重要であるということを意味している[35]。

また、Langenbeck は、ハンブルク保険・海損条例（Der Stadt Hamburg Assecuranz= und Haverey=Ordnung von 1731）の創造者である。この条例は、ドイツにおける最初の海上保険立法である。深遠な専門的知識において卓越していた法律家・政治家である彼は、他のいかなる者よりもハンブルクにおける海上保険立法の必要性を認めていた。彼は、一七二〇年に最初の予備草案を作成しているが、これは一六〇三年／〇五年のハンブルクの都市法（Hamburger Stadtrecht）の保険法規定を補充するという目的を有していた。この予備草案は、商人と保険者によって吟味・検討を加えられ、彼らの批判的な反対草案の基礎となった。彼は、双方の予備草案の考えを第三の予備草案の中にまとめた[36]。第三の予備草案は、Assecurance- und Avaria Ordnung として、一七二二年七月一〇日、商業会議所（Kommerzdeputation）に精査のために提出された[37]。彼の構想は僅かな変更を受けるにとどまっていた。草案は、一七二四年にハンブルク市参事会（Rat）に付託された。一七二九年に彼が死去した後、法律顧問である J. J. Surland が草案を担当した。市参事会及び市州議会は、一七三一年九月三日、ハンブルクの保険・海損条例を法律として決議し、一七三二年一月一日に施行された。市参事会における審議では、とくにフランス法、商人の実務、そして保険法学研究との比較が、それぞれ詳細に行われていた[38]。一七三一年のハンブルク保険・海損条例は、ハンブルクを越えてすべての北欧の海上取引に適用されていた。のみならず、この条例は、その他のバルト海の諸都市、リガ、ペテルスブルクの保険制度に対しても影響を及ぼしていたといわれている[39]。また、この条例は、一七四六年のデンマークの保険条例、一七五〇年のスウェーデンの保険条例、とりわけ一七六六年二月一八日のプロイセンの保険条例の模範とされた[40]。そして、一七九四年六月一日施行のプロイセン普通法（ＡＬ

R）における保険法規定（第二編第八章第一三節一九三四条―二三五八条）は、右のプロイセン保険条例を基礎として作成されていたことから、[41]プロイセン普通法の保険法規定の起源は一七三一年のハンブルク保険・海損条例に求められる。[42]これにより、ハンブルクは、保険法立法史における重要な功績（Glanzleistung）を果たしたのである。[43]

次に、ハンブルク保険・海損条例の基本的な特色を概観することとする。第一に、条例は、形式的には、その施行時までハンブルクで支配的であったオランダ海上保険法とオランダ語からの断絶を実現したということを意味している。[44]それは、過去との清算であり、ハンブルクの保険法が独自の法的基礎を獲得したことを意味する。この事実は、法の発展にとってきわめて重要な意味を有する。それまで保険証券に用いられていたオランダ語はドイツ語に置き換えられた。[45]第二に、この条例は、本質的には新たな法原則を制定したということではなく、時代の経過において古いオランダの法から発展していたような従来の慣習法を要約ないし具体化したにとどまる。[46]そして、保険者は、この条例の適用を受けるが、その規約、条項、約款において条例と異なる定めをなすことができる。その意味において、条例に添付されている七つの保険証券のひな型は単なる推奨（Empfehlungen）にとどまる。[47]第三に、条例は、保険契約法の基本問題について扱っている。また、条例は、運送保険のみならず生命保険にも精通している。[48]すなわち、条例に添付されている七つの保険証券のひな型の中に、人の生命についての保険証券とトルコ危険（Türkengefahr）に対する保険証券が見い出される。[49]保険者は、トルコまたはその他の非キリスト教的海賊等によって捕虜となった船員の解放のために身の代金を支払う危険を引き受ける義務を負っていた。海上航行の危険として、一六世紀から一九世紀まで、いわゆるトルコ危険が存在していたのである。[50]、[51]

Langenbeck の書物に次いで、N. Magens, J. Klefeker, J. A. Engelbrecht の海上保険に関する重要な体系書がハンブルクで刊行されていた。[52]まず、Magens[53]は、一七五三年、Versuch über Assecuranzen, Havareyen und Bodmereyen という書物を刊行していた。これは、海上保険に関するドイツ及び外国の法源を体系的・包括的に収集したものであること、再保険に関して、従来の慣用語であるReassekuranzに代えてRückversicherungという用語を使用しながら詳細に叙述をしているドイツにおける最初の書物である。[54]彼は、その後ロンドンで活躍し、その書物を、一七五五年にAn Essay on Insurancesという表題で英文で刊行していた。[55]また、一七六九年、ハンブルクの法律顧問であるJ. Klefekerは、Sammlung der Hamburgischen Gesetze und Verfassungenという書物において、ハンブルクの保険制度について概観している。この書物の特色は、第一に、保険契約にローマ法及びドイツ普通法の伝統・法原則を適用することに対しては控え目であり、保険契約には独自性が認められるのでこれを民法の債務法に統合することはできないと主張していることである。[56]これにより、一八世紀半ばのハンブルクにおいて、すでに保険契約の法理論的な取扱いに関する重要な基礎が確立したことになる。[57]第二に、実務から生じている保険法上の訴訟問題を扱っているが、保険訴訟はユスチニアヌス法に従って判断されるべきか否かという問題について考察している。それによると、ローマ法の有用性は、保険の固有の性質に関する法的問題の解決に際しては否定的に解される。[58]これに対し、ローマ法には多くの一般的な規定が存在しているが、このような規定は保険契約にも適用されるとする。[59]さらに、ドイツにおける最初の包括的・体系的な書物として、イギリスの書物のドイツ語への翻訳が挙げられる。[60]すなわち、リューベック出身のJ. A. Engelbrechtは、一七八二年、ロンドンのJ. WeskettのA complete Digest of the Theory, Law and Practice of InsuranceをTheorie und Praxis der Assecuranzenという表題で、三巻のドイツ語に翻訳しハンブルクの保険商人に提供した。[61]この書物は、「商人がその営業を完全に理解するのでなければ、その営業において成功を収めることは不可能である」[62]という示唆を商人に与えている。

(3)　一七世紀から一八世紀にかけて、ドイツで海上保険法に関する問題を扱った多くの博士論文が現れているが、[63]余り高い評価は与えられていなかったといわれている。その理由として、論文の著者には保険法ならびに実際の保険制度についての学識が欠けていたこと、そのため実務にとって重要性は有しないということが述べられている。[64]これに対し、一七九一年にゲッチンゲンで刊行されていたJ. P. Sieveking の Von der Assecuranz für Rechnung eines ungenannten Versicherten は、きわめて高い評価を受けていたといわれている。この論文は、不特定人のためにする保険に関する問題を扱っている。[65] この論文は、現在においても依然として現実的意味を有する重要な問題について考察した論文であると評価されている。

※　保険研究発展の時期の区分、及びその区分の指標を何に求めるかについては、見解は必ずしも一定しているわけではないが（例えば、Vgl. A. Manes, Versicherungswesen, Bd. 1, Allgemeine Versicherungslehre 1930, S. 388; 三浦義道・保険学二六―五二頁参照（巖松堂書店、一九三二年））、本研究においては、基本的には、P. Koch, Geschichte に依拠している。

（1）この時期における保険研究の概観として、Vgl. P. Koch, A. Anfänge der theoretischen Beschäftigung mit der Versicherung, HdV, SS. 861-864.

（2）Koch, a. a. O. HdV, S. 861; Ders., Geschichte, SS. 17-18.

（3）保険の法学的研究は、一六世紀に、しかも海上保険法とともに開始している（W. Endemann, Das Wesen des Versicherungsgeschäftes, ZHR, Bd. 9, S. 308f)。

（4）Koch, Pioniere, S. 15.

（5）Santerna の生涯及び研究の中心については、木村栄一「損害保険研究史上の人々」損害保険研究第五一巻第四号二四七―二四八頁参照。また、Santerna という氏名、その書名と発行年・発行所等が引用者により不統一であることを指摘して正し、同書を、被保険利益、危険、保険期間、損害塡補という観点から整理するものとして、木村栄一「サンテルナの海上保険論」保険学雑誌四二〇号三九頁以下参照。

（6）A. Manes, Santerna, Lexikon, S. 1352; もっとも、Santerna の書物よりも、次に述べる Benvenuto Straccha の書物が早く現れていたという見解があり、これによると Straccha の書物が保険法に関する最初の独自の書物であるということになる（Manes, Lexikon, S. 1530; なお、小島昌太郎・保険学総論三九九頁（日本評論社、一九四三年）も参照)。

（7）Manes, Lexikon, S. 1359.

（8）Koch, Pioniere, S. 17.

(9) Manes, Lexikon, S. 1352.

(10) Straccha は、一五〇九年、アンコーナの商業で裕福となった家系で生まれ、ボローニアで法学を学び、アンコーナで弁護士及び鑑定人として活躍した（L. Goldschmidt, Handbuch des Handelsrechts 1875, S. 36; Koch, Pioniere, SS. 15-16; 木村・前掲損害保険研究二四九―二五〇頁）。

(11) 八つの主要部から成るこの書物の構成については、Vgl. Goldschmidt, a. a. O. S. 36.

(12) Koch, Pioniere, S. 16.

(13) Koch, Pioniere, S. 16.

(14) 木村・前掲損害保険研究二四九頁。

(15) Koch, Pioniere, S. 17; Ders., Geschichte, S. 17; 木村・前掲損害保険研究二四九―二五〇頁。

(16) 一六世紀の終り頃から一九世紀の終り頃までのハンブルクの海上保険の経済的・法史的発展については、Vgl. G. A. Kiesselbach, Die wirtschafts- und rechtsgeschichtliche Entwicklung der Seeversicherung in Hamburg 1901.

(17) E. Bruck, Das Privatversicherungsrecht 1930, S. 7 Anm. 19; なお、保険事件に関する最初の判決は、ハンブルクにおいて、一五九〇年八月二六日に下されているが、詳細については、Vgl. Kiesselbach, a. a. O. SS. 16-23.

(18) R. Rulant は、一五六八年、アーヘンで生まれ、法学博士、アーヘンの法律顧問、著名な法律家であった。一五九〇年に住まいをハンブルクに定め、政府の特別任命委員を務めていたが、一六三〇年一二月一三日に死去した（Benecke, Rulant: Rütger R. Ⅰ., Ⅱ., Ⅲ., ADB, Bd. 29, 1889, S. 636）。

(19) H. Möller, Die Wissenschaft von der See- und Transportversicherung im Hafen Hamburg, ZfV 1964, S. 280; Ders., Die Wissenschaft in Hamburg, Hamburg als Versicherungsstadt 1950, S. 66.

(20) G. Winter, Die Assekuranz in Hamburg, Recht und Juristen in Hamburg 1994, S. 201; Koch, Geschichte, S. 21.

(21) Winter, a. a. O. S. 201.

(22) Koch, Ansätze zum Versicherungsgedanken in deutschrechtlichen Quellen bis zur hamburgischen Assekuranz und Havereiordnung von 1731, Festschrift für Hermann Eichler 1977, S. 381.

(23) 一八世紀の終り頃までのドイツでは保険法に関する書物はきわめて乏しく、一七世紀においては語るに値するものは存在しなかった。一七世紀に現れていたすべての書物は、単にオランダの保険法の原則を整理したものにすぎなかった。本文で述べた Rulant の書物は、これに対する唯一の例外をなすとされている（Kiesselbach, a. a. O. S. 139）。

（24）H. H. Seiler, Über die Anfänge wissenschaftlicher Bearbeitung des Versicherungsrechts in Hamburg, Festschrift für Karl Sieg 1976, SS. 532–533.

（25）ローマ法においては、保険契約はまだ存在していなかったが、保険契約を想起させまたは保険と関連する事柄は存在していた (Endemann, a. a. O. S. 285)。すなわち、主たる契約に付随して行われる「危険負担」は問題とされていたが、「危険の引受け」自体を内容とする独立の契約としての保険契約はまだ存在していなかった（大森忠夫・続保険契約の法的構造一五八頁（有斐閣、一九五六年））。古代ローマ法における保険契約の存在を実証しようとするすべての試みは失敗している (K. H. Ziegler, Die antiken Belege für den Versicherungsvertrag bei Grotius und Pufendorf, Festschrift für Karl Sieg 1976, S. 589)。Otto von Gierkeも、保険契約をローマ法の体系に接合させようとする古くからの試みに対し、保険契約は古くから全く固有の種類の契約としての地位を獲得していたとする (Deutsches Privatrecht, Bd. 3, Schuldrecht 1917, S. 795)。

（26）Seiler, a. a. O. SS. 533–534.

（27）この点については、Seiler, a. a. O. SS. 534–535による。

（28）Seiler, a. a. O. S. 535.

（29）Langenbeckは、一六六八年七月二〇日にハンブルクで生まれ、一七二九年に死去した（もっとも、死亡日については見解は分かれている）。ライプツィヒとアルトドルフ（そこで学位取得）で法学を学び、ハンブルクで、弁護士、一七二一年以来Senatorとなっている。彼の生涯の詳細については、Vgl. T. Dreyer, Die 》Assecuranz- und Haverey- Ordnung《 der Freien und Hansestadt Hamburg von 1731, 1990, SS. 71–75.

（30）F. Büchner, Hamburgs Beitrag zur Fortentwicklung des Versicherungswesens, des Versicherungsrechts und der Versicherungswissenschaft, VW 1966, S. 796; Kiesselbach, a. a. O. S. 139.

（31）Koch, Zur Geschichte der versicherungsvertraglichen Kodifikationen in Deutschland und Österreich, Festschrift für Reimer Schmidt 1976, SS. 301–302.

（32）F. Ebel, Rechtsgeschichtliche Entwicklung der Versicherung, HdV, S. 621.

（33）Winter, a. a. O. S. 201.

（34）Seiler, a. a. O. S. 535.

（35）Koch, Geschichte, S. 22.

（36）第一の予備草案から第三の予備草案までの詳細については、Vgl. Dreyer, a. a. O. SS. 75–92.

(37) Dreyer, a. a. O. S. 92.

(38) Dreyer, a. a. O. S. 215; Koch, a. a. O. Festschrift für Reimer Schmidt, SS. 301-302; 近見正彦・海上保険史研究六頁注3(有斐閣、一九九七年)。

(39) Kiesselbach, a. a. O. S. 133.

(40) Kiesselbach, a. a. O. S. 133; Bruck, a. a. O. S. 7; W. Heyn, Die Geschichte des hamburgischen Versicherungswesens, Hamburg als Versicherungsstadt 1950, S. 15.

(41) Bruck, a. a. O. S. 9; Koch, a. a. O. Festschrift für Reimer Schmidt, S. 303.

(42) Bruck, a. a. O. S. 9; J. v. Gierke, Versicherungsrecht, Erste Hälfte 1937, S. 16; Dreyer, a. a. O. S. 211; 坂口光男・保険法立法史の研究六頁(文眞堂、一九九九年)。

(43) Dreyer, a. a. O. S. 216.

(44) Koch, a. a. O. Festschrift für Reimer Schmidt, S. 302; なお、ハンブルクは、すでに一七世紀にオランダの法から独立していたが、とくにオランダで行われていた海上保険における種々の禁止、例えば、人の生命の保険の禁止から独立していた(Heyn, a. a. O. S. 15)。

(45) Kiesselbach, a. a. O. S. 134.

(46) Heyn, a. a. O. S. 15; Kiesselbach, a. a. O. S. 134.

(47) Heyn, a. a. O. S. 15; Koch, a. a. O. Festschrift für Reimer Schmidt, S. 302.

(48) Koch, a. a. O. Festschrift für Reimer Schmidt, S. 302.

(49) Heyn, a. a. O. S. 15.

(50) W. Heyn, Das schaffende Hamburg 1939, S. 13; P. Koch, 800 Jahre Hamburger Hafen, VW 1989, SS. 598-600.

(51) なお、一七三一年の条例は、一八四七年、一八六七年の改定を経て、一九一九年の普通ドイツ海上保険約款となっている(Büchner, a. a. O. VW 1966, S. 796)。

(52) 海上保険で繁栄していたハンブルクにおいては、早くから海上保険の研究が開始していた(Koch, a. a. O. VW 1989, S. 606)。

(53) N. Magensについては、木村・前掲損害保険研究二三二—二三三頁参照。

(54) 一八世紀後半に、ドイツではRückversicherungという用語が用いられるが、どの国の誰によってこの用語が最初に用いられたかということは証明されていない。ただ、N. Magensが一七五三年に用いていることは確認されている(P. Koch, Die

Rückversicherung im allgemeinen Sprachgebrauch, ZfV 1984, S. 528)。

(55) Koch, Geschichte, S. 24; この書物の概要については、木村・前掲損害保険研究二三二―二三三頁参照。

(56) Seiler, a. a. O. S. 536; Winter, a. a. O. S. 202.

(57) Koch, Geschichte, S. 24.

(58) Klefeker は、ローマ法学者は、一方的な解釈をしていること、異なった問題を相互に比較しようとしていること、法と衡平に全く反する判断をしているとする (Vgl. F. Plaß, Geschichte der Assecuranz und der hanseatischen Seeversicherungs-Börsen 1902, S. 11)。

(59) Vgl. Plaß, a. a. O. S. 11; Seiler, a. a. O. SS. 536–537.

(60) Weskett は、商人及び保険者として、一八世紀の半ばにロンドンに住んでいたが、その生活状況の詳細は知られていないとされる (Manes, Weskett, Lexikon, S. 1839)。

(61) Möller, a. a. O. ZfV, S. 280.

(62) Möller, a. a. O. ZfV, S. 280.

(63) その博士論文については、Vgl. Ebel, a. a. O. S. 620.

(64) Kiesselbach, a. a. O. S. 139.

(65) Möller, a. a. O. ZfV, S. 280.

第二款　国家学研究

一　緒説

一七世紀及び一八世紀に現れた国家学研究[1]は、近代的保険学の固有の先駆者となっている。いわゆる「三〇年戦争」[2]の終了以後のヨーロッパにおける近代的国民国家の成立は、その精神的・経済的・法的基礎に関する研究を必要としていた。それと関連して、保険制度が国家の財政、国民経済、そして臣民の保護に関していかなる意味を有するかという問題についての体系的な議論が行われていた。その際、官房学（カメラリスムス）は、きわめて特殊な役割を果たしていた。[3] 官房学は保険制度の形成に対しても重要な影響を及ぼし、[4] ドイツにおける保険思想は官房学の時代にその最初の躍進を遂げていた。[5] また、官房学から、法的にも特殊な分野としての警察学(Polizeiwissenschaft) が生まれている。[6] 次に、官房学における保険思想の推進、公法的保険施設、私保険企業に対する監督、警察学における保険制度の把握等について、それぞれ考察する。

二　官房学

財政学は二つの主要な源流を有している。一方は、イギリス及びフランスの古典派経済学であり、他方は、一六世紀の半ばから約三世紀の間ドイツ及びオーストリアで生成・発展した官房学である。この二つの流れが合流して成立したのが近代財政学である。その意味において、官房学は近代財政学の父であるといわれている。[7]

官房学は、近代絶対主義国家と、この国家の経済政策である重商主義の生成によって、富国強兵的な経済政策体系の一部門として生まれた。[8] ドイツでは、封建国家から統一的な近代国家に至る過程において、中小多数の領邦国家が対立していた。度重なる戦争による軍事費の増大、行政費の増大等によって財政は窮乏した。そこで富国強兵策を目的として研究されたのが官房学である。[9] すなわち、ドイツを舞台として行われた「三〇年戦争」の講和条約である一六四八年の「ウェストファリア条約」によって、帝国を構成していた諸領邦に領邦主権が認められたことによって「神聖ローマ帝国」は事実上解体された。[10] この諸領邦にとっての最大の関心事は、殖産興業、富国強兵、領主の収入増を図ることによって、他の領邦に対する自らの領邦の強化、及び西方の大国であるフランス、東方の強国であるトルコの攻撃を防ぐことにあった。[11] こうした財政・行政・経済政策の包括的な政治思想の体系が官房学である。[12]

官房学は、一七二七年を境として、前期と後期に区分される。前期官房学は、「三〇年戦争」による人口の減少[13]と諸領邦の荒廃という現実を基礎に置いて行政・経済の諸政策の提言のための学問という性格を有している。これに対し、一七二七年、プロイセンの王・ヴィルヘルム一世がプロイセンのハレとフランクフルト・アン・デア・オーデルの二つの大学に官房学講座を開設したことをもって開始する後期官房学は、政策提言のための学問から行政官僚養成のための教科書的体系を有する学問へと変質することになる。(14) 後期官房学においては、官房行政に必要な知識が総合的に体系化され、その範囲は、現在の財政学はもとより、行政学、技術工芸、経営学、統計学、経済学など、ほとんど社会諸科学の全分野に及んでいる。(15) こうした官房学及び重商主義の時代である一八世紀に、ドイツにおける保険思想は最初の躍進を遂げたのである。(16)

三　官房学者の保険思想

(1)　官房学者は、彼らが設定した政策目標の実現のためには保険制度が有用でありうるということを直ちに認識した。その際、三つの異なる種類の保険の推進を提案した。第一に、「三〇年戦争」によって激減した人口を増加させるための政策上の配慮から、(17) 寡婦扶助金庫と孤児金庫（Witwen- und Waisenkassen）の導入を強く提唱した。(18) 今日の死亡事故の生命保険に類似するこの制度は、寡婦と孤児が無資産者にならないようにということを配慮したもので、夫と養育者は生存中、一時または毎年、金庫に金を払い、その死亡後に、寡婦は一種の年金を、孤児は一定金額をそれぞれ受け取る。官房学者は、この制度によって若い女性の婚姻の助長という有利な効果がもたらされると期待していた。(19) 第二に、官房学者は、それ以外に、火災と不動産の保険をも提案していた。これらの保険の導入によって、二つの効果が生まれると期待されていた。一つは、家屋敷が火災によって失われたとき、領主は被災者を援助しまたは国庫が削減されるということは決して必要ではなく、反対に、被災者は火災金庫による損害の塡補により生活の安定が図られ、租税を支払うことができる。これにより、臣下の裕福と租税負担能力が維持される。もう一つは、領主は被災した臣下を十分に援助できるとはかぎらなかったので、被災者には通常は物請い許可証（Brandbrief）が交付され、被災者はこの許可証によって行商を行い他人の同情を引くことができるということである。[20] 第三に、官房学者は、住民の生業事情を維持するため、例えば、収穫保険、雹害保険、家畜保険を提案した。[21] 官房学者は、運送保険は商業の拡大を助長する手段と考え、また、不動産の火災保険は、持参金・寡婦・孤児の金庫と並んで、国家的利益の中心に位置づけられると考えていた。[22]

(2)　当時の官房学者は、その経済政策的目標と国家に関する基本的観念からして、保険は公法的施設・国家的施設の形態においてのみ適切に営まれるということを自明のものと考えていた。[23] すなわち、保険は領主の財源確保という目的のために行われるべきこと、私人による方法によってはこの目的は達成されないと主張していた。[24] そして、保険は公法的施設の形態において営まれるべきことの理由として、第一に、この形態によって必要な信用と信頼が維持されうること、第二に、この形態によって制度の最大かつ無条件の安全性が確保されること、第三に、この形態によって人々をしてその意思に反しても保険加入を強制することが可能となる。すなわち、官房学者によると、貪欲と理解の不足から保険に加入しようとしない者が存在するかぎり、加入を自由とすると火災保険はその目的を達成することができないとされる。それゆえ、領主は、公法的保険施設を自らの権威にもとづいて導入し、自由な加入としないことが不可欠であると考えていた。[25] 第四に、とりわけ、保険の私的な経営形態は、当時の重商主義の国民経済的基本観念と調和しえない。すなわち、私的営利保険者は、予め払い込まれた保険料を貨幣の流通から引き離し、これによって重商主義的経済政策の基本原則に反するとされていた。[26] このように、官房学者にとっては、保険営業と国家的管理の組織的結合は自明のものとされていた。そして、保険と国家とのこの単一性は、一八世紀に公法的建物火災保険施設の成立によって実現した。これらの施設は、公的な管理の一部分として、当初から国家の監督下に置かれていた。ただ、特別の監督部門は存在していなかった。[27] このような理由から、ドイツでは官房学の時代には私的な営利保険の思想は決して出現することはなかった。[28]

そこで、とくに不動産の火災保険を営む公法的保険施設が設立された。それは、まずハンブルクで設立され、そこからドイツ全体に普及した。すなわち、ハンブルクで、一五九一年一二月三日、ビール醸造業者が火災組合(Fewer Contract) を設立したが、この火災組合がその後に糾合して、一六七六年、ハンブルク一般火災金庫(Der General Feur= Ordnungs Cassa) が成立した[29]。この一般火災金庫が、現在のハンブルク火災金庫(Hamburger Feuerkasse) の前身となっている。一六七六年のハンブルク一般火災金庫にならって、ドイツの各地に火災金庫、公営火災保険所が成立している。それらの中で現存の最古のものは、一七一八年一二月二九日設立のベルリンの火災保険所である。これに刺激を受けて、その後、とくに一七二二年と一七二三年に君主政体のすべての都市で公法的保険施設が成立していた[30]。こうして、一八世紀のドイツは、公法的火災保険施設の設立の典型的な世紀、また、不動産の保険を保護する国となった[31]。一八世紀の終り頃のドイツには、火災保険に付されていない建物は存在しなかった[32]。そして、不動産の火災保険の分野においては公法的施設の独占的地位が認められていたので、この分野においては私火災保険会社が活動する可能性は存在しなかった。これに対し、動産保険の分野においては公法的保険施設の独占ということは存在しなかったこと、のみならず、動産保険の分野においては、一八世紀には公法的保険施設は僅かな成功を収めるにとどまっていた。動産保険の分野においては、まず一九世紀の初めに設立されていた私保険会社が活動していた[33]。

(3)　一八世紀の終り頃になると、官房学者の間に、保険営業をもっぱら公法的保険施設の独占とする考えに対して異論を唱える者が現れた。その理由として、私的な経営は公的な経営より優れていること、国家は、領主の収入を増大させるために保険取引から可能なかぎり利益を得ようと試みるという恐れがあること、私的な経営によってより多くの競争が実現して保険は安価で良質なものになるとされていた[34]。右の見解は、官房学者の考えと反対の考えに立つものであるが、その後の自由主義的経済思想の先駆をなしている。すなわち、一九世紀の初め、国家的指導という見地に立つ重商主義的考えは、保険制度の領域においても自由主義的経済観にその地位を譲ることになるが、その指導者が、周知のとおりアダム・スミスである。彼は、保険制度に関しても、営業の完全な自由に対する例外を認めなかった。

私的な保険企業が認められるようになると、保険加入者及び公共の福祉のために、私的な保険企業に対する国家の干渉が必要となる。そこで、私的な保険企業の全体の企画と構想を審査し、企業の相当の安全性について配慮するために、常に国家警察の厳格な監督に服させるべきこと、全体の施設について満足しうるときにのみ公的に認可されることとされていた。(35) 右の国家警察の厳格な監督の必要性ということは、当時の国家政策的・経済政策的観念から必然的に生ずるものであった。すなわち、保険は、厳格な監督下に置かれるときにのみ、有用性が認められるとされていた。(36) 問題は、国家の監督権の根拠を何に求めるかということであり、必ずしも明確にされていたわけではなかった。この点、すでに一六世紀には、いわゆる「最高の監督権（jus spremae inspectionis）」が領主による配慮の結果として承認され、(37) 一八世紀には、君主政体の一般的高権の一つとされていた。また、重商主義の経済政策的観念によると、臣下のすべての経済活動には公的な意味が伴っていること、このことは、とくに保険制度にも妥当するという説明がなされていた。(38)

官房学者は、私保険企業に対する監督をいかに行うかということについてすでに詳細な考えを有し、有効な監督に関する基準を作成していた。その本質的な原則として、①私保険企業は国家による認可に服すること、②一回かぎりの審査にとどまらず継続的な監督に服すること、その際、保険企業は事業の基礎を公表すべき義務を負うこと、③さらに、一定の責任準備金の形成及び資本の一定の管理が監督の下に置かれるということであった。(39) このように、官房学者は、保険制度が未だ十分に知られていなかった一八世紀に、今日において採用されている保険監督の本質的な諸原則をすでに作成したのであり、このことはきわめて注目に値するといわなければならない。(40)

(4)　「警察」という概念は、一五世紀末の都市で生まれ、公共の良い秩序を実現すべき統治という意味を有していた。そして、一八世紀の後半になると、官房学の広い範囲から、いわゆる「警察学（Polizeiwissenschaft）」が生まれた。あるいは、国民生活全般の官憲的管理行政の学である官房学は警察学とも言われていた。そして、警察の全能が主張され、警察は行政全般を掌握することとなる。例えば、後期官房学者の一人であるJ. H. G. v. Justiは、政治の目標が内外の治安にあるのに対し、警察の任務は、国家の全資力を良好な内的制度によって維持・増進し、公共体から可能なかぎりの力と強さを引き出すことにあるとする。(41)

ところで、警察学の観点からすると、保険制度は危険防止という見地から把握されるといわれている。(42)このことを、一七九四年のプロイセン普通法及び一八〇〇年代のドイツの各邦の火災保険に関する公法的性格の法律について具体的に考察することとする。

まず、プロイセン普通法は、保険を三つの異なった観点、すなわち、第一は危険防止上、第二は民法上、第三は商法上の観点から、それぞれ扱っている。(43)ここで考察するのは、右の第一の観点である。プロイセン普通法は、火災の制圧と火災保険は危険防止の観点、それゆえ警察の管轄下に置かれるという観点に立っていた。すなわち、その第二編第一七章は、臣下の特別の保護のための国の権利と義務について定めているが、その第一〇条は「警察の管轄権」という表題のもとに、治安・安全・秩序の維持のために必要な措置及び公衆（Publico）または公衆の個々の一員を脅かす危険を防止するために必要な措置を講ずることは、警察の職務であると定めていた。このため、火災に関する諸規定にはきわめて特殊な意味が与えられ、そこから火災警察学の体系という特殊な研究が生まれていた。(44)

次に、一八〇〇年代のドイツの各邦の火災保険に関する公法的性格の法律について考察する。一八〇〇年代のドイツにおいては、保険に関する私法的規定はプロイセン普通法においてのみ定められているにとどまり、その他の邦においては公法的性格の法律が存在するにとどまっていた。(45)これらの公法的性格の法律の基本的特色は、第一に、保険制度の行政的側面に関すること、第二に、建物の保険強制または国の施設による建物の保険独占という方式を採用していること、第三に、私法的側面に関する規定は、主として超過保険及び重複保険の危険に対処するための厳格な規定であること、この目的を達成するために警察当局による広範囲にわたる予防的コントロールが行われたこと(46)、第四に、法律の多くは、火災保険にはとくに詐欺ないし詐欺的目的による放火の可能性が存在しているという考えに立脚していること等である。そして、右で述べた第三の点に関し、例えば一八三七年五月八日の動産の火災保険に関するプロイセンの法律を概観すると、次のとおりである。すなわち、警察当局は、超過保険のときに保険金額を減額させる権限を有し義務を負うこと、会社の帳簿及び保険証券の検査によって右の規定が遵守されているか否かについて確信する権限を有すること、保険代理商は、警察当局から保険証券について疑義が存在しないという公式の表明を得るまでは保険証券を交付してはならないこと、警察当局は、保険金額の相当性について必要な確信を得ることができること、保険金は、警察当局が保険事故の発生後八日以内に異議を唱えないときに初めて支払われることと定めていた。これらの規定の実効性を確保するため、保険者及び保険代理商に高額の罰金刑が科されていた(47)。しかし、警察当局による広範囲にわたる権限にもかかわらず、その実効性に関しては疑問が持たれていた。その理由として、第一に、大都市においては、警察当局が個々の保険契約者の諸事情を知ることは困難ないし不可能であるので、警察当局の監視は形式的なものとならざるをえないこと、第二に、警察当局には保険についての準備教育が欠けていたということである(48)。

(1)　ドイツで発達した「国家学」は、英米の政治学に代わるもので、市民社会の形成が著しく遅れ国家に対抗する政治の動きが弱かったため、政治の研究は国家を中心とする学問の中に包摂され、国家学という名称のもとで特殊の発展を示した（社会科学大事典七巻三五六―三五七頁（中村筆）（鹿島研究所出版会、一九六九年）、政治学事典四七五頁（平凡社、一九五九年））。

(2)　この戦争によってドイツの歴史は二〇〇年も逆行し（成瀬治＝山田欣吾＝木村靖二編・世界歴史大系ドイツ史1、五〇〇頁（成瀬筆）（山川出版社、一九九六年））、また、この戦争により大きな打撃を受けた西部ドイツに代わって、ドイツの中心は東部のプロイセンへ移って行くこととなった（大野眞弓・西洋史概説近代〔改訂版〕一〇二頁（千代田書房、一九五三年））。

(3) P. Koch, Geschichte, SS. 42-43.

(4) P. Koch, A. Anfänge der theoretischen Beschäftigung mit der Versicherung, HdV, S. 861.

(5) M. Tigges, Geschichte und Entwicklung der Versicherungsaufsicht 1985, S. 6.

(6) 諸邦の君主は国庫の収入を増やすために財政管理の知識を有する官吏の養成に努めるが、これに奉仕したのが官房学ないし国庫学で、これは警察学ともいわれる（成瀬治＝山田欣吾＝木村靖二編・世界歴史大系ドイツ史2、三五―三六頁（坂井筆）（山川出版社、一九九六年））。

(7) 山之内光躬＝日向寺純雄共著・現代財政の基礎理論二七一頁（税務経理協会、一九七二年）、大川政三＝小林威編著・財政学を築いた人々―資本主義の歩みと財政・租税思想一二〇頁（ぎょうせい、一九八三年）。

(8) 大川政三＝宇田川璋仁編・財政学講義六―七頁（青林書院新社、一九七二年）。

(9) 岡野鑑記・財政学大綱（上）一二八頁（白桃書房、一九六八年）。

(10) 「ウェストファリア条約」は、神聖ローマ帝国ないしドイツ帝国の無力化を完成し、ドイツにとっては国家形成的にではなく国家破壊的に作用した（成瀬他編・前掲ドイツ史2、三頁（坂井筆））。

(11) 大川＝小林編著・前掲三一頁、柴田三千雄「カメラリズム」二二五頁（世界歴史事典第四巻（平凡社、一九五一年））。

(12) なお、官房学者は、支配者たる王侯と被支配者たる領民の「共同の至善」の実現という、ゲルマン国家に伝統的な指導的法理念を官房学の中心概念としていた（大川＝小林編著・前掲三四頁、四三頁）。

(13) 「三〇年戦争」による人口の地域毎の減少率と減少の諸要因については、木村靖二編・新版世界各国史13ドイツ史、一一五―一一七頁（阪口筆）（山川出版社、二〇〇一年）参照。

(14) 大川＝小林編著・前掲三三頁、四一―四二頁、成瀬他編・前掲ドイツ史2、三六頁。

(15) 木村元一「カメラリズム」一七五頁（経済学辞典第三版（岩波書店、一九九二年））、同・近代財政学総論六八頁（春秋社、一九七〇年）。

(16) Tigges, a. a. O. S. 6.

(17) 例えば、後期官房学者のJ. F. v. Sonnenfelsの究極の目標は、人口の増大による社会の拡大という「人口の原理」にあった（大川＝小林編著・前掲四八頁）。

(18) その背景には、一七世紀の半ば以後、農業、手工業によっては親族の者はもはや保護されないという、多くの職能階級が形成されていたという事情が存在していた（Koch, Geschichte, S. 44）。

(19) Tigges, a. a. O. S. 7.

(20) Tigges, a. a. O. S. 8.

(21) 降雹・洪水等によって作物に生ずる損害を対象とする天災損害保険の最も重要な基本的考えを示したのは、後期官房学者の J. H. G. v. Justi である（Koch, Geschichte, S. 55）。

(22) Tigges, a. a. O. S. 8.

(23) 当時において確立されていた命題は、人口の増大に役立つ施策が導入されるべきであるという点にあり、そこで官房学者の多くは保険の経営主体として国家が適切であると考えていた（H. Braun, Geschichte der Lebensversicherung und der Lebensversicherungstechnik, 2. Aufl. 1963, SS. 169–170（水島一也訳・H・ブラウン著・生命保険史二〇八頁（明治生命一〇〇周年記念刊行会、一九八三年））。

(24) Tigges, a. a. O. S. 8.

(25) Tigges, a. a. O. S. 9; なお、保険の経営形態をめぐる当時の議論については、W. Hagena, Die Ansichten der deutschen Kameralisten des 18. Jahrhunderts über das Versicherungswesen 1910, SS. 40–49 が詳細である。

(26) Tigges, a. a. O. S. 9.

(27) P. Koch, Zur theoretischen Grundlegung der Versicherungsaufsicht im 18. und 19. Jahrhundert, Versicherungen in Europa, heute und morgen 1991, S. 388.

(28) その結果、ドイツは、保険を国家的考察の対象とする保険の国民経済的研究に先鞭をつけていた（大林良一・保険理論一七〇頁（春秋社、一九六〇年））。

(29) この点については、とりあえず、坂口光男・保険契約法の基本問題二〇〇―二〇二頁参照（文眞堂、一九九六年）。

(30) その施設の特色を要約すると、第一に、組合的団体で、一定の地域に限定され、火災に対する相互保険を目的とすること、第二に、保険の対象はもっぱら建物であること、第三に、当初は一般的ではなかったとしても保険の強制が行われるという点にある（Tigges, a. a. O. S. 10）。

(31) W. Mahr, Einführung in die Versicherungswirtschaft 1970, S. 45; 水島一也・近代保険の生成四頁（千倉書房、一九七五年）。

(32) Vgl. Tigges, a. a. O. S. 10.

(33) Tigges, a. a. O. S. 10, S. 23; なお、一七六五年にハンブルクで海上企業と火災危険のための保険会社が設立されていたが、これがドイツにおける最初の動産保険会社であるとされている（G. Winter, Die Asskuranz in Hamburg, Recht und Juristen in Hamburg 1994, S. 202)。
(34) Tigges, a. a. O. S. 11.
(35) Hagena, a. a. O. SS. 49–51.
(36) Tigges, a. a. O. S. 11.
(37) このことは、教会、大学、学校、臣下の生業についての監督において述べられている（Tigges, a. a. O. S. 12 Anm. 50)。
(38) Tigges, a. a. O. S. 12.
(39) Tigges, a. a. O. S. 14.
(40) Hagena, a. a. O. S. 51; Tigges, a. a. O. S. 14.
(41) 成瀬治他編・前掲ドイツ史2、三六頁（坂井筆）。
(42) Koch, a. a. O. HdV, S. 862.
(43) P. Koch, Die Behandlung des Versicherungsvertrages im preußischen Allgemeinen Landrecht, VersR 1994, S. 630.
(44) Vgl. Koch, a. a. O. VersR, S. 630 Anm. 14.
(45) 坂口光男・保険法立法史の研究一二頁（文眞堂、一九九九年）。
(46) 保険制度は、各領邦の福祉のために最も重要であったので、警察当局に監督権を与えることについては異論はなかったといわれている（Vgl. Tigges, a. a. O. S. 12)。
(47) 以上の点の詳細については、坂口・前掲保険法立法史の研究一三頁参照。
(48) 坂口・前掲保険法立法史の研究一三頁及び一八頁の注（69）参照。

第三款　商業学における保険

一　緒説

前述した官房学から、独立の学問体系としての商業学（Handelswissenschaft）が生まれている。[1] しかし、両者は、保険の機能ないし保険に対する観点を異にしている。すなわち、官房学は、前述したように、保険の機能をもっぱら国家と住民の増進に求めている。これに対し、商業学は、経済に対する保険の意味、及び保険取引の経営に関する問題に関わることによって、保険を商人的観点から扱っている。[2] 次に、保険制度に関わる分野でも活躍していた商業学者の中から、保険制度の理論と実務に対して持続的な影響力を与えていた学者を取り上げることとする。

二　保険制度に対して影響力を与えた商業学者

(1) C. G. Ludovici[3] は、哲理の教授であるが、商業学の書物の刊行に関わっていた。とくに、百科事典の編纂についての協力者として傑出している。彼は、あらゆる学問の総括的事典（Universal- Lexikon aller Wissenschaft）の第一九巻から第六四巻まで関わっている。彼は、主要な書物であるAllgemeine Schatz-Kammer der Kaufmannschaft oder vollständiges Lexicon aller Handlungen und Gewerbe（1741–1743）及び最大の書物であるEröffnete Akademie der Kaufleute oder vollständiges Kaufmanns- Lexicon（1752–1756）[4] において、商人学の広範かつ多岐にわたる分野を資料的に完全に把握している。その際、保険制度についても詳細な考察を行っている。[5] これらの書物において、保険制度につき、当時においては驚嘆に値すると思われるほど、一五項目において完全に扱っている。彼は、保険契約を、一定の私人が海上及び陸上で生ずる商業活動または営業について生ずるすべての危険、損害、損失を、一定のVerehrungと引換えに引き受ける契約または協定（Vergleich）であると定義している。また、保険料は現金で（baar）支払われなければならないと述べていた。[6]

　また、彼は、従来は官房学から区別されていなかった商業学を独立の学問として発展せしめようとした。[7] その際、商人の体系を二つの部分に分けている。第一は、商品学、商業学、簿記のような商人の主たる学問であり、第二は、商人の副次的学問である。その際、後者を、一つは、商業計算、計量学、銭貨学、重量学、商人地理学、商人法のような必須の補助学に、もう一つは、国家の商業政策・銭貨学の支援のための紋章理論のような単なる有用な補助学に、それぞれ区分している。(8)

また、彼は体系思考の学者でもあったので、保険ないし保険思想の起源についても関心を抱いていた。保険ないし保険思想の起源については、保険史家による精力的な研究にもかかわらず依然として不明確である。すなわち、保険思想は、特定の前提のもとにいわば自然発生的に把握されるのか、それとも長年にわたる段階的な発展にもとづくのかということに関しては不明確である。そして、一七世紀及び一八世紀の著名な書物においては、保険の創始者はユダヤ人に求められるという主張が見られるが、その一人としてLudoviciが挙げられるとされる。彼は、次のように述べている。すなわち、保険の起源はユダヤ人に由来する。ユダヤ人は、彼らがフランスから一一八二年、Königs Philipp Augustの統治下において追放されたとき、保険制度を考案した。彼らは、保険制度の考案者である。それゆえ、保険契約は古代の人には（bei den Alten）全く知られていなかったと述べている。しかし、このような証明はなされていないこと、一九世紀の三〇年代以後、このような見解は例外なく否定されているといわれている。(9)

(2)　J. G. Büsch(10)は、国民経済学者、商業学者、数学者、教育活動家として、また、保険制度の法的基礎づけ、保険制度の理論と実務の架橋を行った者として、頂点に位置している。とくに、彼は、商業学の領域における保険制度の体系的位置づけを行った第一人者である。(11)

まず、彼は、主著として、一七九二年、Theoretisch-praktische Darstellung der Handlung in deren mannigfaltigen Geschäftenをハンブルクで刊行していたが、その第四編の第三章で保険について説明している。その際、もっぱら海上保険と海上再保険を視野に入れている。(12)彼は、保険を二つの観点、すなわち、保険は企業の対象を形成することができること、保険は商人に支援行為（Hülfsgeschäft）として役立つという観点からそれぞれ考察している。この観点から、彼は、Von den Versicherungen oder Assecuranzen という表題の中で、海上保険について詳細に考察している。そして、海上保険の目的は、航海中または海上航行中の船舶または貨物について被保険者に損害または損失として生じうるすべてのことを被保険者の負担とせず、保険者によって塡補されるということを被保険者が確実に意図していることにほかならないという点にあるとする。そして、彼は、この危険転嫁の技術について詳細に述べている[13]。

彼は、一七九四年、火災保険に関する諸問題を考察した Allgemeine Übersicht des Assecuranz –Wesens als Grundlage zu einer unbefangenen Beurteilung von G. E. Biebers Plan zur Errichtung einer für Hamburg möglichst vortheilhaften Versicherungs- Compagnie gegen Feuers- Gefahr を発表していた。この書物は、長年にわたりハンブルクにおける火災保険の形成に対して大きな影響を与えていた[14]。彼は、右の書物において、初めて明確に「相互性」の原則ということについて述べている。もっとも、彼は、今日一般に使用されている「相互性」ないし「危険団体」という概念を自ら使用しているのではなく、「互いに保険をし合う団体」という表現を用いている。この相互性は、相互会社のみならず保険株式会社の場合にも実際に存在するとする[15]。そして、彼は、右の書物において、ハンブルクにおける火災の予防・鎮圧措置の状況からして、ハンブルクには一六八四年に発生したような大火災はもはやありえないという予測を述べていた。彼の見解・推薦・協力にもとづいて、商人である G. E. Bieber は、一七九五年、とくに動産保険営業のためにハンブルクにのみ限定される相互団体としての Association Hamburgischer Einwohner zur Versicherung gegen Feuers- Gefahr を設立した。ところが、一八四二年五月四日に発生し、七九時間にわたるハンブルクの大火災[16]は、Büsch の前述の予測を全く裏切った[17]。Bieber の右の Association は全く支払不能となり、その他のドイツ並びに外国の保険会社も重大な損失を被った。しかし、この時には Büsch はもはや生存していなかったのである[18]。

Büsch につきとくに注目すべきこととして、彼は、信用保険について研究し、「破産による損失に対する保険」を創設すべきことを提唱した最初の研究者であるということである。まず、彼は、一七六九年、プロイセンの国務大臣のために Allgemeine Kreditassekuranz für die Preussischen Staaten という構想を作成した。しかし、その実施については疑念が生じ、この構想は国務大臣の退任とともに葬られた。しかし、彼自身はその構想の実現を放棄することはしなかった。そこで、彼は、三〇年後の一七九九年、一七六九年の構想とほぼ不変の Entwurf einer Assoziation zur Garantie des kaufmännischen Kredits in einem grossen Staate を作成していた。[19]

ところで、彼が信用保険に関する構想を研究した背景には、次のような事情が存在していた。すなわち、信用保険は、経済的危機の「子供（Kind）」である。一七五六年に始まった「七年戦争」中の経済的好況時に、ハンブルクの多くの商人は法外に高い手形信用を引き受けていた。ところが、戦争の終了に伴う平和条約の締結後、金融が逼迫し、一七六三年には五四の商社が支払不能となった。彼は、鋭い眼指をもってハンブルク商人の投機的な手形取引と、それに伴う商社の破綻を観察した。そこで、貨幣制度と信用制度を新たに秩序づけることが緊急に必要であることが明らかとなり、彼は、このための最適の方法は信用保険の創設であると考えた。[20] そして、彼が企画に関与し、その成果がきわめて注目された組織として、一七八二年一二月一〇日の Credit- Casse für die Erben und Grundstücke in Hamburg und dessen Gebiete がある。この組織が作られた背景として、ハンブルクでは一七七〇年以後、不動産の賃貸が衰退し、そのために、不動産価格の低下、抵当権の解約、その結果としての不動産信用の完全な破壊という経済的事情が存在していた。そこで、彼は一七七九年の論文において右の事実と原因を研究したが、この研究が Assoziation auf den Kredit für die Erben und Grundstüke der Staate 設立の最初の契機となった。[21]

前述したように、一七三一年のハンブルク保険・海損条例を模範として、一七六六年にプロイセン保険・海損条例が作成され、この条例を基礎として一七九四年六月一日施行のプロイセン普通法の保険法規定が作成されている。彼は、このプロイセン普通法の保険法規定の作成に際しても重要な役割を果たしていた。すなわち、プロイセン普通法の保険法規定に先行する草案として、一七八四年の「プロイセンについての一般法典草案」があるが、この草案は、海上保険法に関しては、とくに一七六六年のプロイセン保険・海損条例を基礎としていた。そして、一七八四年の草案の修正に際しては、彼も審議に参加していた。これにより、新たな海上保険法の思想及び海上保険契約に関する経験が、プロイセン普通法の保険法規定の中に採用されたのである。[22]

Büsch の貢献は、理論的な領域を越えて実務にも及んでいる。その当時、不安定な基礎の上に立つ多くの寡婦・孤児・葬祭費積立の組合が存在していた。彼は、これに、一七七八年に愛国協会に設立されたハンブルク一般扶助施設によって、対抗しようと試みた。彼は、保険技術的基礎の上に立つドイツ及びヨーロッパにおける最初のこの生命保険のために数理及び法に関する基礎資料を提供したのである。この会社は、つい最近まで存続していた。すなわち、一九四五年以来、Hansa Lebensversicherung a. G. という社名を有していたが、これは、一九五七年一月一日、Hamburg-Manheimer Versicherungs-Aktien-Gesellschaft に移転された。[23]

さらに、Büsch の貢献として、次の点を挙げることができる。まず、商人の教育制度及び教育活動に関し、彼が主宰する商業学院（Handlungs-Akademie）は長年にわたりドイツで広く知られ、彼はそこで講義を行っていたということである。[24] 彼の教え子の一人として E. W. Arnoldi がいる。Arnoldi は、自らも認めているように、Büsch から強力な影響を受けており、後にゴータ保険銀行の設立者となった。[25] また、銀行制度、貨幣の流通、貨幣政策に関する Büsch の論文は当時において重要な意味を有していたこと、彼の書物によって現代の経営経済論の構築が準備され、同時に商法、手形法、海法が促進された。[26] また、彼は、救貧・疾病制度の改革にも努めていたが、その努力は、一七八八年のハンブルク救貧条例（Hamburger Armenordung）に具体化している。[27]

さらに、彼は、ハンブルクの各種の施設の設立にも深い関わりを有していた。すなわち、彼は、芸術と技芸を推進するために一七六五年に設立された愛国協会の共同設立者・最初の理事者となり、最初の貯蓄銀行・湯治施設の設立者となり、クックスハーフェンの海水浴場の設立者となり、避雷針の導入及び公共図書館の創設にも努力していた。ハンブルクの経済生活及び文化生活の分野において、彼が関わりを有していなかったものはほとんどないといわれている。[28]

Büsch の絶大な功績を称揚して、その死去（一八〇〇年）後の一八〇二年、ハンブルク市は、内アルスター湖に面したロンバルト橋（Lombardsbrücke）近くの公園内に記念碑を建立した。[29]

(3) J. M. Leuchs[30] が一八〇四年に刊行した System des Handels は、一方では、商業学の体系的・理論的な基礎づけに関する書物の頂点に位置づけられ、また、現代経営経済論の先駆として評価され、他方では、この書物をもって商業学上の書物はその終末を迎えることになる。この書物が刊行された当時は、経済的自由主義の考えが展開し、官房学が次第に衰退を始める時期である。[31]

彼の右の書物は、三編から成っている。第一編は、書物の主要部分をなすもので、私商業学を扱っている。具体的には、交換手段（商品と貨幣）、価格決定理論（原価計算理論）、商業理論（購入と販売）、確率理論（投機理論）、帳簿学について考察している。第二編は、国家的商業学、第三編は、商業学の批判となっている。[32] そして、保険については、二箇所、すなわち、第一編の確率理論、第二編の海法の箇所において、それぞれ考察している。[33] 第一編の確率理論の部分では、投機の本質、商人のリスクの要素、そして、とくに商品価格、手形・株式の相場、保険に際しての確率について、それぞれ考察している。そして、次のように述べている。すなわち、確率理論は類似の諸事例の予期に依拠している。長年にわたる経験が存在し、そして、例えば、いかに多くの船舶の中で一定数の船舶が一定の地域で事故に遭遇するかということが知られているならば、保険者は、このことは将来も同様に発生すると推論し、それに応じて保険料を決定する。事情が著しく変更する場合には、保険料もそれに応じて増減しなければならない。同様に、金銭のより多くの利用についての機会の存否、それゆえ、財産投資の方法も保険料の額を決定することになる。保険者にとって重要な原則は、個々の危険について余り多くの金額を引き受けるべきでなく、この金額を分散させるということであるとする。(34) なお、彼は、海法の部分において考察している海上保険について、その重要な諸概念、保険契約の当事者の権利と義務、保険保護の範囲につき、それぞれ詳細な考察をしている。(35)

Leuchs は、商業学の体系的・理論的な基礎づけという研究の他に、後進の教育にも深い関わりを有していた。彼は、一七九四年、ニュルンベルクに Akademie- Lehr- und Pensions- Anstalt der Handlung を設立し、一七九五年一月にそこで講義を始めていた。この点につきとくに注目すべきことは、右の Akademie は、前述した Büsch が主宰していた商業学院から多くの刺激を受けて設立されていたということである。(36) なお、Leuchs の書物をもって、保険学の歴史における第一期はその終りを見ることとなる。この時期の特色は、保険制度についての法的・数理的・経済的分野で理論的な基礎づけが展開されたということである。しかし、この時期においては、保険制度についての理論的な基礎づけは未だ固有の意味において専門的な研究の域には達していなかったといわれている。(37)

(4)　Leuchs 以後、一九世紀は商業学の分裂衰退期であり、複数の商業学の時代を迎えている。二〇世紀に入ると、商業経営論は、私経済論に、さらに経営経済学へと転化する。他方、二〇世紀の初頭よりアメリカ合衆国においてマーケティング論が展開し、商業学の一分野と解されるようになる。このように、商業学は、ドイツの商業学とアメリカ合衆国のマーケティング論ないし配給論という、異なる源泉の知識体系の統合という困難な課題を担わされることとなる。(38)

(1) 商業の研究は官房学者によって展開され、官房学は、現代の国民経済論の先駆者である (E. Weber, Literaturgeschichte der Handelsbetriebslehre 1914, S. 46)。

(2) P. Koch, Geschichte, S. 66.

(3) Ludovici は、一七〇七年八月七日、ライプツィヒで生まれ、ライプツィヒ大学で哲学と神学を学び、一七三三年五月六日、ライプツィヒにおける哲理の正教授となっている (P. Koch, Pioniere, SS. 151–152; Ders., Ludovici, NDB, Bd. 15, 1987, S. 305)。

(4) 本文中の後者の書物は、ドイツ語による最初の商業事典で、アルファベット順に配列され、経済学についての現代の事典の模範となっている (Koch, a. a. O. NDB, S. 305)。

(5) Koch, Pioniere, S. 152.

(6) Koch, Pioniere, SS. 152–153.

(7) G. Wöhe, Einführung in die Allgemeine Betriebswirtschaftslehre, 18. Aufl. 1993, S. 64.

(8) Wöhe, a. a. O. S. 64; その内容の詳細については、Vgl. Weber a. a. O. SS. 57–67.

(9) 以上については、Vgl. P. Koch, Der Versicherungsgedanke im talmudischen Recht, ZVersWiss 1967, SS. 189–191; Ders., Pioniere, SS. 153–154.

(10) J. G. Büsch は、一七二八年一月三日、リュネブルクのある村で、神学の家系の子として生まれ、一七三一年にハンブルクへ移住する。ゲッチンゲンで神学、歴史学、数学を学び、一七五四年以来、ハンブルクで数学の教授を務めていた (A. Manes, Büsch, Lexikon, SS. 419–420; Koch, Pioniere, S. 177)。彼の生涯については、とくに、G. Landwehr, Johann Georg Büsch und die Entwicklung des Handelsrechts im 18. Jahrhundert, Gelehrte in Hamburg im 18. und 19. Jahrhundert 1976, SS. 69–77 がきわめて詳細である。

(11) Manes, Lexikon, S. 420.

(12) Manes, Lexikon, S. 420.

(13) Koch, Pioniere, S. 179.

(14) Manes, Lexikon, S. 420.

(15) F. Büchner, Versicherungsgeschichte, VW 1959, S. 378; このように、彼はすでに「相互性」ないし「危険団体」という点に保険制度に共通の基本原則を求めていた (F. Büchner, J. G. Büsch's Gedanken über eine Assekuranz des kaufmännischen Kredits, VW 1967, S. 1209)。

（16）　この大火災の状況の詳細については、坂口光男・保険契約法の基本問題二〇九―二一〇頁参照（文眞堂、一九九六年）。

（17）　この点については、Vgl. F. Büchner, Die Entstehung der Hamburger Feuerkasse und die Entwicklung bis zur Mitte des 19. Jahrhunderts, 300 Jahre Hamburger Feuerkasse 1976, SS. 31–32; 坂口・前掲二〇九―二一一頁参照。

（18）　P. Koch, 150 Jahre Hamburger Brand, VW 1992, S. 553.

（19）　Landwehr, a. a. O. SS. 77–78; その間の経緯の詳細については、Vgl. Büchner, a. a. O. VW 1967, SS. 1209–1211.

（20）　Landwehr, a. a. O. S. 78.

（21）　Landwehr, a. a. O. SS. 78–79.

（22）　T. Dreyer, Die 》Assecuranz- und Haverey- Ordnung《 der Freien und Hansestadt Hamburg von 1731, 1990, SS. 210–211.

（23）　Koch, Pioniere, SS. 179–180.

（24）　商業学院は一七六七年に設立され、その四年後の一七七一年に彼はその主宰者となっている。

（25）　Manes, Lexikon, S. 420; なお、E. W. Arnoldi については、水島一也・近代保険の生成三八―四八頁が詳細である（千倉書房、一九七五年）。

（26）　Koch, Pioniere, S. 178; なお、彼は、法学者ではなかったが、一八世紀における商法の発展に対しても大きな影響力を及ぼし、また、保険法及び保険制度を実り豊かなものとした（G. Winter, Die Assecuranz in Hamburg, Recht und Juristen in Hamburg 1994, S. 203）。

（27）　Koch, Pioniere, S. 178.

（28）　Koch, Pioniere, S. 178.

（29）　Koch, Pioniere, S. 178; 坂口・前掲二一五頁、二一九頁（12）。

（30）　一七六三年七月二日生まれの彼は、一七七四年、ニュルンベルクの食料品雑貨商の徒弟となるが、その八年間に、哲学・数学の書物に親しみ、また、法学・国家学・外国語を学び、これによりほぼすべての学問を理解する。徒弟期間が過ぎた一七八二年、西ヨーロッパ諸国へ二年間の研究旅行に出かけ、一七八四年にニュルンベルクに戻る。研究の関心は商人学と商業学に移り、この分野の固有の体系を確立しようと決心する（Koch, Pioniere, SS. 207–208; G. Hirschmann, Johann Michael Leuchs, NDB, Bd. 14, 1985, SS. 365–366）。

（31）　Wöhe, a. a. O. S. 65.

（32）Wöhe, a. a. O. S. 65.
（33）すなわち、第一編の二七九―二八〇頁と、第二編の五〇七―五一六頁で保険について考察している（以上は、一九三三年刊行のものによる）。
（34）J. M. Leuchs, System des Handels 1933, SS. 279-280.
（35）Leuchs, a. a. O. SS. 507-516.
（36）Koch, Pioniere, S. 209.
（37）Koch, Geschichte, S. 74.
（38）荒川佑吉「しょうがく　商学」二〇九―二一〇頁（社会科学大事典第一〇巻（鹿島研究所出版会、一九六九年））。そこで、商業学は、マーケティング論ないし配給論、経営学、取引理論の三つの方向に分化しつつあるとされる（荒川・前掲二一〇頁）。

第四款　保険数理（1）

一　緒説

近代的な生命保険は、一八世紀から一九世紀にかけて成立しているが、これは、資本主義経済が一八世紀後半の産業革命を契機として実現したことと合致する。近代的な生命保険が成立するためには諸種の技術的条件を必要とするが、それは、いうまでもなく近代科学と統計の発達である。自然科学の生成は、一七世紀半ばから確率論に関する問題、統計的問題及び人間の死亡率に関する問題をそれぞれ詳細に扱うことの契機となった。その際に発見された新たな認識が、近代的生命保険の成立に対して劃期的な役割を果たした（2）。すなわち、一八世紀初頭に至るまでの諸種の生命保険あるいはその類似の事業においては、掛金額または払込み金はいずれも漠然とした見込みによって定められ未だ合理的なものではなかったので、生命保険事業の基礎は薄弱なものとならざるをえなかった。そこで、当時の数学者の間に「偶然」に関する議論が行われ、ついに「確率論」が完成した。ここにおいて、生死に関する数理統計的研究が完成し、次いで死亡生残表も発明され、合理的な保険料率を算定することが可能となった。[3]ところで、一七世紀の後半においては、人の死亡数に関する研究はほとんどオランダに集中していた。これは、当時のオランダの経済的・政治的事情と深く関係している。すなわち、他のヨーロッパ諸国は、いわゆる「三〇年戦争」によって力を出し尽くし多くの富を失ったにもかかわらず、オランダは、海外の植民地によって世界で最も富める国となっていた。[4]このような状況の中で、オランダを中心として保険数理の研究が行われていた。[5]そして、保険数理の研究は、まず年金計算に関する研究から始まっていた。[6]

ところで、保険数理に関する研究の発展段階は、①年金受給者の死亡法則の作成、近代的保険数理の創始、②確率論に関する思想の誕生と生命保険への適用、③自然科学的方法による死亡数と人口統計、④当時の保険施設への統計的・数理的計算の適用という段階に区別されるといわれている。次に、保険数理の研究に重要な役割を果たした代表的な学者について考察することとする。[7]

二　保険数理史上の研究者

(1)　J. de Witt[8]

J. de Witt[8]は、保険数理を創始したオランダの数学者にして政治家であり、確率論の諸原則を生存の確率に応用した最初の人である。

ところで、一六七〇年、オランダは多くの敵国によって包囲され戦争が不可避的となっていたことから、政府は軍備拡張のために多額の金を必要としていた。その金の調達のために、一六七一年三月、3½%利付公債を四〇〇万グルデン（Gulden）発行すること、それと併せて、単生年金を年金額一に対して一四グルデンの価格で、二人連生年金を一七グルデンで販売するという計画が浮上した。この場合、年長者を対象とする終身年金については、これよりも高い年金利率を認めようとしていた。[9]彼は、この問題に数学者の立場から取り組んだ。彼は、これらの財政計画への取り組みに際して、新式の計算上の結論に到達した。[10]彼は、保険史にとって重要な意味を有する一六七一年七月三〇日の会議に、Wert von Leibrenten im Verhältnis zu Amortisationsanleihen という有名な覚書を配布した。そこでは、終身年金が優れているという結論を示している。[11] 彼は、数千人の生命年金契約から死亡の法則を導き出している。彼は、人の生命を四つの年齢段階に区分し、次のように仮定した。すなわち、①四歳の人が一二八人いるとして、そのうち半年に一人ずつ死亡し、五四歳のときには二八人が生存する。②その後の一〇年間は、九か月ごとに一人ずつ死亡する。したがって、六四歳のときに一四人と⅔人が生存する。③その後の一〇年間は、六か月ごとに½人が死亡する。したがって、七四歳のときに4⅔人が生存する。④その後は、六か月ごとに⅓人ずつが死亡する。したがって、七年経過すると、全員が死亡する。八一歳以上の高年齢は考慮外とされるというものである。[12] そして、彼は、数千人の年金受取人を観察した結果として、年金は少なくとも一六グルデンの金額で販売されるべきこと、従来の一四グルデンの金額は余りにも低すぎると述べていた。[13] しかし、会議は、彼の覚書を評価しつつも、当時の大勢に逆らって、以前に非常に安く売っていた年金を突如として高い金額で売ることに踏み切ることはしなかった。そのため、彼の提案は実行に移されることはなく、単に彼自身の理論にとどまった。[14] 確かに、彼の論文は「オランダ及び西フリースランド州決議書一六七一年（Verhandlungen der Staaten von Holland und Westfriesland 1671）」の中に収められている。彼が死去した後の三〇年間は、この論文は専門家によっても発見されることはなかった。[15]

(2)　J. Hudde は、[16] オランダの最も偉大な数学者で政治家でもあり、オランダ同盟諸州から終身年金を購入した人の死亡記録にもとづいて、年金受給者の死亡表を作成し、それをもとにして正確な死亡等級を作成した最初の人である。

彼が終身年金計算を行った背景には、次のような事情が存在していた。すなわち、一六七二年五月、フランスのルイ一四世はオランダに対して第二回の侵略戦争を開始したが、オランダ政府はダムを切り全土を水没させることを余儀なくされた。この時、彼は、フランス軍を撃退するための洪水について指揮を委ねられた。この措置は成功し、激しい水によってフランス軍の突進は阻止された。しかし、この戦争と水浸しによって、国の財政は完全に破綻した。そこで、オランダ議会は金の調達を必要としていたが、アムステルダムはそのために大きな貢献をなすべきことが求められた。この目的のために、オランダとその個々の市町村は終身年金公債を発行した。もっとも、これはオランダにとって決して新しいものではなく、最初の終身年金の購入はすでに一三世紀に遡る。[17]

彼は、一五八六年から一五九〇年の間にオランダ同盟諸州から終身年金を購入した一四九五名に関する詳細な記録について報告している。彼は、当時すべて死亡した年金受給者の数を観察し、年金受給者の死亡に関する表を作成し、この表から最初の死亡等級を発展させた。これは、年金受給者の死亡率に関する最古の資料である。[18] 彼は、さらに、右の表を年金の現金価値の計算のために使用した。アムステルダム市は、彼の死亡等級及び年金販売価格の計算に従って、一六七二年以来、終身年金公債を発行した。ところが、残念なことに、彼の研究は公表されていなかった。しかし、彼は、数学を、保険と終身年金の理論に、人の生存の蓋然的期間の計算にそれぞれ適用することについて大きな貢献をなしたと評価されている。一八九八年に、彼の遺物の中から原稿が公表された。[19]

(3)　フランスの哲学者・数学者・物理学者であるB. Pascal[20]は、精緻な推論にもとづいて確率論を科学的に基礎づけたことから、数学の新しい分野である確率論の真の創始者である。[21]

ところで、一六世紀及び一七世紀においては、博戯（Glückspiel）と賭事（Wette）がいたる所で蔓延し、それとともに、あるいはそれとの関連において、数学に対する関心が高まっていた。そのため、サイコロ賭博に際しての偶然の出来事に関する観察から確率論が生まれたことは明らかであり、確率論によって、偶然な出来事の発生頻度に関する予測が可能となった。もっとも、イタリアにおいては、すでに哲学者・数学者・医師であったG. Cardano[22]は、「サイコロ賭博について」という論文において、サイコロに際しての投げの数という問題について考察していた。その契機となったのは、当時、サイコロが広く普及していたのみならず、ある種の予言にも役立つということであった。Cardanoは、多数回にわたる繰返しは理論的な推論への接近を可能とすること、無限に投げることによって結果は経験と一致すると主張した。このように「賭博台が確率論の出生地」となった[23]。

確率論に関するPascalの見解は、「算術三角形に関する論文」及びフランスの数学者であるP. de Fermatとの間で交換した啓発的な手紙の中に、それぞれ示されている。この手紙の交換の後に、有名な賭博師でPascalとも親しかったフランスのC. de Méréは、一六五四年、Pascalに対して賭博の成功の一定の見込みに関する一連の質問を行った。それは、一個のサイコロを使ってゲームをする場合に、六通りの可能性がある中で、六の目が一回出ることに有利に賭けることができるためには、サイコロを四回振るだけで十分である。今度は、二個のサイコロを使ってゲームをする場合には、六の目が二つ揃って少なくとも一回出ることに有利に賭けることができるためには、サイコロを四×六＝二四回振るだけで十分であるというものである[24]。C. de MéréがPascalに対して行ったもう一つの質問は、分配の問題、すなわち、賭博に際して、勝負が完了する以前に賭博を中止し、そのときまでの得点が分かっていた場合、賭金をどのように分配すべきかという問題である[25]。

(4)　C. Huygens[26]は、オランダの数学者、物理学者、力学者、天文学者で、確率論を人間の生命に適用した最初の学者、あるいは人間の生存の確率にもとづく諸問題を解決した最初の学者であり、彼によって、死亡危険の計算に関する重要な前提が確立された[27]。彼は、パリに滞在中、会話をとおして、賭博の分野におけるPascalの新しい研究を知っていた。そこで、確率論の基本原理について研究し、その成果を、一六五七年に「賭博の際の計算について」という論文で雑誌に公表した。彼は、一四項目において独自に確率論の基本的諸原理を発展させている。その研究の新しさは、「期待（Erwartung）」の概念を数学的に定義したという点にある。その際の考察の出発点は、Pascalについてすでに述べたように、分配の問題であった[28]。

彼は、前述したように、確率論を人間の生命に適用した最初の学者であるが、その適用に際しては、イギリスの統計学者であるJ. Graunt(29)の研究が役立っていた(30)。そこで、まず、Grauntと人間の死亡記録について見ておくこととする。ロンドンにおいて、最初の死亡記録は一五九二年に作成された(31)。しかし、ペストが蔓延したので、死亡の記録は中止され、一六〇三年に最終的に復活し、その後は継続して記録された(32)。このLondoner Bill of Mortalityは、死亡率の測定の歴史に対して決定的な影響を及ぼした。この死亡記録によって、Grauntは生存の法則性を洞察した最初の学者となったのである。すなわち、彼は、一六六二年のNatural and political observations upon the bills of mortality of the City of Londonという書物において、出生した人のうちでどれだけの人が死亡するかということについてすでに明確な認識を有していた(33)。しかし、彼には、その比率を経験的に測定できる資料は存在しなかった。とくに、教会記録簿(Kirchenbuch)には、死亡者の年齢の記録、すなわち、年齢別の死亡率の記録は含まれていなかった。それにもかかわらず、彼は、一〇〇人の出生者のうち、三六人は六歳になる前に死亡すること、七六歳の終りには一人が生存し、八〇歳の終りには一人も生存していないということを知った。そして、彼は、六歳より高い人の年齢別の死亡者については推定しているにとどまるが、一〇万人毎に死亡者数の経過についての表を作成していた(34)。それによると、六歳以上の各一〇年間の死亡者数として、二四人、一五人、九人、六人、四人、三人、二人、一人(これに、六歳までの三六人を加えると一〇〇人となる)とし、一〇〇人の出生者のうち、六歳の終りには六四人、一六歳の終りには四〇人、二六歳の終りには一六人、四六歳の終りには一〇人、以下同様にして七六歳の終りには一人がそれぞれ生存し、そして、八〇歳の終りには一人も生存しないことになるとする(35)。彼のこの研究が、Huygensの研究に役立ったのである。

ところで、Huygensの弟であるL. HuygensもGrauntの前述の書物を研究していたので、二人はGrauntの書物をめぐる手紙を交換していた。まず、兄のHuygensは、一六六九年八月二八日の手紙において、次のように述べていた。すなわち、将来の寿命の計算は称賛に値する。しかし、その計算が正確であるためには、仮定された一〇〇人のうちどれだけの人が死亡するかを示すための年毎の表が必要であるとする。これは、弟のHuygensが、同年八月二二日の手紙で、自然の事情の経過において、子供は出生のときからどれだけ長く生存するかという質問をしたことに対して答えたものである。この手紙の中には、死亡表の思想が明確に表現されている。[36]また、兄のHuygensは、弟のHuygens宛の一六六九年一一月二八日の手紙において、次のように述べていた。すなわち、異なった二つの事柄がある。それは、人の将来の寿命の生存期待値と、人が達するまたは達しないという年齢である。前者は年金計算にとって重要であり、後者は賭事にとって重要であるとし、両者をはっきりと区別していた。なお、兄のHuygensは、その後、弟のHuygensに、Grauntの数字を用いて死亡数の曲線を描いて示していた。[37]

(5)　一七世紀には神学が後退して自然科学が発達するが、自然科学は、実験科学であり、不可思議と偶然に代わって法則性と合理性を追求する。そこで、ブレスラウの聖職者であるC. Neumann[38]は、自然科学における帰納法を用いて、人の生存現象を正確に観察した最初の学者である。[39]その当時においては、人の出生と死亡は、惑星と彗星の状態によって定まり、魔法のような数字によって左右されるという考えが一般的であったが、彼はこれに批判を加えた。そして、一六八七年から一六九一年にかけて、彼によってブレスラウにおける出生及び死亡に関する綿密な表が作成されていた。[40]

保険制度の発展に対する彼の功績は、次の点にある。すなわち、彼は、人口統計に関する資料を調査し、これをもとにして、後述するように、E. Halleyは男女別・年齢別の世界における最初の科学的死亡表を作成したということである。[41]彼は、一六九四年三月一日、Halleyに手紙を書いている。その手紙から明らかなことは、いかにして使用可能な資料をHalleyに提供するかということを彼は強く意識していたということである。その資料と書簡は、一部は紛失し一部は忘れ去られていた。その調査には、ベルリンの秘密参事官のL. Jacobiとブレスラウの統計学者のG. F. Knappが担当したが、発見することはできなかった。一九世紀の終りに至り、ブレスラウの医師であるJ. Graetzerが彼の書簡を Archiv der Londoner Royal Societyの中に発見した。(42)

(6) イギリスの最も偉大な天文学者であるE. Halley(43)は、生命保険について使用可能な世界で最初の死亡表を作成した人である。

彼の保険数理に関する研究は、一六九三年、ロンドン王立協会の理学雑誌の第一七巻に掲載された論文において、具体化されている。その論文の表題は、「ブレスラウ市の出生と葬儀の表から測定される人類の死亡率の推算、併せて年金価格の確定の試み」というものである。(44)これは、一六八七年から一六九一年までの五年間の平均値としてのブレスラウの出生及び死亡に関する資料にもとづくもので、三つの死亡表から構成されている。表一は、年齢別の死亡者の絶対数、表二は、年齢別の死亡発生状況、表三は、年齢別の生存者を、それぞれ含んでいる。(45)この死亡表によって、生命保険に使用可能な最初の死亡表が作成された。彼がイギリスの死亡表ではなくNeumannのブレスラウ市における資料を使用した理由は、次の点にある。すなわち、ブレスラウ市は、外国人の往来が激しいイギリスと異なり、内陸に位置し、外国との交通及び商取引がないことから、人口移動が少なく不自然な人口変動を示さないので、死亡表に記されている者は実際にその土地で生まれていると認められるという長所があるということである。そのため、Halleyの生命表は「ブレスラウ表」ともいわれている。(46)ブレスラウ市における死亡調査資料によると、一六八七年から一六九一年までの五年間に生まれた者の数は六一九三人（一年間の平均数は一二三八人）、死亡した者の数は五八六九人（一年間の平均数は一一七四人）である。したがって、毎年の平均人口増加数は六四人程度となる。(47)なお、イギリス最古の生命保険は、一七〇六年に設立されたThe Amicable Societyであり、それ以前に彼の死亡表は発表されていた。しかし、彼の死亡表は、その後の五〇年間、全く顧慮されないままであった。(48)それにもかかわらず、彼の死亡表は、その後の保険制度において事実上使用されている死亡表の模範

となっている。(49)

(7)　死亡率及び人口統計に関する研究は、ベルリンの神学者であるJ. P. Süßmilch(50)の研究をもって一定の頂点に達している。彼は多くの書物を遺しているが、その中の保険史に関するものとして、一七四一年にベルリンで刊行されていた「人類の出生、死亡及び繁殖にもとづいて証明された人類の変動における神の秩序」がある。この書物により、彼は、近代的統計及び人口論の創始者となっている。(51)この書物の主たる課題は、人間の死亡数の問題と人口論である。それとともに、Tontinenと終身年金の問題にも関わっている。彼が人口の統計的観察に最初に関心を抱いたのは、イェーナで、医師で数学者のG. E. Hambergerをとおしてであろうといわれている。それ以外に、彼は、J. Graunt, W. Pettey, E. Halleyの書物からも影響を受けていた。

彼は、ブランデンブルク地区の教会記録簿をもとにして、固有の統計上の研究を進めていた。もとより、外国の資料も広く使用していた。彼の主要な書物の特色は、次の点に求められる。すなわち、無限のものと考えられている神、その神が人口変動の法則に対して及ぼす永久の影響力を明らかにすること、すなわち、神の秩序を明らかにすることである。彼は、また、数字に関する資料の取扱いに際しては、きわめて慎重・周到・巧妙であった。また、彼が保険制度に対してもたらした貢献は、最初に統計上の法則を発見し、そこから死亡表を作成したということである。彼が作成した死亡表は、一九世紀の半ばまでドイツの保険制度にとっての基礎として使用されていた。(52)

三　保険数理に関する最初の教科書

ドイツにおいて、生命保険数理に関する最初の書物を著したのは、J. N. Tetens(53)である。彼の書物の中で、保険数理の研究と生命保険技術の発展に関する最大のものは、一七八五年／八六年にライプツィヒで刊行されていた二巻のEinleitung zur Berechnung der Leibrenten und Anwartschaften, die vom Leben und Tode einer oder mehrerer Personen abhangenである。これは、生命保険数理に関するドイツ語によるドイツの最初の教科書である。[54] この書物が刊行された背景には、次のような事情が存在していた。すなわち、一七六七年に設立されていたカーレンベルク寡婦金庫が苦境に陥った際、彼はその調査を委託されたが、この調査をとおして、彼は、生命保険について分かり易い計算基礎の手引きを示すことが必要であると考えたということである。[55] 生命保険における危険の最初の取扱いは右の書物に由来している。彼の危険概念は、利得と事象発生蓋然性の大きさからの結果に相当する数学的見込み率にもとづいている。[56] 彼の書物は、保険数理的観点においてきわめて重要であったにもかかわらず、実務においてはほとんど顧慮されなかった。その重要性が認められるようになるのは、かなり後になってからである。すなわち、彼の交換数（Kommutationszahlen）は、二回イギリスで発見され、それがイギリスから凱旋の歩を踏み出すことになるが、ドイツのために生命保険施設を設立しようと考えていた E. W. Arnoldi は、一八二七年、ドイツで最初の生命保険会社である「ドイツのための生命保険銀行」設立のための保険技術的基礎として、イギリスの範例を用いていたのである。[57] なお、Tetens は、保険と賭博の区別に関し、保険は賭博にほかならないという主張に対して反対している。その理由として、保険の社会的性格を強調し、„Hier ist der Verlierende der Glücklichere“ と述べている。

（1）一七世紀後半から二〇世紀末までの保険数理の発展過程の概観として、Vgl. E. Helten, Versicherungsmathematik, HdV, SS. 1077–1081.

（2）近藤文二・保険学総論一九三頁（有光社、一九四〇年）、P. Koch, Pioniere, S. 59.

（3）小島昌太郎・保険ト経済三四頁、三六—三八頁（京都法学会、一九一八年）、同・保険学総論三六四—三六六頁（日本評論社、一九四三年）。

（4）海上・河川交通の要衝に位置するオランダは、中世の末期から国際貿易の中心となっているが、とくに一七世紀にはヨーロッパ随一の海運・貿易国となっている。そして、バルト海貿易こそ、オランダの繁栄を支える最も重要な柱であった（日蘭学会編・オランダとインドネシア六三頁以下（石坂筆）（山川出版社、一九八六年））。

（5）Koch, Pioniere, S. 65; なお、保険数理は、当初から国際的性格を有していた（P. Koch, Geschichte, S. 26）。

(6) Koch, Geschichte, S. 26.

(7) なお、W. R. Heilmann, Die Rolle des Mathematikers in der Versicherungswirtschaft, VW 1993, S. 240は、本文の以下において考察する学者を、体系的終身年金計算、体系的複利計算、終身年金の現価、確率計算、大数の法則、死亡記録、死亡表、そして、確率計算の継続・人口統計・生命保険数理の観点から、一覧表にまとめている。

(8) J. de Wittは、一六二五年九月二五日、富裕な貴族の子として生まれ、一六四一年にライデン大学に入学し数学に関心を抱く。それに次いで、外国へ旅行し、フランスで法学博士の学位を取得する。オランダでは、政治家、政府の首脳、商業資本の代弁者となっていた（Holwerda, Witt, Lexikon, SS. 1860–1861; Koch, Pioniere, SS. 69–70; H. Braun, Geschichte der Lebensversicherung und der Lebensversicherungstechnik, 2. Aufl. 1963, SS. 82–83（水島一也訳・H・ブラウン・生命保険史九八頁（明治生命一〇〇周年記念刊行会、一九八三年））。

(9) Braun, a. a. O. S. 84（水島訳・前掲一〇一頁）; Koch, Pioniere, S. 70.

(10) Koch, Pioniere, SS. 70–71.

(11) Koch, Pioniere, S. 71; Braun, a. a. O. S. 85（水島訳・前掲一〇一頁）。

(12) Holwerda, a. a. O. SS. 1860–1861; Braun, a. a. O. S. 85（水島訳・前掲一〇二頁）; Koch, Pioniere, S. 71; アイザック・トドハニター著＝安藤洋美訳・確率論史四七—四八頁（現代数学社、一九七五年）、浅谷輝雄・生命保険の歴史二一一頁（四季社、一九五七年）。

(13) 当時は、一般的には、六とか七、後に八、九、一一、一二、一四という安い金額で売られていた（Braun, a. a. O. S. 86（水島訳・前掲一〇三頁））。

(14) Braun, a. a. O. SS. 86–87（水島訳・前掲一〇三—一〇四頁）; Koch, Pioniere, SS. 71–72.

(15) Braun, a. a. O. S. 92（水島訳・前掲一一一頁）; Koch, Pioniere, S. 72.

(16) J. Huddeは、一六二八年、アムステルダムで生まれ、ライデン大学で法学と数学を学んだ。アムステルダムでは相次いで種々の公職に就いていた（Braun, a. a. O. S. 87（水島訳・前掲一〇五頁）; Koch, Pioniere, SS. 65–66)。

(17) E. Neuburger, Die Versicherungsmathematik von vorgestern bis heute– ein Vortrag onhe Formeln, ZVersWiss 1974, S. 110; Koch, Pioniere, SS. 66–67.

(18) Braun, a. a. O. S. 88; Koch, Pioniere, S. 67.

(19) Koch, Pioniere, S. 68.

（20）Pascalは、一六二三年六月一九日に生まれたが、良い教育を受けるためパリに移住し、自力で幾何学的図形の性質の研究を始める。一六歳で二次曲線に関する論文を書き、一八歳で世界で最初の算術機械を作っている（Koch, Pioniere, SS. 48-49; A．L．ボロディーン＝A．S．ブカーイ編・千田健吾＝山崎昇訳・世界数学者人名事典（増補版）四〇二―四〇三頁（大竹出版、二〇〇四年）、河部利夫＝保坂栄一編・新版世界人名辞典・西洋編五四〇頁（東京堂出版、一九九三年））。

（21）Braun, a. a. O. S. 75（水島訳・前掲八九頁）；Koch, Pioniere, S. 48.

（22）Cardanoについては、A．L．ボロディーン＝A．S．ブカーイ編・前掲一二八―一二九頁参照。

（23）Koch, Pioniere, S. 47, S. 50.

（24）Braun, a. a. O. S. 75（水島訳・前掲八九―九〇頁）；Koch, Pioniere, S. 49.

（25）Braun, a. a. O. S. 76（水島訳・前掲九一頁）；Koch, Pioniere, S. 50.

（26）Huygensは、一六二九年四月一四日にハーグで生まれるが、一五歳で異常な数学的才能で注目される。法律学を学ぶため大学に入学するが、間もなく自然科学に取り組むことになる。フランスで法学博士の学位を取得する。一六五七年、先験主義的確率論の諸原則を扱う「賭博の際の計算について」という学術論文を発表する（Holwerda, Huygens, Lexikon, SS. 774-775; Braun, a. a. O. SS. 77-78（水島訳・前掲九二―九三頁）；Koch, Pioniere, S. 59）。

（27）Holwerda, a. a. O. S. 774; Koch, Pioniere, S. 60.

（28）Braun, a. a. O. S. 78（水島訳・前掲九三頁）；Koch, Pioniere, S. 60.

（29）Grauntは、イギリスの統計学者で、一六六二年、「死亡表に関する自然的及び政治的諸観察」を著し、この書物により、個別科学として統計学の活動が開始した（A．L．ボロディーン＝A．S．ブカーイ編・前掲一六五頁）。

（30）Koch, Pioniere, S. 60.

（31）出生及び死亡に関する記録は、まず教会記録簿の中に見い出されるが、その始まりは一一三九年まで遡る。一五四五年から一五六三年においては、結婚名簿と受洗者名簿の作成が義務とされ、次いで、死亡記録の作成も定められた。ロンドンにおける最初の死亡記録は一五九二年に作成された（Koch, Pioniere, S. 61）。

（32）その死亡記録の手続については、浅谷・前掲二一八頁参照。

（33）そこで、一六六二年は、Grauntの研究による死亡数研究の開始年であるとされる（P. Koch, Epochen der Versicherungsgeschichte, Sonderdruck aus: Dr. H. L. Müller-Lutz, Versicherungslehre, Heft 37, 1967, S. 7）。

（34）Koch, Pioniere, S. 61.

（35）以上は、浅谷・前掲二一九頁による。
（36）Braun, a. a. O. S. 79（水島訳・前掲九五頁）；Koch, Pioniere, SS. 61–62.
（37）Braun, a. a. O. S. 79（水島訳・前掲九五頁）；Koch, Pioniere, S. 62.
（38）Neumann は、一六四八年九月一四日に生まれ、イエーナ大学で神学を学び、その後に宮廷説教師、ブレスラウの教会の聖職となった（Koch, Pioniere, S. 93)。
（39）Braun, a. a. O. SS. 97–98（水島訳・前掲一一八頁）。
（40）H. S. Lermann, Der Versicherungsgedanke im deutschen Geistesleben des Barock und der Aufklärung 1954, S. 55; Koch, Pioniere, S. 94.
（41）Lermann, a. a. O. SS. 55–56; Braun, a. a. O. S. 99（水島訳・前掲一二〇頁）。
（42）Koch, Pioniere, S. 95.
（43）Halley は、一六五六年一〇月二九日、ロンドンの近郊で富商の子として生まれ、一六歳でオックスフォード大学に入学し、数学と天文学の研究を行う。一六七六年に大学を中退して二年間の旅行に出かけ、一六七八年にロイヤル・ソサイエティーの会員に推挙され、一六九八年から一七〇二年まで、大西洋上における磁針の偏差を確定するため、船旅に出かける。一七〇三年にオックスフォード大学の幾何学教授に、一七二〇年にグリニジの王室天文学者となる。天文学者であったが、幾何学にも深い関心を示していた（Braun, a. a. O. S. 99（水島訳・前掲一二〇頁）；Koch, Pioniere, S. 99; 安藤訳・前掲五三頁)。
（44）Halley のこの論文が生まれた背景の詳細については、Vgl. Braun, a. a. O. S. 99; Koch, Pioniere, SS. 94–95.
（45）Koch, Pioniere, S. 101.
（46）Braun, a. a. O. SS. 100–101（水島訳・前掲一二一―一二二頁）；三浦義道・保険学二八―二九頁（巌松堂書店、一九三三年)。
（47）Braun, a. a. O. S. 101（水島訳・前掲一二二頁）；Koch, Pioniere, S. 101; 浅谷・前掲二二三頁。
（48）Neuburger, a. a. O. S. 113.
（49）Koch, Pioniere, S. 101.
（50）Süßmilch は、一七〇七年九月三日、ベルリンの近くの村で生まれる。初めは自然科学に特別の関心を示したが、ハレ及びイエーナの大学で神学、それとともに哲学及び数学をも深く学んだ。一七四二年、教会の役員の地位を委ねられるが、その後、その功績により、科学アカデミー及び上級教会役員（Oberkonsistorium）の会員となる（Koch, Pioniere, SS. 135–136; 松川七郎・「ジュースミルヒ」経済学辞典第三版六七三頁（岩波書店、一九九二年)）。

(51) Lermann, a. a. O. S. 111; Koch, Pioniere, SS. 136–137.

(52) Koch, Pioniere, S. 137.

(53) Tetensは、一七三六年九月一六日、シュレースヴィヒ・ホルシュタイ（当時のデンマーク）で生まれ、ロストックとコペンハーゲンで学んだ後、大学で物理学の教授、哲学の教授となり、数学の講義も担当する。一七八九年、研究職を去ってデンマークの行政官となり、これにより人生の完全な転機を迎えることになる。彼は、とくに哲学の分野において驚嘆に値するほど多方面にわたる著名な著作者である（Loewy, Tetens, Lexikon, SS. 1553–1555; Braun, a. a. O. S. 185（水島訳・前掲二二六―二二七頁）；Koch, Pioniere, SS. 187–188）。

(54) Braun, a. a. O. S. 185（水島訳・前掲二二六頁）；Neuburger, a. a. O. S. 117.

(55) ドイツでは、一八世紀の後半、種々の金庫が存在していたが、保険数理上の基礎を欠いていたため永続しなかった。この理由から、Tetensは本文で述べた書物を刊行していた（Neuburger, a. a. O. S. 117）。

(56) Koch, Pioniere, S. 41.

(57) Neubrger, a. a. O. 117.

第二節　保険制度の体系的浸透

第一款　緒説

一八〇〇年代の初めから一八八〇年頃までの時期は、保険制度が体系的な浸透を示す時期であるといわれている。一八〇〇年代の初め、大規模な相互保険及び株式会社の法形態における保険企業が成立するが、それとともに、保険研究も、単なる草分け的な段階から保険企業の実際の活動に着眼した研究へと重点を移すことになる。[1] 一八〇〇年代の初めにおいても、海上保険は、火災保険及び生命保険の普及にもかかわらず、依然として重要な保険部門であり、それゆえ、保険に関する体系的な研究は海上保険の分野において始まっていた。[2] いうまでもなく、その研究は港湾都市であるハンブルクを中心として行われていた。

(1)　P. Koch, Geschichte, S. 75.
(2)　一七九四年のプロイセン普通法は四〇〇か条以上にわたって保険法規定を定めていたにもかかわらず、保険契約については余り研究されていなかった。これに対し、後述するように、海上保険については多くの重要な研究がなされていた。

第二款　海上保険法の研究

(1)　まず、実務家・研究者として名高いW. Benecke(1)は、哲学的・宗教的書物の他に、とくに保険制度及び冒険貸借制度について考察しているSystem des Assekuranz- und Bodomereiwesensをハンブルクで刊行していた。この書物は、火災・生命保険についても考察している。その第一巻は一八〇五年、第二巻は一八〇七年、第三巻は一八〇八年、第四巻は一八一〇年、そして第五巻は一八二一年に、それぞれ刊行されていた。この書物は、一八二四年、彼自身によって英語版のA Treatise on the Principles of Indemnity in Marine Insurance, Bottomry and Respondentiaに翻訳され、また、一八二五年にフランス語に、一八二八年にイタリア語に、それぞれ翻訳されていた。その当時、保険制度に関する包括的な書物は存在していなかったが、そのことが、本書を著すことの契機となっていた。それゆえ、この書物は、保険制度に関する卓越かつ定評のある最も古い書物である(2)。彼は、この書物において、まず保険の歴史的発展と対象から出発しながら、保険に付させる権限について研究し、それとの関連において、すべての保険に必要な要件である被保険利益の概念に到達している。また、彼は、この書物において、他人のためにする保険、保険の目的、危険の期間と場所、条件、責務（Obliegenheit）の概念の意味における告知義務、隠匿、損害の証明と算定、そして、最後に火災・生命保険について詳細に叙述している(3)。この書物は、ドイツの国内外において絶賛され、多くの権威者によってきわめて卓越した書物であると評価され(4)、保険学の研究にとって最も大きな貢献をなしていた。[5]

彼は、イギリスに長年にわたって滞在していたので、イギリスの生命保険企業にも精通していた。そこで、イギリスの生命保険企業に関する彼の研究をドイツに移植しようと考え、一八〇六年、ドイツで最初の生命保険株式会社をハンブルクで設立した。この会社は、死亡事故の保険を営む会社であった。当時、生命保険に対する不信感が支配していたが、[6]彼は、人間の生命の保険には全く問題はないと確信していた。しかし、彼が設立した会社は、戦争による混乱のため、八年後の一八一四年に停止せざるをえず、その再建も断念された。それは、次のような事情にもとづいていた。すなわち、すでに述べたように、E. W. Arnoldi は、一八二三年、ゴータで、「ドイツのための生命保険銀行」の設立に関する覚書を書いており、一八二七年に設立計画書を提出し、これに対して裁可が下されていた。[7] Benecke はそのことを知っていた。しかも、彼は、Arnoldi を、非常に学識があり事情に精通した人物であるとして、高い評価を与えていたのである。[8]

(2)　ハンブルクで弁護士として活躍していた M. Pöhls[9] は、一八二三年、共同海損に関する Bemerkungen über Havariegrosse を、また、一八二八年から一八三四年にかけて、四巻にわたる Darstellung des gemeinen Deutschen und des Hamburgischen Handelsrechts für Juristen und Kaufleute を、それぞれ刊行していた。そして、後者の書物の第四巻の中に、海上保険法に関する Darstellung des See- und Assecuranzrechtes が収められている。この四巻にわたる書物は、H. Thöl 及び L. Goldschmidt 以前の一九世紀におけるきわめて注目すべき書物であり、また、ドイツ手形法・商法・海法の法典化によって凌駕されるまでの長期間にわたって権威のある高い信頼を受けていた。[10]

前述したように、ハンブルクの J. Klefeker は、保険契約にローマ法・ドイツ普通法の法原則を適用することに対して控え目であったが、Pöhls も同じ見解であった。すなわち、彼は、保険制度それ自体が問題となるかぎり、ローマ法を適用することはできないこと、保険契約をドイツ普通法の債務法の範ちゅうに位置づけようとするあらゆる試みは「きわめて不必要なこと（höchst überflüssig）」と述べている。ドイツ普通法に対する懐疑という点において、彼もハンブルクの以前の研究者の考えに従っていた。[(11)] もっとも、彼は、契約の一般原則に関する問題については、ローマ法の適用は妨げられないと考えていた。しかし、この考えも、口先だけの告白（Lippenbekenntnis）にすぎなかった。保険契約上の諸問題をドイツ普通法における債務法の諸概念と関連づけ、その相互の関連性を明らかにしようということは、明らかに彼の関心事ではなかった。例えば、保険法における被保険利益と普通債務法における利益の概念は何ら関連性を有しないこと、また、保険法における危険という概念は普通債務法における偶然の機会（casus）を示唆するにすぎない。これらの例からも明らかなように、保険法と普通債務法との間には何ら接点は存在しないと述べていた。[(12)] 保険契約の独自性の過度の強調、それとの関連において、ドイツ普通法学に対する拒絶的態度が、保険制度に関するハンブルク法学者の初期の学問的努力の特色であったといわれている。[(13)]

(3)　ハンザ都市の裁判所は、しばしば海上保険法上の重要な諸問題に関わらざるをえなかったことから、その上級裁判所の多くの裁判官も、海上保険法の研究に時間を費やしていた。

まず、リューベックの上級控訴裁判所、その後はライヒ高等商事裁判所の裁判官であったJ. F. Voigtは、一八六七年、普通海上保険約款（Allgemeine Seeversicherungs- Bedingungen）を作成していた。[(14)] これは、一八六一年制定の普通ドイツ商法典から受けた多くの刺激のもとに作成されたものである。[(15)] また、彼のライフワークの頂点に位置する最高の書物は、一八八七年にイエーナで刊行されていたドイツ海上保険法（Das deutsche Seeversicherungs- Recht）である。この書物は、次のように評価されている。すなわち、Voigtは、一般に困難と思われていた題目について完全に精通している。この題目についての研究は、法律家並びに保険取引に関わりを有する有識者に求められていたが、彼は、これを自ら統合し、そして、弁護士・裁判官・著作者としての長年にわたる豊富な経験にもとづいて研究を達成した。従来の研究の空白を埋めることに適し、かつその能力を有する者は、彼以外には存在しないと評価されていた。[16]

Voigt の配慮によって、E. F. Sieveking[17] は、ハンザ上級地方裁判所の初代の所長となっている。Sieveking は、裁判所の所長及び国際法会議の指揮者として、長年にわたって海上保険と深い関わりを有し、その書物は、国際海商法及び海上保険法の推進に対して決定的に重要な意味を有していた。[18] なお、ハンブルク商業会議所においては、彼を議長として新商法典に関する審議が行われ、また、彼は、帝国議会における新商法典の審議に際しては海法規定に関しハンブルクを代表して意見を述べていた。[19] 次に、彼の著作の中から保険法に関してとくに注目されるものを二つ取り上げることとする。第一は、Gutachten des Hanseatischen Oberlandesgerichts über den Entwurf eines Gesetzes betr. Änderung der Vorschriften des HGB über die Seev. である。これは、商法典の海上保険に関する諸規定を陸上保険に関する諸規定に合わせるために、海上保険に関する商法典の諸規定の変更について検討したものである。彼は、その中で、海上危険の特殊性を強調し、また、海上保険法と陸上保険法の諸規定を同等に扱うことに対して反対している。第二は、海上保険法の中でもとくに困難とされる問題を扱う Ein Beitrag zur Lehre von der Versicherung auf behaltene Ankunft eines Schiffes である。この論文において、彼は、ライヒ裁判所に対してハンザ裁判所の判例を擁護しうるものと考えていた。[20] なお、彼は、ハンザ都市の大学に、保険法に関する最初の、かつ唯一の講座が設けられることについて強い関心を示していた。[21]

(4)　K. F. Reatz[22] は、一八七〇年、海上保険法史に関する Die Geschichte des europäischen Seeversicherungsrechts を刊行していた。この書物は、ポルトガル、スペイン、イタリアに関する包括的な資料を提供するもので、史料的価値がきわめて高い注目すべき書物である。彼は、この書物において、海上保険は、まずポルトガルのリスボンで、しかも国家の強制保険として生まれたという証明をなそうと試みている。[23] また、一八八三年、W. Endemann 編集の Handbuch des deutschen Handels-, See- und Wechselrechts が刊行されていたが、彼はその中の海上保険に関する部分を担当している。[24] なお、彼は、その後の著作においては、保険法については余り顧慮せず、研究の重点はむしろ民法に移っていたといわれている。[25]

（1）Benecke は、一七七六年八月一七日、ハノーファで生まれ、その後、ハンブルクで商人教育を受ける。一八一三年、イギリスに渡り、そこに長年にわたり滞在する（A. Manes, Benecke, Lexikon, SS. 306–307; P. Koch, Pioniere, SS. 217–218）。

（2）F. Büchner, Hamburgs Beitrag zur Fortentwicklung des Versicherungswesens, des Versicherungsrechts und der Versicherungswissenschaft, VW 1966, S. 797.

（3）Koch, Pioniere, S. 218; 木村栄一「損害保険史上の人々」損害保険研究第五一巻第四号二一一頁。

（4）G. A. Kiesselbach, Die Wirtschafts- und rechtsgeschichtliche Entwicklung der Seeversicherung in Hamburg 1901, S. 140.

（5）H. Möller, Die Versicherungswissenschaft in Hamburg, Hamburg als Versicherungsstadt 1950, S. 66.

（6）この点については、坂口光男・保険法立法史の研究七頁参照（文眞堂、一九九九年）。

（7）H. Braun, Geschichte der Lebensversicherung und der Lebensversicherungstechnik, 2. Aufl. 1963, SS. 213–214（水島一也訳・H・ブラウン著・生命保険史二五八―二五九頁（明治生命一〇〇周年記念刊行会、一九八三年））。

（8）Koch, Pioniere, S. 219; Ders., Geschichte, S. 79.

（9）Pöhls は、一七九八年二月九日にハンブルクで生まれ、ハイデルベルクで法律学を学んだ。弁護士としては余り成功せず、むしろ理論的研究に多く関わっていた（Benecke, Pöhls Meno, ADB, Bd. 26, 1970, SS. 374–375; G. Kleinheyer/J. Schröder (Hrsg.), Deutsche und Europäische Juristen aus neuen Jahrhunderten, 4. Aufl. 1996, S. 503）。

（10）Benecke, a. a. O. ADB, S. 375; G. Kleinheyer/J. Schröder（Hrsg.）, a. a. O. S. 503.

（11）H. H. Seiler, Über die Anfänge wissenschaftlicher Bearbeitung des Versicherungsrechts in Hamburg, Festschrift für Karl Sieg 1976, S. 538; G. Winter, Die Assecuranz in Hamburg, Recht und Juristen in Hamburg 1994, S. 204.

（12）Vgl. Seiler, a. a. O. S. 538.

(13) Seiler, a. a. O. S. 538.

(14) その作成の経緯については、Vgl. Ritter-Abraham, Das Recht der Seeversicherung, Bd. 1, 1966, SS. 2-4.

(15) H. Möller, Die Wissenschaft von der See- und Transportversicherung im Hafen Hamburg, ZfV 1964, S. 282; Koch, Geschichte, S. 80; もっとも、それ以前の一八六二年にブレーメンの保険実業家であるH. Tecklenborgが海上保険制度の体系に関する書物を著していたことについては、Vgl. Koch, Geschichte, S. 80.

(16) Möller, a. a. O. ZfV, S. 282.

(17) Sievekingは、一八三六年六月二四日にハンブルクで生まれ、生涯の大部分をハンブルクで過ごしていた。裁判所勤務、弁護士、州政府の大臣となったが、一八七九年一〇月一日に活動を開始したハンザ上級地方裁判所の初代の所長となる（A. Manes, Sieveking, Lexikon, S. 1440)。なお、右の裁判所の設立の詳細については、Vgl. J. Albers, Das Hanseatische Oberlandesgericht, a. a. O. Recht und Juristen in Hamburg 1994, SS. 103-111.

(18) Manes, a. a. O. S. 1440.

(19) H. J. Kurland, Richter: E. F. Sieveking- M. Mittelstein- H. Ruscheweyh, a. a. O. Recht und Juristen in Hamburg 1994, S. 329.

(20) Möller, a. a. O. ZfV, S. 282; 坂口光男・保険契約法の基本問題二一六頁（文眞堂、一九九六年）。

(21) Möller, a. a. O. ZfV, S. 288; 坂口・前掲二一六頁。なお、裁判官としての彼の活動の詳細については、Vgl. Kurland, a. a. O. SS. 325-333.

(22) Reatzは、一八三一年九月にダルムシュタットで生まれ、大学の講師、弁護士、法律顧問官、枢密顧問官となっていた（Manes, Reatz, Lexikon, S. 1227; 木村・前掲二四四―二四五頁)。

(23) もっとも、彼がその根拠として用いている資料は孤立的で、一般的には史実としては重要視されていない。そこで、海上保険の起源を一四世紀後半のイタリア沿海都市に求めるSchaubeの研究が最も信用できるとされる（Manes, a. a. O. S. 1227; 小島昌太郎・保険学総論三〇九頁（日本評論社、一九四三年))。

(24) Vgl. Koch, Geschichte, S. 82.

(25) Manes, a. a. O. S. 1227; 木村・前掲二四五頁。

第三款　保険契約の法体系上の地位

一　緒説

保険契約の法体系上の地位に関する問題は、保険法と一般私法との関係をどのように理解するかという問題、それとともに、特殊な性格を有すると考えられる保険法理をいかに一般の私法理論に近づけて理解するかという問題と、それぞれ関係している。(1)ローマ法には知られていない保険契約に関し、その法的性格をめぐって激しい議論が行われていた。

まず、一九世紀の前半においては、主として、保険契約の体系上の問題、すなわち、保険契約は射倖契約に位置づけられるか、保険契約は保証とともに担保契約の範ちゅうに属するか、保険契約は特有の契約類型と考えられるかという問題が主に議論の対象とされていた。これに対し、一九世紀の半ば以後になると、保険契約の内容に関する問題、すなわち、保険契約は保険者の損害塡補約束と定額給付約束のいずれを対象とする契約であるかという問題が主な議論の対象とされた。その際、この議論の出発点となったのは、生命保険契約をどのように位置づけるかという問題である。(2)その意味において、保険法学は、一九世紀においては、波瀾万丈的な展開を見せるドイツ私法の領域となっていた。(3)

二　保険契約の射倖契約性

まず、保険契約の射倖契約性に関連する若干の代表的な立法例を概観することとする。一七九四年のプロイセン普通法は、保険契約を、一方では射倖契約として民法の債務法に、他方では商人法の一部として商法の範囲に、それぞれ位置づけていた。すなわち、保険契約を、第一編第一一章第六節の「射倖取引と不確実な期待について」という表題の債務法的交換契約の範ちゅうに位置づけていた。そして、第一編第一一章第六節は、射倖取引の例として保険契約を挙げていた（五四六条）。他方、右の五四六条は、射倖取引としての保険契約は商人法において規制されると定め、これを受けて、第二編第八章第一三節は、「保険について」という表題のもとに、一九三四条から二三五八条まで四〇〇か条以上にわたる詳細な規定を定めていた。これにより、保険契約に関する規定は、一方では民法の債務法に、他方では商法の範囲に位置づけられていたことが明らかである。[4]しかし、たとい保険契約は商人法において規制されるとしても、その射倖契約としての性格により、体系的には民法の債務法に属するとされている。[5]また、一八〇四年のフランス民法典は、第三編第一二章で射倖契約を扱っているが、一九六四条は射倖契約を次のように定義していた。すなわち、射倖契約とは、双方的約定であり、その約定の効果が、利得と損失に関し、当事者の全員または一人もしくは数人にとって、不確実な出来事に関わるものをいうと定め、その例として、保険契約、冒険貸借、博戯と賭事、終身定期金契約を挙げていた。そして、民法典は、単に、博戯と賭事、終身定期金についてのみ詳細に定めるにとどまり、保険契約については定義規定すら定めていない。保険契約は、完璧を期するため、すなわち、念のために言及されるにとどまっていたといわれている。[6]さらに、一八一一年のオーストリア普通民法典は、保険契約に関し一二八八条から一二九一条まで四か条の規定を定めていた。これらの規定は、「幸運契約について」という表題を用いている第二九章の一二六七条から一二九二条の中に収められていた。そして、一二六七条は、幸運契約を「なお不確実な利益の希望が約束され引き受けられる契約」と定義し、一二六九条は、幸運契約の種類の一つとして保険契約を挙げていた。そして、当時の学説は、保険契約は、民法の体系外に位置づけられる特殊の契約（contractus sui generis）ではなく、その他の契約と同様に民法の債務法に位置づけられると述べていた。そこで、保険契約については一般の規定を考慮すべきこと、商法が適用される保険契約は別として、保険契約について特別の規範は存在しないとされ、海上保険は別として、保険契約は特殊な領域に属するという考えは存在していなかったと述べられていた。[7]

次に、当時の学説について考察することとする。一九世紀初頭のドイツ普通法理論は、射倖契約という一般的な範ちゅうを認め、保険契約を射倖契約に位置づけていた[8]。まず、G. F. Puchta は、次のように述べていた。すなわち、契約の内容は、利得または損失が不確実な事実の発生に依存せしめられることによって、特殊の性格を帯びる。この特殊の性格は「賭け（alea）」と呼ばれ、その取引は冒険取引とされる。この冒険取引は、二つに区別される。一つは、主として冒険（Wagnis）のため儲けのために締結されるのではない取引で、その例として保険契約が挙げられる。もう一つは、利得と損失の冒険が唯一の実質的な目的とされる取引で、その例として賭事と博戯が挙げられると述べていた[9]。また、パンデクテン法学者である B. Windscheid の主著かつ著名な Lehrbuch des Pandektenrechts[10] は、「幸運契約（Glücksverträge）」という独自の表題のもとに、次のように述べていた。すなわち、特殊な種類の契約として、幸運契約または冒険契約がある。これらの契約は、いずれの当事者に利益をもたらし、いずれの当事者に不利益をもたらすかは、偶然の出来事の発生に依存するという契約である。幸運契約は、それ自体は幸運契約ではない特別の契約形態か（例えば、船舶の貸借、希望売買）、それとも、固有の契約内容を有する契約か（例えば、博戯・賭事契約、保険契約）のいずれかである。幸運契約は無条件に許されるわけではなく、その判断基準は、次の点に求められる。すなわち、両当事者が、利得を得るために、損失の危険を引き受ける契約は許されない。これに対し、少なくとも当事者の一方が正当な生活利益を追求する幸運契約は許される[11]。そして、例えば、博戯契約では両当事者は単に利得を意図しているのに対し、保険契約では、一方の当事者も利得を意図しているが他方の当事者は損害に対して自己を保護しようと意図しているとする。これにより、彼は、保険契約を幸運契約、しかも許される幸運契約に位置づけている[12]。このように、Puchta と Windscheid は、幸運契約を許されるものと許されないものに区別するとともに、保険契約を前者の契約に位置づけている。これは、それ以前の学説に対するきわめて重要な進歩を意味している。もっとも、パンデクテン法学者の教科書においては、保険契約は多くの場合、みじめな欄外（kümmerliches Margina）で叙述されるにとどまっていた。[13]

三　保険契約の固有契約性

前述したように、一九世紀初頭のドイツ普通法理論は、射倖契約という契約の範ちゅうを一般的に認め、保険契約を射倖契約に位置づけていた。しかし、Windscheid を代表者とするパンデクテン法学者だけが射倖契約という範ちゅうに固執していたにすぎなかった。[14] これに対し、ゲルマン法学者は、射倖契約という一般的な範ちゅうを承認することに反対し、また、保険契約を射倖契約という観念から解放しようと試みていた。彼らは、保険を、商人的基礎に立脚する保険と、中世の団体・ギルド制度に起源を有する相互保険を区別する。

まず、W. E. Wilda は、射倖契約または幸運契約という一般的な範ちゅうの有する価値に批判を加える。そして、射倖契約または幸運契約においては、博戯と賭事を除いては、既存の契約、例えば売買契約の「修正(Modifikation)」が問題となるにとどまるとする。[15] また、ドイツ法史研究の代表者であり、ゲルマン法学の最も重要な先駆者である G. Beseler も、保険の法的考察を経済的・数理的考察と関連づけながら、保険契約を固有の契約類型に位置づけようと試みていた。すなわち、射倖契約または幸運契約という概念は、法律学にとって無価値であり、また、生活関係の衡平な評価に対して混乱的な作用を及ぼすことになる。もちろん、保険契約は、これを個々的に観察するならば、射倖的性格を有する。しかし、個々的な保険取引は稀である。保険営業者は多数の者から保険を引き受けるのであり、この多数の者については損害と利得の確率計算は可能であり、それにより、保険料も、引き受けられる危険の平均価格として現れる。そこで、彼は、保険契約は保証と博戯の中間に位置する固有の契約類型（eigener Vertragstyp）に位置づけられるとする。[16] さらに、団体法についての研究を極め、法人の本質について有機体説を提唱した O. v. Gierke は、人の結合体も、一つの統一的な全体をなして固有の生命と団体意思を有し、社会的有機体を構成するとする。その際、彼は、団体（Genossenschaft）という概念を、自由な盟約

(Einung) にもとづくドイツ法的な統一をなす人の結合と理解し、そのように理解された団体の中に、家族から国家までを包含するドイツ法生活の中心的な発現が見い出されるとする。(17) その団体から、彼は相互保険の発生を導き出している。すなわち、たゆまぬゲルマン的共同精神が、相互保険という法形態が発生するための本質的な契機となっているとする。(18) そこで、彼は、保険契約をローマ法的な図式の中に組み込もうとする古い試みに対抗して、全く固有の種類の契約 (eigenartiger Vertrag) としての地位を獲得したと述べている。(19) すなわち、保険契約は、完全な確率計算の結果として、幸運契約との類似性を失っている。保険契約は、確実なことを不確実にするのではなく、むしろ、人間の諸事情において迫り来る不確実性を限られた確実性に変えるための可能性を提供するものであると述べている。(20)

四　生命保険の法的性質

一八〇〇年代の半ばになると、生命保険をめぐる論争が契機となって、保険の本質に関する論争が重要な転換期を迎えることとなる。それ以前においては、生命保険は何のためらいもなく損害保険とされ、損害の塡補が保険者の給付であること、しかもここでの損害は実体的損害 (materieller Schaden) であると解されていた。そして、支払われる保険金の額が約定の一定額に固定されることの理由として人の生命の価値の評価不可能性が述べられ、また、生命保険に対する疑念は、せいぜい、事故の不確定性が十分な程度に存在するか否かという点に存しているとされていた。(21) これに対し、一八〇〇年代の半ばになると、生命保険をめぐる論争が活発化するが、それは、主として、生命保険は保険としての性格を有するか、生命保険は損害保険と解すべきかというものであった。生命保険(契約) ほど、しばしば学問的論争の対象とされる領域は他には存在しないともいわれていた。(22)

この問題をめぐる固有の議論は、まずドイツにおいて、しかもドイツにおける最初の論文であるJ. v. Staudingerの「生命保険契約の法理論 (Die Rechtslehre vom Lebensversicherungsvertrage 1859)」によって開始した。

この論文において、彼は、従来の見解に対して批判的な検討を加えながら、最初にしてかつ詳細な理由づけのもとに、生命保険は、真の保険（echte Versicherung）であること、他の保険と同様に損害保険であると主張した。すなわち、人間の死亡は損害事故（Schadensereignis）であること、人間の生命を評価するということは何も前代未聞のこと（Unerhörtes）ではない。人間の生命の評価は、すでに古いゲルマン社会の、加害者が被害者の遺族に支払う人命金（Wergeld）に関する慣習の中に見い出される。被害者の遺族は損害を加えられている。射倖的要素は、人間の生存期間の点に存すると述べていた[23]、[24]。なお、生命保険を損害保険と解する当時の学説においては、生命保険の特殊の事情から、生命保険については、例えば具体的需要充足または損害証明という一般原則に対して一定の例外を認めるべきである、という点においてすべて一致していたといわれる[25]。これに対し、W. Endemann は、生命保険を損害保険と解する損害塡補説に対して完全に反対していた[26]。そして、彼の研究の最も重要かつ核心的な点は、保険契約を二元的に定義し、保険契約は、保険者が、契約において詳細に定められている一定の事故が発生したときに、一定の金額または損害塡補金を支払うべき義務を負う契約であるとする。一九〇八年五月三〇日のドイツ保険契約法一条一項は、保険契約の内容として、損害保険と定額保険に区別して定義しているが、これは、右の Endemann の見解を採用したものであるとされている[27]。いずれにせよ、一八〇〇年代の半ばにおける生命保険の性格をめぐる議論が、保険契約の定義、損害保険契約と定額保険契約の区別、保険契約における利得禁止に関する論争の契機となったのである[28]。

（1）　H. Eichler, Vom Zivilrecht zum Versicherungsrecht, Festgabe für Hans Möller zum 65. Geburtstag, Grundprobleme des Versicherungsrechts 1972, S. 177; なお、ヨーロッパ各国の保険法立法において、保険契約の位置づけ、保険法と民法との関係についての問題に関しては、Vgl. Eichler, a. a. O. SS. 177–186.

（2）　G. Landwehr, Die ZHR als Organ der Handelsrechtswissenschaft, ZHR, Bd. 150, 1986, S. 74.

（3）　F. Ebel, Rechtsgeschichtliche Entwicklung der Versicherung, HdV, S. 624.

(4) 坂口光男・保険法立法史の研究四―五頁（文眞堂、一九九九年）。
(5) W. Ebel, Glücksvertrag und Versicherung, ZVersWiss, Bd. 51, 1962, S. 58; Eichler, a. a. O. S. 178.
(6) W. Ebel, a. a. O. ZVersWiss, SS. 58–59.
(7) Vgl. Eichler, a. a. O. S. 181.
(8) Vgl. H. Eichler, Privatversicherungsrecht, 2. Aufl. 1976, S. 21.
(9) G. F. Puchta, Lehrbuch der Pandekten, 12. Aufl. 1877, SS. 395–396.
(10) 彼の主著であるPandektenは、いうまでもなく、当時においては、法典編纂がなされていなかったため、実務に対する最重要の学問的権威、実務に対する学問上の最終審に至っていた（F. Wieaker, Privatrechtsgeschichte der Neuzeit, 2. Aufl. 1967, S. 446)。
(11) B. Windscheid, Lehrbuch des Pandektenrechts, Bd. 2, 9. Aufl. 1906, S. 341.
(12) Vgl. Eichler, a. a. O. Privatversicherungsrecht, S. 21.
(13) F. Ebel, a. a. O. HdV, S. 624.
(14) W. Ebel, a. a. O. ZVersWiss, SS. 69–70.
(15) W. E. Wilda, Die Lehre vom Spiel aus dem deutschen Rechte neu begründet, Zeitschrift für deutsches Recht 1839, S. 133ff. (Vgl. W. Ebel, a. a. O. ZVersWiss, SS. 68–69).
(16) G. Beseler, System des gemeinen deutschen Privatrechts, 2. Aufl. 1866, S. 537（Vgl. W. Ebel, a. a. O. ZVersWiss, S. 69); その他に、「保険契約」という特有の契約類型を創造する学説、「担保取引（Sicherungsgeschäfte)」という新たな範ちゅうに位置づける学説が存在していた（Vgl. W. Ebel, a. a. O. ZVersWiss, S. 69 Anm. 30–33)。
(17) Vgl. G. Kleinheyer/J. Schröder（Hrsg.), Deutsche und Europäische Juristen aus neun Jahrhunderten, 4. Aufl. 1996, SS. 147–148.
(18) 相互保険、とくに火災・家畜損害に対する相互保険の発生は、ゲルマン的共同体の発生と密接な関係を有しているということについては異論はない（P. Koch, Ansätze zum Versicherungsgedanken in deutschrechtlichen Quellen bis zur Hamburgischen Assekuranz- und Havereiordnung von 1731, Festschrift Hermann Eichler, Rechtsgeschichte und Rechtsdogmatik 1977, S. 368)。
(19) そのため、彼の体系書においては、保険契約は「独立の担保契約（Selbständige Sicherungsverträge)」という表題のもとで扱われている（O. v. Gierke, Deutsches Privatrecht, Bd. 3, Schuldrecht 1917, S. 793f., S. 795）。

(20) Gierke, a. a. O. S. 795.

(21) W. Ebel, a. a. O. ZVersWiss, S. 71.

(22) P. Laband, Die juristische Natur der Lebens- und Rentenversicherung, Festgabe zum Doctor-Jubiläum des Herrn Geheimen Justizrathes Professors Dr. Heinrich Thöl 1879, S. 1; 主な見解の主張者については、Vgl. Landwehr, a. a. O. SS. 74-75.

(23) Vgl. W. Ebel, a. a. O. ZVersWiss, S. 71; なお、ＲＧも、一八八九年、生命保険は真の保険であること、その理由として、ある人の死亡の中に、他の人にとって財産状態の重要な悪化、それゆえ損害の危険が存在しうると判示していた（RGZ 24, 295）。他方、一八六六年のドレースデンの判決は、生命保険は保険ではなく、保険者によって約束された金銭支払いの売買（Kauf）であると判示していた（Vgl. W. Ebel, a. a. O. ZVersWiss, S. 72）。

(24) なお、その五年後の一八六二年、K. Malßも、保険契約を「一般的に」損害塡補の契約と定義していた（K. Malß, Betrachtungen über einige Frage des Versicherungs -Rechtes 1862, S. 78）。

(25) W. Ebel, a. a. O. ZVersWiss, S. 72.

(26) W. Endemann, Das Wesen des Versicherungsgeschäftes, ZHR, Bd. 9, 1866, S. 284f., S. 511f., Bd. 10, 1866, S. 242f..

(27) Koch, Geschichte, S. 104.

(28) F. Ebel, a. a. O. HdV, S. 624.

第四款　普通保険約款による保険法の形成・発展

ドイツにおいては、一九〇八年に保険契約法が成立するまでは、陸上の保険契約に関する法律上の基礎は欠けていた。そのため、保険法の形成・発展は、長年にわたって、保険者の私的自治、すなわち、保険者が作成する保険約款に委ねられていた。[1] とくに、一八〇〇年代の前半に設立されていた大規模な火災保険会社の普通保険約款は、保険法、とりわけ火災保険法の形成・発展に対して重要な役割を果たしていた。[2] 普通保険約款こそ「文章化された最初の保険法」であった。[3] 普通保険約款は、一方では、保険法の形成・発展に対し、他方では、保険法の立法に対し、重要な役割を果たしており、普通保険約款を度外視しては、保険法の形成・発展・立法は考えられないといわれている。[4] もっとも、一八〇〇年代の前半においては、保険約款の内容は保険会社によって一部分かなり異なっていた。そこで、一八〇〇年代の後半においては、カルテルによってすべての保険会社についての統一的な保険約款を作成するための努力が払われていた。[5] 次に、統一的な保険約款の作成過程を概観することとする。

まず、一八六九年九月五日、ドイツ生命保険会社の協会が二二の会員の参加のもとに設立されたが、この協会は生命保険普通保険約款を作成し、これを協会に所属している一七の保険会社に提示した。[6]

しかし、ドイツにおいてとくに統一的な保険約款の先駆とされるのは、一八七一年一一月二九日にハノーファでドイツの一一の火災保険株式会社によって設立された私火災保険会社の連盟が作成した普通保険約款である。この連盟の保険約款が保険会社によって採用されることとされたが、その採用期限は一八七五年七月一日と定められていた。しかし、この保険約款を全ドイツにおいて統一的に採用することは、実際上において不可能であった。その主な理由は、保険会社の免許について特別の権限を有する諸邦の政府が、それまで適用されていた保険会社の保険約款を留保したいと考えていたこと、それゆえ、変更された保険約款に対して認可を与えることを拒んだということにある。[7] この連盟の保険約款は、一八八六年に変更された。一八八六年の火災保険約款は、単に火災保険の範囲にとどまることなく広く火災保険以外の損害保険についての保険約款の模範となっていたという意味において、きわめて重要な意味を有していた。[8]

また、一九〇〇年一月二六日、ベルリンにおいて、ドイツで活動しているドイツ・オーストリア・ベルギー・スイスの傷害保険会社の総会が開かれた。この総会において、ドイツで活動している傷害保険会社の連盟の設立に関する決議が行われた。この連盟の目的は、その規約の一条に示されている。それによると、とくに、可能なかぎり統一的な保険約款を確定することにあるが、これに対し、所属保険会社の競争及び内部関係に関する事項は、その目的から除外されている。この連盟は、翌年の一九〇一年、傷害保険及び責任保険に関する共通の保険料率及び統一的な保険約款を作成するため、委員会を設置した。この委員会の準備作業にもとづいて、一九〇四年二月一七日及び一八日の総会において、所属の保険会社は、二社を除いて、共通の最低保険料率及び共通の保険約款を採用するという契約に署名した。一九〇五年一月一日、統一的な保険約款が発効した。なお、統一的な保険約款の採用によって、保険契約の内容の等質性及び画一性が確保される。そして、統一的な保険約款に参加する保険会社が多くなれば、それだけ保険契約の内容の等質性が高められる。しかし、他方では、保険者は保険約款の規定を保険契約者に対して強制することができるので保険契約者に不利益をもたらすことがあり、統一的な保険約款を過大評価することについては注意を要する。(9)

一九〇八年五月三〇日のドイツ保険契約法は、第一に、その基本において、保険会社が保険契約において使用していた普通保険約款を要約し、第二に、学者の著作・判例・普通保険約款等をもとにして形成されていた慣習法に従い、第三に、当時の保険実務において存在していた標準的モデルを採用して、制定されたものである。それゆえ、ドイツ保険契約法は、過去の状態との断絶を示す革新的な法典編纂というよりは、その当時すでに存在していた保険実務の現状の記述にとどまると評価するのが正確である。(10)

（1）　Hagen, Vertragsrecht, Lexikon, S. 1767; P. Koch, Zur Geschichte der Versicherungsvertragsrechtlichen Kodifikationen in Deutschland und Österreich, Festschrift für Reimer Schmidt 1976, S. 318.
（2）　坂口光男・保険法立法史の研究六九頁（文眞堂、一九九九年）。
（3）　E. R. Prölss, Die Entwicklung des Feuersversicherungsrechts, Das Versicherungsarchiv 1942/43, S. 163.
（4）　F. Ebel, Rechtsgeschichtliche Entwicklung der Versicherung, HdV, S. 623.
（5）　Hagen, a. a. O. S. 1767; Koch, a. a. O. S. 318; 坂口・前掲六九頁。

（6）　坂口・前掲六九頁。
（7）　詳細については、坂口・前掲六九―七〇頁、及び九四頁の注（85）―（87）参照。
（8）　坂口・前掲七〇頁参照。
（9）　坂口・前掲七〇頁参照。なお、保険会社の連盟は、時の経過とともに、統一的な保険約款の作成という結合を超えてカルテルを形成し、これに対抗して保険契約者側も保険契約者保護連盟を設立するが、この点の詳細については、坂口・前掲七〇―七二頁参照。
（10）　坂口・前掲二四一―二四二頁参照。

第五款　保険監督の理論的基礎

前述したように、一八世紀の終り頃になると、官房学者の間で、公法的保険よりも私的な保険が優れていること、そして、私的な保険は国家の厳格な監督の下に置くべきであるとする見解が主張されていた。問題は、国家の監督権の理論的基礎をどのように説明すべきかということであり、この問題は必ずしも明確にされていたわけではなかった。[1]

ドイツにおいて、私的な保険企業に対する国家の監督権の理論的基礎づけを行ったのは、ヴェルテンベルクの国法学者であるR. v. Mohl[2]である。彼は、一八三二年から一八三四年にかけて著した三巻のDie Polizey-Wissenschaft nach den Grundsätzen des Rechsstaatsによって、官房学と行政法の架橋を行い、そして、市民の福祉の増進のための国家の包括的な役割を提唱したが、それが国家の監督権の理論的基礎づけとなった。右の書物は、同時代のそれと比較して、第一に、伝統的な福祉国家（官房学）についての資料を明確に体系化したこと、第二に、行政の実際を法的基礎と同時に論じていること、第三に、実質的な法治国家の原理を明らかにしたこと、という点において優れているといわれている。[3]

彼は、右の書物において、独自の方法で古い行政学を一九世紀の法治国家思想に統合している。彼は、警察は単に安全の確保と危険予防のために活動すべきであるという警察主義的自由観には従わず、警察には全体的な社会福祉事務の任務も課されているとする。そのため、彼の書物は、市民の福祉の増進にも向けられた包括的国家活動についての重要な叙述となっている。そして、彼は、古い「警察学」に対して、法治国家思想を採用するが、この思想は、彼には、「実質的法治国家思想（materielles Rechtsstaatsdenken）」の形における法治国家思想として現れている。それにより、法治国家の目的は、すべての市民がその能力を自由かつ全面的に行使しうるように支援し助長することにあるとする。(4) 行政の法律拘束性（Gesetzesbindung der Verwaltung）という「形式的」な法治国家思想は、彼にはまだ完全には現れていなかった。彼には、独立の行政裁判所の思想も萌芽として（im Ansatz）存在していた。(5)

ところで、私的な保険企業に対する国家の監督権の理論的基礎づけを行った彼は、国家と保険との関係の在り方について、次のような見解が存在するとする。第一は、政府は、単に一般大衆の判断に委ね保険企業の設立にも条件にも関わらないとする見解である。これは、保険制度に対する国家の任務に関し一八七〇年代に主張された極端な自由主義思想に相当する見解である。第二は、政府の権限は、保険企業の設立認可の範囲における審査には制限されず、むしろ継続的に強力な監督を行うこと、必要な場合には政府が保険企業を経営するとする見解である。この見解は、実体的な国家監督制度を提唱しようとするものであるが、それにとどまることなく、保険制度の全体を国有化するという考えの傾向をも示している。この見解は、とくに一八八〇年代に多くの人々によって主張されていた。保険制度の全体を国有化するというこの見解は、私保険企業と保険組合（Sozietäten）との間に競合が存在していたこと、両者間に絶えず激しい対立が生じていたという事情を考慮していた。(6) 右のような見解の状況の中で、彼は第三の見解として、中間的で控え目な見解を主張し、次のように述べていた。すなわち、政府は、すべて保険施設とその規約の審査を留保すること、積極的に違法または一般の福祉に反すると認められることは排除すること、しかし、その他の点では事物の成行きに委ねること（der Sache ihren Gang läßt）、ただ、違法または一般の福祉に反することを排除するためにのみ当事者に対して特別の呼出しの準備をすること、そして、何らかの疑いが認められるときは、保険企業に対する認可は純粋に消極的な性質のものであり、それによって推奨や保証を引き受けるものではないということを明確に表明すべきであると述べている(7)。彼はこのように控え目な態度を示していたが、これに対し、他の見解は、保険企業の認可に際して、規約と安全性の審査のみでは十分ではなく保険企業に対する恒常的な審査と監督が必要であること、国民の福祉に対して及ぼす保険企業の積極的な影響からして、保険企業に対して完全な注意を向け、そして、保険企業のみならず保険契約者を賢明な立法によって保護することは、国家の義務であると述べていた(8)。それはともかくとして、彼は、一方では、自由主義の立場から保険制度を助長すること、他方では、保険制度の重要性とその濫用に鑑みて保険企業に対する厳格な監督の必要性を説き、そこに保険監督の理論的基礎を見い出そうとしていたとされる(9)。

（1）　なおドイツにおいては、私的な保険企業に対する監督はきわめて不統一であった。すなわち、諸邦間において、個々の保険部門において、また保険会社により異なった監督が行われていた。とくに、保険に特有な監督基準は存在していなかった（M. Tigges, Geschichte und Entwicklung der Versicherungsaufsicht 1985, S. 48）。

（2）　Mohl は、一七九九年八月一七日、シュトウットガルトで生まれ、チュービンゲン、ハイデルベルクでそれぞれ法及び国家学を学び、一八二一年にチュービンゲンで法学博士の学位を取得する。一八二四年にチュービンゲン大学の国家学部の教授となるが、チュービンゲンにおける主要書物として、Das Staatsrecht des Königsreichs Württemberg, 2 Bde., 1929/31 及び本文で述べた書物がある（G. Kleinheyer/J. Schröder (Hrsg.), Deutsche und Europäische Juristen aus neun Jahrhunderten, 4. Aufl. 1996, SS. 282-286）。

（3）　M. Stolleis, Mohl, Robert von, HRG, 3. Bd. 1984, S. 618.

（4）　なお、彼は、本文で述べた書物の書名として「法治国家の諸原則による（nach den Grundsätzen des Rechtsstaats)」という概念を用いているが、これは彼が最初に一般用語の中に採用したものであるといわれている（E. Angermann, Robert v. Mohl, NDB, 17. Bd., S. 693)。

（5） Kleinheyer/Schröder, a. a. O. SS. 283-284.

（6） Tigges, a. a. O. S. 49, S. 67; なお、ドイツにおける私保険企業と公法的保険施設の長年にわたる対抗の状況については、坂口光男・保険法立法史の研究一二頁以下、一三二頁以下、一四五頁以下、一四九頁以下、一五三頁以下を参照（文眞堂、一九九九年）。

（7） Vgl. Tigges, a. a. O. SS. 49-50.

（8） Vgl. Tigges, a. a. O. S. 50.

（9） Tigges, a. a. O. S. 49; P. Koch, Zur theoretischen Grundlegung der Versicherungsaufsicht im 18. und 19. Jahrhundert, Versicherungen in Europa, heute und morgen 1991, S. 390.

第六款　保険数理の完成

一九世紀においては、生命保険の数理的基礎づけがさらに深化・発展し、それは廃疾保険と傷害保険にまで拡大して用いられた。生命保険の活動の拡大とともに、保険数理に関する研究は常に実務と関連づけられていた。保険制度に関する理論においては数学が優勢な地位を占め、保険数理と保険学はほとんど同一のもののように考えられていた。(1)

⑴　一八世紀の末頃にドイツで広く普及していた死亡金庫（Sterbekassen）は、十分な保険保護を提供するというよりは、むしろ大きな不安定にさらされていた。その理由は、加入者の掛金は、数理的原則にもとづいて算出されていたのではなく、発生した死亡にもとづいて徴収されていたという点にあった。そこで、J. C. L. Hellwig(2)は、多くの著作において、この点の問題点を指摘し、加入者の年齢に応じ、それゆえ、死亡表にもとづいて個別的な掛金（individuelle Beiträge）を算出することの重要性を認識し、これにより近代的生命保険の重要な基礎を

確立した。[3] 彼は、一七九三年、Ankündigung eines zu errichtenden Braunschweigischen allgemeinen Sterbekassen- Instituts mit Anmerkung über einige Anstalten dieser Art を公表しているが、その中で、掛金が加入年齢（Eintrittsalter）に応じて段階づけられる施設には、五つの明白な長所が認められると述べている。第一に、構成員の一定数は頼りとされないので、引受けに際しては最大の厳密さをもって処理することができ、それにより死亡数が減少させられること、第二に、加入者は、彼が生存している間にどれだけ支払うべきかということを正確に知っており、それによって支払うべき掛金の額についての不確定性は失われること、第三に、より多くの大衆が存在し、そこでより少ない掛金またはより多くの掛金について関心が持たれうること、第四に、若い年齢で加入する者は、一生の間、高い年齢で加入する者よりも少なく支払えばよいので、若い年齢で加入しようと努め、これにより死亡数は減少すること、第五に、若い年齢で加入する者は、古い施設では給付することができないほどの少ない掛金によって埋葬金を取得するとする。Hellwig は、これにより、その当時の死亡金庫に存在していた問題点を除去するための決定的な第一歩を踏み出したのである。[4] 彼の考えの実現として、「ブラウンシュヴァイク一般牧師・教師・寡婦施設」が設立され、一八〇六年に営業を開始した。この施設は、一八二四年に「一般寡婦扶養施設」に、一八四〇年に「ブラウンシュヴァイク一般保険施設」にそれぞれ改組され、そこから現在の「ブラウンシュヴァイク生命保険株式会社」が由来している。[5]

(2)　イギリスの数学者である C. Babbage[6] が作成した死亡表は、ドイツの保険制度にとって重要な意味を有していた。彼の死亡表は、エクイタブル社における経験にもとづいて作成されたもので、Comparative view of the various institutions for the assurance of lives として、一八二六年にロンドンで公表されていた。これは、一八二七年に、ヴァイマルで Vergleichende Darstellung der verschiedenen Lebens- Assekuranz- Gesellschaften と翻訳されて刊行され、E. W. Arnoldi に贈呈されていた。前述したように、一八二七年、Arnoldi によってゴータでドイツ最古の生命保険銀行が設立されていたが、Babbage の右の書物が、Arnoldi をして生命保険銀行を設立させることの直接の動機となっていた。そして、ゴータ生命保険銀行は、選択死亡表（Selektionssterbtafeln）の採用の時まで、修正された形においてではあるが、当時において最良の死亡表とされていた Babbage の死亡表を保険料計算と責任準備金計算の根拠として使用していた[7]。このように、イギリスの書物の翻訳と刊行がドイツにおける最古の生命保険会社の設立と技術に対して決定的な影響を与えていたのである[8]。

(3)　ベルリンの会計官である E. W. Brune は、一八三七年、一七七六年から一八三四年までの間にベルリンのプロイセン王立一般寡婦扶助施設で引き受けられていた三一五〇〇人の夫婦についての経験をもとにして、男女別の死亡表を雑誌に公表した。この死亡表は、事実に即して計算されたドイツ最古の死亡表であり、後述する C. F. Gauß の賛同を得るとともに、Gauß 自身も、ゲッチンゲン教授・寡婦金庫（Göttinger Professoren-Witwen-Kasse）の検査に際してこの死亡表を使用していた。Brune の研究の目的は、類似してすでに存在し、または今後に設立される施設に、その財政状態の検証またはその掛金計算の基礎を提供するということにあった[9]。彼は、五年毎の死亡者数を生存者数で割ることによって、五年毎の観察から死亡の確率を求めた（死亡数は二四二八九）[10]。彼は、その後、前述した扶助施設の観察を一一年後の一八四五年まで拡大し、豊富な資料にもとづく二つの新しい表を一八四七年に公表していた[11]。

(4)　数学者、天文学者、物理学者、測地学者である C. F. Gauß[12] は、数学史において頂点を極め、数学家の公爵（Fürsten）ないし数学の創始者といわれている。彼の研究は、近代的保険数理の基礎を築き、生命保険技術の発展に対して決定的に重要な意味を有し、その知識は実際の例に適用された。彼は、数学の理論的研究と並んで、保険制度の実務にも関わっていた。その当時、死亡金庫が広く普及していたが、彼は、子供ではあったが、父が死亡金庫の出納係りをしていた関係から、死亡金庫について十分に知っていた。彼は、一八四五年、委任を受けて作成した意見書において、ゲッチンゲン教授・寡婦・孤児金庫（Göttinger Professoren- Witwen- Waisenkasse）[13]の財政状態について詳細に言及している。この金庫の財政状態が危機に陥った理由は、次の点にあった。すなわち、金庫の規約は、寡婦年金の徐々の増加を定めているが、他方では、寡婦の人数の増加それ自体は年金受給の縮小をもたらすという事実を考慮していなかったということである。彼の意見書は、年金基金の計算制度のための手引きとなり、そして、死亡率と確率にもとづく貸借対照表（Bilanz）を示した。[14]とくに、彼は、この金庫の二重の性格、すなわち、一つは掛金にもとづく保険施設としての性格、もう一つは遺産にもとづく慈善施設という性格を強調していた。その際、彼は、自ら永続するものと仮定した金庫の三重の義務、すなわち、第一は既存の寡婦と孤児に対する義務、第二は貸借対照表の期日に金庫の構成員となった教授に対する義務、第三はすべて将来に加入する教授に対する義務を、それぞれ区別した。[15]彼の意見書は、結論として、もし年金が減額されるべきでないならば、掛金が増額されるべきであると述べていた。彼の意見書は、保険数理に関する最も著名な文書とされ、永続的に存続するものと仮定される年金金庫の貸借対照表に関わるすべての人にとって、今日でも研究されるに値するといわれている。[16]

(5)　生命保険の発達に対して重要な刺激となったのは、一八四八年七月八日にロンドンで創設された「アクチュアリー会」である。技術的な基礎に立脚する生命保険は、一七六二年にロンドンで設立されたEquitable Societyをもって嚆矢とするが、その設立後、イギリスにおいて生命保険は著しく発達した。それを促進したのは、生命保険に関する学問的研究である。そして、生命保険に関する知識を有する者は、とくに「アクチュアリー」と呼ばれていた。[17]このアクチュアリーが、一八四八年にロンドンでアクチュアリー会を設立したのである。このアクチュアリー会は、アクチュアリーの地位と関係するあらゆる利益を促進すること、確率計算の適用に根拠を有する学問的方法の拡大と改善を図ることを、それぞれ目的としている。それとともに、アカデミックな教育機関としての性格をも有している。アクチュアリー会は、一八五二年より、機関誌 Journal of the Institute Actuaries を発行し、また、重要な図書館を備えている。これにより、生命保険の学問的研究、とくに数理的・統計的研究の中心的な機関となっている。[18]

イギリスにおけるアクチュアリー学は諸外国に伝えられ、一八五六年にスコットランド、一八七一年にフランス、一八八八年にオランダ、一八八九年にニューヨーク、さらに、ベルギー、イタリアに、それぞれアクチュアリー会が設立された。イギリスのアクチュアリー学はドイツにも影響を及ぼし、ドイツでは一八六八年に「生命保険学研究所（Kollegium für Lebensversicherungswissenschaft）」が設立され、生命保険の数理に造詣のある者の研究団体となっている。[19] なお、一八九五年、各国アクチュアリーの国際的会合がブリュッセルで開かれたが、これは万国アクチュアリー会議と呼ばれ、各国代表者による討論と報告が行われた。この会議の結果として、三年毎に国際会議が開催されることとされた。[20]

(6)　一九世紀の半ばになると、保険の数理的研究は、生命保険から他の人保険へと拡大した。ライプツィヒにおいて、近代的な疾病保険数理と数理的基礎にもとづくドイツで最初の疾病保険企業が現れた。ドイツにおける疾病保険数理の創始者は、ライプツィヒで名高いトーマス学校（Thomasschule）の数学教師である K. F. Heym である。[21]

彼は、ザクセン王国政府の委託を受けて死亡金庫の状態について調査し、ザクセン王国の出生と死亡の記録から導き出された死亡表、いわゆる Heym のザクセン表（Heym's sächsische Tafel）を作成した。彼は、生命保険数理から疾病保険の統計に取り組むが、当時のドイツには十分な資料が存在していなかったので、計算のための基礎として、およそ一〇万人の加入者を有する一五以上の疾病金庫についてのイギリスの数字による資料を使用した。その結果として、疾病の期間（Krankheitsdauer）は年齢（Lebensalter）に依存するということを証明し、それにより、初めて年齢に応じて段階づけられた疾病保険の料率を算出した。彼は、この料率を、彼自身が一八五五年に設立していたライプツィヒ疾病金庫（Leipziger Krankenkasse）の計算基礎として使用した。この金庫は、数理的原則にもとづいて営まれるドイツの最初の疾病保険企業である。[22] 掛金は、加入年齢に応じて段階づけられ、若年齢者は高年齢者よりも低いとされた。もっとも、掛金は死亡または定年に達するまで同じとされ、また、金庫の給付は疾病休業補償金（Krankengeld）のみとされ、疾病費用の塡補は行われなかった。[23] また、彼は、以前から、主観的な危険が疾病保険にとって重要な意味を有していることを知っていた。この理由から、病気にかかった加入者に対する処置が重要となる。そこで、医師が用いられる。その医師は、一週に一回、病人を見回るが、その目的は、病人を治療するということではなく、病気の継続を確認するという点にあった。[24] さらに、彼は、疾病保険の分野以外に廃疾の確率計算にも関わった最初の人である。彼は、廃疾にとっては、疾病と外部的影響という二つの要素が重要性を有すると考えていた。[25] なお、彼は、一八八〇年、社会的傷害保険の導入のために、掛金額の程度の確定に関する意見書を提出していた。この意見書は、第一の法律草案とともに帝国議会に提出された。[26] 彼の表は、一八八八年と一八八九年、社会保険によって見込まれる財政上の負担の調査のために使用されていた。[27]

(7)　保険数理の歴史は、A. Zillmer[28] の研究をもって頂点に達した。周知のとおり、彼は、責任準備金の計算につき国際的に知られているチルメル式積立方法を創始した。

まず、チルメル式積立方法について書かれた著作として、三六頁にとどまるが、Beiträge zur Theorie der Prämienreserve bei Lebens- Versicherungs- Anstalten, Stettin 1863 がある。また、前述した Tetens の後に著された生命保険数理に関する最初の独自の教科書として、Zillmer には、Die mathematischen Rechnungen bei Lebens- und Rentenversicherung, 1. Aufl. 1861, 2. Aufl. 1887 がある。これは、ドイツにおけるアクチュアリーの教科書として最初のものであり、この書物において、初めて純保険料を危険部分と貯蓄部分に分解することが行われた。さらに、彼は、ドイツの二三の生命保険会社の死亡表に関する観察資料を補正したが、この方法で作成された死亡表は、ドイツの生命保険経営において最も広く普及し最も重要なものであるとされている(Deutsche Sterblichkeitstafeln aus den Erfahrungen von 23 Lebensversicherungsgesellschaften, Berlin 1883)[29]。

責任準備金の計算に関する彼の積立方法によると、初年度の保険料は、全部または一部、事業費の補塡に用いられる。保険料積立金の形成は、初年度には少ししか積立金に当てられなかったことによって、繰り延べられる。その繰り延べられた分については、次年度以後に相応の調整が行われる[30]。責任準備金のこの積立方法が考えられた背景には、次のような事情が存在していた。すなわち、一九世紀の半ばになると、イギリス及びドイツで代理店制度が一般化したため、初年度の費用が非常に高騰し、新契約を有する多くの保険会社の事業費が大幅に増加した。新契約費のために、初年度保険料の全部が費消されるということもあった。そこで、従来のように、主として継続手数料に対する代理店の請求権という形での代理店の報酬を認めるのではなく、新契約の締結時に代理店に報酬の大部分を直ちに支払うということが、実務上で必要となった。実務のこのような処理が理論面に反映したのが、彼の前述の著作である。それゆえ、彼は、もっぱら代理店の新契約手数料を「チルメル化（Zillmert)」したということに注意する必要があるといわれている[31]。

（1）　P. Koch, Geschichte, S. 82.

（2）　Hellwigは、一七四三年一一月八日に生まれ、オーデル河畔のフランクフルト大学で数学と自然科学を学び、一七七三年に哲学博士号を取得し、一八〇二年、ブラウンシュヴァイクのCollegium Carolinumで数学と自然科学の教授となる（P. Koch, Pioniere, S. 197; F. Spehr, Hellwig, ADB, Bd. 13, S. 498)。

（3）　Koch, Pioniere, S. 197; Pioniere der Versicherung: Hofrat Professor Johann Christian Ludwig Hellwig, VW 1961, S. 521.

（4） Koch, Pioniere, S. 199.

（5） Koch, Pioniere, S. 200.

（6） Babbage は、一七九二年一二月二〇日（他の資料では二六日）、イギリス南部のデヴォンシャーで生まれ、一八二八年ケンブリッジ大学の数学の教授となる（Loewy, Babbage, Lexikon, S. 267）。

（7） Loewy, a. a. O. S. 267; 近藤文二・社会保険一〇〇頁（岩波書店、一九六八年）、同「社会保険の論理と技術」文研所報六号二四頁。

（8） H. Braun, Geschichte der Lebensversicherung und der Lebensversicherungstechnik, 2. Aufl. 1963, S. 231（水島一也訳・H・ブラウン著・生命保険史二七九頁（明治生命一〇〇周年記念刊行会、一九八三年））、水島一也・近代保険論三〇頁（千倉書房、一九六一年）。

（9） Loewy, Brune, Lexikon, S. 409; Braun, a. a. O. S. 244（水島訳・前掲二九五頁）。

（10） Braun, a. a. O. S. 244（水島訳・前掲二九五頁）。

（11） Loewy, a. a. O. Brune, S. 409; Braun, a. a. O. S. 244（水島訳・前掲二九五頁）。

（12） Gauß は、一七七一年四月三〇日にブラウンシュヴァイクで生まれた。早くから数学の才能を示し、小学校への入学前に、すでに、庭師である父が日雇労働者に支払うために作成した賃金の計算表は誤っていると指摘したと伝えられている。ゲッチンゲン大学で数学を学んだ後、学位を取得するためにブラウンシュヴァイクに戻る。その後、ゲッチンゲンに移り、天文学の教授と天文台の所長を務める（Loewy, Gauß, Lexikon, SS. 610–611; Koch, Pioniere, S. 251）。

（13） 本文で述べた金庫については、W. Ebel, Über die Professoren– Witwen– und Waisenkasse zu Göttingen, ZVersWiss 1970, S. 535以下が詳細である。

（14） Koch, Pioniere, S. 253.

（15） Loewy, a. a. O. Gauß, S. 610; Koch, Pioniere, S. 253; Ders., Die Bedeutung Göttingens für die Entwicklung der Versicherungswissenschaft und –praxis, VW 1969, S. 171.

（16） Loewy, a. a. O. Gauß, S. 610.

（17） 三浦義道・保険学二七―二八頁（巌松堂、一九三三年）。

（18） Koch, Geschichte, S. 89; 三浦・前掲三一―三三頁。

（19） 三浦・前掲三三―三四頁。

（20）三浦・前掲三六頁。

（21）P. Koch, Leipzig und Halle als traditioneller Versicherungsstandort, VW 1995, S. 175; Heymは、一八一八年八月一八日、ライプツィヒで生まれたが、彼の死亡表の中でも、とくに本文で述べるザクセン表は有名である。また、一八六三年にライプツィヒで公表した「疾病・廃疾保険（Die Kranken- und Invalidenv.）」という著作において、この問題に取り組んだ最初の人として、統計的資料が存在していなかったため、仮定として廃疾となる確率に関する表を作成していた（Loewy, Heym, Lexikon, SS. 766-767; P. Koch, Heym, NDB, Bd. 9, S. 87）。

（22）Koch, Geschichte, S. 91; Ders., a. a. O. VW, S. 176; Ders., a. a. O. NDB, S. 87.

（23）Koch, a. a. O. VW, S. 176.

（24）Koch, a. a. O. VW, S. 176.

（25）Koch, Geschichte, S. 92; Ders., a. a. O. NDB, 9. Bd., S. 87; なお、A. Wiegandも、ドイツ鉄道会社の職員に関する資料をもとにして、廃疾死亡数を研究していた（Koch, Geschichte, S. 92）。

（26）Verhandlungen des Reichstags, Bd. 64, 1881, S. 245.

（27）Koch, a. a. O. VW, S. 181; Ders., a. a. O. NDB, S. 87.

（28）Zillmerは、一八三一年一月二三日に生まれ、ベルリン大学で数学と自然科学を専攻する。博士の学位取得後、保険会社のアクチュアリー・副支配人・支配人となった（Loewy, Zillmer, Lexikon, S. 1872）。

（29）Loewy, a. a. O. Zillmer S. 1873; 近藤・前掲一〇一頁。

（30）R. Schmidt, Versicherungsalphabet, 8. Aufl. 1991, S. 431.

（31）Braun, a. a. O. SS. 312-313（水島訳・前掲三七四―三七五頁）。

第七款　保険専門雑誌の刊行

産業革命史の中でドイツを見ると、ドイツは、イギリス、フランスよりも遅れ、一八三〇年代に紡織面における機械の導入によって産業革命が始まり、一八五〇年代に鉄と石炭の産業が勃興し、一八七〇年代に信用制度の整備をもって産業革命が確立した[1]。そして、ドイツにおける保険企業設立の頂点は、六つの時期に区分されるといわれている。第一の頂点は一八二〇年代から一八三〇年代、第二の頂点は一八五〇年代から一八六〇年代、第三の頂点は一八八〇年代、第四の頂点は一九一〇年代、第五の頂点は一九二〇年代から一九三〇年代、そして、第六の頂点は一九六〇年代である。それぞれの頂点の間に、約三〇年の期間がある。そこから、保険企業の設立に関して、リズミカルな意味における法則が推測される。(2) そして、第一の頂点は、商人的基礎にもとづく私保険企業の設立と符合している。このような私保険企業の設立は、外国の保険者をドイツの保険市場から追出し、自給自足の国内経済を確立するという目的を有していた。また、第二の頂点の時期になると、初期の頃の困難が克服される。増大する工業化、とくに鉄道を中心とする交通制度の拡大とともに、ドイツのすべての構成国（Teilstaaten）で保険企業が成立する。その保険企業は、一部は今日でもなお商号中にその地域名を用いている。(3)

保険企業の設立は、保険市場に激しい競争をもたらすことになる。そこで、保険企業の職員と代理店に対する教育、及び情報に対する重要性が高まり、ドイツでは一九世紀の半ばになると保険に関する専門雑誌や教科書が相次いで刊行されることになる。いうまでもなく、保険に関する専門雑誌は、情報の提供と知識の媒介、意見の交換と職業教育にとって必要かつ有用である。(4)

(1)　ドイツにおける最初の保険専門雑誌の創始者は、E. A. Masius (5) で、彼は文字どおりドイツにおける保険専門雑誌の父（Der Vater der deutschen V'spublizistik）である。(6) 彼は、長年にわたって多くの保険会社の代理商・総代理商を務め、諸種の保険施設の設立者・組織者となり、新たな保険部門の構想と創設に対して大きな功績をあげ、ついには、ロンドンのアクチュアリー会の名誉会員となった。ところが、彼は、一八四三年、自らも設立に関わっていたドイツのための火災保険銀行（Brandversicherungsbank für Deutschland）の役員の退任とともに保険業から退き、保険制度に関する雑誌の刊行と研究に専念することになる。その動機は、当時においては手頃な保険文献が存在していなかったという点にある。

彼の主要な著作として、次のものがある。まず、一八四六年に、ライプツィヒで Lehre der Versicherung und statistische Nachweisung aller Versicherungsanstalten in Deutschland 及び Handbuch für Versicherungsagenten を刊行していた。前者は、きわめて貴重な資料を含んでおり、後者は、彼の保険代理商としての長年にわたる実務経験をもとにして書かれたものである。(7) また、一八五七年、ライプツィヒで Systematische Darstellung des gesamten Versicherungswesens を公表し、一八六一年と一八六二年には、Verträge über das Versicherungswesen を雑誌に公表していた。前者は、保険思想を普及させるために書かれたものである。その他に、彼は自ら創設した後述の雑誌において、多くの論文を公表していた。彼の著作は、第一に、豊富で信頼しうる資料の使用と客観的な叙述において、傑出している。もっとも、体系性に関してはなお工夫が望まれるとも評価されている。(8) 第二に、彼の著作は、教科書ではなく、本質的には保険に関する報告書（Versicherungsreport）の先駆ともいうべき性格のものである。しかし、歴史的な回顧を行い、保険制度の意味について叙述し、保険監督の必要性に触れている。個々の保険企業、その料率及び法的基礎に関する資料は、きわめて高い歴史的価値を有する。第三に、それゆえ、彼の著作は公務員及び法律家にとっての道標であり、保険制度に関わりを有する行政官、保険企業及び一般大衆に対する助言者となっていると評価されている。(9)

彼は、ドイツにおける最初の保険専門雑誌の父・創始者である。すなわち、彼は、一八四六年にライプツィヒで Allgemeine Versicherungszeitung を刊行したが、これは一八五〇年まで存続した。それに次いで、一八五〇年から Rundschau der Versicherten を刊行し、また、一八五一年には Rundschau der Versicherungen を刊行したが、これは、後に H. Oesterley が編集者となって一八八九年から Masius' Rundschau となり、一九二二年まで存続していた。この雑誌の最初の巻には、編集者の貴重な論文が掲載されている。(10) 雑誌名の下に、雑誌の副題が掲載されている。それによると、決算書、規約、理論と実務的問題、法律、命令、意見書、料率、保険制度に関するすべての事柄の収集と記載されている。長年にわたって刊行されていた彼の雑誌は、保険史研究のための重要な原典であり、この原典による広範囲にわたる情報がなければ、保険史は今日貧しいものにとどまっていたであろうといわれている。(11)

(2)　Masius の雑誌に次いで、一九世紀の後半になると種々の雑誌が次々と刊行されていた。しかし、その中には短期間だけ存続し、急速に消滅するものもあった。(12)

まず、定期刊行雑誌として、一八五九年、国民経済学の著述家で、ライプツィヒ証券取引所（Leipziger Börsenhalle）の編集者である T. Saski によってマイン河畔のフランクフルトで創刊され、一八六二年に A. Elsner によってベルリンで引き受けられていた Deutsche Versicherungs-Zeitung がある。この新聞は、広く普及していた。Saski は、その他にも、一八六四年以来、Jahrbuch für das gesamte Versicherungswesen in Deutschland をマイン河畔のフランクフルトで、また、一八六六年以来、ライプツィヒで Saskische Zeitschrift für Versicherungswesen を、それぞれ刊行していた。彼は、一八六六年にはすでに保険者との関わりに努力していたが、保険制度に関する歴史的な資料は、いわゆる営業秘密のために、一部分入手することは不可能であると訴えていた。(13)

また、マイン河畔のフランクフルトで弁護士をしていた C. Malß は、一八六六年、Zeitschrift für Versicherungsrecht を刊行していた。この雑誌は、保険制度の法的側面を扱うものとしては最初の定期刊行誌である。しかし、この雑誌は、僅か一八六八年までの二巻の刊行にとどまっていた。その後は、ベルリンの教授である L. Goldschmidt が一八五八年に刊行していた名高い Zeitschrift für das gesamte Handelsrecht に編入され、Malß は、一八六八年から一八七三年まで（一二巻から一八巻まで）共同編集者となっていた。(14) この雑誌は、とりわけ、商法・保険法の研究者である J. v. Gierke の編集のもとに保険法上の諸問題について強力に取り組んでいた。

(3)　その他の保険専門雑誌として、①F. Wallmann は、ベルリンで Zeitschrift für Recht, Verfassung und Verwaltung der Versicherungsgesellschaften を刊行したが、これは、その後 Preußische Versicherungszeitschrift という表題を用い、②一八六八年以来、ミュンスターにおいてさしあたり私家本としてではあるが、Mitteilungen für die öffentlichen Feuer- Versicherungs -Anstalten が刊行され、③一八七〇年から、A. Fritsch は、ライプツィヒで Annalen des gesamten Versicherungswesens を刊行し、一八七二年に Lemcke により息を吹き返し、後に Bergmann の主宰のもとに Deutsche Versicherungs -Presse として続いており、④一八七七年、ベルリンで J. Neumann は、Zeitschrift für Versicherungswesen を刊行していたが、これは、ドイツの保険専門雑誌としてきわめて重要なものであり、⑤一八八九年以来、保険仲立人の雑誌として Versicherungsgeneralagent が、⑥一八九五年から一八九九年まで、E. Baumgartner は、Zeischrift für Versicherungsrecht und -wissenschaft を刊行していた(15)。

（1）　この点に関しては、さしあたり、坂口光男・保険法立法史の研究二一頁、四六頁、五四―五五頁、及びそこに掲げてある文献を参照（文眞堂、一九九九年）。

（2）　P. Koch, Die Gründungsjahre der deutschen Versicherungsunternehmen, VW 1969, S. 1030; なお、本文の叙述は、一九六八年までのものである。

（3）　Koch, a. a. O. S. 1031; なお、一六七六年から一九六八年までの間の各年におけるドイツの保険企業の設立数、本文で述べた六つの頂点に該当する時期の特色、及び一九六八年半ばの三三三の保険企業の法形態等については、Vgl. Koch, a. a. O. SS. 1030–1033.

（4）　R. Schmidt, Versicherungsalphabet, 8. Aufl. 1991, S. 402.

（5）　Masius は、一七九七年五月二九日、ザクセンアンハルトで法律家の父の子として生まれたが、ナポレオン戦争により家族は財産を失い両親も死亡した。入門書により独学で読み書きを学んだ。一八歳までに商人としての教育を終え、それに次いで、当時ヨーロッパ全体の保険市場を支配していたロンドンの火災保険会社「Phoenix」の代理業をも兼ねていた所有者が経営する大商店の管理を引き受ける。これにより、保険制度を知ることとなる。彼は、多くの生命保険・火災保険・雹害保険・家畜保険の会社を設立するとともに、鉄道旅客の傷害保険の基礎づけについて大きな功績をあげた。鉄道旅客の傷害保険は、まず一八四九年にイギリスで、一八五三年にドイツでそれぞれ実現するが、そこから、近代的な傷害保険が発展したとされている（A. Manes, Masius, Lexikon, S. 1062; P. Koch, Pioniere, SS. 261–263; Ders., Masius, NDB, Bd. 16, S. 355)。

（6）Manes, a. a. O. S. 1062; B. Graf, Ein Vater der Assekuranz –Publizistik, Ernst Albert Masius, VW 1997, S. 739.
（7）Manes, a. a. O. S. 1062; Koch, Pioniere, S. 263.
（8）Manes, a. a. O. S. 1062; Graf, a. a. O. S. 740.
（9）Koch, Geschichte, S. 114.
（10）Manes, a. a. O. S. 1062; Ders., Fachpresse, Lexikon, S. 519; Koch, Pioniere, S. 263; Ders., Zur Geschichte der Versicherungsfachzeitschrift in Deutschland, VW 1996, S. 832.
（11）Graf, a. a. O. S. 740.
（12）Koch, a. a. O. VW 1996, S. 832.
（13）Vgl. Koch, a. a. O. VW 1996, S. 833.
（14）A. Manes, Malß, Lexikon, SS. 1054–1055; なお、Malßの重要な著作として、Betrachtungen über einige Fragen des Versicherungsrechts 1862がある。
（15）Koch, a. a. O. VW 1996, S. 833; なお、Vgl. P. Koch, Einführung in das Versicherungs –Schrifttum 1976, SS. 12–13.

第三節　保険学の制度化

第一款　緒説

ドイツにおいて、一九世紀の後半になると保険学の制度化の時期が開始する。この時期は、一八八〇年頃から第二次世界大戦が開始するまでの約六〇年間に及び、そして、ドイツの保険学が国際的に高い評価を得る時期である。

この時期の特色として、とくに、第一に、社会保険が導入され、それが形を整えること、第二に、ドイツ語圏の大学において保険学が確立すること、第三に、ベルリンでドイツ保険学会が創立されること、第四に、保険監督法及び保険契約法が成立すること、第五に、右で述べたことと関連して、保険学に関する包括的な著作が現れていること、第六に、保険学の独立化の傾向であり、この独立化により、当時の学問体系の中に保険学をいかに位置づけるかという試みは衰退するに至るということである。(1) 以下において、右で述べた諸点について具体的に考察することとする。

(1) P. Koch, Geschichte, S. 121.

第二款　近代的社会保険の導入(1)

一　社会保険の基本的構想

ドイツの資本主義経済は、一八六〇年から一八七〇年にかけて第二期に移行し、そして、一八七一年のドイツ諸邦の統一によるドイツ帝国の成立により、ドイツ経済の強力な発展のための基礎が形成された。生産過程の集約化は躍進し、技術は著しく進歩し、機械器具工業は世界で最高の能率を示し、化学工業と電機工業という二大工業部門が成立する。他方、大都市に集中した労働者は、物価高や住宅難に対して強い不満と抵抗を示していた。(2)

ところで、一八七八年一〇月一九日に帝国議会で可決された「社会民主党の破壊的行動を防止するための法律」、いわゆる社会主義者鎮圧法にもとづく恐怖政策は結局において完全に失敗に終った。そこで、ビスマルクが考え出したのが、社会保険である。(3) そして、多くの国の模範とされたドイツ社会保険の基本的な構想は、一八八一年一一月一七日、ビスマルクによって帝国議会において読み上げられた Kaiser の詔勅 (Botschaft) の中に含まれている。(4) この詔勅が「ドイツ社会政策のマグナカルタ」として広く知られ重視されている理由は、そこに社会保険計画の構想を中心としたドイツ社会政策立法の基本的な構想が示されているという点にある。(5) この詔勅の内容を要約すると、①社会的害悪を救済するには、単に暴挙を鎮圧するだけでは足りず、進んで労働者の福祉をも積極的に増進するための政策を用いる必要があること、②前帝国議会に提出した労働者災害保険法案は議会の要望に沿うように修正して再提案するが、これを補充する制度として、工業における疾病金庫制度の統一を実現するための法案を提出すること、さらに老齢廃疾保険をも実現したいというものである。この詔勅は、第一に、社会政策措置を社会主義者鎮圧法との関連で根拠づけていること、第二に、労働者災害保険法案の再提出とともに、これと同様の疾病保険法案の提出を予告し、さらに老齢廃疾保険の実現にも言及していること、第三に、これを、団体的共同体組織のもとに実現すること、第四に、こうした社会政策の理念的根拠をキリスト教的国民生活に求め、第五は、このような社会改良諸施策の実現の問題を、財政・税制の改革と関連づけている。(6)

そして、社会保険創設のための基本的な方針として、第一に、疾病保険、災害保険、老廃保険の三部門についての公法的な強制保険とすること、第二に、保険は相互性を基礎とした既存の扶助金庫等の組織を利用して行うこと、第三に、保険は国家の監督のもとに自主的な管理で行われるというものであった。(7)

この基本的な方針にもとづいて作成された法案は、帝国議会の審議・可決を経て、労働者の疾病保険法は一八八三年六月一五日、災害保険法は一八八四年七月六日、老廃保険法は一八八九年六月二二日、それぞれ公布され、ここに、ビスマルク社会保険の三部作が完成した。(8) このように、一八八〇年代に「独逸は他の資本主義国に率先して大胆な社会保険の体系を創り上げ」たのである。(9) その草案の作成には、傑出した専門的著作をも有する帝国内務省の事務官、国務次官がきわめて重要な関わりを有していた。(10)

二　社会保険立法の理論的背景

社会保険立法の理論的背景として、その当時のドイツの社会政策的思想を概観しておくことが必要である。

一八七〇年代以後のドイツにおける支配的な経済思想であり、新歴史学派をその社会政策上の主張から特徴づけたものが、講壇社会主義（Kathedersozialismus）である。[11] その最も重要な代表者は、G. v. Schmoller, A. Wagner, L. Brentano である。彼らは、社会政策学派の代表者として、ビスマルクの政策に有力な理論的支柱を与え、また、帝国社会保険法導入についての学問上の開拓者である。その主張に共通する特色は、ドイツ資本主義の発展に伴って生じている階級対立を緩和し、社会的平和を実現すること、この目的を実現する方法として、第一に、私有財産制度の廃止につながる社会主義的変革に反対すること、第二に、他方では、古典学派的な夜警国家観及び自由放任主義は採用しないこと、第三に、経済生活や社会生活への国家の積極的な介入によって労働者の窮状を救う社会改良策を実施するという点に求められる。[12] もっとも、講壇社会主義は、ドイツ・マンチェスター派及び社会民主党への反対という消極性においては一致していたが、それ以外の点ではそれぞれ独自の社会改良計画を有しており、経済理論、社会的理想、社会改良の具体的方向において、三つに分裂していた。[13] すなわち、Wagner は、国家の介入によって、計画的な生産指導や労働者の生活改善を行い、公共性の高い一定の産業、例えば、交通制度等を国営化しようと唱え（右派）、Brentano は、労働組合の自主的な活動を保障することによって、労働者が自らその地位や生活の向上・安定を求めて努力することを期待し（左派）、Schmoller は、社会的中間層の保護・育成をもとにして階級対立の解消を目指していた（中間派）。[14]

まず、強力な自由主義的立場を堅持し続けた Brentano は、一八六八年、プロイセンの統計学者である E. Engel に伴われてイギリスに留学し、そこで、労働者の労働・生活事情、労働者の保険制度、労働組合について学んだが、それが、彼の社会政策に関するライフワークの基礎となっている。彼は、ドイツの労働組合運動や労働者保険に関してきわめて大きな貢献をなしていた。[15] そして、彼の社会保険構想は、二冊の書物、すなわち、Die Arbeiterversicherung gemäß der heutigen Wirtschaftsordnung 1879 及び Der Arbeitversicherungszwang –

Seine Voraussetzungen und seine Folgen 1881の中に示されている。それによると、①自由主義的立場に立ち、自由な経済秩序の諸原則は労働者保険にも適用されること、保険の自由は営業の自由に相応すること、②失業保険が、疾病保険、災害保険、老齢保険、廃疾保険、死亡保険の基礎と前提となること、③老齢・廃疾・死亡に対する労働者の保険は、現存の保険会社によって行われること、これに対し、疾病・失業に対する保険は、個々の経営において相違が存在するため、一般の営業疾病金庫（Gewerbskrankenkassen）が行うこと、④災害保険では、負担は労働者と使用者間で分担される。これに対し、他のすべての保険料は労働者自身によって負担される。けだし、使用者が拠出する補助金は、労働賃金の隠蔽された形態（eine verschleierte Form）を示すにとどまるからであるとする。(16)

これに対し、国家の介入によって公共性の高い一定の産業を国営化しようと主張するWagnerによると、労働者保険も国家の強制によって営まれるべきことになるのは明らかである。彼は、Der Staat und das Versicherungswesen 1881において、次のように主張していた。①共同経済組織（gemeinwirtschaftliche Organisation）の最も重要な分野は、最広義の交通制度（Verkehrswesen）という名の下に総括される。この交通制度に属するものとして、とくに、金融制度、貨幣制度、信用・銀行制度、交通・通信制度（道路、運河、鉄道、郵便、電信）があるが、さらに、保険制度も特別の分野として、また若干の類似の制度も、これに加わるとする。(17)このように、彼は、保険制度を最広義の交通制度に位置づけている。そして、これらの共同経済組織によって満たされる需要の特色は、それがまず共同生活において現れ、それ自体共同生活によって創造されるという点にあるとする。(18)②保険を通常の自由な経済取引と解する見解には、保険の性質から疑問である。保険は公的な制度、したがって、そのようなものとして取り扱うことを要する。(19)③そして、保険制度を公的な管理に移すことによって、多くの進歩が可能となる。すなわち、まず、例えば、保険制度の分野において、警察官、税務官、学校教師の活用が考えられる。私保険制度のもとでは、このようなことは義務の抵触（Pflichtencollisionen）という問題に直面することになる。また、保険料の取立ては直接税の取立てと全く等しくなる。それゆえ、保険は国家の組織または地方の組織という公的組織によって良く引き受けられうることになる。[20]④彼は、結論として、国民経済的・社会政策的・倫理的な理由から、私経済的組織の代わりに公的施設による保険制度の共同経済組織に、単なる私法的な組織の代わりに公法的な組織に、それぞれ賛成すべきであるとする。そして、結論の「要約（Alles in Allem）」として、保険は、その性質上、「自由な取引」によって引き受けられ実施される「事業」ではないこと、保険は、「公的な制度」であり、そのようなものとして扱われなければならないと述べている。[21]保険の私経済的経営から共同経済的経営への移行（Überführung）が、彼の中心的思想である。[22]

ところで、ドイツにおける保険の国有化をめぐる賛否の議論は、とりわけ一八八〇年頃、ビスマルクによって開始された社会保険・労働者保険に関連して巻き起こった。その議論の中心となったのは、とくに、前述のWagnerの書物である。そして、保険の国有化の支持者は、その理由として、①国有化によって、安価な保険の提供が可能となること、②保険仲立・募集制度の欠陥を除去できること、③損害予防のための適切な配慮が行われること、④とくに危険率が高く保険加入の必要性が高いにもかかわらず、私保険会社から保険加入を拒否された者に対して保険を提供することができること、⑤国有化によって、私保険企業に関する適切な立法の困難性が最も良く回避することができること、⑥保険制度と、国有化されている制度（鉄道・郵便・貨幣制度等）の比較として、保険制度も同様の集団的性質を有し、それに応じて保険施設も国営化するのが適切であること、と述べていた。[23]これに対し、国有化に反対する見解は、次のように主張していた。①まず、前述の①に対しては、私的な経営方法が国営よりもより集約的に経営が行われるので、国有化によって安価な保険の提供が可能であるとはいえないこと、国家の独占により競争が排除されると、保険の進歩が妨げられること、②前述の②に対しては、保険仲立・募集制度には欠陥は認められるが、その除去は国家の厳格な監督によって可能であること、③国有化によって、公庫（öffentliche Kasse）は、戦時に私的所有権以外の方法によって危険にさらされること、④国有化によって、私的財産の中の莫大な財産が国庫に流れ込み、そのために国の予算権（Budgetrecht）はその実際上の意味を全く失うことになる。けだし、議会は国庫に流れ込んだ莫大な資金に対するコントロールができなくなるからである。⑤Wagner 自身も、私的な経営は、国営によっては代替することが決してできない経済的・技術的に輝かしい側面を有していると述べている、と主張していた。(24)

このように、保険制度の国有化をめぐって見解が対立していたが、A. Manes は、保険国有化の可能性と合目的性の問題は、すべての時代及びすべての国民について同じ方法で論ずべきものではないこと、反対に、国民経済と国家の全体的状況、個々の職業圏または社会圏の特別の構造が大きく影響すること、その際、歴史的発展についての考慮、国家の財政、政治的・社会的現象に着眼すべきであると述べていた。(25)

三　社会保険と私保険の相互作用

現在の保険制度は、ヤヌスの頭（Januskopf）のように、二つの顔を有している。社会保険と私保険である。二つの保険は、あらゆる点において対照的な性格（Gegensätze）を有するにもかかわらず、共に「保険」という共通の上位概念の下に置かれている。(26) それにもかかわらず、社会保険と私保険は、相互に関連づけられることなく明確に隔絶されたままで研究が行われていた。そのため、両者の相互作用については、ほとんど考慮されていなかった。その理由は、研究者及びその研究対象が、社会保険と私保険のいずれか一方に限られていたという点にある。

しかし、社会保険と私保険には、一定の共通の基本概念が存在する。もし、両者を完全に隔絶し、社会保険は真実は保険でないと主張されるならば、両者に共通の基本概念は使用できないことになる。(27) これに対し、社会保険を一般の保険理論をもとにして叙述し、社会保険の本質と特殊性を私保険との比較によって明らかにすることは、きわめて重要なことである。[28] ドイツ保険学会においては社会保険と私保険の研究が合流し、また、研究者の中でもとくにH. Möllerは、保険制度全体の中へ社会保険を位置づけることについて大きな貢献をなしていた。[29] そして、社会保険と私保険の関連性を、保険の担い手・保険関係・保険の担い手の保険給付等という保険の基本概念を中心として考察する観点と、歴史的な角度から考察するという観点がそれぞれありうる。

以下においては、主として、右で述べた後者の観点に立って、社会保険と私保険の起源の共通性、保険の思想・技術の共通性、及び損害賠償責任法の分野における接点等について考察する。

(1)　社会保険と私保険は、いずれも協同組合的結合を基礎とする相互性の原理に従う保険であるという点において、保険史的には共通の起源を有している。

第一に、私保険が社会保険の先駆者となっている。その例として、①まず、疾病保険が挙げられる。疾病保険の創設について多大な貢献をなしたのは、ニュルンベルクの国民経済学者であるP. J. Marpergerである。一八世紀の初頭になると、保険は商人の観念において次第に確固とした地位を占めることになるが、彼は、商業使用人のための疾病保険計画を策定した。すなわち、彼は、一七一八年にEntwurf einer gewissen Stiftung, Brüderschaft oder Societätという論文を公表しているが、これは、独立の論文として疾病保険について論じた最初のものであるとされている。彼は、この論文において、大きな商業都市の商業使用人のための保険施設の創設を提唱している。そして、このような保険施設は、被保険者にとって好都合であるのみならず、商業使用人の疾病または死亡のときに商人に迷惑をかけないということから商人にとっても好都合であると主張していた。[30] 彼の提案は、とくにオーストリアにおいて長年にわたって強い影響力を有していた。すなわち、オーストリアのグラーツ市で、一七九八年に商業使用人のための疾病保険施設が創設されたが、[31] 現存している私疾病保険企業はこれに由来している。同様に、一八二六年、ハンブルクで、Kranken- Verein der Commis des löblichen Kramer- Amtsという金庫が設立されていたが、これは現在でも存続している。それは、私的疾病保険の企業としてではなく補充金庫(Ersatzkasse)として存続している。そこで、疾病保険の初期の金庫は、一部は私疾病保険に、一部は社会保険に流れ込んでいるということが明らかとなる。[32] ②また、災害保険も、法律上の災害保険が導入される以前から、すでに存在している。ドイツにおいては、災害保険は鉄道事業から生ずる危険に対して塡補をなしたということに遡る。事業の技術的進歩とともに、私的な基礎に立つ労働者の災害保険が付け加わった。[33] ③同様に、ドイツにおいては、法律上の廃疾保険及び遺族保険も、一九世紀の初め以来行われていた生命保険・年金保険と関係している。すなわち、すでに一八八〇年頃、国民保険(Volksversicherung)が、とくにF. Gerkrathの努力によって普及を見ていたが、彼によって発展させられた老廃保険が、社会保険への道を開いていた。[34] ④また、私的な基礎に立つ保険が、失業保険に先行していた。すなわち、一八九六年、ケルンでDie Stadtkölnische Versicherungskasseが設立されたが、その資金は、労働者、使用者、市の掛金及び任意の寄附によって徴収された。この金庫は、一九一一年に相互保険団体に組織変更されたが、第一次世界大戦を生き抜くことはできなかった。[35]

第二に、社会保険は、当初から私保険の技術を使用していた。その例として、①協同組合(Genossenschaft)の保険技術的諸原則の使用が挙げられる。すなわち、前述した一八八四年七月六日公布の災害保険法についての一八八四年三月六日の第三次草案の理由書においては、災害保険については雇主の同業組合(Berufsgenossenschaft)が保険者となり、その自主的運営を認め、政府は監督権のみを有するというものであった。[36] この点につき、少し述べることとする。ビスマルクの委任を受けて雇主の同業組合を保険者とする災害保険に関する第三次草案を作成したT. Bödikerは、次のように述べていた。すなわち、同業組合はビスマルクの独自の創造によるもので、ビスマルクは、災害保険の創設へと導く議論に際して同業組合を採用するという考えに至った。同業組合とは異なる基礎にもとづく最初の二つの草案が失敗した後、ビスマルクは同業組合の基礎にもとづいて目標を達成しようと試みた。可能なかぎり自由な基礎と活動を保障しつつ実施しようとするビスマルクの計画に従って、同業組合が形成されるべきものとされていたと述べていた。(37) 社会的災害保険を同業組合に委ねたということは、協同組合の歴史的発展に対応して、協同組合の保険技術的諸原則を使用したということを意味している。(38) ②また、保険と損害予防が挙げられる。保険と損害予防を結合させる思想は、古くから存在する。例えば、一六世紀のシュレースヴィヒ・ホルシュタイン州の火災ギルドの規約は、火災の予防と消火に関する規定を定めていた。また、その他の火災相互団体も、それに相当する規定を定めていた。例えば、家宅侵入窃盗保険においては盗人の追跡、死者ギルドにおいてはペスト・伝染病の時期における死者の埋葬に関する規定が、それぞれ定められていた。(39) そして、社会保険にとって典型的な保険と損害予防の結合の思想は、ビスマルクに由来している。すなわち、彼は、一八八一年一〇月一六日、オーストリアの通商大臣である A. Schäffle に手紙を書いていた。その中で、彼は、責任保険と災害保険に関する法案において詳細な検討を要する主要な課題は、保険の相互性にもとづく同業組合の制度と制御（Controlle）の制度であること、後者の制御は、とりわけ災害が発生する施設に関する災害保険についても重要であると述べていた。(40) これは、発生した損害に対する補償と並んで損害の予防も重要な課題であるということを述べたものであるとされている。(41) ③さらに、社会保険の数理的基礎は、私疾病保険のそれに関する研究に依存している。前述したように、一九世紀の半ばになると、保険の数理的研究は、生命保険の分野を越えて疾病・廃疾保険へと拡大していた。その疾病・廃疾保険の数理的研究において最初にして最大の功績をあげたのは、前述した K. F. Heym である。彼は、疾病保険について年齢に応じて段階づけられた料率を計算し、また、廃疾の確率計算に関わったドイツにおける最初の人である。彼は、一八八〇年、社会的災害保険の導入のために、掛金額の程度の確定に関する意見書を提出していたが、この意見書は、第一法律草案と共に帝国議会に提出されていた。また、一八八八年／八九年に、彼が作成した表は、社会保険によって見込まれる財政上の負担の調査のために使用されていた。(42) このように、

社会保険の数理的基礎は、私保険企業の数理的基礎に遡るのである。(43)

(2)　社会保険と私保険は、損害賠償責任法の分野においても密接な接点を有している。

第一に、保険保護による責任の代替（Haftungsersetzung）、すなわち、保険保護による賠償責任者の賠償責任からの免責である。保険保護による責任の代替のために、責任体系と責任保険体系は克服されるべきか否かという問題が常に議論されていた。(44)その例として、①まず、労働者の負傷・労働不能・死亡等の場合に使用者の危険責任を定めている一八七一年六月七日の帝国責任法（Reichshaftpflichtgesetz）が挙げられる。産業経営技術の向上は、労働者にとって著しい危険をもたらしたにもかかわらず労働者は保護されないままであった。そこで、右の責任法は、経営の範囲において労働者または第三者に加えた損害に対する事業者の責任を強化した。(45)すなわち、その第一条は、鉄道営業については事業主の過失を推定し、第二条は、鉄道以外の営業については、事業主本人の過失にとどまらず事業主が選任した監督指揮者の過失についても事業主に責任を負わせ、民事責任の一般原則と比較して事業主の責任の範囲を強化した。(46)事業主の責任の強化は、同時に、事業主の団体を脅かす責任危険を共同で負担することについての必要性を生ぜしめた。そこで、ドイツにおいて責任保険が成立し、(47)事業主は保険会社の責任保険を利用しようと考えていた。(48)これによって、責任の代替が可能となる。近代の技術的形態における固有の責任保険の創始者は、C. G. Moltである。彼は、責任保険と傷害保険の相違点を明らかにし、責任保険を傷害保険から厳格に区別した。責任保険は、一八八四年のビスマルク社会保険立法によって、危機に直面した。その理由は、一八八五年一〇月一日施行の同業組合災害保険法は、企業者の責任保険は不要であるとしたため、企業者に、私的な保険契約の解約を可能としたからである。これにより、責任保険は終了するようにも考えられたが、Moltだけは、責任保険は依然として重要な役割を担うということを見抜いていた。(49)②労働者の災害保険による責任の代替である。一八八一年三月八日の労働者の災害保険に関する法律草案の理由書は、使用者の責任は公法的災害保険によって代替されるという観点に立脚していたが、[50] この観点は、一八八二年五月八日の第二草案の理由書においても明確に繰り返されていた。[51] 一八八四年七月六日の災害保険法は、法律上の災害保険による保護にもとづいて賠償請求権を失った労働者に対しては、使用者は責任を負わないと定めていた。[52] これは、責任特権（Haftungsprivileg）といわれ、これが是認される理由は、労働者への保険給付はもっぱら使用者の保険料にもとづいていること、使用者と労働者の間の損害賠償請求訴訟の回避により企業経営上の平和が助長されるとされている。[53] ③社会保険法において見られる責任の代替という考えは、その間において一般化し、私保険法にも受け入れられている。まず、H. Möllerは、一九三四年に、「責任保険の克服（Die Überwindung der Haftpflichtversicherung）」という論文を公表していたが、[54] その視点は、次の点にある。すなわち、伝統的な他人のためにする保険には三つの欠点が存在するが、この欠点は、一九二七年に作成された「普通ドイツ運送取扱人約款」によって一挙に克服されたと述べていることである。そして、右の欠点とは、第一に、他人のためにする保険契約における他人は保険契約者に対して賠償請求権を有し、この請求権は代位によって保険者に移転すること、第二に、他人のためにする保険契約は、単に保険契約で特定された危険に対してのみ他人を保護するにとどまり、保険契約者が賠償すべき損害で保険に付されていない損害については保険契約者の負担となること、第三に、他人のためにする保険契約は、保険契約者が賠償責任を負わない損害にも関わりを有するので、保険料は保険契約者にとって不必要に高くなるということである。[55] これらの欠点を克服するため、前述の約款は、次の諸原則を採用した。すなわち、委託者に対する運送取扱人の責任を広く制限していること、この責任の制限により、責任がなければ責任保険はないということから、運送取扱人保険を責任保険と構成することを不可能ならしめること、委託者に対する運送取扱人の責任の制限によって、運送取扱人に対する請求権の移転は阻止される。そして、この保険による責任保険の完全な克服は、運送取扱人と委託者の利益に役立つとする。[56] また、H. Möllerは、一九六二年に公表していた「普通ドイツ運送取扱人約款とこれに属する種々の保険規定」という論文において、[57]次のように述べていた。すなわち、運送取扱人が委託者のために運送取扱人保険契約を締結すると、保険者は運送取扱人が賠償すべきすべての損害に対して責任を負い、これにより、運送取扱人保険は、—(全く責任を負うことのない)—運送取扱人のための責任保険ではなく、委託者のためにする独特の性格の保険であること、これにより、普通ドイツ運送取扱人約款は、一部分、保険保護による責任の代替という考え、すなわち、一八八四年七月六日の災害保険法は労働者に対する事業主の危険責任を事実上で排除したという考えを実現したのであると述べていた。[58]さらに、K. Sieg は、一九五〇年に、「保険保護による責任の代替？」という論文を公表していたが、[59]この論文における考察の対象は、次の点にある。すなわち、普通ドイツ運送取扱人約款における責任の代替に関連して、第一に、右の約款以外に責任法の改革のためにいかなる出発点が存在しうるか、第二に、責任の代替は好ましいことか、第三に、いかなる形態において将来の責任規定と保険規定が導入されるべきか、第四に、右の第三で述べた規定は、その基本原則において、いかなる実質的内容を有すべきか、第五に、取引法から一般的に新しい秩序のための観点が導き出されうるかということであり、[60]本論文は、右の五点に関わる基本的な問題について具体的に考察している。以上において述べたことから明らかなように、保険保護による責任の代替ということが一般化しているといわれている。[61]

第二に、社会保険と私保険は、請求権代位の場面においても、しばしば接点を有する。社会保険に関する最も重要な法律である一九二四年一二月一五日の帝国保険法（Reichsversicherungsordnung）の一五四二条一項一文は、次のように定めている。すなわち、この法律による被保険者またはその遺族が、他の法律の規定に従って、彼らに疾病、災害、廃疾によって生じまたは扶養者の死亡によって生じている損害の賠償を請求できるかぎり、保険の担い手（Träger）が賠償権利者にこの法律により給付をなすべきであるかぎりにおいて、損害賠償請求権は保険の担い手に移転すると定めている。[62]そして、私保険に関する保険契約法六七条は、一項一文で、保険契約者が第三者に対して有している損害賠償請求権は保険者に移転すると定め、二項で、保険契約者の損害賠償請求権が保険契約者の同居の家族に対するものであるときは移転しないと定めている。そこで問題は、保険契約法六七条二項は社会保険にも適用されて、保険契約者の同居の家族に対する損害賠償請求権は社会保険の担い手に移転しないと解すべきかということである。一九六四年二月一一日の連邦通常裁判所は、保険契約法六七条二項は社会保険にも準用されると判示し[63]、これが確定した判決となっている[64]。また、一九七八年一二月五日の連邦通常裁判所は、夫が運転する自動車に同乗中の妻が負傷し、妻の法律上の疾病保険者が帝国保険法一五四二条にもとづいて、妻の自動車についての責任保険者に対して治療費の賠償を請求したという事案において、社会保険の担い手は、同居の家族の自動車責任保険者に対しても求償権を有しないと判示した[65]。この判決は、前述した一九六四年の判決を補足するもので、私責任保険者に社会的優先性を認めているとされる[66]。

（1）　近代的社会保険の歴史は、以下で述べるドイツにおける一連の立法をもって開始するが、それは、労働者の自主的運動を圧殺し、産業平和という政治的目的を達しようという意図を有していたとされる（近藤文二＝坂口正之・社会保険六四六頁（経済学辞典第三版）（岩波書店、一九九二年））。
（2）　ユルゲン・クチンスキー・高橋正雄＝中内通明共訳・ドイツ経済史一〇七―一〇八頁（有斐閣、一九五四年）。
（3）　近藤文二・社会保険八七―九〇頁（岩波書店、一九六三年）。
（4）　Stenographische Berichte über die Verhandlungen des Reichstages, V. Legislaturperiode, I. Session 1881/82, SS. 1–3; なお、近藤・前掲九二―九三頁、及び木下秀雄・ビスマルク労働者保険法成立史一〇一―一〇三頁（有斐閣、一九九七年）も参照。
（5）　P. Koch, Der Einfluß der Kaiserlichen Botschaft von 1881 auf die Entwicklung der Individualversicherung, VW 1981, S. 1480.
（6）　木下・前掲一〇三頁。
（7）　Koch, a. a. O. VW, S. 1481.
（8）　これら三つの法律の成立過程、その成立過程における議論、保険者の給付の内容等については、近藤・前掲一一七―一二七頁、木下・前掲一一三―一九五頁を参照。

(9) 大河内一男著作集第一巻(上)四〇五頁（註）（青林書院新社、一九六八年）。

(10) その代表的な役人として、T. Lohmann 及び T. Bödiker が挙げられるが、その功績等につき、前者については P. Koch, Lohmann, NDB, Bd. 15, S. 129, 後者については W. Vogel, Bödiker, NDB, Bd. 2, S. 375 がきわめて詳細である。

(11) 一八七二年一〇月、G. Schmoller は、アイゼナハの会議において「社会問題の討議について」と題する有名な講演を行っていたが、彼は、当時において支配的であった自由貿易主義のマンチェスター学派に反対して国家による干渉主義を提唱するとともに、労働者階級のために国家による干渉主義を支持する教授等は、反対側の人によって講壇社会主義者と呼ばれていると述べていた（W. Bogs, Sozialversicherungsrecht, ZVersWiss 1974, S. 23）。

(12) 橋本昭一・講壇社会主義三九八頁（前掲経済学辞典第三版）。なお、大河内・前掲一一八頁以下参照。

(13) 詳細については、大河内・前掲二五三―三四二頁参照。

(14) 橋本・前掲三九八頁。

(15) F. Zahn, Brentano, NDB, Bd. 2, S. 596; 出口勇蔵・ブレンターノ一一七五頁（前掲経済学辞典第三版）。

(16) Koch, Geschichte, SS. 127-128; なお、本文で述べた使用者が拠出する「補助金」についての Brentano の見解については、近藤・前掲四九―五〇頁、五九頁参照。

(17) A. Wagner, Der Staat und das Versicherungswesen 1881, SS. 7-8; なお、Wagner は、社会改良の客体の重点の一つとして、特定の産業部門ないし土地の国家ないし公共団体的経営への移管を掲げているが、保険等は、個人企業をもってしては「公共的および社会的利益」を満たしえないおそれのある部門であるとする（大河内・前掲二六二―二六三頁参照）。

(18) Wagner, a. a. O. S. 8.

(19) Wagner, a. a. O. S. 17f..

(20) Wagner, a. a. O. S. 29.

(21) Wagner, a. a. O. S. 70; なお、Wagner の保険国営論の根拠・理由等については、近藤文二「保険国営論としてのライプニッツとワグナー」大阪商科大学経済研究年報第七号一三六頁以下も参照。

(22) A. Manes, Versicherungswesen, Bd. 1, Allgemeine Versicherungslehre, 5. Aufl. 1930, S. 407; なお、Wagner がビスマルク的社会保険の熱烈な支持者となって以来、強制保険は「独逸帝国最大の栄光のしるし」となったとされる（大河内・前掲二六三頁（註））。

(23) Vgl. A. Manes, Verstaatlichung, Lexikon, S. 1759.
(24) Vgl. Manes, a. a. O. Lexikon, SS. 1759–1760；なお、国有化をめぐる賛否の見解の詳細については、W. Plath, Verstaatlichung, Handwörterbuch des Versicherungswesens (Hrsg. E. Finke), Bd. 2, 1958, SS. 2398–2401も参照。
(25) Manes, a. a. O. Lexikon, S. 1759.
(26) A. Manes, Versicherungswesen, Bd. 3, Personenversicherung, 5. Aufl. 1932, S. 175.
(27) H. Möller, Gemeinsame Grundbegriffe der Sozial- und Privatversicherung, Festgabe für Erich Roehrbein 1962, S. 135.
(28) Manes, a. a. O. Versicherungswesen, Bd. 3, S. 176.
(29) その論文として、例えば、a. a. O. Festgabe für Erich Roehrbeinにおける論文、Einheit und Vielfalt der Versicherung, Versicherungsrundschau 1963; Sozialversicherung und Privatversicherung, Sozialgerichtsbarkeit 1970等がある。
(30) この保険施設の詳細については、Vgl. P. Koch, Pioniere, SS. 127–128; Ders., Von der Zunftlade zum rationellen Großbetrieb 1971, SS. 21–22.
(31) その詳細については、Vgl. Koch, a. a. O. Von der Zunftlade, SS. 22–23.
(32) P. Koch, Wechselseitige Auswirkungen der Entwicklung von Individual- und Sozialversicherung, ZVersWiss 1980, S. 200; Ders., a. a. O. Von der Zunftlade, S. 23.
(33) Koch, a. a. O. ZVersWiss, S. 201.
(34) Koch, a. a. O. ZVersWiss, S. 201.
(35) Koch, a. a. O. ZVersWiss, S. 201.
(36) Motive zum 3. Entwurf des Unfallversicherungsgesetzes vom 6. März 1884, Reichstags- Drucksache, Nr. 4, Bd. 77, S. 68; なお、第三次法案については、木下・前掲一五六―一五九頁参照。
(37) T. Bödiker, Berufsgenossenschaften, Handwörterbuch der Staatswissenschaften, Bd. 2, 2. Aufl. 1899, S. 628.
(38) 前述した一八八一年一一月一七日のKaiserのBotschaftにおいても、社会的救護の課題の実現は協同組合の形態において行われると述べられていた (H. S. Lermann, Bismarcks Stellung zum Versicherungswesen, ZVersWiss 1965, S. 65)。
(39) Koch, a. a. O. ZVersWiss, S. 203.
(40) Lermann, a. a. O. SS. 65–66.

(41) Lermann, a. a. O. S. 66.

(42) P. Koch, Heym, NDB, Bd. 9, S. 87.

(43) Koch, a. a. O. ZVersWiss, S. 204.

(44) 保険保護による責任の代替の最も重要な適用例として、帝国保険法による労働災害の場合と普通ドイツ運送取扱人約款の場合がある（H. Honsell (Hrsg.), Berliner Kommentar S. 1597 (Baumann)）。

(45) Koch, Pioniere, S. 313.

(46) 本文で述べた条文の構造の詳細については、木下・前掲二五一二七頁参照。

(47) なお、ドイツにおける最初の独立の責任保険は、一八三七年二月七日のハンブルク保険条例にもとづくものであるが、一八七〇年、産業の分野において独立の保険部門としての責任保険が生まれた（K. Sieg, Ausstrahlungen der Haftpflichtversicherung 1952, SS. 45-46）。なお、責任保険の歴史的発展を概観するものとして、Vgl. B. Heimbücher, Einführung in die Haftpflichtversicherung 1983, SS. 1-7.

(48) すなわち、事業主は、災害保険組合を作って保険の引受けを行うとともに、保険会社と再保険契約を締結した（近藤・前掲社会保険一一二頁）。

(49) Koch, Pioniere, SS. 314-316; すなわち、責任保険の終了といわれたことは単なる仮死（Scheintod）にすぎなかったのである（Heimbücher, a. a. O. S. 5）。

(50) Reichstags- Drucksache, Nr. 41, Bd. 64, S. 231.

(51) Reichstags- Drucksache, Nr. 19, Bd. 72, S. 190.

(52) Vgl. Heimbücher, a. a. O. S. 5.

(53) M. Fuchs, Gewillkürte und Haftungsersetzung durch Versicherungsschutz, Betriebs- Berater 1992, S. 1217, S. 1225.

(54) Juristische Wochenschrift 1934, S. 1076; 本論文は、保険保護による責任の代替という考えについて道標を打ち立てた論文である（P. Koch, Möller (Hans), NDB, Bd. 17, S. 642）。

(55) Möller, a. a. O. Juristische Wochenschrift, SS. 1079-1080.

(56) Möller, a. a. O. Juristische Wochenschrift, S. 1080.

(57) Der Betriebs- Berater 1962, S. 394f..

(58) Möller, a. a. O. Betriebs- Berater, S. 394.

(59) ZHR, Bd. 113, S. 83f..
(60) Sieg, a. a. O. ZHR, S. 97.
(61) なお、本文で述べた場合以外に、交通事故の場合に自動車保有者の責任を排除し、傷害保険制度によって代替するという改革計画が存在するが、これは No fault であり、これは、交通事故による責任を保険保護によって代替するという制度の略称である (R. Schmidt, Versicherungsalphabet, 8. Aufl. 1991, S. 239)。
(62) なお、帝国保険法一五四二条による損害賠償請求権移転のための要件については、Vgl. W. Claussen, Rechtliche Wechselbeziehungen, insonderheit Fragen des Regresses, zwischen gesetzlicher Unfallversicherung und privater Unfall- und Haftpflichtversicherung, ZVersWiss 1970, S. 304.
(63) BGHZ 41,79.
(64) Vgl. Bruck-Möller-Sieg, Kommentar, 8. Aufl. Bd. 2, 1980, S. 759 (Sieg).
(65) NJW 1979, S. 983.
(66) Koch, a. a. O. ZVersWiss, S. 207.

第三款　大学における保険学

一　緒説

後に詳述するように、一八九五年にゲッチンゲン大学にドイツで最初の保険学ゼミナールが創設されるが、これは、ドイツにおける保険学にとってきわめて重要な意味を有する。すなわち、それ以前においては、保険制度についての講義は、私法及び商法、国民経済学に関する一般の講義において付随的に考慮されるにとどまっていた。これに対し、それ以後においては、保険数理、保険法、保険学に関する講義が独立して行われるようになった(1)。そこで、まず、一八九五年以前のドイツの大学における保険に関する講義の状況を概観することとする。

ドイツにおける保険の講義制度に関する努力は、一八四〇年代の終りに遡る。まず、ドイツにおける最初の保険専門雑誌の創始者であるE. A. Masiusは、ライプツィヒ大学で全体の保険制度についての講義計画を策定していたが実現しなかった。一八五〇年代から一八六〇年にかけて、若干の努力が払われたが、いずれも実現しなかった。一八六〇年代の終りから一八七〇年代にかけても多くの努力が重ねられていた。結局、一八四〇年代の初めから一八八〇年代の初めにかけては、若干の例外を除くと、計画は実現せず、試みは失敗していた。ただ、この時期において唯一注目されるのは、E. Engelが、一八六〇年代にベルリンのプロイセン統計学ゼミナールにおいて保険学の講義を行っていたということである(2)。彼は、このゼミナールの主宰者として保険制度について詳細な考慮を払うとともに、保険制度についての講義を、従来は知られていなかった程度に詳細かつ完全に行っていた(3)。また、私保険法の講義は、まず一八八六年にL. Goldschmidtがベルリンで、次いで一八九三年にLaßがマールブルクで、一八九四年にWeberがベルリンで、一八九五年にV. Ehrenbergがゲッチンゲンで、それぞれ行っていた。社会保険法も、一八〇〇年代の終り以来、大学で特別講義として行われていた。なお、保険学の講義は、個別的にではあるが、一八三〇年代に保険数理の分野で行われていた(4)。

二　ゲッチンゲン大学保険学ゼミナール(5)

(1)　前述したように、一八九五年にドイツで最初の保険学ゼミナールがゲッチンゲン大学で創設されたが、まず、その創設の経緯を概観しておくこととする。

その創設のための最初のきっかけを与えたのは、ハノーファ工科大学（Technische Hochschule Hannover）の数学の教授であるL. Kiepertである。彼は、一八九四年九月、ヴィーンの自然研究者集会において、保険の数理的教育に関する講演を行った。その際、彼は、保険制度と数学との結びつきを強調した。彼の最大の功績は、数学者をして保険制度に対する関心を喚起させたこと、数学の原理を保険制度に導入したということである(6)。彼は、ドイツのいかなる大学においても保険数理について教授されていないのは大きな問題であると述べていた。そして、彼は、そのしばらく後にベルリンで、プロイセン文化省の局長であるF. Althoffに自分の考えを示す機会を得た。プロイセン政府は、保険教育に関心を示し、保険学ゼミナールの創設について決議した。その際、このゼミナールは広い学問的基礎を有することが適切であるということから、数理的部門と並んで、保険法及び保険学のための行政部門も含められることが注目された。そのため、このゼミナールはハノーファ工科大学にではなくゲッチンゲン大学に位置づけられることが必要であるとされた。(7) 他方、ゲッチンゲンにおいては、自然科学と数学が経済に役立ちうるようにとの努力が払われていた。そこで、ゲッチンゲンの数学者であるF. Kleinは、数学の応用範囲を保険制度に拡大することに関心を示した。(8) そのため、彼は、一八九四年九月に行われたKiepertの講演から大きな感銘を受けていた。一八九五年九月の初めに、Kleinの提案にもとづいて、ゲッチンゲンで、Althoff, Kiepert, Kleinとゲッチンゲン大学理事者との間で協議が行われた。ゲッチンゲン大学保険学ゼミナールは、一八九五年一〇月三日に認可されたが、これは、哲学部の一部として位置づけられた。(9)

(2)　ゲッチンゲン大学保険学ゼミナールにおいては、当初からきわめて優れた活動が見られた。それは、この分野を代表し、かつ学際的な共同研究を行うための傑出した多くの研究者が集まっていたということにもとづいている。(10)

まず、経済学者・統計学者であるW. Lexis(11)は、ゲッチンゲン大学保険学ゼミナールの初代の所長となり、彼のもとで同ゼミナールの活動が開始した。彼の研究は、数学と自然科学から統計学へと移っている。彼は、統計学的方法を用いて、自然科学の厳密性を経済学に応用しようと試みた。その卓越した研究は、例えば、人口統計論入門、人間社会における大量現象理論、現在の数理統計学の基礎である人口・道徳統計学の理論の中に、それぞれ示されている。一般国民経済学研究として、Allgemeine Volkswirtschaftslehre 1910があり、また、彼は、

Handwörterbuch der Staatswissenschaften の第一版から第三版まで、そして、一八九一年以来、Jahrbücher für Nationalökonomie und Statistik のそれぞれの編集者となっている。[12] 彼は、一八九五年以来、前述のゼミナールで、保険制度の経済学及び統計学の講義を行っていたが、これは劃期的なことであると評価されている。その講義において、保険制度の目的、保険の危険、保険の形態、国家による監督、個々の保険部門等についての講義を行っていた。[13]

また、V. Ehrenberg[14] も、Lexis とともに前述のゼミナールの創設に関わり、また、後にライプツィヒ大学の保険学研究所の創設者・所長となっている。彼は、若い頃から保険実務と深い関わりを有していた。すなわち、若い頃にすでにハンブルクの保険仲立の営業知識を学び、その後、生命保険株式会社の監査役、火災保険相互会社の社員代表を務めていた。[15] 保険監督法と保険契約法の全般にわたって、彼の見解と理論の足跡が見い出される。彼は、また、卓越した鑑定活動を行っていたことにおいて広く知られていた。彼の鑑定意見は、多くの裁判所の判決に対して絶大な影響力を有していた。彼以外に、かなり長期間にわたって大学で保険法の講義を行ったドイツの法律家は存在しない。[16] また、彼は、すべての法律家に知られているように、一九一三年以来刊行されている Handbuch des gesamten Handelsrechts の編集者となっている。さらに、彼の代表的な書物として、①Die Rückversicherung 1885, ②Die Verantwortlichkeit der Versicherungsgesellschaften für ihre Agenten 1892, ③Versicherungsrecht 1893, ④Das künftige Rückversicherungsrecht 1908 等がある。③は、ドイツの保険法学に対して絶大の影響力を及ぼしていたことはいうまでもない。①は、再保険に関する最初の体系的な法的研究であり、再保険法に関する先駆的・体系的・包括的研究である。本書は、元受保険者と再保険者間の契約を保険契約の中に位置づけることを試みているが、それが現在の判例・学説の支配的見解となっているとされる。[17] 彼は、「ドイツにおける保険法学の創始者であり[18]」、「保険学の父であり」、「彼によって、ゲッチンゲンは一九世紀から二〇世紀への変り目にドイツにおける保険法の中心場所（Zentrum）」になっていた[19]。彼は、一九二九年三月一〇日、七八歳で死去した。しかし、「ドイツの大学で保険法が教授されるかぎり、そして、経済生活においてドイツの保険が重要な役割を果たすかぎり、彼は永遠に生き続けている[20]」のである。

Ehrenberg の最も優秀な門下生が、ドイツ法史家として著名な O. v. Gierke の息子である J. v. Gierke[21] である。彼は、ハイデルベルク大学とベルリン大学で学んだ後、一九〇一年にゲッチンゲン大学の講師となっている。その際の論文は、ドイツ堤防法（Deichrecht）の歴史に関するもので、この論文により、彼はドイツ法史の代表者として知られるに至った。また、彼は、その体系書である Handels- und Schiffahrsrecht 1921 によって、この法分野において決定的に重要な地位を確立した。また、この法分野の発展につき、L. Goldschmidt によって創設されていた Zeitschrift für das Gesamte Handelsrecht und Konkursrecht への寄稿をとおして、大きな貢献をなしていた。彼は、一九二六年から死去する一九六〇年まで、その中心的な編集者であった[22]。それとともに、彼は保険法研究においても、重要な貢献をなしていた。この点に関し、第一に、Versicherungsrecht unter Ausschluß der Sozialversicherung の 1937, Erste Hälfte, 及び 1947, Zweite Hälfte が挙げられる。本書の序文において、本書は法学者以外に、経済学者及び保険事業関係者をも対象としていると述べられている。第二に、彼は、一九〇四年、保険契約法の草案に対して意見書を提出し、草案に対する態度を表明していた。一九〇八年五月三〇日成立のドイツ保険契約法に関する草案は、一九〇三年五月に帝国司法省から公表された。この草案をめぐって、ドイツ法曹大会で討論が行われた。この大会においては、「保険契約においては、契約の自由はいかなる程度まで被保険者のために強行規定によって制限されるべきか」ということがテーマとされた。彼は、まず、第二七回の大会において、このテーマのもとに、前注から始まって保険代理商まで八項目にわたって詳細な意見を述べ[23]、また、第二八回の大会において、保険契約に際しての失権条項を中心とした補足意見を述べていた[24]。

三　ケルン(25)

(1)　ドイツの経済は、とくにライン＝ヴェストファーレンの工業地域において大きく発展し、そのため、鉱業、鉄鋼業、繊維業は保険を必要としていた。そこで、ライン地域の経済・金融業界は、一八〇〇年代の半ばに保険会社を設立したが、それは、とくにケルンとアーヘンに集中していた。ケルンという都市それ自体と同様、ケルンにおける保険制度の発展も、ライン河という交通の大動脈と決定的な関連性を有していた。そして、交通の大動脈として有するライン河の意味からして、運送保険が保険の出発点となっていた。とくに、歴史的に重要な意味を有することとして、一八一七年に、ライン地方における最初の株式会社としてライン河航行保険会社(Rheinschiffahrts-Assekuranz-Gesellschaft) が設立され、一八二二年に認可を受けていたということである。(26)

ところで、ケルンの保険業に特徴的なこととして、業界と銀行が一般的に関連づけられていたこと、会社は伝統的に保険コンツェルンに組み入れられていたということが挙げられる。子会社の設立と、銀行への子会社の関連づけをとおして、ドイツ保険業におけるコンツェルン組織と金融的集中が開始した。(27)ケルンにおいては、保険制度、交通制度、金融制度は、工業と同様に、一体をなしていた。これは、一八〇〇年代前半のドイツの他の地域には見られないことであった。(28)その先導者が、ライン地方の銀行家、鉄道経営者、そして政治家であるG. v. Mevissenである。彼は、ドイツを高度の資本主義経済へと導くことについて重要な役割を果たし、また、工業と銀行を結びつけたライン地方の保険業界の典型的な代表者である。ライン地方における保険制度は、最初の経済部門の一部として、資本主義的方法で経営されていた。(29)

(2)　ケルンにおける保険学研究のための施設は、一九〇一年一月一五日、Mevissenの基金によって設立されたケルン市商業大学（Städtische Handelshochschule Köln）であり、これは、第一次世界大戦後、ケルン大学となっている。彼は、すでに一八七九年にケルンに商業大学を設立するための計画を公表していたが、その中で、ドイツ経済の飛躍のためには、教育制度の構造的変化と商人のための教育が必要であると述べている。[30] このように、ケルンにおいては、集中的・体系的な保険学研究は業界自らの手によって開始されていた。[31] 保険学研究においては、当初から大学と業界の間に伝統的な結びつきが見られた。[32] もっとも、そこでは、保険学は独立の科目とはされていなかった。講義科目の中心は、国民経済論と法理論であり、これらの科目の中に保険学が統合されていた。その理由は、保険制度は国民経済論の部門に属すること、法理論は保険法を包含しているとされていた。一九〇三年一〇月一日に、保険学のための独立の講座が設けられ、保険学は独立の科目となった。これにより、ケルン商業大学は、ドイツにおける最初の独立の商業大学、ドイツにおける保険学の最古の独立の科目を有する大学となった。[33]

(3)　ケルン商業大学における保険学の最初の講義は、P. Moldenhauer が、その後 F. Helpenstein が、彼の死去した後は W. Rohrbeck が、それぞれ担当していた。一九四〇年には、実務家の支援のもとに、保険学研究所 (Das Institut für Versicherungswissenschaft) が創設された。[34]

ケルン大学保険学の伝統は、Moldenhauer に遡る。[35] 彼は、一九〇一年にケルンで創設されていた前述のケルン市商業大学で教授資格を取得し、一九〇三年に講師として、一九〇七年に教授として、保険学の講義を担当していた。一九一九年に商業大学はケルン大学に移行するが、移行とともに、彼の教授職は経済学部及び社会学部の教授として存続した。彼は、その講義において、実務からの参加者のための講義及び社会保険の領域をも含む広い活躍をしていた。とくに注目すべきこととして、保険業界の支援のもとに、その後ヨーロッパで最大の専門図書館へと発展する図書館が創設されたことが挙げられる。[36] 彼は、実務経験を基礎にした二巻の Das Versicherungswesen という教科書を刊行していた。その第一巻は、一般保険理論を、第二巻は、個々の保険部門を、それぞれ扱っているが、いずれも広く読まれていた。[37]

一九四〇年以後、大学の講義及び研究施設に加えて、前述した保険学研究所が創設されたが、その創設には

Rohrbeckが深い関わりを有していた。(38) 彼は、一九〇八年、ハイデルベルクで法学博士の学位を取得しているが、その論文は、ドイツにおける雹害保険の組織に関するものである。彼は、二四歳ですでに保険学の専門領域における著名人となっていた。(39) 前述したように、彼は、一九四〇年、Gerling-Konzernの発案とライン地方の保険業界の支援のもとに、ケルン大学に保険学研究所を創設していた。(40) この研究所は、当初は四つの部門、後に三つの部門から成っていた。第一部門は保険学と保険経済で、Rohrbeckが主宰し、第二部門は保険法で、E. Roehrbeinが主宰した。Roehrbeinの本職は裁判官で、しかもラントの社会裁判所の所長であったが、一九六四年に死去するまで研究所に関わりを有していた。彼の講義活動は、私保険法と社会保険法に及んでいた。これに対し、保険監督法の講義はRohrbeckが担当していた。第三部門は保険数理で、Dörgeが主宰した。保険数理の講座は一九四七年に組織され、一九五〇年にA. Noackが担当した。第四部門は保険医学で、この部門はさらに、社会保険医学、傷害保険医学、生命保険医学に分けられ、それぞれについて専門の医師が担当していた。このように、Rohrbeckは、保険学研究所の重要な組織者であった。この研究所の創設によって、ケルンにおける保険学の研究はその最初の頂点に達していた。第二次世界大戦の勃発にもかかわらず、私保険、社会保険、保険契約法、保険医学を含む研究と活動はなお維持されていた。(41) なお、とくに注目すべきこととして、その図書館は、ドイツ、そしておそらく西ヨーロッパにおける保険学の最も包括的な専門図書館であるということが挙げられる。(42) これも、彼の尽力によるものである。この図書館につき、第一に、世界の二三か国以上の国々からの五〇〇〇以上の回顧録・記念論文集の特別収集を行っていること、第二に、内外の多くの保険約款及び世界の約一五〇〇の保険会社の営業報告書を収集していることが、それぞれ注目される。(43)

四　ライプツィヒ(44)

(1)　ライプツィヒの経済には固有の特色が認められるが、その特色は、ライプツィヒのみならずドイツの他の地域の保険制度の発展に対しても重要な影響を及ぼしていた。その主要なものとして、第一に、メッセと陸上運送保険との関係が挙げられる。ライプツィヒはまず商業都市であること、その重要なメッセは中世の市に遡る。[45]このメッセと関係して、すでに以前から保険の一定の先駆が見られる。メッセに向かう通商路には常に追剥が出没していたので、しばしば強力な護衛を必要とした。この護衛のために、商人は一種の保険料としての護衛金(Geleitgeld)を支払う必要があった。また、一八二〇年以来、メッセへの運送品の保険が行われているが、それが近代的な陸上運送保険の成立のための重要な基礎となっている。運送中と運送取扱人の倉庫内にある運送品に対して保険による塡補が行われた。[46]第二に、鉄道網の拡張と傷害保険との関係が挙げられる。[47]ドイツにおける最初の鉄道は一八三五年一二月七日にニュルンベルクとフュルト間で六キロメートルにわたって敷設され、また一八三九年にライプツィヒとドレースデン間に開通した鉄道はドイツにおける最初の長い路線である。[48]ライプツィヒの中央駅は最も大規模なものであった。そこで、ライプツィヒで、鉄道旅行者のための傷害保険を導入しようという考えが生まれた。近代的な傷害保険の成立は鉄道交通に遡るのであり、K. Jannott は、「一九世紀半ばにおける鉄道の出現とともに傷害保険の発展が開始した」と述べている。[49]ドイツでは、鉄道交通と関係する傷害保険は、一八五三年、エアフルト、ベルリン及びケルンにおける保険会社によって始められていた。[50]第三に、ライプツィヒは、一八二五年に設立されたドイツ書籍商取引団体の設立地でもあり、第二次世界大戦までは出版・印刷業の分野で指導的地位を占めていた。収入の多い印刷業は最も博学で知的な職業とされ、それに応じて保険の問題にも精力的に取り組んでいた。一八六六年、共同の相互性にもとづく支援制度の設立が決議された。また、事業者は、一八九九年、ドイツ印刷業者ライプツィヒ火災保険協同組合とともに、固有の保険施設を設立した。この保険施設は、その後、構成員の範囲を書籍商に拡げていた。[51]

(2)　ライプツィヒにおいては、法律と経済は、法律家によって統合された。一八七〇年八月五日、ライプツィヒに北ドイツ連邦諸邦における連邦上級商事裁判所（Bundesoberhandelsgericht）が設立され、この裁判所は、第二帝国成立後の一八七一年九月二日、その名称を帝国上級商事裁判所（Reichsoberhandelsgericht）と変更したが、これらの裁判所の判例は、保険契約法の研究と法典化にとってもきわめて重要な資料となっていた。また、これらの裁判所の判例は、例えば、責務の法的性格づけ、保険代理商の信頼的地位、そして代表者責任概念の発展に関しても重要な貢献をなしていた。[52]

また、ライプツィヒにおいては、一八〇〇年代の終り以来、保険学の研究が行われていた。一八九八年、ドイツにおける保険学研究のための最初の施設として、ライプツィヒ商業大学が設立されたが、法律学者であるG. Wörnerは、一九〇五年以来委嘱講師として、一九〇八年以来教授として、それぞれ保険学の講義を担当していた。彼は、一九二三年、新たに創設された社会法及び保険制度についての教授職に就任していた。彼の書物として、Allgemeine Versicherungslehre, 3. Aufl. 1920及びBesondere Versicherungslehre 1908がある。[53]

(3)　ゲッチンゲン大学の例に従って、一九一二年、ライプツィヒ大学の法学部にも保険学研究所が設置された。この研究所においては、一九四九年まで保険専門家の卒業証書が授与されていた。この研究所の主宰者は、国民経済学者のW. Stieda、商法学者のP. Rehme、企業法・空法学者のH. Oppikoferであった。[54]この研究所は、一九三七年に学際的研究を行う大きな研究所に組織変更を行い、哲学部に移された。そして、ドイツ保険学会の例に従って、五つの専門部門、すなわち、保険学と一般保険論、保険学と保険統計、保険数理、保険法、保険医学に分けられた。その主宰者は、W. Grosseである。彼は、一九二二年、ライプツィヒ保険学研究所の助手として、「ドイツ生命保険における戦争危険」という論文により学位を取得している。彼は、一九二四年、ライプツィヒ大学の講師、保険学研究所の試験委員、一九三一年に教授、一九三七年にライプツィヒ大学の経済学部・保険学研究所の所長となっている。とくに注目すべきこととして、彼は、Wirtschaft und Versicherungという書物を刊行していたこと、ケルンでドイツ保険アカデミー（Die Deutsche Versichrungs-Akademie）を創設し、その主宰者となっていたということである。彼は、「たゆみない努力と模範的ともいえる感受性において、傑出した教育者であり、また、学生に対する指導と相談相手でもあるように常に努力していた」といわれる。(55)

五　ミュンヒェン(56)

(1)　ミュンヒェン大学の国家学部に、一九〇〇年以来、統計学ゼミナールが存在していたが、このゼミナールは、一九一一年一月七日の決議により、一九一一年／一二年の冬学期から統計学と保険学のゼミナールに拡大された。(57)この拡大により、ミュンヒェン大学における保険学教育のための基礎が確立された。これにより、保険制度のすべての分野における基礎的教育の機会がゼミナール参加の学生に対して提供されることとなった。これと類似の施設は、バイエルン州にあるエアランゲンとヴュルツブルク大学にも同時に創設された。(58)ミュンヒェン大学の統計学と保険学のゼミナールの創設者にして最初の所長は、G. v. Mayr である。彼は、法・国家学の研究の後、一八六六年にミュンヒェン大学の国家経済学部の私講師となり、一時期ミュンヒェンを離れ、一八九八年にミュンヒェン大学に戻って統計学、財政学、国民経済学の教授となった。(59)彼は、長年にわたってドイツの統計学における第一人者であるとともに、保険学と保険教育を熱心に推進していた。彼は、私保険及びとくに社会保険は統計学研究にとって重要な意味を有していると強調していた。彼は、統計学と保険学ゼミナールにおいて、一般保険論と特殊保険論に関する講義を担当していた。(60)

(2)　ミュンヒェン大学における保険法の傑出した第一人者として、私法学者の W. Kisch(61)がいた。彼は、シュトラースブルクで法律学を学び、学位と教授資格を取得した後、一九〇二年、そこで講座を担当した。一九一六年にミュンヒェン大学に招かれ、保険法、民事訴訟法、破産法を担当した。彼は、一九三三年から一九三五年まで、H. Frank のもとで「ドイツ法学院（Die Akademie für Deutsches Recht）」の副会長を務めていたが、政治的理由によりこの職を退き、それと同時に講義活動も停止した。彼の研究上の活動は、一九二〇年頃までは民法と民事訴訟法に向けられており、この分野において、実体法と訴訟法の関連づけにとって重要な特殊研究の代表者として活躍していた。その後、彼は二つの特殊な分野の研究に及んでいる。その第一は特許法で、彼は、ドイツの特許法について、法典の単なる注釈を超えて体系的な叙述を行った最初の研究者である。その第二は保険法で、彼は今日の保険法の基礎理論を確立した第一人者である。(62) 保険法に関する彼の著作の中で、未完成のままではあるが、Handbuch des Privatversicherungsrechts, Bd. 2, 1920, Bd. 3, 1922 は、とりわけ傑出している。Bd. 2 は、保険危険の理論として、保険危険一般、契約の締結に際しての危険の告知を取り扱い、Bd. 3 は、被保険利益として、被保険利益一般、被保険利益の譲渡を取り扱っている。それ以外に、保険法上の基本的問題を取り扱った著作として、Die mehrfache Versicherung desselben Interesses 1935, Der Übergang der Entschädigungsansprüche des Versicherungsnehmers auf den Versicherten 1935, Die Taxierung des Versicherungswertes 1940, そして、第二次世界大戦後は、Das Recht des Verisicherungsvereins auf Gegenseitigkeit 1951, Der Versicherungsschein 1952 がある。彼の研究の特色として、保険法に関する資料を徹底的に洞察していること、保険法を一般私法と関連づけて研究を行っている、という点にある。(63)

彼は、教育者としても傑出していた。彼の私法及び保険法の講義は、すべての学部の学生が聴講していた。とくに、後に優れた研究者となっている E. Frey 及び H. Möller も、彼の講義を聴いていた。Frey と研究との関係が明確になるのは Kisch との接触をとおしてであること、(64) また、Kisch の講義を聴いていた Möller が Kisch を心から尊敬していたことは決して不思議ではない。(65) なお、Kisch は、一九四〇年、ミュンヒェン再保険会社の委託を受けて、アリアンツ生命保険会社創立五〇周年記念雑誌を作成したが、これは、企業史に関する最も重要な著作である。また、Kisch は、鑑定人として保険実務にも深い関わりを有していた。(66)

六　ハンブルク(67)

(1)　「ハンブルク―世界に開かれた門―（Hamburg-Tor zur Welt）」という、自由ハンザ都市の紋章からも知られるように、ハンブルクは国際的な取引の中心という評価を受けている。ハンブルクの経済と交通は、一九世紀の終り頃までは、もっぱら船舶による航行によって特色づけられ、ハンブルクの国際的評価は、港湾及び港湾と結びついた保険に求められる。(68)前述したように、海上保険は、地中海からイギリス及びオランダを経てハンブルクをとおしてドイツへ入っていた。(69)保険、とくに海上保険は、ハンブルクにおいて全盛を極めていた。ハンブルクにおいては、広い基礎に立つ私保険企業が成立し、数理的基礎の上に立つヨーロッパの生命保険企業が設立されていた。ドイツにおける商人的・公法的保険制度、保険業のほとんどの起源はハンブルクに求められる。また、外国との接触と外国会社の活動は、ハンブルクの保険制度の国際性に対して重要な貢献をなしていた。(70)保険都市としてのハンブルクが保険制度の発展に対して果たした歴史的意味はきわめて大きいこと、また、ハンブルクはドイツ保険制度史において卓越した地位を占めていた。(71)右で述べたような理由から、ハンブルクにおいては、早くから保険学及び保険法の研究が行われていた。

(2)　ハンブルク大学は、ドイツの大学の中でも比較的新しい大学に属する。その創立は、一九一九年四月一日の「自由及びハンザ都市ハンブルク」の官報の中で証明されている。しかし、大学としての基礎の確立は、すでに一七世紀の初頭に遡る。すなわち、一六一三年にハンブルクに Akademisches Gymnasium が設立されていた。これは、学校（Schule）と大学（Universität）の中間に位置づけられると考えられていた。しかし、聴講生の不足のため、二七〇年後の一八八三年に閉鎖された。それにもかかわらず、一八九五年に新たに創立された一般講義制度（Allgemeines Vorlesungswesen）は存続した。そして、一九〇七年のハンブルク学術財団（Hamburgische Wissenschaftliche Stiftung）と一九〇八年の植民研究所（Kolonialinstitut）の創設は、ハンブルク大学創立への過程において重要な意味を有していた(72)。一九〇八年創設の植民研究と一九一九年創立のハンブルク大学は、一六一三年創立の Akademisches Gymnasium の伝統と結びついているのである(73)。しかし、一九一九年にハンブルク大学が創立される以前、それゆえ、一九〇八年の植民研究所の範囲内において、すでに保険学ゼミナール (Seminar für Versicherungswissenschaft) が存在していた。すなわち、一九一三年以来、E. Bruck はハンブルクで保険法の講義を行っており、また、一九一四年に、M. Warburg の提案にもとづいて保険制度についての永続的講座が設けられていた。Bruck はこの講座に招へいされたが、この講座はその後ハンブルク大学へ移された。一九一六年に創設されていた保険学ゼミナールは、国内外の私保険、社会保険の全分野に関わりを有していた。Bruck が、その初代の所長となっていた(74)。このゼミナールは「保険学」ゼミナールという名称からも明らかなように、保険制度の全般に関わりを有している。しかし、いずれかといえば、保険制度の法学的分野の研究にその重点が置かれている。このことは、初代の所長 Bruck が法律学者であること、このゼミナールはハンブルク大学の法学部に所属していること、このゼミナールの諸教授は主として私法の研究者から構成されていること、ということからも明らかである(75)。このゼミナールは、ドイツにおける最古にして最大の保険法研究所である(76)。

Bruck は、V. Ehrenberg, A. Ehrenzweig, O. Hagen, W. Kisch と並んで、ドイツ保険法の「古典期の代表者 (Klassikern)」である(77)。彼は、現代保険契約法の本質的でドグマチックな基礎理論の構築に努め、保険契約法を、被保険利益、危険団体、責務等の基礎的概念のもとに体系化しようと試みていた。まず、彼には、実務をも考慮に入れた体系書として、Das Privatversicherungsrecht 1930 があるが、これは、彼の著作の中でも内容が最も豊富で包括的な体系書であり、彼の主著をなしている。その構成は、序章、保険契約と保険部門、保険者とその職員、契約の締結と保険期間、保険契約者の給付、保険者の給付、被保険利益、保険事故、契約当事者の財産の悪化、保険契約者の権利の移転と負担となっている。この体系書は、刊行されてから八〇年近く経過しているが、現在においても保険法の研究者が必ず参照しなければならない不朽の名著である。また、彼は、P. Hagerとともに Reichsgesetz über den Versicherungsvertrag, 7. Aufl. 1932 を編集し、T. Dörstlingと共同で Das Recht des Lebensversicherungsvertrages, 2. Aufl. 1933 を刊行している。

Bruckは、保険契約法における基本的諸問題の解明のためにきわめて重要な役割を果たしていた。その第一は、責務の法的性質に関する前提説の提唱である。すなわち、責務は、保険者に対する給付を引き起こすための前提であること、保険契約者が責務を履行しない場合には保険者に対する請求権は危険に曝されること、責務の不履行は保険者の利益ではなく保険契約者の利益を侵害すること、責務の不履行は、保険者の保護を目的とする規定（民法八二三条二項）の違反ではなく自己の利益に反する行動であると述べている。[78] ドイツの判例も前提説に立っている。第二は、保険者の給付に関する危険負担説の提唱である。すなわち、保険者の主たる給付は危険負担であること、この危険負担は、金銭給付または金銭的価値ある給付をなすことについての保険者の継続的な準備（Das dauernde Bereitsein）であり、これは、保険事故発生前においては責任準備金の形成等により行われ、保険事故発生により保険契約者に金銭または金銭的価値ある給付請求権が発生すること、これにより危険負担は民法二四一条の意味における給付となること、保険者による危険負担の拒絶は積極的契約違反として保険契約者に契約解除権が発生すること、保険者は危険負担を拒絶するまでは危険負担という給付を行っているので、保険者には保険料が帰属すると主張している。[79]

(3)　ハンザ高等裁判所の多くの裁判官も海上保険法の研究に努めていた。[80] その中でも、とくに、海上保険法の研究において不滅の名を遺している者として、ハンザ高等裁判所副所長のR. C. Ritter[81]を挙げなければなるまい。その一九二二年及び一九二四年に刊行された Das Recht der Seeversicherung, Bd. 1, 2 は、疑いもなく、海上保険法の研究において現在においても必ず参照されるべき不朽の名著となっている。[82] しかも、この深遠な書物は「一人の手」[83]によって一気に書かれたという、驚異を絶するものである。彼は、一九一九年のドイツ普通海上保険約款の作成に際して強い影響力を与えた一人であり、これについて右の書物において詳細な注釈を加えている。本書は莫大な資料について深い考察を行っていること、また、普通保険約款の解釈、第三者の行為に対する保険契約者の責任、責務の概念、損益相殺等、従来の注釈書においては余り考察されていなかった保険法の基本的な概念・問題についても考察した陸上保険法にとっても重要な第一級の学問的偉業（Eine wissenschaftliche Tat ersten Ranges）と評価されている。[84] なお、彼は、一九三二年、Kommentar zum Handelsgesetzbuch, Mit Ausschluß des Seerechts, 2. Aufl. も刊行していた。彼は、「商法の分野におけるドイツの最も偉大な実務家の一人」であるとされている。[85]

(4)　前述した Bruck は、一九三五年、人種的理由により退職を余儀なくされた。彼の門下生である H. Möller[86] が、一九四一年にその後任として教授に就任した。Möller には、一九七二年現在ではあるが、単独の書物が約一〇冊、責任編集誌が三誌、編集ないし共同編集誌が九誌、論文が約二二〇点、その他に多くの書評及び判例評釈がある。[87] 以下において、若干の単独の書物につき、その骨子を紹介する。①まず、彼の研究活動は、博士論文である Cif-Geschäft und Versicherung 1932 で開始した。彼は、一九二九年及び一九三三年に二つの法律国家試験に合格し、それに続いて、トリエステとバルセロナの保険企業等で実務活動に従事したが、そのときに収集した資料をもとにして作成したのが本論文である。[88] 本論文の序論は海外売買と保険、詳論はシフ売買と保険となっており、詳論の部分は、総論と各論、各論は、さらに、静止状態におけるシフ保険と移動状態におけるシフ保険となっている。本書は、C. I. F. 取引の保険法的関係について詳細に考察した重要な論文であると評価されている。[89] ②その五年後の一九三七年、彼は、教授資格論文である Summen- und Einzelschaden を発表している。この論文は、第一に、保険法を孤立したものとしてではなく一般私法と関連づけて考察することの重要性を示唆し、保険法と一般私法を架橋していること、(90) 第二に、従来は単に現存財産と仮定的財産との差額として理解されていた損害の塊(Schadenklumpen)を個々の損害、すなわち、積極財産の減少と消極財産の増加に分解することによって、私法の損害賠償法と私保険との間に重要な架橋を行い、あるいは民法の債務法と私保険法との相互作用を明らかにしたこと、第三に、この見解は約三〇年後に連邦通常裁判所の判決に対して重要な影響を及ぼしていたこと、(91) という点に特色が認められる。③彼は、第二次世界大戦中の困難な時代に、Verantwortlichkeit des Versicherungsnehmers für das Verhalten Dritter 1939 及び Recht und Wirklichkeit der Versicherungsvermittlung 1944 という二つの研究書を公表している。前者は、保険契約者の代表者の行為に対して保険契約者が責任を負う場合の基準を明らかにしようとするもので、(92) その考えは、彼の門下生である R. Schmidt, Die Obliegenheiten 1953 に継承されている。また、後者の研究書は、彼が商人の家に生まれたことと深い関わりがある。商人の家に生まれた彼には、若い頃から代理店等の仲介業に関する問題が知られていた。彼は、中央統制経済下で仲介業という職業を廃止するという動きがある中で本書を執筆した。その研究方法論は、法的事実の探求という点にあり、彼はこの方法論をとくに重視していた。本書は、現在においても代理法及び仲介法に関する標準的な研究書となっている。(93) ④いうまでもなく、彼の著作の頂点に立つのは、Kommentar zum Versicherungsvertragsgesetz, 8. Aufl. 1961 である。彼は、自ら第一巻（一九六一年）を全部、第二巻（一九八〇年）は五三条から六六条まで、それぞれ執筆している。この大コンメンタールの中には、保険の概念、被保険利益論、危険負担、責務の法的性質、利得禁止等、保険契約法及び保険仲介法に関する彼の研究の特色の全部が存分に示されている。保険契約法に関する最高の権威書というべきである。彼は、偉大な保険法学者、国際保険学会の中心人物、保険学の世界的巨人であり、その生涯は保険法研究の生涯そのものであった。(94) Bruck と Möller によって、保険法の「ハンブルク学派（Hamburger Schule）」が形成され、また、ハンブルクはドイツ保険法の理論と研究の中心的地位（Zentrum）を占めたといっても誤りで

はあるまい。(95)

七　ベルリン(96)

(1)　ベルリンは、ドイツの保険経済において高い地位を占め、また、ドイツの重要な保険会社及び保険グループの起源はベルリンに求められる。ベルリンは、金融経済の強力な再興隆にもかかわらず保険場所としての以前の重要な地位は回復しえないとしても、保険との関係は依然として強力である。また、ベルリンの保険史は、全ドイツにおける政治的発展によって大きな影響を受けている。(97)

ところで、ベルリンの保険史は、五つの時期に区分されるといわれている。第一期は、一七世紀と一八世紀のブランデンブルク選帝侯、後のプロイセン王のもとにおける国家主義の時期である。いわゆる「三〇年戦争」によって完全に破壊されたベルリンは、F. Wilhelm によって再建された。彼は、一六八五年、一六七六年にハンブルクに設立されていた火災金庫を模範とした建物火災保険の導入を提案し、これによって経済的損害から人口の保全を図ろうとした。しかし、高い負担と放火の増加を理由とする市民の反対により、計画は断念せざるをえなかった。その後、多くの曲折を経て、(98)ようやく一七一八年にベルリン火災金庫が成立した。その後、公法的な保険施設と並んで私保険経済の助長もプロイセン国家の重要な目標とされ、一七六五年、株式組織の海上・運送保険会社である Assekuranz-Compagnie zu Berlin が設立されたが、この会社は一七七〇年の王の特権によって一七九五年まで動産火災保険営業について許可を取得していた。(99)第二期は、ナポレオン戦争後の商人的基礎にもとづく私的な保険企業の設立の時期である。まず、一八一二年、ハンブルクの商人である G. F. Averdieck は、ドイツにおける最初の保険株式会社としてベルリン火災保険施設を設立し、動産の火災保険についての特権を取得した。それゆえ、株式組織における保険思想は、ハンブルクを模範としてプロイセンの首都によって実現されていた。次いで、一八二二年に最初の雹害保険株式会社が設立された。商人的基礎にもとづく生命保険業も早い時期から開始し、一八三六年にベルリン生命保険会社が設立されるが、これは、ライン地方における商業的生命保険業の設立に対する推進力となっている。一八五三年、鉄道網の普及とともに、近代的な傷害保険の引受けとして普通鉄道保険株式会社が設立されていた[100]。第三期は、一八七一年のドイツ帝国の成立後における保険制度の特別の躍進期である。ドイツの保険業は、以前には各地に分散していたが、この時期になるとベルリンに集中し始めるとともに、保険会社の設立も増加していた[101]。第四期は、第一次世界大戦から第二次世界大戦までの時期である。第一次世界大戦後のベルリンはインフレーションによって特徴づけられ、それは、多くの生命・疾病保険企業の合併と新設をもたらした。ドイツの保険業界が再強化された後のベルリンは、三〇年間にわたって最も重要な保険都市としての地位を占めていた[102]。第五期は、一九四五年以後の衰退と再建の時期である。一九四五年以後の時期は、ベルリンの保険史にとって最も暗黒の時期である。ソ連の占領地区内に位置しているベルリンは、一九四五年七月一一日、四か国の占領区に分割され、市の行政も四か国の共同管理下に置かれた。ベルリンの孤立によって、四つの占領地区に住所を有する保険企業の大部分は、その主たる管理部を西ドイツへ移すか、または少なくともそこに第二の住所を設置すべきこととされた[103]。それにもかかわらず、ベルリンとドイツ保険業との関連は決して途切れることなく、保険会社は依然として帝国の首都に根を下ろしていた[104]。

(2)　ドイツの保険学は、第二次世界大戦まではベルリンに集中していた。一九世紀後半におけるベルリンの保険学の全盛期は、大学への保険学の受入れと保険学団体の設立によって特徴づけられる。すなわち、まず、一八七四年、Bohlmann は、一八一〇年に創立されていたベルリン大学に保険制度に関する講座の創設を試みたこと、プロイセン統計局長の E. Engel は、ベルリンの王室統計学ゼミナールで官吏の教育のために保険に関する講義を行っていたこと、一八六七年から一八七三年にかけて生命保険学のための講座も存在していたこと、L. Goldschmidt は私保険法に関する講義を行っていたことが挙げられる。また、一八九九年にドイツ保険学会が創立されていた。[105]

L. Goldschmidt[106] は、一八八六年から一八九〇年にかけて、ベルリン大学で私保険法に関する独立した体系的な講義を行っていた。[107] 彼は、ハイデルベルク大学及びベルリン大学の教授、現代商法学の創始者、帝国上級裁判所の裁判官、そして法の鑑定人として、きわめて偉大な足跡を遺している。①まず、彼の功績は、商法学の分野に求められる。彼が商法の研究を始めた頃は、商法は僅かな注目を集めるにとどまっていた。確かに、すでに H. Thöl はローマ法上の諸概念を基礎とした三巻の Handelsrecht (1841, 1847, 1880) を刊行していた。これに対し、Goldschmidt の最大の功績は、商法の歴史的観察方法に道を開いたという点に求められる。彼は、中世の商業都市における法源の収集と調査をもとにして、商法学の歴史的基礎づけを行った最初の商法学者である。彼は、商法の基礎となっている中世の商業都市における法源を解明し、それによって、ローマ法からすると商法は体系に反すると考えられていたその商法の法源をローマ法に制限するという考えを打破した。[108] そのことを試みた著作が、Handbuch des Handelsrechts (1864–1868) 及び Universalgeschichte des Handelsrechts 1891 である。彼は、海法、銀行法等の個々の法制度を例としながら、それぞれの時代における商法の発展と商法の一般史を跡づけている。とくに、イタリア法に関する歴史的研究において、商法の研究における歴史的・社会学的研究の重要性を強調している。そして、彼は、商法を、民法との関係において、第二順位に位置づけること (Zweitrangigkeit) に対して反対していた。[109] ②また、彼は、当時のドイツの大学において一般的であったように、法の鑑定人としても活躍していた。その一例として、「ルーマニア鉄道会社の住所をベルリンからブカレストへ移動することが許されるか」という問題に関して一八七八年に提出した鑑定書が挙げられる。このような鑑定活動の中にも、理論と実務、法理論と法の適用との密接な結びつきを重視しようとする彼の考えが示されている。[110] また、彼は、一八七〇年から一八七五年まで、連邦上級商事裁判所の構成員として、仲裁裁判所に所属していた。[111] さらに、彼は、民法典編纂の過程において、保険法が民法典の債務法から訣別することについて決定的な影響を与えていた。

P. Hager は、ベルリン商業大学の保険法の講師、そして、多くの生命保険会社の受託者（Treuhänder）として知られている。彼は、長年にわたって保険制度についての当時の帝国監督庁の事務官を務め、プロイセン生命保険会社の社長となり、また、プロイセン州議会の中央党（Zentrum）の議員団の一員として、その地位において保険制度について代表する議員となっていた。(112) 保険法に関する彼の著作として、E. Bruck と共同で編集した Reichsgesetz über den Versicherungsvertrag, 7. Aufl. 1932 がある。

O. Hagen(113) は、ベルリン大学及びボン大学で学んだ後、裁判官、その後は、ベルリン商業大学、後の商業大学で保険法の講義を担当していた。彼は、ベルリンの最も偉大な保険法学者であった。まず、彼の主要著作として、Das Reichsgesetz über die privaten Versicherungsunternehmungen 1909, 及び S. Gerhard=O. Hagen=H. v. Knebel-Doeberitz=H. Broecker=A. Manes, Kommentar zum Deutschen Reichsgesetz über den Versicherungs-Vertrag 1908 があるが、とくに注目すべきものとして、V. Ehrenberg 叢書の Handbuch des gesamten Handelsrechts の第八巻 Abteilung I と II をなす Das Versicherungsrecht 1922 がある。それ以外に、保険法の基本問題に関する多くの論文を ZVersWiss 等に発表していた。(114) 彼が死去した一〇年後の一九五一年、彼について、保険史家である F. Büchner は次のように述べている。すなわち、ドイツ保険法理論の創始者・先駆者である Hagen は、著名な専門家（Fachmann）ではあるが、単なる専門家（Spezialist）にはとどまらない。彼は、シェークスピアとゲーテに精通していた。彼の人格の特性は、シェークスピアとゲーテの世界において示されている包括的で真正な精神形成によって支えられており、彼の活躍は、こうした彼の人格の特性にもとづいている。法の真の奉仕者としての万能精神は、すべての形式主義と純粋の概念法学を超越している。形式主義と概念法学は、彼には無縁であった。彼の講義及び演習に参加した者、彼と個人的に接触した者は、すべて彼の教育者精神

(Eros) を感じていた。彼の著作は、保険法に関わりを有するすべての者にとって知識の拠り所となっている、と述べている。[115] また、Hagen は、一方では保険法の特殊性を、他方では保険法と民法との継続的で示唆的な相互作用の関係を強調していた。ドイツ保険学が生き続けるかぎり、彼と彼の著作もドイツ保険学において生き続けるのである。[116]

八　スイス

(1)　スイスにおいては、保険制度の発達は比較的遅れていた。さしあたり保険制度に関する基本的な諸概念が近隣の外国から導入され、それがスイスに適合するように努力された。初期の頃のスイスにおいては、近代的な保険の発達は、スイスの人口統計的・経済的・政治的構造によって妨げられていた。国土が比較的小さいこと、しかもそれが二五の州に地理的・国家的に分裂していること、三つの言語圏が存在することによって、保険業の生成・発展が妨げられていた。けだし、危険の平均化のための前提が欠けていたからである。[117] そして、まず一八四八年の連邦憲法が郵便・金融の制度を統一したことによって、近代的な財政・保険制度のための基礎が形成された。[118]

(2)　スイスにおける初期の保険学は、まず保険数理に集中していた。すなわち、バーゼル大学の数学教授であったH. Kinkelin[119] は、数学の講義の中に確率計算及び保険計算の講義をも採り入れていた。また、彼は、生命保険数理のみならず、疾病・廃疾保険の数理にも関わっていた。とくに、彼は、保険数理と統計に関する六〇点以上の著作を刊行していた。[120] また、スイス保険官庁出身の保険数理家であるC. Moser[121] は、一九〇二年、ベルン大学に Das Mathematisch-Versicherungswissenschaftliche Seminar を創設していた。前述した Kinkelin と Moser は、一九〇五年、Vereinigung Schweizerischer Versicherungsmathematiker を創設し、その初代の会長を Kinkelin が、その後任を Moser が一九三五年まで、それぞれ務めていた。[122] 一九一六年／一七年に、バーゼルの私講師である V. Furlan は、Schweizerische Versicherungs-Zeit を刊行したが、これは、スイスにおける最初の業界専門誌である。[123] なお、一九三三年以来、Schweizerische Versicherungs-Zeitschrift が刊行されている。

チュリヒ工科大学教授の H. Roelli[124] は、とくに、第一に、一九〇八年四月二日のスイス保険契約法の起草者及び注釈者として広く知られ、第二に、ドイツ保険契約法の形成に対しても重要な影響を与えた法律家である。[125] まず、彼は、一九一四年、Kommentar zum Schweizerischen Bundesgesetze über den Versicherungsvertrag (vom 2. April 1908) を刊行している。その第一巻は、総則（一条—七条）を扱っている。その作業は、C. Jaeger に引き継がれ、Roelli und Jaeger, Kommentar zum schweizerischen Bundesgesetz über den Versicherungsvertrag vom 2. April 1908, 4 Bde, 1914-1934 として完成した。その後、第一巻は、M. Keller と K. Tännler によって完全な新版として一九六八年に、また、第四巻には、M. Keller によって国際保険契約法が追加されて一九六二年に、それぞれ刊行されている。この注釈書は、スイス保険契約法に関する最も権威ある書物であることはいうまでもない。なお、スイス保険契約法の立法に際して Roelli が果たした重要な役割については、後述することとする。

九　オーストリア

(1)　ドイツとオーストリアの保険制度には、共通の言語と多くの歴史的事情等からして、密接な関係が認められる。もっとも、保険の理論と実務は、両国の異なった気質によっても特色づけられる。すなわち、オーストリアは、西暦九七六年にバイエルンの辺境領となって以来、約一〇〇〇年以上の長年にわたって「オーストリア」と呼ばれていたことから、保険の理論と実務においてもオーストリア的特色も存在している。それにもかかわらず、両国は、保険制度の分野において、とくに文化の分野におけると同様に、相互に影響を与え合っている。例えば、保険制度の発生のための重要な刺激は、バイエルンからオーストリアへ受け継がれていること、また、両国の関わりないし知識の交流は遠い過去に遡る。[126] とくに、最近の両国間の交流は、催事に際しての代表者の相互交流、講演及び国境を越えた招へいによって、強化されている。[127] なお、オーストリアにおける保険営業のための研究者養成は、当局によって許可された保険専門家の創設にもとづき、保険数理とともに開始していた。[128]

(2)　オーストリアにおいても、保険の研究は、保険法、保険経済、保険数理の三部門に分けて行われていた。[129] ここでは、保険法の研究を中心として述べることとする。

まず、私保険法に関する講義は、ヴィーン大学法学部の一九〇四年／五年の冬学期において、商法学者の J. Hupka によって初めて行われていた。彼は、ヴィーン大学の法学部で保険法の講義を行った最初の人である。[130] そして、保険法分野における彼の貢献の中でも、とくに注目すべきこととして、第一に、オーストリア保険契約法の成立過程における審議に対して重要な影響力を及ぼしていたこと、[131] 第二に、ドイツ法曹大会において、責務に関する規定を強行規定とすべきことについて強力に主張していたことである。ここでは、右の第二の点についてのみ述べることとする。一九〇三年五月のドイツ保険契約法草案の公表を受けて、第二七回及び第二八回のドイツ法曹大会において、「保険契約に際しては、契約自由はいかなる程度まで被保険者の利益のために強行規定によって制限されるべきか」というテーマで討論が行われた。その中で、彼は、次のように主張していた。すなわち、無制限な契約自由の支配ということのもとに保険者が理解していることは、被保険者が保険契約において求めていることを被保険者に提供するということからかけ離れた法的地位を被保険者に与えるということである。そして、保険約款は、被保険者に多くの責務を課し、その責務は、被保険者の知力・記憶力・注意力に対して過度な要求を課し、責務の僅かな違反に対して、無造作に過酷な法的不利益、通常は、すべての請求権の喪失という不利益を与えている、と主張していた。このような主張が、保険契約法への強行規定の導入について重要な影響を及ぼしていた。[132]

また、Das Assekuranz-Jahrbuch の創設者である Adolf Ehrenzweig は、二人の息子、すなわち、兄の Armin Ehrenzweig と弟の Albert Ehrenzweig を有している。二人の息子とも、保険研究に関わっていたが、兄は後にはもっぱら私法の研究に向かうのに対し、弟は長年にわたり保険法の研究に関わり、後に国際的にも著名な法律家となっている。[133] 次に、弟のEhrenzweig[134]について述べることとする。彼は、一八九八年にヴィーン大学で法学博士号を取得した後に裁判官になるが、それと並んで法律学の研究を行い、注目すべき多くの著作を公表していた。一九一五年の終りに、彼は裁判官を退いて内務省に招かれ、保険部門の主宰を担当することになる。従来ほとんど取り扱われていなかった保険法の深い研究は、その時期に遡る。保険法における確実な法的基礎づけは、彼による先駆的研究にもとづいている。[135] オーストリアにおいては、一九一五年一一月二二日の皇帝の命令により保険令（Versicherungsordnung）が公布され、それにもとづいて一九一七年一二月二三日に保険契約法が成立したが、彼は、その際、鉄の王冠の勲章で（mit dem Orden der Eisernen Krone）表彰されるという、きわめて重要な役割を果たしていた。彼は、私保険法の分野における多くの重要な書物を刊行している。[136] まず、Moderne Entwicklungsbestrebungen im Recht des Versicherungsvertrages 1925 は、オーストリア法を越えて広く国際的・比較法的考察を行っている。彼は、一時期アメリカへ移住するが、一九四九年オーストリアへ帰国し、それとともに再び著作活動を開始した。巨大な体系書であるDeutsches（Österreichisches）Versicherungsvertragsrecht 1952 は、長年の研究にもとづく学識の締めくくりとされる著作である。この書物は、細部にわたって緊張に満ち、一目して瞭然とし、内容・理念が豊富で、保険法に関する現代の唯一の完全な理論書である。彼は、また、一九五三年に北ドイツの諸都市に招かれて講演を行っていた。ハンブルクにおいては、彼はDie Rechtslehre des Versicherungsvertrages und die klassische Logik で講演を行い、熱烈な注目を浴びた。このテーマは、彼が、専門分野を越えた真の総合性の観点を備えている模範的な研究者であることを示すものであった。[137] なお、彼の家族員として、Albert A. Ehrenzweig がいる。この学者は、アメリカにおいて、保険保護による責任の代替という問題について研究を行っていた。[138]

（1） A. Manes, Versicherungswesen, Bd. 1, 5. Aufl. 1930, S. 397; それとともに、「保険学」という概念は、ゲッチンゲン大学に

保険学ゼミナールが創設されたときに初めて確立された（Manes, a. a. O. S. 387）。

（2） Dorn, Unterricht, Lexikon, S. 1656.

（3） A. Manes, Engel, Lexikon, SS. 476–477.

（4） Dorn, a. a. O. S. 1656.

（5） ゲッチンゲンの歴史・経済等の概要については、林健太郎「ゲッチンゲン」世界歴史辞典第六巻一五七―一五八頁（平凡社、一九五一年）、BROCK HAUS, 21. Aufl. Bd. 11, 2006, SS. 219–220.

（6） O. Volk, Kiepert (Ludwig), NDB, Bd. 11, SS. 594–595.

（7） S. Hanekopf, 100 Jahre Seminar für Versicherungswissenschaft an der Universität Göttingen, VW 1995, S. 1488.

（8） Kleinは、一八八六年から一九二三年まで、ゲッチンゲン大学で、研究者、教育者及び組織者として、先例がないほど活躍し、また、とくにあらゆる学問の一体性（Einheit）を強調していたが、詳細については、Vgl. Universität Göttingen, Führer durch die Universität Göttingen 1927, SS. 5–6.

（9） Hanekopf, a. a. O. S. 1488; 保険学ゼミナールの創設は、ゲッチンゲン大学の保険学にとって最も重要な推進力となるとともに、その創設のための思想は全く初めてのものである。このことは、すでに述べたように、E. A. Masiusが一八〇〇年代の半ばに、ライプツィヒ大学に保険制度のための講座を創設するように勧めていたが実現しなかったという事実からも明らかである（P. Koch, Die Bedeutung Göttingens für die Entwicklung der Versicherungswissenschaft und -praxis, VW 1996, SS. 171–172）。

（10） P. Koch, Geschichte, S. 137.

（11） Lexisの略歴及び研究等については、Vgl. P. Koch, Lexis, Wilhelm, NDB, Bd. 14, SS. 421–422.

（12） A. Manes, Lexis, Lexikon, SS. 1026–1028.

（13） Hanekopf, a. a. O. S. 1489.

（14） Ehrenbergは、一八五一年八月二二日に生まれ、一八七七年にゲッチンゲン大学講師、一八八二年にロストック大学教授、一八八八年にゲッチンゲン大学教授、一九〇一年にライプツィヒ大学教授となり、商法及び保険法等の講義を担当していた。その略歴一般については、Vgl. A. Manes, Ehrenberg, Victor, Lexikon, SS. 455–457; H. Mote, Berühmte Persönlichkeiten und ihre Verbindung zu Göttingen 1933, S. 98; その研究活動の内容については、U. Blaurock, Victor Ehrenberg (1851–1929) „Vater der Versicherungswissenschaft“, Rechtswissenschaft in Göttingen, Göttinger Juristen aus 250 Jahren,

SS. 316–335が詳細を極めている。

(15)　A. Manes, Victor Ehrenberg †, Zum Gedächtnis, ZVersWiss 1929, S. 250; Ehrenbergの、ゲッチンゲンへの招へいまでの経緯、ゲッチンゲンへの招へい、ゲッチンゲンにおける保険学、ライプツィヒへの移動等の詳細については、Vgl. Blaurock, a. a. O. SS. 318–326.

(16)　Manes, a. a. O. ZVersWiss, S. 249; Blaurock, a. a. O. SS. 316–318.

(17)　Blaurock, a. a. O. S. 334.

(18)　H. Krause, Ehrenberg, NDB, Bd. 4, S. 352.

(19)　Blaurock, a. a. O. S. 316.

(20)　Manes, a. a. O. ZVersWiss, S. 251; J. v. Gierke, Victor Ehrenberg, Seine Bedeutung für die Rechtswissenschaft, Jherings Jahrbücher für die Dogmatik des bürgerlichen Rechts, Bd. 82, S. XXIV.

(21)　Gierkeの略歴等については、Vgl. P. Koch, Gierke, v., NDB, Bd. 6, SS. 373–374; 著作については、Vgl. Festschrift für Julius von Gierke, zu seinem goldenen Doktorjubiläum am 25. Oktober 1948, 1950, SS. 365–367.

(22)　Koch, a. a. O. NDB, Bd. 6, S. 374.

(23)　Verhandlungen des 27. Deutschen Juristentages, Berlin 1904, SS. 57–166.

(24)　Verhandlungen des 28. Deutschen Juristentages, Berlin 1905, SS. 379–404.

(25)　ケルンの歴史等については、さしあたり、平城照介「ケルン」日本大百科全書第八巻二七八頁（小学館、一九九四年）、BROCK HAUS, 21. Aufl. Bd. 15, SS. 296–300.

(26)　P. Koch, Versicherungsplätze in Deutschland 1986, SS. 190–191; その設立の経緯の詳細については、Vgl. R. Bergmann, Geschichte des rheinischen Versicherungswesens bis zur Mitte des XIX Jahrhunderts 1928, S. 104ff..

(27)　Koch, a. a. O. Versicherungsplätze, S. 187.

(28)　Koch, a. a. O. Versicherungsplätze, S. 192; Ders., Die Stellung Kölns in der deutschen Versicherungswirtschaft, VW 1986, S. 291; なお、保険業にとってのコンツェルン思考は、一八〇〇年代の半ばにライン地方に成立していた（Koch, a. a. O. Versicherungsplätze, S. 187）。

(29)　P. Koch, Pioniere, S. 291, S. 293.

(30)　Koch, Pioniere, S. 293.

(31)　Koch, a. a. O. VW, S. 292.

(32)　U. Hübner, Die Geschichte des Instituts für Versicherungswissenschaft an der Universität zu Köln, in: Fünfzig Jahre Institut für Versicherungswissenschaft an der Universität zu Köln 1991, S. 27.

(33)　A. Seffen-J. Wälder, Die Versicherungswissenschaft als Lehrfach an der Universität zu Köln, Deutsche Versicherungszeitschrift 1966, S. 315 Anm. 8, S. 316.

(34)　Koch, a. a. O. VW, S. 292.

(35)　Moldenhauer の略歴及び研究等については、Vgl. P. Koch, Moldenhauer, Paul, NDB, Bd. 17, SS. 722–723.

(36)　Hübner, a. a. O. S. 28.

(37)　A. Manes, Versicherungswesen, Bd. 1, 5. Aufl. S. 407; Koch, a. a. O. NDB, Bd. 17, S. 723.

(38)　Hübner, a. a. O. S. 29; Rohrbeck の略歴及び研究等については、Vgl. Hübner, a. a. O. S. 29; 木村栄一「損害保険研究史上の人々」損害保険研究第五一巻四号二四七頁参照。

(39)　H. G. Lobscheid, Lebenslauf von Walter Rohrbeck, Beiträge zur Versicherungswissenschaft, Festgabe für Walter Rohrbeck 1955, S. XI; なお、その著作については、Vgl. a. a. O. Beiträge, SS. 483–502.

(40)　これは、一九三八年と一九三九年のライプツィヒとベルリンの研究所を模範として創設されたものであり、その経緯については、Vgl. Hübner, a. a. O. SS. 29–30.

(41)　Hübner, a. a. O. SS. 31–32.

(42)　Lobscheid, a. a. O. S. XIII.

(43)　Versicherungsbibliotheken in der Welt, Beiträge zur Geschichte des deutschen Versicherungswesens, Aus Anlaß des 60. Geburtstages von Peter Koch 1995, S. 10.

(44)　ライプツィヒの歴史・経済等については、今來陸郎「ライプツィッヒ」世界歴史事典第一九巻一五五—一五六頁（平凡社、一九五三年）、BROCK HAUS, 21. Aufl. Bd. 16, SS. 556–559.

(45)　ライプツィヒは、その位置が陸上交通の重要道路の交会点なので、古くから定期市が始まっていた（今來・前掲一五五頁）。

(46)　P. Koch, Leipzig und Halle als traditioneller Versicherungsort, VW 1995, S. 178.

(47)　ドイツにおいて工業化の推進力となったのは、繊維業ではなく鉄道建設であるが、一八〇〇年代の半ば頃における鉄道網については、木村靖二編・新版世界各国史13ドイツ史一九九—二〇二頁（阪口筆）（山川出版社、二〇〇一年）参照。なお、一九世紀のドイツ工業化において鉄道業が果たした役割については、鵜澤歩・ドイツ工業化における鉄道業（有斐閣、二〇〇六年）参照。

(48)　一八三五年から一九八五年までの一五〇年間におけるドイツの鉄道と保険制度の種々の関わりを詳細に跡づけるものとして、Vgl. P. Koch, Im Zug der Zeit (1) (2), 150 Jahre deutsche Versicherungsgeschichte im Spiegel der Eisenbahn, VW 1986, S. 12.

(49)　Vgl. Koch, a. a. O. VW 1986, S. 15.

(50)　Koch, a. a. O. VW 1995, SS. 178–179.

(51)　Koch, a. a. O. VW 1995, S. 179; ライプツィヒが書籍出版の中心地となった理由は、出版検閲が寛大であったことにあるとされる（今來・前掲一五五頁）。

(52)　Koch, a. a. O. VW 1995, SS. 181–182.

(53)　Koch, a. a. O. VW 1995, S. 182.

(54)　F. Voigt, Versicherungswissenschaft, Handwörterbuch des Versicherungswesens, Bd. 2, 1958, S. 2387.

(55)　Prof. Dr. Grosse, Köln †, VW 1973, S. 653.

(56)　ミュンヒェンの歴史等については、今來陸郎「ミュンヘン」世界歴史事典第一八巻一三七―一三八頁（平凡社、一九五三年）、BROCK HAUS, 21. Aufl. Bd. 19, SS. 98–102.

(57)　なお、ミュンヒェン及びバイエルンにおける保険学の開始は一六六七年であり、一六七三年にミュンヒェンで刊行されていた著作は、バイエルンにおける保険制度について叙述した最初のものである（P. Koch, Zur Geschichte der Versicherungswissenschaft in Bayern, VW 1981, S. 18）。

(58)　G. Lukarsch, Das Institut für Versicherungswissenschaft der Universität München, Festgabe für W. Mahr 1966, S. 51; P. Koch, 75 Jahre Versicherung an der Universität München, VW 1986, S. 1504.

(59)　Koch, a. a. O. VW 1986, S. 1505.

(60)　A. Manes, v. Mayr, Lexikon, SS. 1069–1070.

(61)　Kisch については、木村・前掲三三〇頁、P. Koch, Kisch, Wilhelm, NDB, Bd. 11, S. 683.

(62)　Koch, a. a. O. NDB, Bd. 11, S. 683.

(63)　Koch, a. a. O. NDB, Bd. 11, S. 683.

(64) R. Schmidt-D. Farny, Emil Frey †, ZVersWiss 1980, S. 133.
(65) Grundprobleme des Versicherungsrechts, Festgabe für Hans Möller 1972, S. V.
(66) Koch, a. a. O. VW 1986, S. 1506.
(67) ハンブルクの歴史、とくにそのハンザ同盟結成期から一九六一年頃までの歴史については、E. Klessmann, Geschichte der Stadt Hamburg 1981がきわめて詳細である。
(68) Koch, a. a. O. Versicherungsplätze, S. 99; Schiller, Hamburg als Versicherungsstadt, Hamburg als Versicherungsstadt 1950, S. 7.
(69) Koch, a. a. O. Versicherungsplätze, S. 99.
(70) Schiller, a. a. O. S. 8; Koch, a. a. O. Versicherungsplätze, SS. 99-100.
(71) この点については、坂口光男・保険契約法の基本問題一九六頁以下参照（文眞堂、一九九六年）。
(72) Universität Hamburg, Personal- und Vorlesungsverzeichnis, Wintersemester 1997/98, SS. 9-10.
(73) H. Möller, Die Versicherungswissenschaft in Hamburg, Hamburg als Versicherungsstadt 1950, S. 67.
(74) Möller, a. a. O. S. 67.
(75) G. Winter, Die Assecuranz in Hamburg, Recht und Juristen in Hamburg 1994, S. 204.
(76) Bruckについては、Vgl. H. Möller, Ernst Bruck, Lebensbilder hamburgischer Rechtslehrer, im Selbstverlag der Universität Hamburg 1969, SS. 21-25.
(77) F. Büchner, Hamburgs Beitrag zur Fortentwicklung des Versicherungswesens, des Versicherungsrechts und der Versicherungswissenschaft, VW 1966, S. 797.
(78) E. Bruck, Das Privatversicherungsrecht 1930, S. 282, S. 284.
(79) Bruck, a. a. O. SS. 364-368; Ders., Die Gefahrtragung des Versicherers, Wirtschaft und Recht der Versicherung 1932, S. 1f..
(80) この点については、坂口・前掲基本問題二二五―二二七頁参照。
(81) Ritterの略歴及び著作については、J. v. Gierke, Carl Ritter, ZHR, Bd. 109, 1942, SS. 1-12がきわめて詳細である。
(82) この書物は、一九六七年に、第二版がRitter-Abraham, Das Recht der Seeversicherung, Bd. Ⅰ, Ⅱとして刊行されている。

(83) 木村・前掲二四六頁。

(84) A. Gottschalk, Bücherbesprechungen, ZVersWiss, Bd. 24, S. 242.

(85) Gierke, a. a. O. S. 12.

(86) Möller の略歴及び研究等については、木村・前掲二三六—二三七頁、同「ハンス・メラー教授をしのぶ」保険学雑誌四八六号八六頁以下、K. Sieg, Hans Möller zum Gedächtnis, ZVersWiss 1979, S. 1; R. Schmidt, Professor Dr. Hans Möller †, VersR 1979, S. 197; P. Koch, Möller, Hans, NDB Bd. 17, S. 641.

(87) この点については、Vgl. Grundprobleme des Versicherungsrechts, Festgabe für Hans Möller 1972, SS. 561–578 (G. Winter).

(88) Sieg, a. a. O. S. 1; Koch, a. a. O. NDB, Bd. 17, S. 641.

(89) Vgl. Bücherbesprechungen, ZVersWiss 1933, S. 77.

(90) K. Sieg, Hans Möller †, Bruck-Möller-Sieg, Kommentar zum Versicherungsvertragsgesetz, 8. Aufl. Bd. 2, §§ 49–80 VVG 1980.

(91) Sieg, a. a. O. ZVersWiss, S. 1; Schmidt, a. a. O. S. 197.

(92) 本書については、E. Prölss, Bücherbesprechungen, ZVersWiss 1939, S. 378 があるが、とくに、Möller の代表者概念に対する疑問点の指摘が注目される。

(93) Sieg, a. a. O. ZVersWiss, S. 2; Schmidt, a. a. O. S. 198.

(94) 木村・前掲保険学雑誌八八—八九頁。

(95) P. Koch, Der hamburgische Beitrag zur Entwicklung des Versicherungswesens in Deutschland, VW 1994, S. 284; 坂口・前掲二一七—二一八頁。

(96) ベルリンの歴史及び経済等については、坂井栄八郎「ベルリン」日本大百科全書第二一巻一七四—一七八頁（小学館、一九九四年）、川越修「ベルリン」世界大百科事典第二五巻六三七—六四〇頁（平凡社、二〇〇五年）、BROCK HAUS, 21. Aufl. Bd. 3, SS. 646–660.

(97) Koch, a. a. O. Versicherungsplätze, S. 80.

(98) その経緯については、Vgl. Koch, a. a. O. Versicherungsplätze, SS. 81–82.

(99) Koch, a. a. O. Versicherungsplätze, SS. 82–83; Ders., Berlin und Versicherung, VW 1961, S. 667.

(100) Koch, a. a. O. Versicherungsplätze, SS. 83–84; それ以上の保険会社の設立については、Vgl. Koch, a. a. O. VW 1961, S. 668.

(101) 一八七一年から一九一七年までの間に設立されていた保険会社の詳細については、Vgl. Koch. a. a. O. VW 1961, S. 668.

(102) この間における保険会社の合併と新設等の詳細については、Vgl. Koch, a. a. O. VW 1961, SS. 668–670.

(103) その詳細については、Vgl. Koch, a. a. O. VW 1961, S. 700.

(104) Koch, a. a. O. Versicherungsplätze, S. 86.

(105) Koch, a. a. O. Versicherungsplätze, S. 88.

(106) Goldschmidt の略歴及び研究については、木村・前掲損害保険研究二二五頁、A. Manes, Goldschmidt, Lexikon, S. 689.

(107) Goldschmidt が大学教授として保険法について最初の独立した体系的講義を行っていたということは、きわめて特筆に値する（A. Manes, Goldschmidt, Lexikon, S. 689）。

(108) H. Kronstein, Goldschmidt, Levin, HRG, Bd. 1, SS. 1749–1750; R. Dietz, Goldschmidt, Levin, NDB, Bd. 6, S. 617.

(109) Kronstein, a. a. O. S. 1750; このように、Goldschmidt は、ドイツ私法、とくに商法の形成、及びこの分野における歴史家として絶大な貢献をなしていた（Manes, Lexikon, S. 689）。

(110) Kronstein, a. a. O. S. 1750.

(111) Dietz, a. a. O. S. 617.

(112) A. Manes, Hager, Lexikon, S. 741.

(113) Hagen の略歴一般については、木村・前掲損害保険研究二二六頁、P. Koch, Hagen, Otto, NDB, Bd. 7, S. 474.

(114) Hagen の主要著作については、Vgl. Koch, a. a. O. NDB, Bd. 7, SS. 476–477.

(115) F. Büchner, Zehnjähriger Todestag von Otto Hagen, VW 1951, SS. 230–231.

(116) F. Büchner, Persönliche Mitteilungen, Geheimrat Dr. h. c. Hagen †, Neumanns Zeitschrift für Versicherungswesen 1941, S. 308.

(117) H. Möller, Das Versicherungswesen in den übrigen europäischen Staaten, Deutsche Versicherungswirtschaft 1936, S. 432.

(118) P. Koch, Der schweizerische Beitrag zur Entwicklung des Versicherungswesens, VW 1985, S. 310.

(119) Kinkelin については、Vgl. A. Manes, Kinkelin, Lexikon, S. 857; J. J. Burckhardt, Hermann, Kinkelin, NDB, Bd. 11, S. 625.

(120) Burckhardt, a. a. O. S. 625.

(121) Moser について、Vgl. J. Hüsler, Moser, Christian, NDB, Bd. 18, S. 185.

(122) Hüsler, a. a. O. S. 186.

(123) A. Manes, Fachpresse, Lexikon, S. 521.

(124) Roelli の略歴等については、木村・前掲損害保険研究二四六―二四七頁参照。

(125) A. Manes, Roelli, Lexikon, S. 1302.

(126) 例えば、バイエルンの公法的保険施設が直接にオーストリアへ導入されたことにより、両国間に最初の保険の架橋(erste Assekuranzbrücke)が行われていた(F. Krieger, Beziehungen zwischen Deutscher und Österreichischer Versicherungswirtschaft, Die Versicherungsrundschau 1962, SS. 138–139)。

(127) P. Koch, Historische Wechselwirkungen zwischen österreichischer und deutscher Assekuranz, VW 1997, S. 282, S. 289.

(128) Krieger, a. a. O. S. 147.

(129) Koch, a. a. O. VW 1997, S. 289.

(130) W. Ogris, Zur Entwicklung des Versicherungsaufsichtsrechts und des Versicherungsvertragsrechts in Österreich von der Mitte des 19. Jahrhunderts bis zum Ende der Monarchie, Versicherungsgeschichte Österreichs, Bd. II, 1988, S. 138.

(131) M. Leimdörfer, Gemeinschaftsbestrebungen in der österreichischen Versicherungswirtschaft, Die Versicherungsrundschau 1971, S. 211; すなわち、一九〇七年一二月に保険契約法に関する政府草案が貴族院に提出されたが、彼は、これに批判を加えるにとどまらず、完全な反対草案(Gegenentwurf eines Gesetzes über den Versicherungsvertrag 1908, 233 S.)をもって対抗した。

(132) 以上については、坂口光男・保険者免責の基礎理論一二八―一二九頁参照(文眞堂、一九九三年)。

(133) Internationales Versicherungsrecht, Festschrift für Albert Ehrenzweig zum 80. Geburtstag 1955, Vorwort, S. V.

(134) その略歴と研究活動等の詳細については、Vgl. a. a. O. Internationales Versicherungsrecht, Vorwort, SS. V–VIII.

(135) a. a. O. Internationales Versicherungsrecht, Vorwort, SS. V–VI.

(136) この点については、Vgl. a. a. O. Internationales Versicherungsrecht, Vorwort, SS. IX–XIV.

(137) a. a. O. Internationales Versicherungsrecht, Vorwort, S. VI; Koch, a. a. O. VW 1997, S. 290.
(138) Koch, a. a. O. VW 1997, S. 290.

第四款　ドイツ保険学会

一　創立の経緯と特色

ドイツ保険学会（Deutscher Verein für Versicherungswissenschaft）の創立総会は、一八九九年九月二六日、ベルリンで開催された(1)。その創立によって、保険制度に関する研究は新たな発展段階を迎えることになる(2)。ところで、ドイツにおける保険学の前史は、三つの段階に区分されるといわれている。第一段階は、一八四九年にロンドンでアクチュアリー協会が設立される以前の時期である。第二段階は、一八四九年のアクチュアリー協会の設立からおよそ一八八〇年代のドイツ社会政策的労働者保険の成立までの時期である。この時期に、保険制度の詳細な経済的考察が開始し、また、保険実務家の間においても、保険制度の学問的考察に対する必要性が認識されるに至る。第三段階は、ゲッチンゲン大学に保険学ゼミナールが創設される一八九五年頃までの時期である。この第三段階の時期の最大の特色は、保険政策上の最も重要な問題に関する基本的な論争が行われたという点に求められる。その論争の中心は、前述したように、一八八一年に刊行された A. Wagner の Der Staat und das Versicherungswesen が契機となって引き起こされた「保険は国営か私営か」という問題をめぐる論争である(3)。そして、一八九五年にゲッチンゲン大学に保険学ゼミナールが創設される以前における保険研究は、単に生命保険と火災保険についてのみ、しかも、もっぱら保険技術の面にとどまっていたこと、そのような研究を保険学としていた。これに対し、ゲッチンゲン大学保険学ゼミナールの創設後においては、保険の概念は、保険数理、保険法、保険経済及び保険医学を包括したもの、しかも、すべての保険部門に及ぶものと理解されるに至った。しかし、それにも増してドイツの保険学の推進にとって重要な契機となったのは、ドイツ保険学会の創立である。この学会は、創立以来、一貫して保険制度のすべての分野を最も広範囲にわたって研究するという原則を堅持している(4)。そのことは、学会の定款の中にも明記されている。すなわち、当初の定款の第一条は、「保険学とは、法学・経済学並びに数学・自然科学上の研究分野であり、その研究分野の存続が保険制度にとって有益であるものをいう」と定めている(5)。ここに、保険制度の全般を扱うという先駆的概念（Pionierbegriff）が登場している(6)。

ドイツ保険学会の特色は、次の四点に示されている。第一は、学会の活動は、保険技術の意味における保険数理に限定されることなく、当初から社会保険をも含めたすべての分野を対象とすること(7)、第二は、学会は、当初から理論と実務の結びつきを重視していること、第三は、学会は、当初から国際性を指向しているが、これは諸外国の多くの研究組織の模範となっていること、第四は、学会は、大学と実務で活躍している保険学者にとっての鎹（Klammer）としての役割を果たしているということである(8)。

二　活動

ドイツ保険学会の活動は、第一に、ヨーロッパにおける最大の専門図書館を組織すること(9)、第二に、国際的な参加のもとに会議を開催すること、第三に、保険学雑誌及び学会出版物を編集すること、第四に、専門分野についての分科会を組織すること、に置かれている。次に、若干ではあるが、その活動について具体的に述べることとする。

(1)　学会は、その都度、関心が寄せられているテーマについての会議を開催しているが、ここでは、その創立後、間も無い一九〇三年に開催された第二回の総会について述べることとする。一九〇八年五月三〇日成立のドイツ保険契約法の草案は、一九〇三年五月に公表されたが、ドイツ保険学会は、一九〇三年一二月一〇日、一一日、一二日の三日間、ベルリンで、約八〇〇名の会員のうちの二二〇名の出席のもとに、第二回の総会を開いた。議事日程は、前述の草案に対する批判というものであった。この総会において、報告と討論が行われたが、[10] とくに注目すべきことは、この総会における八二の報告は、二名の教授及び保険の分野で活躍している若干の弁護士を除いては、圧倒的に保険会社側の代表者によって占められていたということである。そこには、報告者に関して異常な偏りが生じている。その理由を、被保険者の利益を代表しうる報告者を被保険者の範囲内から見い出すことは可能ではなかったと考えるのは不正確である。この総会における報告は、報告者の構成からも推測されるように、本質的には、保険会社の種々の団体が、その要求を可能なかぎり貫徹するために帝国司法省にすでに提出していた意見書の内容と同じ内容の繰返しにとどまっていた。[11] それはともかくとして、ドイツ保険学会は保険契約法の成立に際しても重要な影響を及ぼしていたことはいうまでもない。[12]

(2)　また、この学会の刊行物として、一九〇一年以来、Zeitschrift für die gesamte Versicherungswissenschaft がある。この雑誌は、私保険及び社会保険を包括したものとして、国際的にもきわめて水準が高く、第一級の地位を占めている。この雑誌は、論説以外に、新刊案内、著作、書評、そして内外の保険学に関する出来事についての評論等を掲載している。また、O. Hagen は、一九二九年以来、この雑誌において、私保険法に関する判例の要旨を掲載していた。この雑誌は、一九四三年、戦争のために一時期刊行を停止していたが、第二次世界大戦後に再び刊行されている。さらに、この学会は、Veröffentlichungen des Deutschen Vereins für Versicherungswissenschaft を編集し、保険学のあらゆる分野についての重要な著作及び会議の報告を掲載している。

(3)　ドイツ保険学会は、個々の保険学の分野の活動を効果的に遂行するため、すでに一九〇三年に、専門部門を、保険数理部門、保険医学部門、保険法・保険経済部門の三部門に区分している。一九二二年には、保険理論部門が追加されている。これらの専門部門は多くの会議を開催し、その会議における講演をとおして、種々の事柄、法律草案、新たな保険部門、税の問題、保険教育の問題等について討論していた。この学会は、このような広い活動によって、ドイツにおける保険学発展のための中心的担い手（Hauptträger）となっている。[13]

(イ)　人を対象とする保険企業は、保険契約締結時における危険測定及び保険事故発生後の保険金給付に関する調査において、医師の協力を必要とする。[14] 保険医学は、生命保険医学と傷害保険医学に区別され、後者は、それが私保険か社会保険かに応じてさらに区別される。[15]

ところで、保険医学の歴史は、近代的生命保険の初期の時代まで遡る。最初の保険会社としての Gothaer Lebensversicherungsbank は、家庭医（Hausarzt）の証明では満足せず、一八三九年から会社の嘱託医（Vertrauensärzte）を採用し、一八六八年には医師による診査のための特別の書式を開発した。その書式は、いかなる人が通常の条件で保険が引き受けられるか、いかなる人が保険の引受けを拒否され、または割増保険料を徴収して引き受けられるかということを経験的に確定するものであった。[16] その後、保険医学についての重要な進歩をもたらしたのは、当時、ベルリンにあった Norddeutsche Lebensversicherungsbank の社医である A. Oldendorff である。彼は、生命保険医学の重点は、統計を特別の危険集団に適用することにあるということを認識した最初の人である。また、彼は、例えば、遺伝、体質、職業、健康上の既往症、現在の健康状態、病弱のようなあらゆる危険要素について、統計が等級区分のための資料として重視されなければならないとする。[17] また、ヴィーンの医師である E. Buchheim は、治療医と保険医の相違点を明確に指摘した。すなわち、第一に、治療医は、彼に示されたすべての症候を利用できるのに対し、保険医の場合には、保険の申込人は不安の念から、健康状態が疑われる事実を保険医に告げることを回避しようと試みること、第二に、治療医は診断に時間を費やすことが可能なのに対し、保険医の場合には、一度誤ると修復は不可能であるとする。[18] さらに、近代的保険医学の創始者は、Gothaer Lebensversicherungsbank の保険医であった G. Florschütz である。彼は、ドイツ保険学会の保険医学部門を長年にわたって指揮し、多くの保険医を養成した。彼は、従来の純粋に臨床的選別方法（rein

Klinische Ausleseverfahren）を方法論的統計学に改造し、これによって、平均余命は、健康人についてのみならず病人についても客観的かつ適切に評価することが可能となった。さらに、ドイツの保険医学は、A. Hunter と O. H. Rogers の数量化方法論（numerische Methode）によって新たな推進力を得た。この方法論は、異常危険体の評価のための方法で、あらゆる異常の値を死亡率の中に表現しようとするものである[(19)]。この方法論をもとにして、ドイツの生命保険企業は、一九一六年、中央施設としての保険共同体である Hilfe を設立した[(20)]。

(ロ)　保険数理は、保険制度の多くの分野における不可欠の補助科学である。保険料の額、必要な責任準備金の額に関する問題は、数理的方法の利用によってのみ判断されるからである。保険数理は、これらの問題を体系的に取り扱うものである[(21)]。保険数理は、応用数学の典型的な領域である。イギリスの生命保険企業が初めて死亡表にもとづいて保険料を計算した一七六二年が、保険数理学の始まりであるとされている。保険数理は、二〇世紀の初頭まではもっぱら生命保険数理に集中していたが、一九六〇年代から一九七〇年代にかけて新たな分野、すなわち、疾病・傷害・自動車・火災・再保険等の分野において発展している[(22)]。

ところで、一八九九年創立のドイツ保険学会は、ドイツの保険数理家の提案にもとづくものなので、保険数理は当初からこの学会の最も重要な研究対象とされていた[(23)]。そこで、一九〇三年四月四日、ドイツ保険学会に数理部門が設けられていた。保険数理は長い伝統を有し、一八〇〇年代には長年にわたり保険学と同一視される程度に重要であったにもかかわらず、ドイツにおいては、他の国と異なり、永続性のある団体を創設するには至らなかった。

保険学者の国際的な組織化は、保険数理家の国際会議をとおして開始した。すなわち、一八九五年のブリュッセルにおける第一回会議において、International Actuarial Association が創設され、その会議が、一八九八年にロンドン、一九〇〇年にパリ、一九〇三年にニューヨークでそれぞれ開かれ、一九〇六年に第五回の会議がベルリンでドイツ保険学会のもとで開かれた。そして、一九一九年に、ベルリンで保険数理家団体が創設された。この団体の目的は、毎月、講演会を開催することであり、その際のテーマは保険数理の範囲を超えることもある。この団体は、ドイツ保険学会と密接な関係を有している。そのことは、W. Schulz が長年にわたってこの団体の主宰者及びドイツ保険学会の数理部門の主宰者であったということからも、明らかである。一九二八年以来、前述したドイツ保険学会の雑誌の付録として、Blätter für Versicherungs-Mathematik und verwandte Gebiete が刊行されていた。[24]

まず、Gothaer Lebensversicherungsbank の数学者である J. Karup は、この銀行の領域を越えて保険数理の発展のために貴重な貢献をなしていた。彼は、医師・牧師・教師の死亡率、彼の銀行で付保されていた被保険者の死亡原因を調査し、新たな基礎に立って、重要な死亡表を開発し、保険料率表、責任準備金計算書、剰余金分配表を作成した。[25] これによって、Gothaer Lebensversicherungsbank は、ドイツにおける最初のものとしての選択表（Selektionssterbetafel）をその営業に採用した。彼の研究をとおして、ドイツの多くの保険企業は、二重に分類された死亡表、死亡生残表、そして、これらの表をもとにして生ずる保険料計算と責任準備金計算を初めて知ったのである。彼の研究の中でとくに注目に値するのは、模範的で啓発的な剰余金分配制度の確立である。[26] また、一八九三年に、Lebensversicherungsgesellschaft zu Leipzig（現在の Alte Leipziger Lebensversicherungs-Gesellschaft a. G.）の保険数理部門の主宰者となった G. Höckner は、新しい「保険料積立金の理論及び配当金・剰余金の理論」を提唱していた。[27] 彼は、可能なかぎり正確な保険料を探し出し、そしてすべての被保険者に、その契約について分配される利益を帰せしめるために、チルメルの計算方式に修正を加えた。すなわち、チルメルの計算方式によると、新契約者は保険料積立金の準備に際して考慮されるが、Höckner は、これに修正を加え保険料率の中には死亡率利払い以外に管理費が含まれているという方法で、修正を加えた。これが、いわゆる十分な保険料の方法論（Methode der „ausreichenden“ Prämie）である。長年にわたる論争の後、この方式が監督官庁と立法により承認された。また、彼は、彼の生命保険会社における調査をもとにして、二重に分類された固有の死亡表を作成した。この死亡表は、医師が調査した被保険者の少ない死亡率を最初の一〇年の保険年度において考慮し、将来、保険料計算の基礎とされるというものである。(28)

保険数理の研究は、一九三〇年代の半ばまでは生命保険を中心とするものであったが、時の経過とともに、疾病保険、とくに物保険にも及ぶようになる。(29)そうであるとしても、保険数理の主たる部門は、現在でも依然として生命保険である。(30)まず、疾病保険の数理について概観する。近代の疾病保険数理に関する最初の議論は、一九三〇年にストックホルムにおいて「疾病保険の技術」というテーマのもとに開かれた第九回国際アクチュアリー会議において行われた。そこでの議論が契機となって、ドイツの保険学者と保険技術家も疾病保険数理の研究を始めた。その際の問題は、疾病費用保険の数理的・理論的基礎づけ、とくに保険料の正確な計算という点にあった。そして、ドイツの保険監督庁は、一九三六年、保険料が詳細な統計的調査をもとにした保険数理的原則により算出されている最初の事業計画書を認可した。なお、その当時において、すでに、被保険者の老齢化とともに増加する危険についての老齢化責任準備金（Alterungsrückstellungen）の形成の必要性が議論されていた。(31)次に、物保険数理について概観する。この点に関しては、まず、P. Riebesell(32)を挙げなければならない。彼は、一九三六年、ドイツ保険学会の出版物（Veröffentlichungen）の第五六号に、「物保険の数理入門」という、九〇頁の著作を公表していた。この著作の最大の特色は、従来は主として生命保険に限られていた保険数理の研究を、体系的に物保険の全分野に拡げ、(33)これによって、物保険の保険数理に関して新たな基礎を確立したという点にある。この著作は、入門書として、保険数理を完全には教育されていない実務家及び保険数理に関心のある素人に、物保険数理の方法論を示すこと、そして、生命保険の数理家に対して、物保険においていかなる数理上の問題が存在するかということを示すことにある。その際、確率計算と数理的統計の最新の状況を実務に反映させるように試みている。(34)この著作は、物保険の数理に関する課題の解決に取り組んだ注目すべき著作であると評価されている。[35]

(1) この学会の創立の動機・目的・会員及び運営の機関等については、Vgl. A. Rüdiger, Die Begründung des Deutschen Vereins für Versicherungswissenschaft, ZVersWiss 1901, SS. 95-97.

(2) Dorn, Wissenschaft, Lexikon, S. 1849.

(3) Dorn, a. a. O. S. 1849.

(4) Dorn, a. a. O. S. 1850.

(5) Vgl. A. Manes, Versicherungswesen, Bd. 1, 5. Aufl. 1930, S. 387.

(6) H. Möller, Versicherungswissenschaft und Versicherugspraxis in den zurückliegenden 75 Jahren, ZVersWiss 1974, S. 9; なお、わが国の保険学会は、これより約五年前の一八九四年九月に創立されていた。

(7) ドイツ保険学会の創立は、一八九〇年に成立した生命保険会社の連盟の発案にもとづいているが、その際、この学会の目的として、生命保険学と保険学のいずれの促進を目的とするかという議論が行われたが、単に保険数理家・保険技術家の団体ではなく、保険学の促進が目的であると確認された。その詳細については、Vgl. A. Manes, Deutscher Verein für Versicherungs-Wissenschaft 1899-26. September-1924, ZVersWiss 1925, SS. 1-3.

(8) P. Koch, Geschichte, S. 168.

(9) その図書館の概要については、Vgl. Beiträge zur Geschichte des deutschen Versicherungswesens, Aus Anlaß des 60. Geburtstages von Peter Koch 1995, S. 13.

(10) その報告と討論は、Veröffentlichungen des Deutschen Vereins für Versicherungs-Wissenschaft, Heft II, 1904, 419 S. に収載されている。

(11) 以上の点については、坂口光男・保険法立法史の研究一二〇—一二一頁、一四〇頁（注（1）—（8））を参照（文眞堂、一九九九年）。

(12) Dorn, a. a. O. S. 1851.

(13) Dorn, a. a. O. S. 1851.

(14) O. Raestrup, Versicherungsmedizin, HdV, S. 1083.

(15) A. Manes, Medizin, Lexikon, S. 1071.

(16) H. Braun, Geschichte der Lebensversicherung und der Lebensversicherungstechnik, 2. Aufl. 1963, SS. 412–413（水島一也訳・Hブラウン著・生命保険史四八八―四八九頁（明治生命一〇〇周年記念刊行会、一九八三年））。
(17) Braun, a. a. O. S. 413（水島・前掲訳四八九頁）。
(18) Koch, Geschichte, S. 179.
(19) Braun, a. a. O. SS. 415–416（水島・前掲訳四九一―四九二頁）。
(20) Vgl. Koch, Geschichte, S. 181.
(21) Böhmer, Mathematik, Lexikon, S. 1064; なお、保険数理の三つの主要な課題については、Vgl. E. Helten, Versicherungsmathematik, HdV, SS. 1079–1080.
(22) E. Kremer, Einführung in die Versicherungsmathematik 1985, S. 5.
(23) E. v. Thüsen, Bewegte Zeiten des Deutschen Vereins, ZVersWiss 1993, S. 620.
(24) Böhmer, a. a. O. S. 1065.
(25) P. Koch, Karup, Johannes, NDB, Bd. 11, S. 309.
(26) Loewy, Karup, Johannes, Lexikon, S. 841.
(27) Braun, a. a. O. S. 369（水島・前掲訳四六八頁）。
(28) P. Koch, Höckner, Georg, NDB, Bd. 5, S. 306.
(29) R. Brückner, Die Versicherungsmathematik der Gegenwart, Praxis und Theorie der Versicherungsbetriebslehre, Festgabe für H. L. Müller-Lutz zum 60. Geburtstag 1972, S. 14.
(30) H. v. Denffer, Versicherungsmathematik, Handwörterbuch des Versicherungswesens, Bd. 2, 1958, S. 2334.
(31) Koch, Geschichte, S. 181; なお、疾病の発生率と平均疾病期間は年齢とともに変化するので、疾病保険数理は生命保険数理に類似している（P. Riebesell, Einführung in die Sachversicherungs-Mathematik, 1936, S. 57）。
(32) Riebesellの略歴については、Vgl. DBE, Bd. 8, S. 289.
(33) すなわち、本書は、火災・雹害・自動車・ガラス・機械破損・傷害・責任・疾病・雨天の保険の数理について考察している（a. a. O. SS. 47–60）。
(34) Riebesell, a. a. O. Vorwort.
(35) Brückner, a. a. O. S. 14; Thüsen, a. a. O. S. 621.

第五款　保険法の立法

一　緒説

以下においては、ドイツ、スイス及びオーストリアにおける保険契約法及び保険監督法の成立過程を、その背景をも視野に入れながら、概観することとする。

二　ドイツ

(1)　一九世紀のドイツにおける保険制度に関する立法は、保険制度の現象形態と同様に、多様を極めていた。この時代における立法活動は、自由主義か社会的統制かという、一九世紀の基本思想のもとに進められていた。すなわち、一方では、契約の自由は保険と保険法の新たな形成・発展をもたらすと主張され、他方では、カメラリスト営業警察は社会的弱者を保護すると主張された。そして、両者の妥協のもとで、保険契約法、保険監督法、社会保険法が成立したといわれている。(1)

(2)　ところで、一八〇六年七月一二日に成立したライン同盟が一八一三年に解体するまで、ドイツの多くの地域においてナポレオン法典が施行されていた。(2)すなわち、ドイツの西部地域並びにスイスの一部においては、フランス民法典及び商法典が採用されていた。ライン河の左岸地域及びライン河右岸の Großherzogtum Berg 地域においては、普通ドイツ商法典の施行によってフランス商法典の適用が廃止されるまでは、フランス商法典の海上保険法の規定が適用されていた。そして、ライン法の地域では、文字どおり、契約の自由が支配していた。(3)他方、ドイツにおける商法典の編纂作業は、一八五七年から一八六一年までのニュルンベルク会議において開始したが、この会議において、海上保険法が陸上保険法から分離されることが最終的に確定した。(4)そして、海上保険法は、一八六一年の普通ドイツ商法典の中に収められ、その後は、一八九七年の商法典の中に収められた。しかし、商法典に収められた海上保険法は、一八六七年に作成された普通海上保険約款の背後に追い遣られて、単なる「死法（totes Recht）」ないし「紙の法（papierenes Recht）」と化するという、不運に遭遇することとなった。(5)

現行のドイツ保険契約法は、種々の前史を経て、一九〇八年五月三〇日に成立した。(6)一九〇三年五月、帝国司法省から保険契約法の草案が公表されるが、草案をめぐり直ちに種々の観点から活発な批判が行われた。その中でも最も重要な批判は、ドイツ保険学会とドイツ商業会議（Der Deutsche Handelstag）の総会において表明されていた。その批判は、主として、次の三点に集中していた。(7)

第一点は、草案の構成に関するもので、ここでは、総則を設けることの当否が議論され、次のような主張がなされていた。すなわち、草案は二つの総則を設け、その第一章の総則はすべての保険部門に、第二章の総則は損害保険にのみそれぞれ適用されるとしている。そのため、草案の理解が困難なものになっている。草案は、第一章で、すべての保険部門についての規定という表題のもとに、損害保険と人保険を区別することなく、一律に適用される規定を定めている。そして、第一節は総則、第二節は告知義務、危険増加、第三節は保険料、第四節は保険事故、第五節は保険代理商につき、それぞれ定めている。また、第二章は、損害保険という表題のもとに、第一節はすべての損害保険についての規定、第二節は火災保険、第三節は雹害保険、第四節は家畜保険、第五節は運送保険、第六節は責任保険につき、それぞれ定めている。さらに、第三章は、生命保険という表題のもとに、第四章は、傷害保険という表題のもとに、最後に、第五章は、最終規定という表題のもとに、それぞれ規定を定めている。そして、草案によると、すべての保険について、まず、すべての保険部門に関する第一章の規定が適用され、次いで、損害保険については、これについて定めている総則が適用され、最後に、個々の保険につき、これについて定めている規定が適用されるということになる。その結果、総則は、実際上すべての保険部門に共通した必要性を満たすことにおいて成功しているとしても、他方では、草案の適用は非常に困難となる。けだし、一つの総則または二つの総則を精査すること、場合によっては特別規定を精査することが常に必要となるからである。しかし、二つの総則を設けることは、決して成功とはいえない。一般に、総則は、要件及び目的において等しいかまたは類似している法律関係にのみ妥当するのであり、このことは、各種の保険部門には妥当しない。例えば、火災保険と生命保険のような異なった種類の保険部門を共通の規定によって規整することは、不可能なことを主張することにほかならない。そこで、すべての保険に関する包括的な法典の編纂ではなく、反対に、それぞれの保険部門について、それ自体においてまとまりのある完結した特別規定を定めるのが妥当であるとし、そのことによって、各種の保険部門の特別規定が変更されるたびに総則も変更されるということが避けられると主張していた。これに対し、それ自体においてまとまりのある完結した特別規定を定めることに対しては、疑問があると主張されていた。すなわち、保険及び保険制度には概念・本質が存在する以上、すべての保険部門について同一の基礎が存在する。この観点からするならば、本質的な論点は、総則を設けるべきか否かということにあるのではなく、反対に、いかなる範囲及び方法のもとに総則を設けるべきであるかということにある。そして、保険契約法は民法の有機的な一部を形成しているので、民法典の体系に従うことを要する。このことは、個々の保険部門について、特別規定を定める場合にも異なるものではない。この場合においても、一般的な問題については、一定の範囲においても、また特別法の詳細な形成についても、民法典が採用している方法が標準とされることを要すると述べていた。この見解は、要するに、保険契約法の構成・法技術・用語に関しても、すでに成立している民法典を模範とすべきであるというのである。そして、草案の構成に関する議論は、時の経過とともに次第に消滅していったといわれている(8)。

草案に対する批判の第二点は、強行規定の導入に関するもので、草案の規定をめぐる最大の論争もこの点に集中していたといってよい。すなわち、一方では、多かれ少なかれ完全に契約自由を主張する見解が、他方では、可能なかぎり多くの強行規定を導入して契約自由に制限を加えるべきであると主張する見解が、それぞれ存在していた。

その議論の要点は、契約自由の保障による保険制度のさらなる発展と、強行規定の導入による被保険者の保護という、相互に対立する二つの要請の調和点をいかに設定するかということに求められる。この点に関し、とくに、第二七回・第二八回のドイツ法曹大会における討論、[9] 及び保険業界の見解が注目される。[10] しかし、強行規定の導入に反対する保険業界の見解は、当時の学界の支配的見解に反するものであった。ドイツ保険契約法の成立によってもたらされた最大の進歩は、契約自由に対して制限を加えるための多くの強行規定を定めたという点に求められる。[11]

第三点は、公的保険施設（öffentliche Versicherungsanstalten）に、保険契約法の規定を適用すべきか否かということである。前述したように、ドイツには、私的な保険企業と並んで、保険業を営む公的保険施設がある。この保険施設は、各邦の法律にもとづいて設立される公法上の社団法人で、物保険、とくに建物の火災保険を営んでいる。そこで、このような独特な沿革・性格・目的を有する保険施設にも保険契約法の規定を適用すべきか否かということである。この点につき、適用を主張する私保険業界と、とくにバイエルンの公的保険施設の代表者の間できわめて激しい論争が行われ、この論争は、保険契約法の立法手続の最後の段階まで続いていた。[12]

ドイツにおける保険契約法の立法作業は、一七九四年のプロイセン普通法における保険法規定の制定をもって開始し、その一一四年後の一九〇八年の保険契約法の成立によって終了した。ドイツ保険契約法は、きわめて簡潔な表現のもとに、論理の高度な明快性及び高度な技術的精緻さにおいて、ヨーロッパ圏における現代的保険法の頂点に位置づけられるといってもおそらく異論はあるまいと思われる。[13]

(3)　次に、保険監督法の成立過程について概観することとする。[14]

前述したように、官房学者は、私保険企業に対する監督の在り方について、すでに詳細な見解を有していた。それによると、私保険企業は国家による認可に服させること、一回限りではなく継続的な監督に服させること、その際、私保険企業はその営業の基礎を公表する義務を負うこと、一定の責任準備金の形成及び資本の一定の管理が国家の監督のもとに置かれること、というものであった。官房学者のこのような見解は、その後のドイツにおいて種々の立法において具体的に実現し、また現在の保険監督の重要な基本原則となっている。

ところで、一八七一年のドイツ帝国の成立以来、私保険制度に関する主要な課題として、統一的な保険監督制度の導入が常に緊急の課題となっていた。その理由は、ドイツの各邦における法の分裂にもとづく法の相違、とくに、各邦における法律の不十分さが挙げられる。各邦の法律は、雑然としているのみならず、不完全であった。すなわち、各邦によって、保険企業の免許条件・免許期間、準備金の装備、監督及び外国の保険会社の法的関係は著しく異なっていた。こうした法の相違及び不十分さから生ずる具体的問題点として、次のような指摘がなされていた。すなわち、こうした法律状態に乗じて、ときとして会社設立のごまかしが多くなり、それが良俗及び経済的観点から問題となっている。それにもかかわらず、官庁は、国民の広い範囲にわたって被害が生じた後に初めて、しかも刑法典の力を借りてのみ対応できるというのが実情であった。実情がこのようなものであったので、第一に、保険制度に対する国の監督はほとんど不可能であり、第二に、各邦の法律の相違のために保険企業の経営も妨げられていた。すなわち、公法上の小規模な相互会社の営業活動は、それが本拠を有する邦内に限られていたのに対し、株式会社と大規模な相互会社の営業活動は、しばしばドイツ帝国の全部及び外国において行われていた。この場合、法の分裂状態は、これらの大規模な会社の経営活動の拡大に対して阻止的な作用を果たしていた。とくに、バイエルン、ヴュルテンベルク、オルデンブルク及びエルザス＝ロートリンゲンを除いては、邦外のドイツの会社はドイツの会社でないものと同一視されていた。そこで、帝国の立法によって統一的な法分野が形成され、それによって、すべての邦内において営業が可能となること、すなわち移動の自由の保障が求められていた。それゆえ、その当時においては、国民の利害に直接に関係する重要な保険制度に対する監督の必要性については、見解はほぼ一致していた。そこで、保険制度に関する行政的側面からの改革が最優先課題とされた(15)。そこで、種々の団体が統一的な国家監督に対する要望を表明していた。とくに、一八六一年にシュトゥットガルトにおける国民経済会議、一八六二年のヴィーンにおけるドイツ法曹大会、一八六五年のフランクフルト（a.／M.）における第三回商業会議、そして、ニュルンベルクにおける国民経済会議において、それぞれ表明されていた。そして、その立法のための手続きは、一八八三年に開始した。(16) 次に、保険監督法の成立過程を簡潔に跡づけることとする。(17)

保険監督法についての草案は、**Bismarck** が辞職（一八九〇年）した八年後の一八九八年一一月二六日に公表された。この草案は、**Bismarck** のもとで作業を進めていた **T. Bödiker** が一八八三年に作成した草案をもとにして作成されていた。(18) それゆえ、保険監督法制定のための固有の立法作業は一八八三年の草案作成とともに開始していた。文字どおり、**Bödiker** は、ドイツ保険監督法の父（**Vater**）である。(19) また、彼は、一八八四年に新たに創設された保険監督庁の長官になっていたということでも、広く知られている。(20) 一八九八年に公表された草案は、一九〇〇年六月二八日に連邦参議院で承認され、同年一一月一四日、理由書とともに帝国議会に提出された。帝国議会は、同年一一月二九日の第一〇会期において、第七委員会に審議を付託した。審議は、一九〇一年四月二五日、二九日及び三〇日に行われた。帝国議会は、一九〇一年五月二日に草案を第三読会において一括して承認した。(21) これが、「私保険企業の監督に関する法律」で、カイザー（皇帝）は法律を一九〇一年五月一二日に公布し、法律は一九〇二年一月一日に施行された。統一的な国家監督に対する要望が表明されてから、それが実現するまでに約三〇年余りを要したことになる。(22) 一九〇一年の保険監督法は、当時、すべての監督法の中で最も進歩的であること、そして、制定以来、多数回にわたる改正・補充にもかかわらず、その基本原則は不変のままで現在まで堅持されている。(23)

三　スイス

後述するように、保険制度に関するスイスの立法は、保険契約法及び保険監督法の分野において、ドイツの立法に対する指標としての役割を果たしていた。

(1)　スイス保険契約法は、一九〇八年四月二日に成立しているので、一九〇八年五月三〇日成立のドイツ保険契約法よりも約二か月前に成立していたことになる。それゆえ、スイス保険契約法は、世界における最初の保険契約法である。スイス保険契約法の草案は、ドイツのそれよりも古いので、かなりの程度においてドイツの立法者にとって模範とされ、そのため、スイス保険契約法は、ドイツにとって最も重要な外国法となっている。「スイスとドイツの草案は、いわばすべての重要な問題とその基礎づけにおいて、一致している。その中に、法典編纂の実現可能性のための確実な保障が存在しているのみならず、慎重に考慮された草案の規定は保険と関連する経済的・技術的要求に相応するということに対する保障も存在している」といわれている。[24] とくに、スイス保険契約法とドイツ保険契約法の最も重要な共通点は、強行規定によって契約自由に対して制限を加え、保険契約者の利益を保護するということに着眼している点にある。[25] 次に、スイス保険契約法の成立過程を簡潔に述べることとする。

まず、スイスにおける保険契約法編纂のための試みは、一八六四年の W. Munzinger スイス商法典草案をもって嚆矢とする。この草案は、「保険について」という表題のもとに、保険に関する二六か条の規定を定めていた。これらの規定を一言で要約すると、単に保険契約に関する一般原則を定めているにとどまること、他方、注目すべき点として、絶対的強行規定を定めているということである。そして、絶対的強行規定を定めていることの主たる理由として、公序の維持と被保険者の保護ということが述べられていた。しかし、この点に関しては厳しい批判が加えられ、草案は法律として実現するには至らなかった。[26] 次に、スイス債務法に関する一八七五年の第一草案及びその改正としての一八七七年の草案が作成され、その各則に保険に関する二八か条の規定が定められていた。しかし、この草案に対しても激しい批判が加えられ、承認されるには至らなかった。[27] そして、スイス保険契約法編纂のための直接の契機となったのは、一八九一年九月二一日及び二二日に、スイス法律家学会がジュネーブにおける第二九回年次総会において、保険法の編纂の必要性についての表明を行ったということにある。そして、この学会は、連邦政府に対して保険法の編纂に遅滞なく着手すべきであるという決議を行った。そこで、連邦政府は、そのための事務を、法・警察部門、産業・農業部門の両部門に指示した。この両部門は、一八九三年、専門家による委員会を設置した。連邦政府は、この委員会の提案にもとづいて、一八九三年七月一八日の決議により、その当時スイス保険局の法律担当役人であったH. Roelliに、理由書をも含めた草案の作成を依頼した。草案はその最も重要な部分の理由書とともに一八九六年一月に、また理由書の残りの部分は一八九六年八月に、それぞれ連邦政府に提出された。(28) 他方、司法部門は、草案の精査及び吟味のために専門委員を選任した。この専門委員会で承認された法律案（Vorlage）は、すべての原則においてRoelliの草案と一致していた。そして、Roelliは、一九〇二年、司法部門の委任にもとづいて、草案についての最終の審理を行い、それに属する報告書（Botschaft）を作成した。(29) この報告書は、A：スイス及びドイツの法律草案の体系・技術・指導的観点、B：スイス及びドイツの法律草案の内容から、それぞれ成っており、そして、右の草案について詳細な考察を加えている。このようにして、一九〇八年四月二日、保険契約法は成立した。ドイツ保険契約法よりも約二か月前に成立している。スイス保険契約法は、保険契約法の新時代を画する「曙」を意味するという高い評価を受けている。その草案は、ドイツ帝国司法省による保険契約法草案の作成のための準備作業にとって、きわめて重要な基礎を提供していた。ここに、ドイツ保険契約法の成立に対して及ぼしたRoelliの重要な影響を知ることができる。(30)

(2)　スイスには、保険企業の国家的監督に関する本来の起源は存在しない。しかし、スイスは、保険企業に対する包括的な国家的監督を導入したヨーロッパにおける最初の国である。(31) スイスには、すでに以前から個々の州において保険業の実施のために認可義務が存在していたが、連邦レベルにおける統一的な保険監督のための法的基礎は、一八七四年の連邦憲法の三四条二項に求められる。同条は、保険の分野における私企業は、連邦による監督と法律制定の下に服すると定めている。スイスは、この法的基礎にもとづいて、一八八五年六月二五日、ヨーロッパにおける最初の「保険制度の分野における私企業の監督に関する連邦法律」を制定した[32]。この法律の制定に際して最も重要な役割を果たしたのは、J. J. Kummer[33]である。彼は、一八六二年から一八七三年までベルン州の政府の一員、一八七三年から一八八五年まで連邦統計局の局長、一八八五年から一九〇四年まで連邦保険庁の長官を、それぞれ務めていた。彼は、その地位において、スイスの正確な死亡統計の基礎を作成した。一八八三年、彼の指揮のもとで、スイスにおける最初の死亡法則（Absterbeordnung）が公表されるが、これは、一八七六年から一八八一年の間における死亡調査、及び一八八〇年の国勢調査にもとづいている。彼は、保険制度とのこの関わりの中から、一八八三年、「私保険会社の国家的監督に関するヨーロッパ諸国の立法」を刊行した。この著作が、前述した一八八五年六月二五日のスイス保険監督法の基礎となっている。保険監督に関する彼の計画書は、スイスの私保険企業に関する連邦保険庁の最初の報告書の中に収められている。彼は、私保険制度に関するスイスの国家的監督の導入と実施に関して、不滅の功績を遺した。とくに、スイスの法律及びベルンに設立されていた保険監督庁は、その後のドイツの保険監督法立法の模範となっていた[34]。

ところで、国家による保険監督は、監督に服する企業にとっては必然的に取引及び営業の自由に対する制限を意味する。スイス連邦憲法三一条一項は、取引及び営業の自由を保障している。そこで、保険監督法にもとづく自由の制限と、憲法にもとづく自由の保障との関係が問題となる。この問題につき、次のように述べられている。第一に、憲法三一条一項は、取引及び営業の自由は「連邦憲法及びそれにもとづく法律によって制限されないかぎり」保障されると定めているので、取引及び営業の自由に制限を加えることは許されること、第二に、「保険の分野における私企業は、連邦による監督と法律制定の下に服する」と定めている連邦憲法三四条三項は、取引及び営業の自由の制限を含んでいる。そして、保険企業に対する監督は、警察の概念から導き出されること、この警察の概念は主として危険の防止という目的と関連づけられる。そして、この危険の防止は、公序及び安全の確立・維持のために行われる。この公序及び安全の確立・維持には、安全・平穏・健康・道義の確保と取引における信義則のみならず、一定の範囲において財産の保護も含まれる。これに対し、国家的監督によって、経済政策的・景気政策的・競争調整的な目標が追求されてはならないと述べられている。(35)

四　オーストリア

(1)　一八一一年六月一日に公布され、一八一二年一月一日に施行されたオーストリア普通民法典は、保険契約に関し、一二八八条は保険契約の定義、一二八九条は保険の目的物、一二九〇条は損害発生の通知義務、一二九一条は保険契約の締結当時における保険の目的物の消滅等の場合の効果について、それぞれ定めていた。そして、これらの規定は、幸運契約について定めている第二九章（一二六七―一二九二条）の中に収められていた。(36)普通民法典における右の保険法規定は、不十分かつ不完全であることはいうまでもない。そこで、「保険法」という特別法を制定すべきことが主張されていた。(37)

オーストリアにおいて、保険法という特別法を制定しようとする最初の試みは、一八七〇年、V. Lichtefels が、司法省の依頼にもとづいて草案を作成したことに始まる。この草案は、三章五七条から成っていた。第一章の一条から一六条は一般的な規定を、第二章の一七条から五五条は、特別規定という表題のもとに、物の損害に対する保険と人の健康及び生命の危険に対する保険に関する規定を、第三章の五六と五七条は最終規定を、それぞれ定めていた。そして、物の損害の危険に対する保険に関する規定は、二節に分けられ、第一節は損害保険に関する規定を、第二節は個々の種類の損害保険に関する特別規定を定めていた。そして、個々の種類の損害保険として、火災保険及び雹害保険に関しては僅かな規定を定める一方、陸上の運送保険に関しては一四か条にわたる詳細な規定を定めていた。その後、一八八九年、オーストリア及びハンガリーの保険者の専門家団体によっても草案が作成されていた。しかし、右の一八七〇年及び一八八九年の二つの草案は、いずれも法律とはならなかった。これにより、オーストリアにおいても、ドイツと同様、一九世紀においては保険法立法のための試みは失敗していた。そこで、オーストリアにおいては、保険契約にもとづく法律関係は、主として慣習法及び判例によって規律されていた[38]。

その後、一九〇五年、司法省によって、保険契約法の草案が作成された。草案は、五章一六五か条から成り、第一章はすべての保険部門に関する規定、第二章は六節に分けられ、第一節は損害保険に関する一般的規定、第二節から第六節までは、火災・雹害・家畜・運送・責任保険に関する規定、第三章は生命保険に関する規定、第四章は傷害保険に関する規定、第五章は最終規定及び経過規定を、それぞれ定めていた。草案の構成及び内容は、前述した一九〇三年五月公表のドイツ保険契約法の草案を徹頭徹尾（fast durchweg）模範としていた。政府の法案は、一九〇七年一二月、貴族院に提出された。皇帝の国であることから、法律が最終的に成立する前に、まず一九一五年一一月二二日の皇帝の命令によって保険令が公布された。法律案については第一次世界大戦中も審議が行われ、一九一七年一二月二三日、法律として成立した[39]。一八一二年の普通民法典における保険法規定と一九一五年の保険令との間には、一〇〇年以上の空白があった。この空白期間中における法の発展は、普通保険約款の形成と裁判所に委ねられていた。

オーストリア保険契約法は、その構成及び内容においてドイツ保険契約法と等しく、ドイツ保険契約法の新版（Neuausgabe）にすぎない。それは、ドイツ保険契約法と比較して、多くの点で優れているが、他方では劣っているとさえ評価されている。それはともかくとして、スイス及びドイツ法を模範としたオーストリア保険契約法の成立によって、ドイツ語圏における保険契約法の一般的な基礎づけが完了したことになる。この意味において、ドイツ＝スイス法体系に次いで、強行規定を基礎とする特別法を有する国が生まれたことになる[40]。

(2)　次に、保険監督法の立法について概観することとする。オーストリアは、アメリカを模範として、国家の専門官庁による保険施設の設立・組織・業務に対する保険技術的・法警察的・財務的監督制度を導入したヨーロッパの最初の国である。[41] オーストリアにおける保険企業の許可についての重要な法的基礎は、一八五二年一一月二六日の皇帝の社団特許（Vereinspatent）である。この社団特許は、保険企業の許可にも適用された。これにより、保険企業は、内務省の許可を必要とする社団に組み込まれて、義務を負わされた。[42] 一八六七年の社団法（Das Vereinsgesetz）は、一八五二年の社団特許を保険取引のためのすべての社団に適用させることとした。純粋に国家警察的と考えられた専制国家のこの規範は、現代の経済警察的特別制度の導入のための法的基礎となった。そのため、オーストリアにおいては、いわゆる「実体的国家監督」は、社団警察（Vereinspolizei）の一部門であった。[43] そして、保険企業に対する最初の特別規制が開始するのは、一八八〇年八月一八日の内務・法務・商業・財務省の命令、すなわち、一八八〇年の保険命令（Versicherungsregulativ）においてである。これにより、保険企業の許可及び国家監督が行われることになった。この保険命令は、一八五二年の社団特許についての施行令とされるもので、社団警察の範囲において、特殊専門技術的な保険監督の法的基礎をなしている。一八八〇年の保険命令に次いで、一八九六年三月一五日、保険施設の設立・組織・営業政策に関する内務・法務・商業・財務省の命令、すなわち、一八九六年の保険命令が出された。その後の新たな規制として、一九二一年三月七日の保険命令がある。[44] この保険命令は、一九〇一年のドイツ保険監督法と類似しているが、ドイツ保険監督法はオーストリアの一八九六年の保険命令から多くの影響を受けている。それゆえ、ドイツとオーストリアの保険監督法には相互関係が存在している。[45]

五　まとめ

以上において述べたことを簡潔にまとめると、次のようにいうことができるであろう。

(1)　スイスは、完全な陸上保険契約法を編纂した最初の国であること、そして、Roelliが作成した草案は、ドイツの帝国司法省による保険契約法の草案作成のための予備作業にとって重要な基礎を提供した。その結果、第一に、ドイツ及びスイスの草案は、あらゆる重要な問題とその問題の基礎づけにおいて一致していること、第二に、ドイツ及びスイスの保険契約法は、強行規定による契約自由の制限という観点に立脚しているという点において重要な共通性を有している、ということを指摘することができる。これに対し、オーストリアにおける保険契約法の編纂に際してはドイツの草案が模範とされ、ドイツから大きな影響を受けていたこと、反対に、オーストリアにおける法典編纂の作業は、ドイツに対してはほとんど影響を及ぼさなかった。同様のことは、フランスについても妥当する。すなわち、フランスにおいても、他の諸国とほぼ同じ時期に法典編纂のための作業が進められていたにもかかわらず、ドイツ及びスイスの法典編纂作業に対してはほとんど影響を及ぼさなかったこと、反対に、フランスの草案は、ドイツ及びスイスの法典編纂に広く依拠していたということができる。以上で述べたことはともかくとして、保険契約法に関し、形式的にも内容的にもほとんど完全に一致しているスイス及びドイツの保険契約法と、これを基礎として制定されたオーストリア及びフランスの保険契約法の成立によって、ドイツ＝スイス＝オーストリア＝フランス体系という、中央ヨーロッパ圏が形成されたのである。(46)

(2)　保険監督制度の成立は、近代的保険制度の成立と不可分の関係にあり、「国家的監督は、近代的保険制度自体と同じく古い歴史を有している」(47)。一九世紀から二〇世紀への転換期に、ドイツ、スイス及びオーストリアにおいて、保険企業に対する国家的監督制度が導入された。すなわち、ドイツでは一九〇一年五月一二日の法律、スイスでは一八八五年六月二五日の法律、オーストリアでは一八八〇年八月一八日の保険命令、その後、一八九六年三月五日の保険命令により、それぞれ実体的国家監督制度が導入された。そして、一九〇一年のドイツの法律は一八九六年のオーストリアの保険命令から多くの影響を受け、他方、一九二一年のオーストリアの保険命令は一九〇一年のドイツの法律と類似している。それゆえ、ドイツとオーストリアの間には相互関係が認められる。他方、スイスには、保険企業の国家的監督に関する本来の起源は存在しないとしても、スイスは国家的監督の形成に関して多くの貢献をなしていた。スイスの各州も保険企業の認可義務制度を知っていたのである。スイスは、一八八五年六月二五日、ヨーロッパで最初の法律を制定したが、その模範となったのは、オーストリアの一八八〇年八月一六日の保険命令である[48]。

このように、これらの国の保険監督法には相互関係が認められる。一世紀以上も経過した現在においても、被保険者の利益の維持、及びそれと関連する保険企業の支払能力の維持という、保険監督法の基本的な原則は本質的には不変のままで堅持されている[49]。

（1）F. Ebel, Rechtsgeschichtliche Entwicklung der Versicherung, HdV, S. 621.
（2）その地域の詳細については、坂口光男・保険法立法史の研究一〇―一一頁参照（文眞堂、一九九九年）。
（3）Ebel, a. a. O. S. 621.
（4）陸上保険法も民法典及び商法典から訣別する過程については、坂口・前掲五八―六〇頁、二四五―二四六頁参照。
（5）坂口・前掲二四六頁、Ebel, a. a. O. S. 622.
（6）この点については、Vgl. G. Hagen-O. Hagen, Kommentar zum Deutschen Reichsgesetz über den Versicherungs-Vertrag 1908, SS. VII-XV, 坂口・前掲二三頁以下。
（7）Vgl. G. Hagen-O. Hagen, a. a. O. SS. XVII-XVIII.
（8）以上の点については、坂口・前掲一二六―一二七頁参照。
（9）この点の詳細については、坂口光男・保険者免責の基礎理論一二八―一二九頁、一三一頁注（7）参照（文眞堂、一九九三年）。
（10）この点の詳細については、坂口・前掲立法史の研究一二九―一三〇頁参照。
（11）坂口・前掲立法史の研究一三二頁参照。
（12）この問題をめぐる論争の詳細については、坂口・前掲立法史の研究一一二―一一四頁、一三二―一三五頁、一四五―一四六頁、一四九―一五〇頁、一五三―一五五頁参照。
（13）坂口・前掲立法史の研究一六〇―一六一頁。
（14）なお、一四世紀及び一五世紀におけるイタリアの最初の保険監督類似制度から、一九世紀後半頃までの保険監督の基本思想の流れについては、Vgl. H. Kraus, Versicherungsaufsichtsrecht 1971, S. 5.
（15）以上については、坂口・前掲立法史の研究五六―五八頁参照。

(16) G. Hagen-O. Hagen, a. a. O. S. X; F. Büchner, Die Entwicklung der deutschen Gesetzgebung über die Versicherungsaufsicht bis zum Bundesgesetz vom 31. Juli 1951, 50 Jahre materielle Versicherungsaufsicht nach dem Gesetz vom 12. Mai 1901, Bd. 1, 1952, S. 10.

(17) この点の詳細については、Vgl. Büchner, a. a. O. SS. 10–15; M. Tigges, Geschichte und Entwicklung der Versicherungsaufsicht 1985, SS. 77–85.

(18) A. Manes, Bödiker, Lexikon, S. 390; Büchner, a. a. O. S. 13.

(19) Büchner, a. a. O. S. 13.

(20) Manes, a. a. O. S. 390.

(21) 草案をめぐる論争の中でとくに注目される点として、国家的監督は、形式的・名目的ではなく実質的な方法による実体的な監督であることを要し、そこで、監督官庁に絶対的権限（Machtvollkommenheiten）を付与すべきであるとされていたことである（Büchner, a. a. O. SS. 14–15)。

(22) Büchner, a. a. O. S. 10; なお、一九〇一年の保険監督法は、全く新たな法律ではなく、多くの邦にすでに存在していた原則と慣例を統一・調整した結果にとどまるといわれている（Tigges, a. a. O. S. 88)。

(23) W. Ogris, Zur Entwicklung des Versicherungsaufsichtsrechts und des Versicherungsrechts in Österreich von der Mitte des 19. Jahrhunderts bis zum Ende der Monarchie, Versicherungsgeschichte Österreichs, Bd. 2, 1988, S. 29.

(24) O. Hagen, Das Versicherungsrecht, Ehrenbergs Handbuch des gesamten Handelsrechts, Bd. 2, Abt. 2, 1922, S. 66.

(25) Hagen, a. a. O. S. 67.

(26) 詳細については、坂口・前掲立法史の研究七三―七五頁参照。

(27) 詳細については、坂口・前掲立法史の研究七五―七六頁参照。

(28) これは、Ⅰ・序説、Ⅱ・草案、Ⅲ・草案の最も重要な規定についての理由の要約、からそれぞれ成っているが、これについては、Vgl. H. Roelli, Die Vorarbeiten für ein Bundesgesetz über den Versicherungsvertrag, Zeitschrift für Schweizerisches Recht 1899, SS. 487–646.

(29) H. Roelli, Der schweizerische und der deutsche Entwurf zur Kodifikation des privaten Binnenversicherungsrechtes, ZVersWiss 1903, SS. 328–370.

(30) 以上で述べた点については、坂口・前掲立法史の研究七六―八一頁参照。

（31）　W. Koenig, Schweizerisches Privatversicherungsrecht, 3. Aufl. 1967, S. 15.

（32）　Koenig, a. a. O. S. 15.

（33）　Kummer の略歴及び著作については、Vgl. A. Manes, Kummer, Lexikon, S. 974; P. Koch, Kummer, NDB, Bd. 13, S. 284.

（34）　Büchner, a. a. O. S. 6, S. 16.

（35）　A. Mauer, Schweizerisches Privatversicherungsrecht, 2. Aufl. 1986, SS. 84–85; なお、Koenig, a. a. O. S. 15 は、保険監督法による営業自由の制限の根拠を、大衆にとって判断が困難な保険取引の特殊性と保険取引の国民経済的意味に、それぞれ求めている。

（36）　以上の点については、坂口・前掲立法史の研究八二—八三頁参照。

（37）　オーストリアにおける保険契約法の立法過程については、Ogris, a. a. O. SS. 89–152 がきわめて詳細である。

（38）　以上の点については、坂口・前掲立法史の研究八三頁参照。

（39）　一九一七年の保険契約法の成立過程と、この法律の基本原則については、Orgis, a. a. O. SS. 143–148 が詳細である。

（40）　この点については、坂口・前掲立法史の研究八四頁参照。

（41）　A. Ehrenzweig, Deutsches（Österreichisches）Versicherungsvertragsrecht 1952, S. 10; オーストリアにおける保険監督法の成立過程の詳細については、Vgl. Orgis, a. a. O. SS. 21–89.

（42）　Kraus, a. a. O. S. 13.

（43）　A. Ehrenzweig, Die Rechtsordnung der Vertragsversicherung 1929, S. 489; Kraus, a. a. O. S. 14; なお、オーストリアがスイス及びドイツよりも早く国家的監督を導入していた理由は、本文で述べたように、保険事業は古くから社団法に従うこと、それゆえ、当然に国家の監督に服していたという事実に求められる（Orgis, a. a. O. S. 30）。

（44）　一八五二年の社団特許から一九二一年の保険命令までについては、Vgl. Orgis, a. a. O. SS. 30–87.

（45）　Kraus, a. a. O. S. 15.

（46）　以上の点については、坂口・前掲立法史の研究八七—八八頁参照。

（47）　Büchner, a. a. O. S. 6.

（48）　Büchner, a. a. O. S. 6; P. Koch, Der schweizerishe Beitrag zur Entwicklung des Versicherungswesens, VW 1985, SS. 316–317.

（49）　Kraus, a. a. O. Vorwort.

第四節　第二次世界大戦までの時期

第一款　保険学の学際的研究

一　緒説

保険制度の経済的・社会的な基礎理論については、保険学の学際的性格が見られ、国民経済学者、経営経済学者、法律学者により、共通の問題について議論が行われていた。この点につき、とくに、保険の定義、国民経済学における保険の地位、及び保険市場と競争秩序に関する問題をめぐる議論が挙げられる。

二　保険の定義

とくに保険学において、繰返し保険の定義ないし本質を解明するための試みが行われ、種々の見解が主張されていた(1)。そして、種々の保険部門は、それぞれ異なった時期及び背景のもとで相互に独立して成立・発展しているので、すべての保険部門の保険に一般的に共通する定義を行うことは困難である。そこで、ドイツ保険契約法は、賢明にも、保険の定義、それとともに保険契約の定義を行うことを意識的に断念している。保険契約法の理由書においても、すべての保険部門の保険に共通する定義を余すところなく行うことは困難であると述べられている(2)。そのような定義は存在しないこと、また存在しえないとされる。それにもかかわらず、あえて定義を行おうとするならば、保険が有する種々の特質の一面のみを述べるにとどまり、そのため、保険の定義とされるものは、実は保険の単なる特徴（Charakteristiken）を述べているにすぎないといわれている(3)。それはともかくとして、以下においては代表的と思われる見解について述べることとする。

(1)　まず、法理論的観点に立つ見解として、損害塡補説があるが、その主たる代表者は A. Donati であり(4)、イタリアにおける有力な見解となっている。この見解は、アングロサクソン、スペイン及びフランスにおいても広く支持され、また、ベルギー及びカリフォルニアの保険法に法律上の根拠さえ有している。(5) この見解は、海上保険のような損害保険に遅れて現れている人保険、とくに生命保険には妥当しえないことから、すでに述べたように、一八〇〇年代の半ばになると、生命保険をめぐる論争が契機となって、保険の定義をめぐる論争が重要な転換期を迎えることとなる。すなわち、あらゆる種類の保険を包含でき、同時に保険に属さないあらゆる制度を保険から排除できるための統一的定義の確立の問題が生ずることとなった。(6) そして、一九世紀においては、損害塡補でない生命保険は、保険の概念には包含されず、保険者によって約束された金銭支払いの売買（Kauf）または射倖的消費貸借（aleatorisches Darlehen）とされた。例えば、生命保険契約は、射倖的性質を除いては、特有の種類の取引とされ、いかなる高い範ちゅうにも位置づけられないとされ、(7) 生命保険の対象は、被保険者が死亡したときに一定額の支払いを受けることについての被保険者の利益（Interesse）であるとされた。(8) そして、前述したように、W. Endemann は、生命保険を損害保険と解する損害塡補説に反対し、保険を二元的に定義していた。

(2)　次に、保険を経済的な観点から定義しようとする見解がある。その第一は、入用説で、多くの支持を得ている。(9) 周知のとおり、入用説は、イタリアの U. Gobbi が一八九六年に「入用の概念にもとづく保険の理論」という論文を発表した中で提唱したもので、人間の経済活動の目的は入用を充足させるところにあるという考えにもとづいている。入用説は、損害の塡補という具体的な充足の代りに抽象的な充足という概念を用いたもので、この「入用という概念」は、法律の分野においてきわめて大きな影響を与えたのみならず、(10) 保険の経済的定義の基礎ともされている。すなわち、Gobbi の理論の影響を受けていた A. Manes は、人間の経済活動は種々の入用の充足に向けられていること、人間は、全体的な入用の個々の部分の充足の中に適切な秩序（eine sachliche Ordnung）を認めることができると述べている。(11) そこで、彼は、保険は「多くの同種の危険に脅かされている経済主体の偶然な評価可能な金銭入用の相互の充足」であると定義している。[12] この入用説が、現在のドイツの支配的見解となっている。[13] もっとも、この見解に対する疑問として、第一点は、この説は、保険によって入用を充足させようという被保険者の立場から保険を定義していることから、主観説に分類されるが、[14] そのため、この説は、保険を客観的に定義するものではないこと、第二点は、入用の充足という概念は、損害塡補という概念と対立するものではなくこれを包含する概念であること、[15] 第三点は、保険以外にも入用を充足させる制度は存在する（例えば、売買、賃貸借）ことから、保険と保険以外の制度との区別が困難となること、入用の充足という概念は保険という概念よりも広いこと、第四点は、入用の充足という意図は、保険契約締結のための経済的動機にとどまり、それ自体、法的には重要でないとされる。[16] もっとも、入用説によると、保険と博戯・賭事・富くじとの限界づけは可能になるとされる。[17] そして、損害塡補説は、「損害」という概念によって、また入用説は、「入用」という概念によって、それぞれ保険を定義しようとしているが、損害という概念は余りにも狭く、これに対し入用という概念は余りにも広すぎるとされている。[18]

その第二は、W. Schmidt-Rimpler の財産形成説である。彼は、入用の充足という概念の多義性に批判を加え、財産形成説を提唱する。[19] 彼は、保険の目的として、入用の充足という概念に財産形成という概念を対立させている。彼は、保険の機能は、「財産の形成にとって重要な偶然な出来事の不確実性の結果により他の方法では確実に財産形成が達成されない財産形成目標を、契約によって確実に達成する」[20] 点にあるとする。換言するならば、一定の偶然な事故が発生しなければ達成できたであろうにもかかわらず、この事故の不確定性により確実に達成できない財産形成目標を達成しうるようにするのが保険であるということになる。その後、彼は保険の機能をより簡潔に、「財産形成目標」の確保と表現している。[21] そして、ここにいう「財産形成」とは、例えば、財産対象の維持、債務に対する防御、所得の確保、財産の集結を意味するとする。[22] この見解は、とくに、生命保険において重要性を有する扶養目標に着眼しているが、損害保険の本質にも妥当性を有するか否かについては疑問であるとされている。[23]

(3)　E. Bruck は、保険法規定の適用・解釈のための理論的基礎を見い出そうという試みから、危険団体という概念を提唱した。[24] ドイツにおいて、危険団体という概念を法概念として最初に提唱したのは、Bruck である。[25] 彼は、次のように述べている。すなわち、すべての保険は、大数の法則を基礎とし、危険に脅かされている人々の結合・団体を前提としている。同種の被保険者は、いわば保険企業と並んで存在している危険団体に結合している。そして、保険本質論において、危険団体という概念が有している意味を過小評価すべきではない。その理由は、第一に、危険団体の概念をもとにして、真正の保険が他の制度、すなわち、自家保険、有償の終身定期金契約、保証から限界づけられること、[26] 第二に、危険団体の概念は、保険法の適用にとっても重要性を有する。例えば、普通保険約款の有する特殊な意味の理解、契約補充の方法における普通保険約款の適用可能性、契約自由に対する多くの制限の説明にとって、それぞれ有用であること、保険法の諸規定の解釈に対して影響を及ぼし、普通保険約款の一般的解釈を正当化すること、被保険者の平等取扱い原則及び保険者の給付としての危険負担説の根拠となりうること、保険料の不可分性及び保険事故招致に関する規定の説明の根拠となりうるとする。[27] 他方、危険団体の繁栄が個々の被保険者の繁栄になるという説明のために危険団体の概念を用いることは、この概念の誇張となる。すなわち、保険監督法八一a条二文は、被保険者の利益の確保にとって必要と認められる場合には、監督官庁は、事業計画書を、現在のまたは未だ清算されていない保険関係に対する効力をもって、変更または破棄しうる旨を定めているが、監督官庁の処分が被保険者の利益の確保に役立つか否かの問題につき、危険団体の繁栄が個々の被保険者の繁栄となる（例えば、保険料の増額）ということを直ちに承認することは、危険団体の概念の誇張を意味するとされる。[28] 右の危険団体説は、一部分は支持されているが、他方では、危険団体という概念の法的意義は一部分全く否定されていたこと、[29] 最近では、危険団体という概念を承認することに対しては多くの批判が加えられていること、[30] ドイツ以外の諸国の学説においては、危険団体という思想は著しく後退しているといわれている。[31]

(4)　これに対し、企業説（Unternehmenstheorie）は、損害塡補説、入用説のように保険契約締結の動機にではなく、保険制度が有している特殊の技術に着眼し、これをもとにして保険の統一的な定義を行おうとする。そのため、企業説は技術的特徴説とも呼ばれている。(32) この説は、イタリアにおいて多くの支持を得ているのみならず、例えば、ドイツ及びフランスにおいても支持者が存在する。もっとも、この説に対しては、イタリアにおいても近時多くの批判が加えられているといわれている。(33) この説の提唱者である C. Vivante によると、保険は、多数人を糾合し、保険事故の発生率を測定し、これをもとにして保険加入者から醵金を徴収するという特殊の技術を用いる点に特徴があるとされる。そして、このような方法で運営されるのが保険であって、損害塡補を目的とするか否かは問わないとされる。そこで、彼は、「保険契約は、企業が、偶然な事故の発生率に従って算出された保険料を受領し、事故の発生の際に一定の金額の支払義務を負う契約である」と定義している。(34)

企業説は、保険制度の特殊の技術を余すところなく説明している点において、従来の学説と比較して著しい進歩が認められる。しかし、その疑問点として、第一に、この説は、多数人の糾合は保険企業の創設をもたらし、この保険企業こそが保険制度にとって重要かつ典型的なものと解している。しかし、保険制度の特色は、企業組織にではなく、この企業の法的関係に求められるべきであるとされる。保険企業として組織されていない者が保険契約を締結した場合にも、それは保険と解することを要し、保険契約法が適用されうるとされる。(35) 第二に、保険は、経済上の機能と、この機能を実現するための特殊の技術という二つの面から定義されることを要するが、企業説は、保険の技術的特性を強調する余り、経済上の機能を全く顧みていないこと、(36) 第三に、多数人から醵金を集めて積立金とし、これを醵出者に支払うものはすべて保険と定義すると、射倖行為、例えば、賭博・富くじも保険の概念に含められることになるとする。(37) すなわち、Vivante は、技術的基礎にもとづく大規模経営と確率計算にもとづく保険料の確定という点が、すべての保険に共通な要素であるとしているが、例えば、賭博・富くじのような射倖行為も大規模経営と確率計算にもとづいて行われうるのである。(38) 第四に、より基本的な疑問点は、大規模経営の保険を保険の特質と解していることである。すなわち、保険は、大規模経営の保険よりもはるかに古い歴史を有することと、また、保険は、これを営業としない個人によっても引き受けられることがあるとされる。(39)

三　国民経済学における保険の地位

国民経済学は、経済的事象の全般を分析するという課題を有しているので、国民経済学における保険の地位という問題に関しては、経済学と保険との関係の分析が重要な課題となる。すなわち、保険の理念は、経済的領域における具体化を必要とする。(40)

一九世紀末及び二〇世紀初頭の国民経済学は、国民経済論及び全体経済制度の範囲における保険の地位の理論的解明に関わっていた。この意味において、保険制度は国民経済学に多くを負っていた。それは、長年にわたる論争の結果であり、その論争において、一部分、かなり相反する見解が主張されていた。(41) まず、前述したように、A. Wagner は、一八八一年に公表していた Der Staat und das Versicherungswesen において、国民経済における保険制度の特別地位に関する論争を展開していた。この論争は、現在まで続いている。彼は、保険制度に関して、共同経済的組織と私経済的組織を区別し、そして、保険制度に原則として公的性格を認め、これにより、共同経済的組織に賛成している。その際、彼の見解は、その当時に現れつつあった社会保険の特殊性によって影響を受けていた。(42) また、国民経済にとって保険制度が有する経済的機能を分析することが重視されていた。この点に関し、とくに、Voigt は、保険と貯蓄の限界づけに関し、(43) また、Grosse は、自家保険の方法による危険の自己負担と保険との限界づけに関し、(44) それぞれ研究を行っていた。

四　保険市場と競争秩序

A. Wagner は、前述した書物において、保険は、その性質上、「自由な取引」によって引き受けられ実施される

「事業」ではないこと、保険は「公的施設」であり、そのようなものとして取り扱われることを要すると主張していた。(45)彼のこの主張が背景となって、一九三〇年代以来、国民経済学者が価格理論、市場理論及び市場形態論を展開した。その際、市場経済にとってきわめて重要な意味を有する競争秩序（Konkurrenzprinzip）は、保険制度の基本思想と調和しうるか否かということが問題となっていた。(46)そこで、私経済的に組織化されている市場秩序における保険制度の地位をめぐる論争が始まった。その論争の契機となったのは、K. W. Rath の Konkurrenzsystem, Organisationsform und Wirtschaftlichkeit im Versicherungswesen 1941 である。彼は、基本的には、単に Wagner の主張の繰返しにとどまり、私保険についても共同経済的組織形態、すなわち公的組織が保険の担い手となるべきことを主張した。もっとも、彼は、これを統計上の調査にもとづいて証明しようと試みていた。W. Rohrbeck は、そのことを、Wesen, Gehalt und Reform der deutschen Privatversicherung 1949 において説得力のある証明を行った。その証明のための契機となったのは、すでに一九三八年に公表されていた P. Braeß の論文 Angebot und Nachfrage in der Versicherung である。(47)この論文を基礎として、国民経済学者の H. Möller は、Das Konkurrenzsystem im Versicherungswesen(48) という論文において、包括的な理論を発展させていた。彼は、この論文において、市場と競争は確かに私保険においては特殊専門性を示しているが、しかし、私保険は困難を伴うことなく市場経済秩序の中に組み入れられうると主張している。この論争に決着をつけたのが、国民経済学者にして保険学者である W. Mahr の Markt- und Wettbewerbsprobleme in der Versicherungswirtschaft (aus volkswirtschaftlicher Sicht)(49) の論文である。

（1）　この点については、近藤文二・保険学総論三七―七六頁（有光社、一九四〇年）、小島昌太郎・保険学総論四五〇―五九二頁（日本評論社、一九四三年）参照。

（2）　Vgl. S. Gerhard-O. Hagen, Kommentar zum Deutschen Reichsgesetz über den Versicherungs-Vertrag 1908, S. 5.

(3) A. Ehrenzweig, Deutsches (Österreichisches) Versicherungsvertragsrecht 1952, S. 56; そこで、例えば、Bruck-Möller, Kommentar, 8. Aufl. Bd. 1, 1961, SS. 96-100 は、保険の核心となる定義は、六つの特質、すなわち、団体性、危険、危険の同種性、入用充足、相互性、法的請求権という特質から明らかになるとし、この特質をもとにして、保険は「相互の入用充足に対する（独立の）法的請求権を伴う同種の危険に曝されている人の団体、それゆえ危険団体」であると定義している。

(4) Donati, Der Begriff des Versicherungsvertrages in der Entwicklung der italienischen Versicherungslehre, ZVersWiss 1960, S. 289.

(5) 詳細については、Vgl. H. Möller, Moderne Theorien zum Begriff der Versicherung und des Versicherungsvertrages, ZVersWiss 1962, S. 274; この論文の翻訳として、木村栄一「保険の概念に関する最近の世界の学説」損害保険研究二五巻一号一頁以下がある。

(6) Donati, a. a. O. S. 292.

(7) Stobbe, Handbuch des Deutschen Privatrechts, Bd. 3, 2. Aufl. 1885, S. 363f..

(8) Stobbe-Lehmann, Handbuch des Deutschen Privatrechts, Bd. 3, 3. Aufl. 1898, S. 395f..

(9) W. Mahr, Einführung in die Versicherungswirtschaft, Allgemeine Versicherungslehre, 3. Aufl. 1970, S. 70.

(10) その具体例については、Vgl. H. Eichler, Versicherungsrecht, 2. Aufl. 1976, S. 5 Anm. 24.

(11) A. Manes, Versicherungswesen, 5. Aufl. Bd. 1, Allgemeine Versicherungslehre 1930, S. 1.

(12) Manes, a. a. O. S. 2; もっとも、彼は、その後「金銭入用」を単に「入用」という用語に置き換えている (A. Manes, Grundzüge des Versicherungswesens, 5. Aufl. 1932, S. 3)。「金銭入用」という表現は狭すぎるからである (Möller, a. a. O. S. 274)。

(13) Vgl. W. Schmidt-Rimpler, Zum Begriff der Versicherung, VersR 1963, S. 493.

(14) Mahr, a. a. O. S. 70.

(15) O. Hagen, Das Versicherungsrecht, Ehrenbergs Handbuch des gesamten Handelsrechts, Bd. 8, 1. Abteilung 1922, S. 15.

(16) Ehrenzweig, a. a. O. S. 57; W. Koenig, Schweizerisches Privatversicherungsrecht, 3. Aufl. 1967, S. 35.

(17) Möller, a. a. O. S. 273.

(18) Hagen, a. a. O. S. 15.

(19) もっとも、彼は、根本において、入用説及び損害塡補説に反対しているのではなく、「入用」と「損害」という概念が正確に分析・定義されないまま使用されていることに対して批判しているのであるとし、財産形成説の立場から入用と損害という概念を定義しているのである（Schmidt-Rimpler, a. a. O. S. 501)。

(20) W. Schmidt-Rimpler, Über einige Grundbegriffe des Privatversicherungsrechts, Beiträge zum Wirtschaftsrecht, Festschrift für E. Heymann, Bd. 2, 1931, S. 1230.

(21) Schmidt-Rimpler, a. a. O. VersR 1963, S. 493.

(22) 本文の「財産形成」の意味の詳細については、Vgl. Schmidt-Rimpler, a. a. O. VersR 1963, SS. 494-496.

(23) Möller, a. a. O. S. 275.

(24) E. Bruck, Die Gefahrengemeinschaft, Beiträge zum Wirtschaftsrecht, Festschrift für E. Heymann, Bd. 2, 1931, S. 1260.

(25) Vgl. Möller, a. a. O. S. 272.

(26) Bruck-Möller, a. a. O. SS. 96-97; Eichler, a. a. O. S. 9.

(27) Bruck-Möller, a. a. O. S. 97.

(28) Bruck-Möller, a. a. O. S. 97.

(29) Möller, a. a. O. S. 272.

(30) P. Koch, Geschichte, S. 221.

(31) R. Schmidt, Begriff, Handwörterbuch des Versicherungswesens, Bd. 1, 1958, S. 244.

(32) 例えば、小島・前掲五三三頁。

(33) Vgl. Möller, a. a. O. S. 271.

(34) 本文で述べた定義については、Vivante の見解について検討している J. Hupka, Der Begriff des Versicherungsvertrags, ZHR, Bd. 66, 1910, S. 552 による。なお、Vivante の企業説については、今井薫・保険契約における企業説の法理―イタリア保険学説の研究―二九頁以下参照（千倉書房、二〇〇五年）。

(35) Möller, a. a. O. SS. 271-272; Eichler, a. a. O. S. 8.

(36) 小島・前掲五三六―五三七頁。

(37) 小島・前掲五三七頁。

(38) Hupka, a. a. O. S. 553.

(39) Hupka, a. a. O. S. 553.

(40) K. Hax, Wirtschaftswissenschaft und Versicherung, ZVersWiss 1974, S. 45.
(41) Hax, a. a. O. S. 47; その研究の状況については、Vgl. Koch, Geschichte, S. 221 Anm. 25.
(42) Hax, a. a. O. S. 46.
(43) Voigt, Sparen und Versichern, ZVersWiss 1941, S. 330.
(44) Grosse, Betrachtungen über die sogenannte Selbstversicherung, ZVersWiss 1933, S. 123.
(45) A. Wagner, Der Staat und das Versicherungswesen 1881, S. 70.
(46) Hax, a. a. O. S. 46.
(47) Wirtschaft und Recht der Versicherung 1938, S. 29.
(48) Jahrbücher für Nationalökonomie und Statistik 1944, S. 1.
(49) ZVersWiss 1974, S. 46; なお、以上の記述については、Hax, a. a. O. SS. 46-47 に多くを負っている。

第二款　保険法

この時期における保険法の研究は、保険制度の私法的側面の研究が中心をなしているが、それ以外にも、保険企業法、保険監督法、保険仲介法及び保険競争法等に関する重要な研究も見られる。裁判所の判決も、保険法の研究にとって重要な役割を果たしていた[1]。以下においては、保険制度の私法的側面に関する重要な論争問題について概観することとする。

一　保険者の給付

保険契約の双務契約性及び保険者の給付に関する問題は、かなり古くから議論されていた。V. Ehrenberg は、保険契約法が成立する約一五年前の一八九三年の書物においてすでに金銭給付説を主張し、保険者は財産上の給付(Vermögensleistung)を約束していると述べていた[2]。同様に、W. Kisch も、一九二〇年、明確に、保険者は保険契約によって一定の金銭給付を約束すること、金銭支払いの約束が保険者の義務の唯一の対象であること、保険事故が発生しない場合には保険者はいかなる給付をなすことも要しないと述べていた。そして、危険負担説に対する批判として、危険負担は、法的な観点からすると、例えば物の引渡しのような、何らかの実体的・具体的・感覚的に知覚しうるものではないこと、危険負担は、給付の対象として問題となりうるような保険者の作為または不作為ではなく、単に法的拘束（Gebundenheit）の状態にすぎないとする。(3) これに対し、A. Grieshaber は、すでに一九一四年に、危険負担説に立って、双務契約に関するドイツ民法三二〇条以下の規定の適用の有無について詳細な考察を行っていた。すなわち、保険者のなす給付は危険負担であること、危険負担は作為でも不作為でもない特殊な給付類型であるが、それはドイツ民法二四一条に定められている給付であること、危険負担は継続的給付の形態を有する準備（Bereitsein）で、この準備が現実化したものが保険金支払いという作為であること、危険負担と保険金支払いは同一性を有し、前者は保険事故の発生により後者に姿を変えるとする。(4) 同様に、すでに述べたように、E. Bruck も、一九三〇年の体系書において、危険負担が保険者の主たる給付であること、この危険負担は継続的な準備を意味すること、保険契約者は保険事故発生前においてもこの準備に対する権利を有すること、保険金支払いは主たる給付としての危険負担の変形にすぎないこと、危険負担は民法二四一条の意味における給付類型であると主張していた。(5) そして、彼は、二年後の一九三二年に公表した論文において、右の自説を詳細に展開するとともに、危険負担が保険者の義務の客体であることを保険契約法の諸規定から具体的に論証しようとしていた。(6)

二　被保険利益

被保険利益の概念と意味をめぐる論争は、依然として保険法における中心的な論争となっていたが、その論争は多岐にわたっている。第一は、保険法における被保険利益概念の相違に関するものである。すなわち、被保険利益は、保険法の全体に関わるのか、それとも損害保険にのみ関わるのか、積極保険以外に消極保険にも関わるのかということである。まず、被保険利益概念を最も広く解し、保険法全体、それゆえ、定額保険にも関わるという見解が存在していた。[7] これに対し、被保険利益概念は、損害保険についてのみ問題となるというのが保険法の立場であるとする見解が主張される。[8] 次に、被保険利益は消極保険にも関わりを有するのかということである。積極保険においては、被保険利益は人と具体的・積極的財産との関係という点に求められるので、この保険においては被保険利益概念についてとくに問題は生じない。これに対し、消極保険においては、消極財産との価値関係という観念自体が問題となりうるので、被保険利益に関して困難な問題が生ずる。W. Kisch は、次のように述べていた。すなわち、消極保険においては、被保険利益は、事故に直接に遭遇した対象との関係とは解されない。反対に、被保険者は、保険事故の結果として、目下のところまだ具体化されていない財（Gut）を自らの財産から犠牲にすべき強制を受ける。そこで、例えば、責任保険における被保険利益は、責任の発生によって初めて被保険者側により詳細に確定され、被保険利益は責任によってのみ個別化されるとする。[9] また、O. Hagen は、被保険利益の必要性は損害保険にのみ関すること、しかし、損害保険においても被保険利益は注目すべき方法において消え失せていること（verflüchtig sich）、とくに責任保険では物との関係は存在しないとする。そこで、責任保険においては、発生した損害に対する保険契約者の責任が重要性を有し、この責任が被保険利益の役割を占めているとする。[10] さらに、E. Bruck は、消極保険における被保険利益は、人と、その人の全財産との関係によって把握されること、それゆえ、例えば責任保険及び再保険において、財産から支払いがなされると、人と、その人の全財産との関係とされた利益が侵害されるとする。[11]

第二は、被保険利益を保険契約の法的対象として承認することの当否に関するものである。まず、広く承認されている見解によると、保険契約の対象は、取引の通念に反して、知覚しうる具体的な対象ではなく、その対象について存在している利益であるとされる。V. Eherenberg によると、被保険利益は、ある対象に関わる事故の結果として人が損害を被るという、人と対象との関係であると定義されている。[12] この被保険利益論は、その約三〇年後にW. Kischによって理論的に精緻な体系に仕上げられた。[13] 以上に対し、W. Koenigは、被保険利益概念の有用性に異論を唱え、被保険利益概念は支持することができない不要な紛糾物（Komplikation）として否定すべきであると主張する。その理由として、保険契約法が利益という表現を各所で使用していることを根拠として立法者が学問上の論争について態度表明をしたと考えることは誤りであること、保険契約法は、利益を保険の対象とは決して扱っておらず、反対に、多くの規定は全く衡平にも保険契約の対象として「物」という表現を用いていると述べている。そこで、彼は、物、人、財産が保険の対象であること、保険契約においても、他の契約と同様、経済的利益は契約の動機（Motiv）にすぎず、契約の内容及び対象ではないと主張する。[14] 多くの人の注目を集め、かつ劃期的と思われるこの見解に対しては異論がないではないが、この見解は、概念法学に固執する被保険利益論の独占的支配に対して挑戦を試みたものとして、驚くほど急速に確固たる地位を占めたと評価されている。[15]

三　責務

保険法に採用されている「責務」[16]という法技術概念は、保険法上の中心的概念であり、責務の負担あるいは責務の履行ということが問題とならない保険契約は存在しない。[17] ドイツにおいては、一九二〇年代に入ると、責務に関する諸問題をめぐる研究が本格化する。その諸問題として、主として、法的性質、責務不履行の効果、責務と、責務以外の危険制限との限界づけ、責務の負担者、第三者の責務違反に対する保険契約者の責任等が挙げられる。[18]

第一に、責務の法的性質に関し、義務説と前提説が対立していた。義務説は、責務は特別の種類・効力を有する義務にほかならず、責務と義務との間には本質的な相違点は見い出されないこと、[19] 保険契約法は、保険契約者の従たる義務として、告知義務、保険事故・危険増加の通知義務につき「義務（Pflicht）」と表現し、保険契約者に「なすべきこと（soll）」を課していることから、その違反は、法的意味における義務の違反を意味すること、[20] 後述する前提説は概念法学の現れにほかならないとしたうえで、[21] 法律が用いている責務という表現によっては新たな法概念が創造されているのではないこと、多くの責務は訴えによって強制しえないかまたは訴えは実際上の価値を有しないが、違反のときに損害賠償義務が発生するとする。[22] これに対し、前提説は、「責務は、保険契約にもとづく権利の取得または存続のための前提」[23]、「責務の履行は、原因または範囲に従い、保険者の給付の実現または保険者のその他の行為のための前提」[24]、「保険契約にもとづく請求権の保持のための単なる前提」[25]であると主張している。前提説は、ある行動規範を義務と責務のいずれと判断するかという基準を、行動規範を課すこと、ないしそれが履行されることについて存在する保険者と保険契約者の利害状況、及び訴求・損害賠償請求の必要性・可能性の有無に求めている。[26] 責務の法的性質をいかに解するかという問題は、多くの点において実際上の重要性を有するが、近年、他人のためにする保険契約においてその他人に責務を課す保険契約の効力という、新たな観点からの問題の重要性が指摘されている。[27]

第二に、保険者の責任を制限するための法的手段として、責務、条件、危険除斥があるが、その相互の限界づけ、及びそのための基準の設定が問題となる。この問題は、とくに、保険契約によって保険契約者に課される「責務」の違反要件を、保険契約者の保護のために、強行法的に定めている保険契約法六条・一五a条との関係において重要性を有する。これに対し、責務以外の責任制限手段については右の規定は適用されない。この問題をめぐるドイツの激しい論争は、すでに一九二〇年代に始まっていた。まず、F. Amthor は、責務の法的性質につき前提説に立ちつつ、責務と、条件、危険除斥との限界づけに関する詳細な考察を行っていた。[28] また、H. Möller は、保険約款に定められている個々の条項、すなわち、建物の火災保険における再築条項（Wiederherstellungsklausel）[29]及び自動車保険における運転免許証条項（Führerscheinklausel）[30]の法的性質について、詳細な検討を加えていた。そして、彼は、個々の条項の法的性質に関する研究をとおして、行動説（Verhaltenstheorie）を提唱した。すなわち、保険契約、実際には保険約款に定められている一定の条項が保険契約者の行動（Verhalten）を対象としている場合には、その条項は責務に関する条項と解し、この条項には保険契約法六条・一五a条が適用されること、このような条項について危険制限という表現・法形式を用いることによって保険契約法の右の規定の適用を免れることはできない（許されない危険制限（unzulässige Risikobeschränkung））と主張していた[31]。右の論争をめぐる研究の集大成として、H. Rötsch, Die Risikobeschränkungen 1935が現れた。この論文は、三章から成り、第一章は、保険者の危険、第二章は、保険者の危険負担の対象的・場所的・原因的・時間的制限、第三章は、危険制限の法的許容性となっている。その結論を要約すると、①保険者の危険制限が、保険契約者の行動を対象とする条件によって行われるときは、これは責務であること、②保険契約者の行動を対象としない条件であっても、その条件の約定によって責務に関する強行規定の適用が排除されるときは、責務に関する規定の違反が存在すること、③これに対し、保険者の引受け危険を最初から制限する危険事情除斥条項は法的に許されるとする[32]。本論文は、この問題に関するその後のドイツの研究に対して長年にわたって絶大な影響を及ぼしていた。そして、行動説は、帝国裁判所によっても採用され[33]、支配的な見解となっている。

四　保険法と信義則

ドイツにおいては、一九三三年以来、とくに判例において、保険法上の誠実義務（Treupflicht）について議論されていたこと、そして、判例は非常に先見の明がある（weitschichtig）見解を示していたといわれている[34]。そこで、H. Möllerは、保険法における信義則に関する判例を四つのグループに分類し、その分析及び検討を行っていた。

第一のグループは、当事者の契約上の合意の解釈に際しての信義則の適用に関するものである。具体的には、当事者の契約上の合意に従って保険者または保険契約者の義務が生ずるか否かということに関するものである。①まず、保険者の義務に関しては、判例は長年にわたって、保険約款中の不明確条項は、保険契約者がそれを一定の、自己に有利な意味に理解しかつ信義則に従いそのように理解してよいと思われる場合には、保険者の負担となるという原則を確立していた。右の「信義則に従いそのように理解してよいと思われる場合」という原則は、判例における新たな内容をなすものである。けだし、従来は、純粋に条項の表現（Wortlaut）に従い保険契約者の解釈が客観的に可能であるか否かということに着眼されていたからである。これに対し、当事者の契約上の合意が明瞭である場合には、信義則による解釈の余地はないこと、このことは、保険者及び保険契約者のためにも妥当するとする。しかし、当事者の契約上の合意が明瞭である場合には信義則による解釈の余地はないということは、決して当事者の契約上の合意の文字（Buchstaben）にのみ固執すべきであるということにはならない。②また、当事者の契約上の合意から、保険契約者の一定の法的義務または責務を解釈の方法によって導き出されるか否かという問題に関しても、信義則が重要な役割を果たしているとされる(35)。

第二のグループは、法律または契約によって発生する当事者の義務の履行に際しての信義則である。①保険者の保険金支払義務に関し、支払いの時期と額が問題となる。まず、保険金支払義務の履行期は、鑑定人による支払額の最終的確定時と約定されているのが通常である。しかし、支払額について争いがある場合には、判例は、信義則を援用して、争いのない額について一部弁済をなすべきであるとしている。また、判例において、保険者の保険金支払額の確定に際しても信義則が重要な役割を果たしている。②保険契約者についても、いかなる方法で信義則に従って責務を履行すべきかという問題がある。例えば、判例は、信義則を援用して、保険事故の通知は、保険者が手紙を受領したかぎり、書留郵便でなくても十分であるとした(36)。

第三のグループは、信義則をもとにして、契約当事者に補充的義務を負わせること（ergänzende Verpflichtungen）に関するものである。①まず、すでに以前から、信義則から保険者の補充的義務が導き出されていた。例えば、遡及保険において、保険者が保険事故の発生可能性がすでに存在しないことを知っているかぎり、保険者はこれを保険の申込人に通知する義務を負うとされていた。また、旅客手荷物・貴金属の保険において、保険者と保険契約者が損害について和解をなした場合には、保険者は保険契約者を告発しない義務を負うとされる。②次に、保険契約者の補充的義務に関しては、補充的な真正の法的義務と補充的な責務が区別される。前者の例として、保険契約者は遅くとも保険料支払請求の際に被保険利益の消滅していることを保険者に通知する義務を負うとされる。これに対し、後者の補充的な責務を認めるにあたっては慎重であることを要するとされる。その理由として、保険契約法は、体系的に十分に考え抜かれた完全な責務の体系を確立しているからであるとされる。(37)

第四のグループは、信義則は、保険契約者または保険者に、それ自体相手方の正当な主張に対する悪意の抗弁または悪意の反対抗弁を認めるという場合である。①まず、保険者の主張に対する抗弁として、判例は、提訴期間または消滅時効期間の経過を保険者が援用することは信義則に反しうること、保険者が保険契約者の責務違反を主張する場合にも保険契約者には悪意の抗弁が認められうること、保険者が保険契約者の保険料支払遅滞を主張する場合にも悪意の抗弁が問題となるとする。②保険者の主張に対してのみならず保険契約者の主張に対しても悪意の抗弁が問題となりうるとされる。(38)

Möller は、判例の分析・検討の結果、大きな原則として以下のことが明らかに確認されるとする。第一に、信義則の考慮は、感傷癖（Gefühlsduselei）に陥ってはならず、共同社会としての保険の本質によって支えられなければならないこと、第二に、保険者は、その優越的地位を、共同社会思想が必要としないかぎり、利用し尽くしてはならないこと、第三に、当事者の契約上の合意の解釈は、その合意が明瞭でない場合にのみ認められること、第四に、明瞭でない合意の解釈が保険者の負担において許されるのは、保険契約者の主張が共同社会の利益と矛盾しない場合に限られること、第五に、補充的な法的義務または補充的な責務を構成するにあたっては、細心の注意が必要であること、第六に、悪意の抗弁は、保険に関する事例においても、一般私法上の要件が存在する場合にのみ契約当事者に認められる。とくに、保険者が保険技術的に正当化される失権条項（Verwirkungsklausel）のみを援用する場合には、保険契約者は悪意の抗弁を有しないとする。[39] そして、Möller は、最後に確認すべきこととして、次のように述べている。すなわち、国家社会主義的裁判官は、正確に理解された保険法上の誠実義務を遵守することによって、常に正当で公平な判決を下すことができる。しかし、優れた判決は、保険法上の共同思想を普及し、保険思想を一般的に助長することに無限に貢献しうると述べている。[40]

五　保険制度と倫理

W. Kisch は、一九三五年、Die Ethik im Versicherungswesen という論文において、[41] 保険制度における倫理と共同社会思想を強調していた。すなわち、保険制度には、その特殊な性格にもとづく特色として、本来的に三つの倫理的基本理念（ethische Grundideen）、すなわち、共同社会（Gemeinschaft）、犠牲（Opfer）、誠実（Treue）が挙げられるとし、それぞれについて具体的に説明している。[42]

第一に、共同社会思想ということに関しては、保険は広義と狭義に区別される。まず、広義においては、保険は全体としての民族共同社会のためにきわめて重要な役割を担い、公益に（dem gemeinen Nutzen）役立つ。保険は、事故に遭遇した者の入用を充足することにより、民族共同社会に課せられている社会的保護の課題を引き受ける。また、狭義においては、保険には保険制度の特殊性として共同社会思想が認められる。すなわち、個々の保険取引は、危険団体の内部における同種の取引との関連においてのみ、その課題を果たすことができる。保険企業は、利益の追求を目的とする資本主義的経済の担い手ではなく、危険団体の代表者（Repräsentant）にほかならず、危険団体の利益を管理する。保険取引は、共同社会的取引であり、そこには少なからず倫理的意味が含まれている。保険企業と保険契約者は、このような観点から行動すべきであるとする。[43]

第二に、保険の倫理的基本理念は、犠牲または連帯の思想である。保険契約の相互性（Gegenseitigkeit）といわれるものは、人間の連帯の倫理的思想にほかならず、保険は共同社会的犠牲によって可能となる相互扶助の制度である。そこで、保険については「一人は万人のために、万人は一人のために」という、社会的倫理の立派な基本思想（der schöne Grundgedanke）が中心的思想となる。(44)

第三に、共同社会と連帯の思想にもとづいて、個々の保険契約は、その締結時から保険金の支払時まで誠実によって支配されるということが明らかとなる。もっとも、保険における誠実思想の強調に関しては長年にわたって活発な議論が行われており、保険契約においては、他の契約以上に高度の誠実を要求すべきではないという見解が存在する。すなわち、「誠実よりもより高い誠実（Treuer als treu）、正直よりもより高い正直（ehrlicher als ehrlich）、忠誠よりもより高い忠誠（loyaler als loyal）」ということはありえないこと、すなわち、誠実という概念は決して増強可能な概念（steigerungsfähiger Begriff）ではないとされる。これに対し、保険契約においては、その本質よりして、高度の誠実が求められ、誠実は特別の意味を有している。その際、この誠実を、他の義務と並んで特別の具体的な義務の対象と見るべきか、それとも単に共通の指針・判断規範と見るべきかということが問題となるが、この問題についてはここで判断する必要はないとする。次いで、彼は、保険者と保険契約者への誠実の具体的適用について述べるとともに、現行の保険契約法は「誠実思想を編纂したものである」と表現することができるとする。(45)

最後に、Kisch は、保険制度における倫理思想の限界について、次のように述べている。正当に理解された誠実義務は、健全で合理的な義務意識に由来し、誠実義務の限界は法的経済的合理性の中に見い出されること、このことは、保険契約者、保険者及び裁判官に妥当する。まず、保険契約者は、自らの利益のために、合理的な保険経営の基本的要請からかけ離れたことを期待してはならない。また、保険者は、例えば、保険金の支払額が少なくなるよう、火災保険の保険契約者が火災損害の防止のために生命・健康を犠牲にするということまで期待してはならない。さらに、裁判官が、保険者の経済的優越性に鑑みて、法律上・契約上で保険契約者に存在しない権利を保険契約者に認めることは、その権限の範囲を著しく超えることになる。裁判官は、法的に正当化されない保険契約者の権利主張は共同社会の基本思想に反する、ということを念頭に置くことを要すると述べている。(46)

六　普通保険約款の解釈

L. Raiser は、一九三五年、Das Recht der allgemeinen Geschäftsbedingungen, 333 S. を刊行していた。この書物は、その目次を通覧しただけでも明らかなように、普通取引約款に関する全体的な諸問題をあらゆる観点から考察した、従来の研究成果の集大成的・劃期的著作である。(47) この書物は、各所において多くの注目すべき重要な主張を行っている。その一つとして、とくに、普通取引約款中の不明瞭な条項は、企業者の不利益に、顧客に有利に解釈すべきであると主張している点 (S. 264) が注目される。(48) E. Prölss は、この書物に依拠しつつ、保険約款に関する一連の重要な論文を公表していた。(49) ここでは、保険約款の解釈原則に関する Prölss の見解の骨子を見ておくこととする。

帝国裁判所（RG）は、保険約款の解釈について、二つの原則を確立した。第一の原則は、不明瞭な条項は、保険契約者が理解し、そして信義則に従って理解してさしつかえないという意味に解釈すべきであること、その理由として、約款の作成者である保険者はより明瞭に表現すべき義務を負っているとする。第二の原則は、保険者の引受け危険を制限・除斥する条項については、拡大解釈されてはならないということである。

まず、右の第一の原則について、Prölss は次のように批判している。すなわち、判例の第一の原則はローマ法の有名な解釈原則に由来するが、判例もローマ法のこの原則を援用していた。しかし、この原則は、その間において不当なものとなっている。その理由として、第一に、その間において事情が著しく変化したということが挙げられる。現在においては、保険約款は、取引約款一般と同様、もはや個々の企業または企業者の団体によってのみ作成されるのではなく、企業の相手方の団体と交渉し共同で作成されるようになっている[50]。その結果、古いローマ法的解釈原則を維持することはできなくなった。そこで、支配的見解は、純粋に客観的解釈を主張しているのである。裁判所が、今日までこの見解に心を閉じているのは残念なことである。現在においては、一方的に押し付けられた約款ということは妥当しない。保険約款が共同で作成される場合には、保険者の相手方は約款の規定について意見を表明し異議を述べる機会を有するのであり、異議を述べなかったときは、不明瞭条項について作成者として保険者が責任を負うという主張はできない。第二に、保険約款については、監督官庁は、被保険者の利益が不明瞭条項によって害されないように監督すべき義務を負っていること、保険監督法の立法者の意思によると、監督官庁は保険約款の認可に際して不明瞭条項を除去すべき義務を負わされるとされていた。第三に、明瞭で一義的な保険約款の作成ということについて、次のように述べている。すなわち、右のような約款を作成することは不可能なことである。判決は、これは可能であるということを暗黙の前提としているが、それは正当ではない。言葉は誤解の原因となりうること、同一の言葉であっても人によって理解が異なりうる。日常生活における争いと訴訟の大部分は、同一の言葉であっても人によって理解が異なりうるということに帰因している。すべての人にとって同じ内容を有する言葉はほとんど存在しない[51]。そして、彼は、結論として、判例の解釈原則は、法的事実、言語学の経験則、法律、保険契約の本質、そして衡平則に反すると述べている[52]。

また、判例の第二の原則は、第一の原則の亜種事例（Unterfall）であること、すなわち、第二の原則は、実務においては、「解釈」の原則に関する第一の原則の「適用」にすぎないと扱われている。そのため、彼は、第二の原則については検討を加えていない[53]。

（1）　P. Koch, Geschichte, S. 241.

（2）　V. Ehrenberg, Versicherungsrecht 1893, S. 56.

(3) W. Kisch, Handbuch des Privatversicherungsrechtes, Bd. 2, 1920, SS. 88–89.
(4) A. Grieshaber, Das Synallagma des Versicherungsvertrages 1914, SS. 15–16; なお、棚田良平・保険契約の法的構造三七—三八頁も参照（損害保険事業研究所、一九八四年）。
(5) E. Bruck, Das Privatversicherungsrecht 1930, S. 51, S. 367.
(6) E. Bruck, Die Gefahrtragung des Versicherers, Wirtschaft und Recht der Versicherung 1932, SS. 1–32.
(7) W. Lewis, Lehrbuch des Versicherungsrechts 1889, S. 43; J. v. Gierke, Versicherungsrecht, Zweite Hälfte 1947, S. 175; H. Möller, Beziehung–Gefahr–Bedarf, ZVersWiss 1934, S. 34.
(8) Bruck–Möller–Sieg, Kommentar, 8. Aufl. Bd. 2, 1980, S. 62（Sieg).
(9) Kisch, a. a. O. Bd. 3, 1922 SS. 19–20.
(10) O. Hagen, Das Versicherungsrecht, Ehrenbergs Handbuch des gesamten Handelsrechts, Bd. 8, 1. Abteilung 1922, S. 372.
(11) Bruck, a. a. O. Das Privatversicherungsrecht, S. 477.
(12) Ehrenberg, a. a. O. S. 286.
(13) Kisch, a. a. O. Bd. 3, 635 S.
(14) W. Koenig, Gegenstand der Versicherung 1931; また、Vgl. W. Koenig, Schweizerisches Privatversicherungsrecht, 3. Aufl. 1967, SS. 202–203; なお、被保険利益論は、最近のドイツにおいてもその基礎を失ってしまっているとされる（Koenig, a. a. O. Schweizerisches Privatversicherungsrecht, S. 202)。
(15) Prof. Dr. iur. Willy Koenig †, Schweizerische Versicherungs–Zeitschrift 1982, SS. 85–86.
(16) 「責務」という用語の使用は、比較的新しい。まず初めに一八四七年のハンブルク海上保険一般計画の一一四条六項に、その後一八六七年の普通海上保険約款の一三六条二項にそれぞれ現れ、一八九六年のスイス保険契約法草案、一九〇三年のドイツ保険契約法草案にそれぞれ使用されていた（F. Amthor, Die versicherungsrechtliche Obliegenheit 1923, S. 17)。
(17) E. Bruck, Obliegenheit, Lexikon, S. 1105.
(18) 例えば、Vgl. Bruck, Obliegenheit, Lexikon, SS. 1105–1108.
(19) C. Ritter, Das Recht der Seeversicherung, Bd. 1, 1922, S. 37.
(20) A. Ehrenzweig, Versicherungsvertragsrecht, Bd. 1, 1935, SS. 274–275.

(21) J. v. Gierke, Versicherungsrecht, Erste Hälfte 1937, S. 117.
(22) J. v. Gierke, Versicherungsrecht, Zweite Hälfte 1947, S. 150.
(23) Kisch, a. a. O. Bd. 2, S. 179.
(24) Bruck, a. a. O. Das Privatversicherungsrecht, S. 282.
(25) RGZ 133, 122.
(26) Vgl. Bruck-Möller, Kommentar, 8. Aufl. Bd. 1, 1961, S. 187; この点の詳細については、坂口光男・保険者免責の基礎理論二九―三二頁参照（文眞堂、一九九三年）。
(27) この問題を詳細に考察するものとして、坂口・前掲三七―六八頁参照。
(28) Amthor, a. a. O. SS. 161-168; H. Rötsch, Die Risikobeschränkungen 1935, SS. 47-62も同様である。
(29) Die Wiederherstellungsklausel als Vereinbarung einer Obliegenheit, Die öffentlichrechtliche Versicherung 1932, S. 36.
(30) Bemerkungen zur Führerscheinklausel, Hanseatische Rechts- und Gerichts-Zeitschrift 1937, S. 241; なお、以上で述べた再築条項と運転免許証条項の法的性質をめぐる議論の詳細については、坂口・前掲一三二頁以下、六九頁以下、とくに一二〇頁（57）を参照。
(31) Unzulässige Risikobeschränkungen, Die Versicherungspraxis 1935, S. 44f..
(32) Lötsch, a. a. O. SS. 62-63.
(33) 一九二二年一一月一五日判決（Juristische Wochenschrift 1922, S. 100）。この判決については、坂口・前掲八九―九〇頁参照。
(34) H. Möller, Versicherung und Treu und Glauben, Kernfragen der Versicherungsrechtsprechung 1938, S. 37, S. 39.
(35) Möller, a. a. O. Kernfragen, SS. 40-43.
(36) Möller, a. a. O. Kernfragen, SS. 43-44.
(37) Möller, a. a. O. Kernfragen, SS. 44-47.
(38) Möller, a. a. O. Kernfragen, SS. 47-51.
(39) Möller, a. a. O. Kernfragen, SS. 51-52.
(40) Möller, a. a. O. Kernfragen, S. 52.
(41) ZVersWiss 1935, S. 277f..
(42) なお、ナチスの根本法理、及びその特色を一言で表現すると、ドイツ種族特有の法律思想の復活であり、具体的には、国家と個人を融合した団体思想、共同生活の義務観念に貫かれた所有形態、人格の尊厳と社会的義務の尊重に根ざす法と道徳の一致という点に求められる（我妻栄「ナチスの私法原理とその立法」法律時報六巻三号九―一〇頁）。

(43) Kisch, a. a. O. SS. 278–280.

(44) Kisch, a. a. O. SS. 280–282.

(45) Kisch, a. a. O. SS. 282–287.

(46) Kisch, a. a. O. SS. 287–288.

(47) 米谷隆三・約款法の理論一五四頁以下、とくに一六五頁参照（有斐閣、一九七〇年）。

(48) Vgl. Bücherbesprechungen, ZVersWiss, Bd. 36, 1936, S. 205.

(49) E. Prölss, Über die Auslegung allgemeiner Versicherungsbedingungen, ZVersWiss 1935, S. 218; Ders., Über Form und Inhalt allgemeiner Versicherungsbedingungen, ZVersWiss 1938, S. 23; Ders., Betrachtungen über Allgemeine Versicherungsbedingungen, Die Bank 1940, S. 484.

(50) 彼は、その例として、普通ドイツ海上保険約款、新しい普通火災保険約款の編纂等、六つの例を挙げている（a. a. O. ZVersWiss 1935, SS. 220–221）。

(51) Prölss, a. a. O. ZVersWiss 1935, SS. 219–223.

(52) Prölss, a. a. O. ZVersWiss 1935, S. 227; なお、Vgl. Bruck-Möller, Kommentar, 8. Aufl. Bd. 1, 1961, S. 77.

(53) Prölss, a. a. O. ZVersWiss 1935, S. 220.

第三款　各種の保険部門の研究

一九世紀の終りになると、各種の保険部門に関する個々の研究が開始するが、その際、まず代表的な保険部門である生命保険、火災保険、運送保険の研究が開始していた。

一　人保険

(1) 人保険部門の中心をなすのは、いうまでもなく生命保険である。生命保険に関しては、保険数理及び保険医学も研究の対象とされていた。生命保険に関する最初の優れた研究は、L. Elster, Die Lebensversicherung in Deutschland, ihre volkswirtschaftliche Bedeutung und die Notwendigkeit ihrer gesetzlichen Regelung 1880 である。次いで、彼の門下生である M. Gebauer は Die sogenannte Lebensversicherung 1895 を、また、E. Roghé は Geschichte und Kritik der Sterblichkeitsmessung bei Versicherungsanstalten 1890 という学位論文を発表していた。また、一九三二年、数学者・歴史家である H. Braun は、Lebensversicherung という教科書を刊行していたが、これは、第二次世界大戦前の生命保険に関する最良の書物であると評価されていた[1]。さらに、一九二四年、E. Bruck-T. Dörstling の Das Recht des Lebensversicherungs-Vertrages が刊行されている。これは、死亡保険普通保険約款の一条から二〇条について詳細な注釈を加えたもので、各条の終りに「補足」として、オーストリア及びスイスの保険契約法、ドイツで活動しているオーストリア及びスイスの生命保険会社の死亡保険普通保険約款についても、僅かではあるが簡潔に触れている。本書は、この分野に関する先駆的・バイブル的著作と評価することができる。

(2)　ドイツにおいては、私疾病保険は、第一次世界大戦から第二次世界大戦の時期にかけて、きわめて注目すべき飛躍をしていた。この時期における私疾病保険の被保険者と保険料収入に関する確かな資料は存在しないので、種々の資料を手がかりとして一般的な傾向を示すにとどまらざるをえない。それによると、一九二四年から一九四一年までの間に、被保険者は一九・八倍、保険料収入は約四九・五倍に、それぞれ増加している。また、私疾病保険を営む重要な企業は、一九二〇年代から一九三〇年代の半ばにかけて設立されていた。一九三九年一月一日現在、七九〇の企業のうち、八つが株式会社形態、その他は相互会社形態となっている。収入保険料のうちの約九一%は、単に四六の企業に帰属していた[2]。私疾病保険の飛躍とともに、疾病保険に関する研究も活発化していた。まず、最初の基本的な著作として、A. Balzer の Die Statistik bei der Privat-Krankenversicherung 1929 が、次いで、

Ders., Die private Krankenversicherung in Deutschland 1932 が、さらに、O. Bökenkamp の Die private Krankenversicherung 1935 が、M. Teichmann の Die Grundlagen der deutschen privaten Krankenversicherung 1937 が、それぞれ刊行されていた。疾病保険に関する最初の法律書として、E. Bruck, Das Recht des privaten Krankenversicherungs-Vertrages 1934 が刊行されていた。

この時期における注目すべきこととして、疾病保険法の編纂の試みが挙げられる。以下において、少し詳細に述べることとする。一九〇八年の保険契約法には、疾病保険に関する規定は存在せず、法律の空白状態が続いていた。そのため、第一に、疾病保険に関する法律状態は不安定であった。すなわち、疾病保険は損害保険と定額保険のいずれに属するかという位置づけの問題、それと関連して、疾病保険には保険契約法のいかなる規定が適用され、または適用されないのかという問題が生じていた。第二に疾病保険について強行規定を定める必要があるか否かということである。すなわち、疾病保険は、中産階級、とくに小規模の手工業者と商工業者の個人生活に関わりを有するので、被保険者のために一定の強行規定を定める必要性が存在する。[3] そこで、ドイツ法学院（Akademie für Deutsches Recht）の保険制度についての委員会は、一九三八年、「保険契約法における私疾病保険の規制についての法律草案」を作成し、これを保険契約法へ採用し、法律の空白状態を終了させようとした。[4] この草案は、疾病保険に関する規定を、保険契約法の第三章の後に、それゆえ第三章の生命保険と第四章の傷害保険の間に定め、これにより、疾病保険を損害保険ではなく人保険に位置づけている。この草案について、直ちに多くの活発な批判的検討が行われた。その中でも、とくに E. Prölss は、疾病保険の法的性質・範囲・保険事故、契約関係者、保険事故による保険金支払いまでの間における保険関係、多数の保険の重複等の観点から、詳細な批判的検討を加えていた。[5] そして、一方では歓迎され他方では批判された法律草案は、体系及び内容において多くの思想を先取りしていた。その思想は、疾病保険に関する規定が一九九四年七月二一日の法律によって保険契約法の一七八 a 条から一七八ｏ条に追加されたときに、採用された。これらの規定は、「生命保険及び疾病保険」という表題を用いている保険契約法第三章の第二節の中に位置づけられている。これにより、疾病保険は人保険に属する。他方、疾病保険は、例えば、疾病費用保険・海外旅行疾病保険のように疾病による費用が支払われるかぎり損害保険であり、また、入院期間日当給付保険・疾病期間日当給付保険のように一括した額の支払いが約定されているかぎり定額保険であるとされている。(6)

(3)　傷害保険に関する研究者として、まずA. Gerkrath(7)が挙げられる。彼は、一九〇一年、父の後継者として、ベルリンの生命・傷害保険株式会社の役員に就任し、その地位において、実務及び著作に関してきわめて広範囲にわたって活動していた。彼の著作の中でも、とくに一九〇六年の「傷害の概念定義について」(8)という論文は注目に値する。この論文は、主として二つの問題について考察している。第一は、保険約款には、傷害についての一般的な定義と並んで、それをさらに明確ならしめるために、傷害概念を拡大したり制限したりしている規定が存在するが、その規定について考察している。まず、保険者の責任を制限するための手段として「除斥（Ausschlüsse）」がある。この除斥は、保険料除斥と絶対的除斥に区別される。前者は割増保険料の支払いに対して保険者が引き受ける特別危険であり、後者は一般的に保険として引き受けられない危険で、例えば、地震・戦争危険がこれに属する。次に、保険保護を「包含（Einschlüsse）」する規定で、その例として、落雷危険等がある。その際、この規定は、傷害の概念を超えて、保険者の責任を拡大したものか、それとも単に積極的に傷害の概念を説明しているにすぎないのかということが問題となるとする。(9)そして、彼によって行われた「除斥」及び「包含」という分類は、その後さらに精緻に体系化されて現在に引き継がれている。(10)第二は、傷害概念の特徴とされる「急激性」、「外来性」、「暴力性」、「偶然性」の意味について、学説、判例、保険契約法草案、災害保険法、ドイツで活動している傷害保険会社の連盟の保険約款等をもとにして、詳細に考察している。考察の結論として、傷害概念の定義がいかに不明確で、その詳細な吟味がいかに必要であるかということが明らかになったこと、そして、傷害の概念として、「被保険者が急激で外部からの機械的な暴力によって彼に対して作用している出来事により身体の損傷を被った偶然の事故」と定義している。[11] もっとも、彼は、傷害概念の定義には困難を伴い、その克服は頭痛の種となっていることから、[12] 前述の定義も決して完成したものということはできず、一層の研究が必要であると付け加えている。[13] なお、傷害保険に関する最も包括的な研究として、E. Carus の Die deutsche Individual-Unfallversicherung 1930 がある。これは、学位論文であり、当時においては余り研究の対象とされていないかもしくは「無視されていた保険部門」[14] の全体を詳細に考察したものである。

二　物保険

(1)　物保険の中心は、いうまでもなく火災保険である。ここでは、主として、ドイツにおける火災保険法の歴史的発展と火災の概念の確定について、考察することとする。

(イ)　火災保険法の歴史的発展については多くの優れた研究がなされていたが、[15] とくに、E. Prölss の「火災保険法の発展（Die Entwicklung des Feuerversicherungsrechts 1942 / 43）」は、現在においてもこの種の研究にとって依然として不可欠の重要な論文となっている。本論文は、ドイツにおける火災保険法の発展過程を初期の段階から一九四〇年頃まで克明に跡づけたものである。それによると、ドイツの火災保険法は、三つの段階を経て完成したとされる。

第一段階は、火災保険の初期の段階から一七九四年のプロイセン普通法までの時期である。①この時期に、シュレースヴィヒ＝ホルシュタインの火災ギルド、ハンブルク火災金庫等が形成されるが、その規約には保険法的性格を有する規定と有しない規定が混在していたが、次第に保険法的性格を有する規定が発展したとされる。[16] ②プロイセンの一七〇六年六月一日の一般火災金庫規程及び一七一八年一二月二九日の規程は、本質的にはハンブルク火災組合の規程を模範としているが、新しい点として、建物は査定価格にもとづいてのみ付保されうること、火災保険金請求権に対する強制執行は禁止されたということである。③一七九四年のプロイセン普通法は、四〇〇か条以上にわたり保険に関する規定を定めていたが[17]、火災保険に関する規定は、一般の保険法的規定に立脚している。すなわち、利得禁止、超過・重複保険の禁止、告知義務、危険増加、保険料の支払いと遅滞、保険事故招致、損害の通知・防止・軽減義務等、現在の火災保険約款において定められている多くの規定をすでに定めていた。とくに保険法の発展にとって重要と思われる規定として、保険契約者は他人の過失について責任を負うこと、保険者は、被保険者及びその配偶者・子供・子孫が引き起こした事故による損害に対しては責任を負わないと定めていたことである[18]。

第二段階は、一七〇〇年代の終りから一九〇〇年代の初め（一九〇一年の保険監督法の成立）までの時期である。①まず、一八〇〇年代の前半に設立されていた大規模な私火災保険会社の保険約款（規約）は、火災保険法の発展に対して大きな貢献をなし、「最初の成文保険法（Das erste geschriebene Versicherungsrecht）」となっていた[19]。そして、保険約款の中には、火災保険法の全体に関わる規定を定めている約款、及びその後に保険契約法に採用された規定を定めている約款等があり、これは、火災保険法の発展に対して多くの貢献をなしていた。とくに、一八七四年、ドイツの私火災保険会社の連盟の会員によって最初の連盟約款が採用されたが、これは、火災保険法の発展にとって重要な意味を有していた。②火災保険法の発展のための新たな重要な法源として、判例が挙げられる。公表された最古の判決は、一八三五年六月一五日、リューベックの上級控訴裁判所が下した危険増加の通知に関する判決である。それに次いで、他人のためにする保険、損害額の立証責任、利得禁止、保険代理商に対する保険者の責任等に関する判決が現れている。他方、火災保険に関する法律の規定が存在しなかったため、裁判所の活動は困難を極めていた。そこで、裁判所は、「事物の性質」という観点から、また、被告である保険者以外の保険約款の援用、海上保険法の類推、外国の判例・学説の援用によって、模範となりうる判決を下していた。③さらに、一八〇〇年代の後半における重要な法源として、保険法に関する著作が挙げられる。とくに、保険法に関する専門雑誌、及び最初の包括的な体系書としての W. Lewis (1889) と V. Ehrenberg (1893) の著作はきわめて重要な役割を果たしていた。これらの体系書は、保険法の一般理論を個々の保険部門、とくに火災保険とも関連づけることを重視している。これにより、研究面から見ても、火災保険法は損害保険法の一般的な起源となっている。[20]

第三段階の一八〇〇年代の終りから一九〇〇年代にかけて、火災保険法は全体として体系的に完成期を迎えることになる。①まず、一九〇八年の保険契約法は、火災保険に関して僅かな特別規定（八一条から一〇七条までの二七か条）を定めるにとどまるが、これらの規定には固有の新しさは見られないこと、保険契約法は、契約法及び諸邦の法の中から重要と思われる諸原則、とくに抵当権者の保護に関する諸原則（民法典一一二二条以下）を採用したにとどまること、火災保険に関する保険契約法の重点は、被保険者の保護のために損害保険の総則を半面的強行規定としたという点にある。保険契約法への半面的強行規定の採用により、保険約款を新たに作成することが必要となり、保険者はこれに対応した。②保険契約法の成立後においては、判例の任務は一変した。すなわち、以前のような事物の性質、保険約款、以前の判例・学説にもとづく保険法はもはや妥当せず、法律の適用によって判断すべきこととなったこと、以前においては火災保険法から物保険法の一般原則が推論されていたが、今後は、反対に一般の物保険法が火災保険契約に対して影響を及ぼすことになったこと、その間における帝国裁判所の最も重要な判決として再築条項の法的性質に関する判決等がある。[21] ③保険契約法の制定後、研究者は、より頻繁に保険法と火災保険法の研究に関わることとなった。すなわち、一九一〇年一月一日、新たに火災保険普通保険約款が施行されたが、この約款について、K. Domizlaff は、すでに一九〇九年に注釈書を刊行していた。[22] この注釈書は、保険約款に関するドイツの最初の注釈書である。彼によると、本注釈書の課題は、契約法と法律の規定を関連づけることと、保険約款の専門用語を法律の規定に適合させることにあるとされている。本注釈書は、一九一一年まで五版、彼の一九一五年の死後は E. v. Liebig により一九二一年まで八版、その死後は L. Berliner により一九三〇年に九版が、それぞれ刊行されていた。この事実からも、本注釈書に対する注目度の高さが明らかとなる。[23] 普通火災保険約款は、時代の変化、経済の発展、そして判例の形成・発展とともに、一九二〇年代の終りには改訂が必要となり、その改定された約款が一九三〇年七月一日に施行された。この改定された約款について、R. Raiser は、一九三〇年、四名の協力者のもとに、Kommentar der allgemeinen Feuerversicherungs-Bedingungen を、ドイツ保険学会の支援のもとに、特別出版物として刊行していた。この注釈書も、いうまでもなく傑作として現在においてもきわめて高い評価を得ている。[24]

(ロ)　火災保険における火災の概念に関する重要な論文として、一九一二年に J. v. Gierke が公表した「火災保険における火災の概念（Der Begriff des Brandes in der Feuerversicherung）」[25] を挙げなければならない。本論文は、火災の定義につき学説・実務において見解が対立していること、その際の主たる問題は、小損害（Bagatellschäden）は火災保険によって塡補されるか、いかなる程度まで塡補されるかという点にあるとして、問題点を提示する。そして、本論文の考察対象は、火災の概念を定義すること、一九一〇年一月一日施行の新しい火災保険普通保険約款は火災の概念についていかなる観点に立っているかということを明らかにすること、強制保険における火災の概念を限界づけることであるとしている。[26] 以下においては、本論文の中の火災の概念の定義に関する部分に限って、その要旨を紹介することとする。本論文は、まず一八一〇年代から一八八〇年代までにおけるドイツの主な保険組合・施設・会社・連盟・火災金庫等の規約・規程・約款等における火災に関する定めについて考察し、次いで、帝国上級商事裁判所、学説、保険契約法の草案等における火災の概念をめぐる見解を跡づけている。その考察は、詳細であり精緻を極めている。そして、火災概念の統一的な定義として、「火災とは、典型的に危険な損害火、勃発した火であり、その火は火床外で自力により拡大しうるもの（das typisch gefährliche

Schadenfeuer, das ausgebrochene Feuer, das Feuer, das außerhalb eines Herdes die Fähigkeit hat, sich aus eigener Kraft zu verbreiten)」と述べている。彼は、この定義にもとづいて、保険保護が与えられる小損害と与えられない小損害が区別されること、裁判所はこの定義にもとづいて裁判を行うべきであるとする。(27)

(2)　一九三〇年代の終りになると、自然災害損害保険に関する研究が活発化するが、その中でもとくに注目すべき研究として、C. Rommel の「自然災害損害保険の基礎（Grundlage der Elementarschadenversicherung）」(28)がある。本論文は、その表題からも明らかなように、自然災害損害保険の基礎理論について考察したもので、第一章は自然災害の定義、第二章は自然災害損害保険の困難性、第三章は自然災害損害保険の諸要素、第四章は結論となっている。第一章では、自然災害損害とは、自然現象、生命のない自然の作用による損害であり、その際、損害を被る対象はすべての経済財でありうるとする。(29)第二章は、この保険の困難性の理由として、三点を挙げている。第一点は、この保険を実施するために必要な統計的基礎が多く存在しないかもしくは限られた程度にしか入手できないこと、第二点は、この保険に対する需要は危険及び地域により非常に異なっていること、この保険に対する需要は限定的にのみ存在し、また人為的に高められうること、第三点は、この保険に対する需要は変動が激しく、そのため需要の特定が困難であること、そのため保険者にとっては塡補資金の調達はとくに困難であるということである。(30)第三章では、この保険の諸要素として、とくに四点を挙げている。第一点は、保険の組織であり、この組織として、私的保険または国家的保険か、保険の自由または強制か、この保険だけの独立の組織を作るかまたは既存の組織を利用するかということである。第二点は、危険に関するものである。また、これらを相互に結びつけるということも考えられ、諸外国によって異なっている。第二点は、危険に関するものである。この点につき、保険に付される危険を一個とするか複数とするかにより、単純な自然災害損害保険と、結合された自然災害損害保険に区別されるが、前者は古い自然災害損害保険に属し、後者は一九二〇年代の初めに遡る。第三点は、この保険の対象として、まず建物が挙げられるが、すべての経済財が対象とされうる。第四点は、保険料で、すでに述べたように、この保険に対する需要は不安定で特定が困難であるため、保険料の確定には大きな困難が伴う。その際、保険料は、統一的保険料と個別的保険料が区別されるとする。[31] 第四章の結論では、自然災害損害保険は順調に進んでいること、その実施についての可能性は多いこと（zahlreich）、最近の一〇年間においてスイスはこの保険の課題の解決に貢献したと述べている。[32]

三　責任保険

責任保険の開始は、後述する自動車保険及び権利保護保険と同じく、一八〇〇年代の終りに遡るが、責任保険の研究はそれより遅れて開始している。

(1)　現代において最も重要な保険部門にまで発展した責任保険の固有の創始者は、C. G. Molt[33] である。父が死去した四週間後に生まれた Molt は、経済的にきわめて困難な境遇のもとで種々の見習いと職業を各地で経験した後に保険の分野に進み、二六歳に達した一八六八年、スイス生命保険会社のシュトゥットガルト総代理店となった。保険制度の分野において彼の才能が開花する決定的な契機となったのは、一八七一年六月七日公布の「ライヒ責任法（Reichshaftpflichtgesetz）」である。前述したように、この法律は、企業の損害賠償責任を強化しようとするものであるが、他方では、強化された責任は企業をして経済的破綻に導きかねないことから、企業に責任危険を共同で引き受けることの必要性を生じせしめた。そして、すでに一八七一年にはザクセンに相互社団が設立され、傷害保険の付随として（als Anhängsel）ある種の責任保険を引き受けていた。しかし、そこにはかなりの混乱が生じていた。けだし、労働者も企業者も、傷害保険と責任保険を区別することができなかったからである。そこで、Molt は、一八七四年一二月一〇日、多くの協力者とともにシュトゥットガルトに Der Allgemeine Deutsche Versicherungs-Verein を協同組合として設立し、新しい保険部門としての責任保険をこの協同組合の基礎とした。その際の彼の最大の功績は、傷害保険と責任保険の相違点を認識し、これら二つの保険部門を明確に区別したということである。それゆえ、彼は責任保険の固有の創始者である。右の協同組合は、一八七九年、組織的・法的な困難さから保険相互会社に変更された。その後、責任保険は、一八八四年のビスマルク社会保険立法によって危機に直面した。その理由は、一八八五年一〇月一日施行の同業組合災害保険法は、企業者の責任保険は不要であるとしたため、企業者に、私的な保険契約の解約を可能ならしめたからである。これにより、責任保険は終了してしまうように思われた。Molt に従って責任保険営業を行っていたドイツのすべての保険会社は責任保険部門を放棄し、彼の保険会社も精算された。(34) しかし、彼だけは、責任保険は依然として重要な役割を果たすであろうということを見抜いていた。彼は、すべての人が社会的災害保険に加入する資格を有するわけではないこと、営業に無関係な人は依然として損害賠償請求にさらされるということを知っていたのである。その後、責任保険は大きく飛躍していた。(35)

(2)　しかし、責任保険の発展のためには、責任保険の理論的正当化を必要とした。それには、次のような事情が存在していた。すなわち、Magdeburger Allgemeine Versicherungs-Aktiengesellschaft の取締役である F. Koch は、責任保険は、ドイツにおける保険の基礎を損なわせる繁茂植物（Wucherpflanze）であること、帰責事由にもとづかない事故のみが保険の対象となりうるという従来からの不動の保険道徳原理と調和しえないこと、不道徳にして良俗に反する行為であると述べていた。(36) そこで、彼は、一八七八年九月一二日、責任保険を禁止するよう、ライヒ内閣官房（Reichskanzleramt）に申し出を行っていた。この申し出は、ドイツの保険史にとって、専門家の華やかな記念作（ein blühendes Denkmal）になっていたとされる。これに対し、ドイツ技師のフランクフルト地区連合（Frankfurter Bezirksverein deutscher Ingeniere）は、一八七九年一月二二日、反対の申し出を行っていた。(37) 論争の結果、責任保険は不道徳な取引であるという主張は認められなかった。

(3)　一九〇〇年代の初めから半ばにかけて、責任保険に関する注目すべき研究が見られた。すなわち、最初の包括的な研究書として、A. Manes, Die Haftpflichtversicherung, ihre Geschichte, wirtschaftliche Bedeutung und Technik 1902, E. Herzfelder und F. K. Katsch, Haftpflichtversicherung, 2. Aufl. 1932があり、また、責任保険の法的基礎に関する特殊研究として、J. v. Gierke, Die Haftpflichtversicherung und ihre Zukunft,(38) E. R. Prölss, Probleme des Haftpflichtversicherungsrechts,(39) H. Oberbach, Allgemeine Versicherungsbedingungen für die Haftpflichtversicherung, Teil 1, 1938, Teil 2, 1942がある。以下においては、とくに、Manes, Gierke, Prölssの著作の骨子を見ておくこととする。

まず、Manesの書物は、二章から成っている。第一章の総論は、責任保険の理論的な問題に関するもので、責任保険の歴史、国民経済における責任保険、企業形態について、それぞれ説明している。第二章は、責任保険の特殊・実務的な問題に関するもので、責任保険一般の経営、個々の責任保険の経営について説明している。彼は、本書の「はしがき」において、従来、責任保険に関する研究は疎かにされており、その学問的考察が必要であると述べている。

また、Gierkeの論文は、保険契約法の成立前に発表されていたもので、六章から成っている。第一章の序論では、責任保険は、経済生活において最も重要な保険部門であり、法的に特有な性格を有するにもかかわらず、そのことが十分に認識されておらず、その名称だけしか（nur dem Namen nach）知られていないと指摘している。(40)第二章は、責任保険の歴史について説明している。責任保険が他の保険に付随してのみ引き受けられるということから訣別して独自の存在を示すことになる契機は、一八七一年六月七日公布のライヒ責任法である。この法律の成立後、直ちに保険会社が設立され、企業者に責任保険を提供した。そして、①一八七一年から一八八四年までの責任保険の特色として、責任保険を独立の保険部門として営業していること、ライヒ責任法による責任に対する責任保険に限定されていたことから、企業者のみが保護の対象であり、しかも災害により生ずる死亡または傷害による責任に対してのみ保護されること、訴訟費用も塡補されること、故意または重過失、とくに法律または命令にもとづく安全措置を怠ることによる災害に対しては保険者は免責されるとするのが一般的であった、ということである。もっとも、企業者のためのこの責任保険は、期待されていたほどの成果はもたらさなかった。(41) ②一八八五年以後の責任保険の特色として、第一に、保険保護が与えられる人の範囲が拡大したということである。すなわち、一八八六年以後、責任保険は企業者以外にあらゆる種類の職業と私人にまで開かれた。第二に、保険保護が与えられる危険の範囲が拡大したことである。ライヒ責任法のもとにおいては、保険保護が与えられる危険は、災害により生ずる死亡または傷害による責任に限られていたが、その後は、物の損傷にもとづく責任、健康被害に対する責任、一般に財産的損害に対する責任に対しても保険保護が与えられるようになった。(42) 第三章は、保険約款をもとにして、現行の責任保険について考察している。その際、問題点として、第一に、いかなる請求権に対して保険保護が与えられるか、第二に、責任保険に含まれる責任請求権の種類であり、この点に関しては、責任を負う主体と責任請求権を基礎づける損害の種類という二つの観点から、責任請求権の種類が区別されること、第三に、責任保険における保険保護の種類である。この点につき、責任債務の発生による被保険者の損害を塡補することが保険者の義務であるとする見解によると、責任債務が発生しないかぎり保険事故が発生しないので保険者は責任訴訟を援助する義務は負わないことになるが、これに対し、被害者の請求をもって保険事故と解すると、責任保険は被害者の請求によって被保険者に生ずる不利益に対しても保護を与えるということになる。その結果、責任保険による保護は、責任負担による財産的損害と被害者の請求に対する権利保護を含むことになる。第四に、損害塡補の種類として、保険約款では、損害の全部を塡補するものと一部のみを塡補するものがあり、後者のものがきわめて多いこと、この場合にも種々の方法がある。第五に、被保険者自身による保険事故招致と保険者の免責である。保険約款は、故意のときは保険者は免責、重過失または軽過失のときは保険者は有責という点においてほぼ一致していること、また、未必の故意も故意に含まれるとされている。(43) 第四章は、責任保険に対する敵視について述べている。責任保険に対する敵視の理由として、責任保険は良俗に反するとされる。すなわち、第一に、保険契約者が負うべき責任が保険者に転嫁されること、第二に、責任保険は軽率を助長すること、第三に、保険者が責任問題について保険契約者を代理することによって、被害者の地位が不利益な方向に変更するということが挙げられている。本論文は、これらの理由について詳細な検討を加え、これらの理由には根拠は認められないと述べている(44)。第五章は、責任保険の限界について述べている。それによると、故意かつ違法な行為にもとづく責任に対しては保険保護は与えられてはならないこと、良俗違反行為の直接または間接の結果に対して保護は与えられてはならないこと、責任保険は罰金刑と関連づけられてはならないこと、物の損傷またはその他の財産損傷にもとづく請求権に関しては、過失による事故招致の場合、被保険者の比例的自家保険（quotenweise Selbstversicherung）とすべきであるとする(45)。第六章は、保険契約法草案の責任保険に関する規定をもとにして、責任保険の将来について若干の展望を試みている(46)。

Prölss の論文は、四章から成っている。第一章は、責任保険の保険事故について考察している。この点に関しては五つの見解、すなわち、請求権の主張とするＲＧの見解、請求権へと導きうる事故とする見解、複数の個々の事実から成る事態、すなわち、損害事故と請求をまとめて保険事故とする見解、保険事故が問題となりうる個々の規定の内容に応じて責任事実または請求とする見解、請求が理由のあるときは責任事実、理由がないときは請求とする結合説（Prölss の旧説）がある。そして、それぞれの見解について詳細な批判・検討を加えた後(47)、実際に発生したか、または単に主張された責任事故を保険事故と解すべきであると主張している(48)。第二章は、責任保険請求権の消滅時効との関連において、責任保険者の給付について考察している。責任保険者はいかなる給付をなすべきかという問題に関して、見解は二つに分かれている。第一の見解は、保険者に対する保険契約者の請求権は単一の請求権であり、それが時間の経過とともに異なった形態を有すること、すなわち、まず権利保護請求権、次にこの請求権は免脱請求権に変更するとする。ＲＧのこの見解によると、保険契約者は、権利保護請求権を時効によって消滅させると全部の請求権を失うことになる。第二の見解は、保険契約者は保険者に対して、単一の請求権ではなく多くの独立の請求権、すなわち、免脱に向けられた独立の請求権と権利保護に向けられた独立の請求権を有するとする。この見解によると、二つの請求権は、異なった時期に履行期が到来し、異なった時期に時効によって消滅するとする。右の二つの見解は、権利保護を保険者の主たる給付と解している点で共通している。そこで、権利保護を保険者の主たる給付と解することができるか否か、責任保険を権利保護保険と解することが妥当か否かということが問題となる。本論文は、結論として、権利保護は保険者の主たる給付とは解されないこと、それゆえ、責任保険は、権利保護の付与が保険者の主たる給付であるという意味における権利保護保険ではないこと、権利保護は単なる損害防止義務にとどまるとする。その結果、保険者の主たる給付としての免脱請求権と、権利保護給付としての損害防止費用請求権は異なった時期に時効によって消滅するとする。(49) 第三章は、責任保険における被害者の地位について考察している。それによると、①責任保険契約は第三者のためにする保険契約ではないこと、被害者は一般の債権者と何ら変りはないが、これに対する例外として、保険契約法一五七条は被害者に別除権を認めている。②被害者は、保険請求権から弁済を受けようとするときは、保険契約者に対して責任訴訟を追行し、責任判決にもとづいて保険請求権について差押え及び転付についての決定を得て、保険契約者の権利承継者として保険者に対する措置を講ずることを要する。③保険請求権に関する処分、例えば、保険者が保険契約者と被害者の責任請求権を下回わる金額で保険債務について和解をなし、保険契約者が保険請求権を放棄しまたは時効によって消滅させた場合、被害者はいかなる法的手段を用いることができるかということが判例において問題となっていること、④被害者があらゆる困難を無視して保険契約者の地位に就く場合には、被害者は保険請求権から弁済を受けられなくなるということを予期すべきである。すなわち、保険者は保険関係にもとづく抗弁を被害者に対抗でき、また、被害者は、保険者が未払いの保険料について相殺を行うということを甘受しなければならない。(50) 第四章は、責任保険における重複保険について考察している。最近のＲＧの判決において、責任保険に重複保険が存在するか否かということが問題とされている。この問題は、具体的には、重複保険に関する保険契約法五九条の規定は責任保険にも類推適用または準用されるかという観点から議論されている。本論文は類推適用を肯定し、その理由として、保険金額と保険価額は保険契約法五九条の規定の存在理由にとって本質的なものではないこと、保険契約法五九条は責任保険の特殊性に反するものではないと述べている。[51]

(4)　責任保険に関する個別問題の研究として、とくに保険事故と被害者の法的地位に関する研究が挙げられる。前者については、すでにPrölss の論文の紹介において触れたので、以下では、後者の問題に関する研究を取り上げることとする。

責任保険における被害者保護機能の重視とともに、責任保険における社会的思想が注目されるに至っていた。この問題に関する研究として、まず、K. Jannott の「責任保険における社会的思想（Der soziale Gedanke in der Haftpflicht-Versicherung 1941）」がある。本論文は、①まず私保険の「社会的思想」の意味について述べている。それによると、保険制度が私保険と社会保険に分類されることになると、私保険には社会性は余り認められないことになるように思われる。しかし、保険が被保険者自身のみならず、それ以上に社会一般の人の保護にも関わりを有するに至ると、保険の国民経済的・社会的意味が顕著となる。このことは、とくに保険の発展史にとって明らかである。責任保険は、その成立史からも明らかなように、被害者の保護ではなく被保険者の保護を目的としている。責任保険の固有の創始者であるC. G. Molt も、被保険者の保護が責任保険の唯一の課題であると述べている。保険契約法の責任保険に関する規定も、原則として被保険者の保護に着眼している。しかし、被害者に別除権を与えている保険契約法一五七条についての理由書においては、責任保険の社会的思想に言及されている。[52]②一般に、責任保険における社会的思想は、まず国家社会主義的国家において現れている。例えば、一九三三年一二月二一日の自動車運転者の養成に関する命令は、自動車教習所教師に責任保険契約の締結を義務づけ、一九三四年一二月四日の陸上での旅客運送に関する法律は、責任保険についての企業者の証明を義務づけ、一九三五年六月二六日の自動車による貨物遠距離運送に関する法律は、保険強制を定めている。しかし、とくに注目すべきこととして、一九三九年一一月七日の自動車保有者のための義務的責任保険の導入に関する法律は、被害者の保護を責任保険の中心的課題とし、責任保険の社会的思想を表現している。この法律についての基本的な準備作業は、ナチス時代に主として法律改正を行うことを目的としていたドイツ法学院（Akademie für Deutsches Recht）のもとで進められていた。(53) ③最後に、本論文は、義務的責任保険と一般の責任保険との間に差異を設けるべきか否か、責任保険の中に社会的思想を有するものと有しないものというように、二種類のものが存在すべきか否かという問題について述べている。この点につき、将来の方向として、義務的責任保険における社会的思想は、義務的責任保険の特殊性が問題とならないかぎり、一般の責任保険においても維持されるべきこと、義務的責任保険の導入によって、責任保険はその経済的・社会的課題に関する従来の限界を打破し、かつ超えなければならないと述べている。(54)

四　自動車保険

一九三〇年代の初めになると、責任保険から発展した自動車保険に関する問題を扱う著作が現れている。その際の重要な問題点の一つとして、交通事故被害者の保護に関する問題がある。この点につき、Gothaer Allgemeine Versicherung A. G. の取締役である K. Jannott は、きわめて重要な貢献をなしていた。(55) すなわち、右の保険会社は、一九三七年、自動車保険の普通保険約款に追加約款（Zusatzbedingungen）を作成し、監督官庁の認可を得た。この追加約款は Jannott が作成したが、それは被害者である第三者の権利を確実にするために責任保険の保護を拡大するものであった。この追加約款は、一九三九年一一月七日の自動車保有者のための義務的保険法の制定に際して重要な資料とされていた。(56) この追加約款は、三つの部分から成っていた。第一は、保険保護が及ぶ人の範囲の拡張に関するもの、第二は、保険者の給付義務の存続・消滅等に関するもの、第三は、保険者に対する被保険者の塡補債権について被害者は質権を有するということに関する部分から成っている。[57] 要するに、この追加約款は、責任保険契約の有効な存続、及び保険者に対する塡補債権を被害者保護という目的に拘束するということに関するものである。それゆえ、その目的において、一九三九年一一月七日の法律と広く一致しているとされる。[58]

五　権利保護保険

この保険の基本的な問題点について論じた論文として、A. Grauer の「権利援助保険（Rechtshilfeversicherung）」[59] がある。本論文によると、①まず、権利保護保険の目的は、被保険者が訴訟の追行による権利の追求または防御のために要する財産上の需要を塡補することにあること、保険者の塡補額は訴訟費用の額に相当することから、この保険は固有の損害保険に属するとする。②権利保護保険と責任保険との限界づけが問題となる。責任保険を権利保護保険に位置づけ、責任保険者に対する保険請求権を、責任の防御・確定のための費用等であると解する見解（Georgii）に従うと、権利保護保険は単に責任保険が拡大した保険にほかならないことになる。しかし、責任保険の被保険者は、訴訟援助、訴訟費用の塡補ではなく、第三者に対して負担する賠償責任に対する保護を求めているので、権利保護保険と責任保険との類似性は後退し、あるいは全く消滅するとする。[60] ③権利保護保険に関する最大の問題点は、訴訟費用の支出を必要ならしめた被保険者をしてこの費用の支出を免れせしめることは、被保険者に不純な手段を与えることになるのではないかということである。この保険は、被保険者が訴訟を行った結果として生ずる費用に対する保険なので、保険事故の発生は被保険者の意思ないし行為と密接な関係にある。そして、被保険者が訴訟を故意に追行する場合には、保険者は保険事故招致を理由として免責される。問題は、いかなる場合に被保険者が訴訟を故意に追行したといえるかということである。この点につき、本論文は、被保険者が、単に最小限において法的に具体的な根拠を有することなく訴訟を追行する場合がこれに相当すること、これに対し、相手方が訴えを提起している場合はこれには該当しないとする。[61] ④最後に、本論文は、商業上の景気による信用喪失に対する保険、失業に対する保険、抵当権の喪失による損害に対する保険が可能であるならば、合理的な権利の追求・防御によって生ずる財産の喪失に対する権利保護保険も可能でなければならないと主張している。(62)

六　信用保険

信用保険については、すでに述べたように、ハンブルクの商業学者であるJ. G. Büschが、プロイセン国務大臣のために信用保険構想を作成し、破産による損失に対する保険を創設すべきこと、その背景には、ハンブルク商人の投機的な手形取引と、それにもとづく倒産という事情が存在していた。そして、一九〇〇年代の初めになると、信用保険に関する研究が活発化し、多くのきわめて重要な著作が公表されていた。(63) それにもかかわらず、従来、信用保険契約の法的な研究は欠けており、それは実務にとって大きな欠陥と考えられていた。そこで、信用保険契約の法的研究について最大の貢献をなしたのは、W. Molt, Der Kreditversicherungsvertrag 1913 である。(64) 本書は、序論と四章から構成されている。序論では、信用、信用危険、信用保険、信用保険法史、第一章の基礎理論では、債権の保証としての信用保険、信用保険と組合契約、第二章の信用保険契約の内容では、保険事故、保険者の給付約束の範囲、危険、保険に付される債権の存在、第三章では保険関係の主体、第四章の保険関係では、保険の開始、保険関係の進展・終了について、それぞれ説明している。とくに注目される点として、信用保険契約の保険事故について精緻で詳細な考察がなされているということが挙げられる。(65)

（1）Vgl. P. Koch, Geschichte, S. 252.
（2）本文における説明については、Vgl. P. Koch, Von der Zunftlade zum rationellen Großbetrieb 1971, SS. 69–70.
（3）E. R. Prölss, Das kommende deutsche Krankenversicherungs=Recht, ZHR 1938, SS. 181–182.
（4）この委員会の審議に参加していた関係諸機関については、Vgl. Prölss, a. a. O. S. 181 Anm. 1.
（5）Prölss, a. a. O. SS. 183–212.
（6）Berliner Kommentar, S. 2111（Hohlfeld）; Prölss–Martin, Kommentar, S. 957（Prölss）.

（7）Gerkrath の略歴については、Vgl. A. Manes, Gerkrath, Albrecht, Lexikon, S. 645.

（8）ZVersWiss 1906, SS. 1–19.

（9）Gerkrath, a. a. O. SS. 2–5; なお、山下丈「傷害保険契約における傷害概念㈠」民商法雑誌七五巻五号四三頁、四七頁（8）、同・㈡同誌七五巻六号八二一―八五頁も参照。

（10）山下・前掲㈠四七頁（8）参照。なお、傷害保険における「包含」及び「除斥」の意義・具体例、及び相互の関係については、Vgl. W. Koenig, Schweizerisches Privatversicherungsrecht, 3. Aufl. 1967, SS. 460–463.

（11）Gerkrath, a. a. O. S. 19.

（12）Gerkrath, a. a. O. S. 1.

（13）Gerkrath, a. a. O. S. 19.

（14）Vgl. Personalia, Dir. Dr. Carus, Köln, 65 Jahre, VW 1971, S. 1096.

（15）Das Versicherungsarchiv 1942 / 43, SS. 156–173.

（16）なお、ハンブルク火災金庫の規則及びその発展については、木村栄一「ハンブルグ火災金庫の生成と発展」損害保険研究二五巻三号一三五頁以下参照。

（17）プロイセン普通法における保険法規定の構成及び基本的性格等については、坂口光男・保険法立法史の研究四―九頁参照（文眞堂、一九九九年）。

（18）Prölss, a. a. O. Das Versicherungsarchiv, SS. 156–160.

（19）ドイツにおける最古から一九〇四年までの火災保険約款については、Vgl. Sammlung von Versicherungsbedingungen deutscher Versicherungsanstalten, Erster Teil, Feuerversicherung 1908.

（20）Prölss, a. a. O. Das Versicherungsarchiv, SS. 160–166.

（21）Prölss, a. a. O. Das Versicherungsarchiv, SS. 166–170.

（22）このように、Domizlaff の著作活動はまず火災保険の分野で開始していた（A. Manes, Domizlaff, Lexikon, S. 446）。

（23）Koch, Geschichte, SS. 255–257.

（24）Koch, Geschichte, S. 257; Ders., Stuttgarter Versicherungswirtschaft in Vergangenheit und Gegenwart, VW 1996, S. 286.

（25）ZHR 1912, SS. 327–359.

(26) Gierke, a. a. O. S. 331.

(27) Gierke, a. a. O. S. 357.

(28) ZVersWiss 1937, SS. 32–50.

(29) Rommel, a. a. O. S. 33.

(30) Rommel, a. a. O. SS. 34–43.

(31) Rommel, a. a. O. SS. 43–49.

(32) Rommel, a. a. O. SS. 49–50.

(33) Moltの略歴については、Vgl. P. Koch, Pioniere, SS. 313–314; Ders., Molt, NDB, Bd. 18, S. 10; A. Manes, Molt, Lexikon, S. 1084.

(34) P. Koch, Beiträge zur Geschichte des deutschen Versicherungswesens, Aus Anlaß des 60. Geburtstages von Peter Koch 1995, SS. 2–3.

(35) Bruck–Möller–Johannsen, Kommentar, 8. Aufl. Bd. 4, 1970, S. 37 (Johannsen); なお、一八八五年まで一〇の保険会社が責任保険の営業を営んでいたが、この点については、Vgl. C. G. Molt, Haftpflichtversicherung, Assecuranz–Jahrbuch, Bd. 14, 1893, S. 37.

(36) Vgl. A. Kleeberg, Die Entstehungsgeschichte der Haftpflicht–, Unfall–, Invaliditäts– und Altersversicherung in Deutschland, Assekuranz–Jahrbuch, 1920, S. 112.

(37) Vgl. Kleeberg, a. a. O. S. 112 Anm. 54.

(38) ZHR, Bd. 60, 1907; なお、本論文については、僅かではあるが批評がなされている (Bücherbesprechungen, ZVersWiss, 1907, S. 745)。

(39) Wirtschaft und Recht der Versicherung 1937.

(40) Gierke, a. a. O. S. 2.

(41) Gierke, a. a. O. SS. 3–7.

(42) Gierke, a. a. O. SS. 10–11.

(43) Gierke, a. a. O. SS. 13–14.

(44) Gierke, a. a. O. SS. 47–58.

（45） Gierke, a. a. O. SS. 59–60.
（46） Gierke, a. a. O. SS. 60–66.
（47） Prölss, a. a. O. Wirtschaft und Recht der Versicherung SS. 9–23.
（48） Prölss, a. a. O. S. 24; なお、ドイツの諸説につき詳細な吟味・検討を加えているわが国のきわめて精緻で優れた研究として、まず田辺康平・保険契約の基本構造二二八頁以下を挙げなければならない（有斐閣、一九七九年）。
（49） Prölss, a. a. O. SS. 34–46.
（50） Prölss, a. a. O. SS. 47–61.
（51） Prölss, a. a. O. SS. 63–71.
（52） Jannott, a. a. O. SS. 3–5.
（53） Jannott, a. a. O. SS. 8–9; なお、本文で述べた一九三九年の法律は、「強制」ではなく、より上位の「義務」という概念を基礎としている点に、この法律の特色であるとされる（Jannott, a. a. O. S. 9)。
（54） Jannott, a. a. O. SS. 14–15.
（55） Jannott は若い時期から保険実務家として多くの輝かしい活躍をしていたが、詳細については、Vgl. Dir. i. R. Dr. Jannott, Göttingen †, VW 1968, SS. 254–255.
（56） P. Koch, Die Bedeutung Göttingens für die Entwicklung der Versicherungswissenschaft und –praxis, VW 1996, S. 174.
（57） この追加約款については、Vgl. K. Jannott, Zur Vervollkommnung der Haftpflichtversicherung 1940, Anhang, SS. 70–71.
（58） Jannott, a. a. O. Der soziale Gedanke, SS. 9–10; K. Jannott–K. Ossewski, Die Kraftfahrversicherung, 50 Jahre materielle Versicherungsaufsicht, Bd. 2, 1952, S. 237.
（59） ZVersWiss, Bd. 12, 1912.
（60） Grauer, a. a. O. SS. 343–344.
（61） Grauer, a. a. O. SS. 347–348.
（62） Grauer, a. a. O. S. 351.
（63） 一九二九年頃までの主要著作については、Vgl. Herzfelder, Kreditversicherung, Lexikon, S. 964.
（64） Vgl. Herzfelder, Bücherbesprechungen, ZVersWiss, Bd. 14, 1914, S. 151.
（65） Vgl. Herzfelder, a. a. O. ZVersWiss, S. 151.

第五節　第二次世界大戦後における保険法学

第一款　緒説

ドイツにおける保険学は、とくに一八〇〇年代の終り頃から強力に推進され、この時期においては、主として四つの保険学施設が存在していた。すなわち、①独立の研究機関であるドイツ保険学会、②より新しい研究所であって、大学に依存して設立されているが経済的には広く保険業界によって支えられているもの（ベルリン、ライプツィヒ、ケルン）、③保険学のための大学のより古い研究所・ゼミナールで、純粋に大学の施設に所属するもの、④保険学、保険法、保険数理、保険医学の分野における大学の講義及び演習であり、大学における個々の専門的研究に対する配慮から生まれ、多かれ少なかれ体系的方法で実施されるものである(1)。第二次世界大戦における敗北によって、長年にわたって築かれていたこれらの施設は甚大な被害を受けるとともに、ドイツの保険学は完全に新たな時期を迎えることになる。図書館は他の場所に移されて使用不可能となり、重要な蔵書及び収集物は失われ、既存の施設は解消せざるをえなかった。大学の研究所のうち、ベルリンの研究所は完全に停止した。これに対し、ライプツィヒとケルンにおいては、蔵書は他の場所に移動されていたので、大部分は戦災から免れることができた(2)。

一九四六年の夏学期以後、多くの大学において保険学ゼミナールが再開された。講義及び演習の数は、以前の水準にまではまだ戻っていなかったが、徐々に戻りつつあった。次に、一九四七年の夏学期について見ておくこととする。①イギリス占領地区につき、ハンブルク大学では、H. Möller が民法、商法、社会保険法を含む保険法を、Noack が保険数理を、H. Göbbels が保険医学をそれぞれ担当し、ゲッチンゲン大学では、Rittig が保険経済を、J. v. Gierke が私保険法を、ケルン大学では Hax が保険理論及び社会保険を、Schwellnus が保険医学をそれぞれ担当していた。②アメリカ占領地区につき、エアランゲン大学では、Voigt が保険経済及び統計学を担当し、フランクフルト大学では、保険学ゼミナールはなお空席のままであり、Cahn がドイツ社会保険を、Lorey が確率論をそれぞれ担当し、ミュンヒェン大学では、Böhm が統計学及び保険学を、Weinreich が保険経営論をそれぞれ担当していた。③ソ連占領地区につき、ベルリン大学では、Schellenberg が社会政策及び保険経済を、Dersch が社会保険法を、Pauck が私保険法を、Nicolas が保険数理をそれぞれ担当し、ライプツィヒ大学では、Mank が保険経済を、Söhnel が保険数理を、Erwin が労働法及び社会保険法をそれぞれ担当し、ドレースデン工科大学では、保険工科ゼミナールはまだ再開されておらず、保険学の講義も行われていなかった。[3]

ところで、第二次世界大戦終了後の初期においては、保険法学、とりわけ保険契約法と保険監督法の分野における研究が主流をなしていた。その後、研究の関心は、カルテル法・情報保護法・ヨーロッパ法のような保険制度に新たに加わっている多くの法領域にも移っていた。また、保険経済学は、第二次世界大戦以前におけるよりも著しく重要性を増していたが、その中心をなすのは、保険経営論である。さらに、社会保険、保険医学、保険数理等の研究も著しく深められた。[4] 以下においては、各大学における保険法学を中心として述べることとする。

(1)　K. Hax, Stand und Aufgaben der versicherungswissenschaftlichen Einrichtungen in Deutschland, VW 1947, S. 309.
(2)　Hax, a. a. O. SS. 309–310; なお、本文で説明したことのより詳細については、Vgl. Archiv und Bücherei, 10. Gesamtbericht 1957/58 des Gesamtverbandes der Versicherungswirtschaft e. V., S. 197 f..
(3)　Hax, a. a. O. S. 310.
(4)　P. Koch, Geschichte, S. 277.

第二款　各大学における保険法研究

一　ハンブルク

E. Bruck によって形成されたハンブルク学派[1]は、その門下生である H. Möller に承継されたが、Möller の門下生として、以下の研究者がいる。

(1) K. Sieg　彼には、一九九一年現在ではあるが、単独の著書が約六冊、論文が約二一〇本、共同編集書が約八冊、その他に多数の判例・著書の評釈がある[2]。彼の初期の頃の研究は責任保険に集中していたということができる。

彼の著作の中で最も重要かつ核心をなすものは、いうまでもなく、教授資格論文である Ausstrahlungen der Haftpflichtversicherung 1952 である。本書の序文によると、本論文は、責任保険における被害者と保険者の多様な法的関係を体系的に解明することを目的としていること、この研究には、責任保険における損害精算人としての長年にわたる実務経験が基礎となっていると述べられている。本書の第一部は、被害者の法的地位をとくに考慮に入れた責任保険の発展という表題のもとに、責任保険の歴史、各時代における被害者の地位について説明し、第二部は、被害者と保険者の法的関係についての体系という表題のもとに、債権者としての被害者、債務者としての被害者、被害者の身分について説明し、第三部の最終部は、被害者と保険者の法的関係の構成という表題のもとに、法的関係の構成と責任保険の展望について述べている。本論文に対する評価として、被害者の地位についての歴史的・実体法的・訴訟法的研究をもとにして、被害者と保険者との間の多様な法的関係を体系的に解明することを目的としている本論文は、「未開地（Neuland)」に足を踏み入れたもので、責任保険の研究に関わる者にとって見過ごすことができない重要な論文であるとされている[3]。また、彼は、Bruck-Möller の Kommentar の協力者として、その 8. Aufl. Bd. 2, 1980, §§ 49–52, §§ 67–80、及び8. Aufl. Bd. 3, Lfg. 1, 1985, Feuerversicherung の部分を担当している。さらに、彼の論文集として、Karl Sieg über Individualversicherungsrecht- Rückblick auf 50 Jahre Forschung und Lehre 1991がある。本論文集には、一九三八年以後に公表された三一本の論文が収められている。

彼が死去した一九九八年、雑誌のVersicherungsrecht 1998に、E. Lorenz, H. Schirmer, H. Baumannの追悼文が掲載されている。(4) Lorenzは、Siegの名は一九〇〇年代後半の保険法学と結びついていること、彼の研究領域は広く、責任法・運送法を中心として私法、訴訟法、社会保険法に及んでいること、雑誌のVersicherungsrechtに公表した論文は私保険法の全体にわたる重要問題を扱っていると述べている。また、Schirmerは、Siegの死去とともにドイツ保険法学はその傑出した代表者を失ったこと、前述した教授資格論文は責任と責任保険の相互関係を根本的に考察したものであること、彼の研究領域は、保険法以外に、私法、商法、有価証券法、手続法、強制執行法、海法、運送法、社会保険法に及んでいると述べている。さらに、Baumannは、Siegは死去したが、その著作と我々の記憶においては彼は生き続けていること、彼の著作の中でとくに注目されるのは、教授資格論文とBruck-Möller-Siegの大コンメンタールであること、彼は疲れることを知らずに保険業界と保険法学の発展について関心を持ち続けていたこと、彼は、控え目・禁欲・謙虚な性格の持主であったと述べている。

(2)　R. Schmidt　彼ほど、活躍の範囲が広く、また多彩な経歴を有する者は、それほど多くはない。彼は、同時にあるいは相次いで、研究者、実務家、企業者、教授、国際的共同作業の主催者等であったし、現在でもそうである。(5) 研究の対象も、民法、保険法、社会保険法はもとより、保険監督法、カルテル法、核エネルギー法、企業形態法、ヨーロッパ法等に及んでいる。(6) 彼は、一九九一年三月、ドイツ保険学会の名誉会員に指名された。それは、同時に彼の同学会役職の退職を意味している。そこで、ドイツ保険学会は、一九九一年三月一五日、ベルリンで彼の足跡について討論会を開催した。その討論会における報告として、D. FarnyはR. Schmidtとドイツ保険学会、E. LorenzはR. Schmidtと保険監督法、H. SchirmerはR. Schmidtと民法及び保険契約法、U. HübnerはR.

Schmidt の国際的活躍、G. Büchner は R. Schmidt と保険実務について、それぞれ報告していた。[7] これらの報告テーマだけからしても、彼の活躍の範囲の広さが知られる。次に、右の Schirmer の報告の中から、R. Schmidt と保険契約法に関する部分のみを紹介することとする。

　R. Schmidt の最大の研究であり教授資格論文である Die Obliegenheiten 1953 は、保険契約法における責務 (Obliegenheit) を全私法における責務と関連づけて体系化したこと、保険法においてすでに承認・確定されている責務を、保険法という特殊法領域から解放し一般の民法上の法概念として証明したものであり、第二次世界大戦後における教授資格論文の中で最も重要な論文となっている。彼によると、責務は、より弱い強制力を有する法的義務であること、履行請求権、訴求・執行可能性を基礎づけるものではないこと、その不履行は、義務者に対する損害賠償請求権ではなく、その他の不利益、とくに義務者自身の権利喪失をもたらすとされる。[8] 彼の研究以来、より弱い法的義務としての責務は、法的義務と並んで義務の固有の範ちゅうとして、権利主体間の法的関係の体系において承認されている。しかし、彼の見解に対しては、疑問が提起されている。第一に、責務の不履行は義務者自身の権利喪失をもたらすとされるが、真正の義務の不履行も権利喪失をもたらすこと、義務違反に対する制裁を基準として法的義務と責務を区別することが妥当であるかということである。第二に、真正の義務の場合には、帰責事由が存在しないときは義務違反の効果は発生しないが、責務は、帰責事由と関連づけられないときにも、存在しうる。何故に、責務の場合には帰責事由と関連づけられないのかということである。第三に、法的義務に適用される規定は責務にも適用されるのかということである。この問題につき、二つの場合が問題となる。その一は、当事者間の契約によって第三者に法的義務を課す契約は許されないが、これに対し R. Schmidt のように、責務を履行強制・損害賠償の制裁を伴わないより弱い強制度の義務と解すると、許されることになる。[9] その二は、責務の法的性質に関する論争の核心点は、保険契約者はその補助者の責務違反について責任を負うか否かという点にある。R.

Schmidt は、責務はより弱い強制力を有する義務なので、保険契約者には責務の履行に際しては法的義務の履行に際してよりもより少ない責任を負わせるのが妥当であるとし、保険契約者は、すべての履行補助者に対してではなく代表者（Repräsentanten）とされる者についてのみ責任を負えばよいとする。しかし、最近のＢＧＨは、保険契約法六条と六一条を純粋に文言的に解釈し、保険契約者は第三者の行為について責任を負う必要はないとする。代表者責任は純粋に衡平の見地に帰せしめられるのであり、それによって、R. Schmidt の法理論的な出発点は失われると述べている。(10)

(3)　M. Werber　彼の研究テーマは、主として、次の点に求められるように思われる。第一は、保険契約法における危険の増加に関するものである。彼は、一九六七年、博士論文である Die Gefahrerhöhung im deutschen, schweizerischen, französischen, italienischen, schwedischen und englischen Versicherungsvertragsrecht を刊行している。本論文は、全私法体系中における危険増加制度の位置づけを明らかにしたうえ、危険増加の要件と効果についてヨーロッパ諸国法との広い比較法的考察を行い、危険増加に関するドイツ保険契約法の規定について批判的な検討を加え、将来の基本的方向を示したものである。(11) 本論文は、ヨーロッパ共同体が、良く考え抜かれた規定を創設しようとするときに見過ごしてはならない重要な論文であると評価されている。(12) 第二は、保険契約者の平等取扱いの原則に関するものである。保険監督官庁の監督の範囲について定めている保険監督法八一条二項は、保険企業が、保険契約者に特別報酬を提供し、保険契約者と優遇契約を締結することを禁止している。(13) 彼の Zur Sonderbehandlung von Versicherungsnehmern und den Grundlagen ihrer Beurteilung は、優遇契約の締結及び特別報酬の提供の形態における保険契約者の特別取扱い及びその許容性に関する問題について論じている。第三は、主として、普通保険約款の適用根拠・解釈・内容規制について詳細に論じている Die AVB im Rahmen der Diskussion über die Allgemeinen Geschäftsbedingungen である。(14) 後述するように、本論文は、わが国の保険約款に関する研究に対してもきわめて大きな影響を及ぼしている。第四に、ドイツにおいては、とくに一九九〇年代に保険仲立人に関する研究が活発化するが[15]、その際の法的な中心問題は、保険仲立人の法的地位、保険契約者及び保険者に対する保険仲立人の権限と義務という点に求められる。彼も、近時において保険仲立人の法的地位に関する重要な論文を数多く精力的に公表しているが、その中でも、とくに、Von der Unabhängigkeit eines Versicherungsmaklers im „Doppelrechtsverhältnis“[16]が注目される。本論文の第一章は序説、第二章は本論、第三章は要約と結論となっている。第二章では、保険仲立人の法的地位として、保険契約者と保険者に対する二重の法的関係の存在と、保険者に対する保険仲立人の独立性について述べ、それをもとにして、保険契約の締結段階から保険事故の発生による損害の精算段階までの間における保険仲立人の権限と義務について述べている。保険仲立人は保険契約者と保険者の両者に対して二重の法的関係を有していること、他方、保険仲立人は保険契約者及び保険者の利益の中立的な代弁者なので、保険契約者及び保険者と余りにも強い関係を有することは望ましくない。そこで、本論文は、保険仲立人は保険契約者の利益を最良の方法で配慮すべき義務を負っていること、保険契約のあらゆる局面において行われる保険仲立人の活動は、保険契約者に対しては主たる義務の履行として、これに対し保険者に対しては従たる義務の履行として行われること、このような観点こそ「利害によって条件づけられ、修正ないし相対化された二重の法的関係に」、また、保険者に対する保険仲立人の独立性確保の要請にそれぞれ応じられるとする[17]。本論文は、第一に、本来的に保険契約者に対して義務を負う保険仲立人に、どの程度まで保険者と協力することが許されるかという問題、第二に、保険仲立人がその活動の過程において遭遇するであろう緊張に満ちた問題について、それぞれ考察した論文であると評価されている[18]。

(4)　G. Winter　彼の博士学位論文は、Konkrete und abstrakte Bedarfsdeckung in der Sachversicherung 1962である。本論文の目的は、次の点に求められる。すなわち、保険契約法一条によると、保険者は、損害保険では財産上の損害の塡補、人保険では約定した金額の支払義務を負うと定め、損害保険（具体的入用充足）と定額保険（抽象的入用充足）を認めている。そして、一条は、物保険は非人保険として具体的入用充足の原則に従うと定めていると解されること、一般的な見解によると、物保険においては具体的入用充足の原則が厳格に維持されるべきであるとされている。その結果、保険者は、法定の例外を除いては、発生した入用以上の給付義務は負わないとされる。しかし、第一に、保険者は、入用の充足のために必要な額以上の給付をなすべき場合が考えられるか否か、第二に、当事者は、物保険においても、人保険の場合と同様、抽象的入用充足を約定することが可能か否かということである。[19]そして、本論文は、結論として、物保険は、一般に認められているほど厳格に具体的入用充足の原則と結び付けられていないこと、当事者は約定によって、損害保険に関する規定に関わりなく、一定の限度内において、抽象的入用充足を目的とする物保険契約を締結することができると述べている。[20]法律行為の基礎となっている事実が後に変更したときに法律行為の拘束力はどのようになるかという問題は、保険契約法においては危険変更の問題として論じられている。この問題につき、Gedanken zur Gefahrenänderung[21]は、行為基礎理論と危険増加、危険増加の要件と効果、危険の減少について、それぞれ論じている。とくに、危険増加の要件に関しては、危険増加の重要性、危険増加の継続性、主観的危険増加と客観的危険増加の区別とそれにもとづく効果の区別の当否につき、また、危険増加の効果に関しては、保険料の増額による増加した危険への保険契約の適合、保険者の給付免責に関する全べてか無かの原則と比例原則につき、それぞれ論じている。そして、本論文は、保険事故発生後の危険増加の効果につき、保険者の給付免責は保険契約者にとって過酷であること、他方、保険契約者が相当の保険料を支払うことなく全部の給付を受けることは問題であること、そして、比例原則は、保険契約者が軽過失であるときに、全人保険の分野において採用されるべきことを提案している。[22]さらに、彼には、約一三〇〇頁に及ぶ大著として、Bruck–Möller–Sieg–Johannsen–Winter, Kommentar, 8. Aufl. Bd. V Teil 2, Lief. 1, Lebensversicherung（§§ 159-178）1985 がある。なお、Werber と Winter には、共著として、Grundzüge des Versicherungsvertragsrechts 1986 がある。

二　ケルン

ケルンにおける保険法の研究及び教育活動は、主として、E. Roehrbein, E. Klingmüller, U. Hübner によって代表されている。

(1)　E. Roehrbein　彼は、一九二三年にケルンの地方裁判所、一九二六年にケルンの上級地方裁判所の裁判官にそれぞれ就任し、一九二九年及び一九三〇年には帝国司法省において、主に民事訴訟改革及び売買法に関する国際的調整のための作業を担当していた。一九三一年に、ケルン大学法学部に最初の非常勤講師として就任した。彼は、F. Helpenstein 教授が一九三七年に死去した後、その空白を埋めるため保険法の講義を担当するとともに、一九四〇年一一月六日のケルン大学保険学研究所の創設後はその法律部門の責任者となった。彼は、また、一九五四年に新たに創設されたノルトライン＝ヴェストファーレン社会裁判所の所長に就任していたが、この就任は、裁判官としての彼の輝かしい経歴の締めくくりを意味するといわれていた。[23] ケルン大学への彼の招へいは、確かにケルン大学にとって注目すべき人事の配置を意味する。しかし、裁判官を本職とする彼にとっては、大学における活動には自づと時間的な限界が伴っていたといわれる。[24]

(2)　E. Klingmüller　一九六一年一〇月一日、ケルン大学法学部に、大学評議会の推挙にもとづいて、保険法、民法、商法のための講座及び保険法のための研究所が創設された。Klingmüller は、その講座に招へいされ、その研究所の主宰者となった。このことは、保険法に対する再評価と保険法研究の強化をもたらすこととなった。[25] 保険法のための研究所の研究活動は、彼の主宰のもとに、主として、責任法及び責任保険、とくに、生産物・医師・薬品責任、環境保護、老齢者・遺族扶助、そして、イスラム法をテーマとして、進められていた。[26] 彼の研究の重点もこれらのテーマに集中していた。すなわち、保険契約法の一般的な問題、疾病保険法、責任法の最近の展開、環境法の法的局面、そして、イスラム法の観点からする保険等に関する著作が公表されている。(27) また、その Das Krankenversicherungsvertragsrecht 1967(28) は、疾病保険契約の法的性質、法源、契約当事者、保険契約の進展、保険契約者及び保険者の義務、第三者との関係に関する諸問題を、保険契約法、普通保険約款、民法の観点からそれぞれ考察している。とくに、疾病保険における保険事故の特殊性に関する次の指摘は重要である。すなわち、保険事故は、疾病の発生ではなく、費用支出の原因である医学上で必要な被保険者の治療行為である。そして、疾病は動的な出来事として絶えず変動し、危機まで悪化し、それから健康状態に戻るということがありうる。そのため、疾病保険においては引き延ばされた保険事故 (gedehnter Versicherungsfall) という現象が見られる。また、疾病は、場合によっては長引き、全く異なった、場合によっては長期にわたる断続的な治療を必要とすることさえあるので、すべてこれらの出来事を一つの保険事故と考えるべきか否かという問題が生ずるとする。(29)

彼の友人、門下生、研究者仲間は、彼について次のように語っている。すなわち、彼は、保険法・保険実務の代表者として広く知られていること、特別の創造力と人生観を持った豊富な研究思考能力に恵まれていること、気力に満ちた熱烈な教育者であり、最良の意味における学生達の父のような友人であること、自由で広い考えを持ち人に対して親切であること、世界のことをよく知っており、ロンドン、パリ、ニューヨーク、サンフランシスコは、彼がイスラム語でイスラム法について講義を行ったカイロと同様、彼を信頼していると語っている。(30)

(3)　U. Hübner　前述した E. Klingmüller は、一九八二年九月三〇日、大学を退職した。しかし、研究所については一九八三年四月一日まで主宰者となっていた。その後継者が、門下生である U. Hübner である。(31) 彼の一連の研究テーマは「二〇世紀の終りにおける保険学」である。その具体的なテーマは、とくに、ヨーロッパ共同体法が保険制度及び保険監督法に対して及ぼす影響、保険法に対する一般私法制度の影響等である。また、研究所の保険法部門の研究活動の中心は、役務給付の自由の導入に伴うヨーロッパ共同体レベルの諸問題、保険企業法と保険企業カルテル法、普通取引約款規制法が普通保険約款に対して及ぼす影響に関する判例、損害賠償法に関しては技術的コントロールの責任問題、そして、フランス法等に置かれている。[32] 右で述べたテーマに関する彼の研究は、彼の著作にも濃厚に反映している。すなわち、彼の著作の重点は、責任法、フランス法入門、ヨーロッパ法、普通保険約款と約款規制法、保険監督法、保険株式会社法、保険仲立法に置かれている。[33] 彼の著作の中でもとくに注目すべきものとして、Allgemeine Versicherungsbedingungen und AGB-Gesetz, 5. Aufl. 1997 が挙げられる。本書は、約款規制法が普通保険約款に対していかなる影響を及ぼすかという問題、あるいは、約款規制法による普通保険約款の相当性コントロールに関する問題につき、判例を中心として詳細な考察を行っている。

三　ゲッチンゲン

前述したように、ゲッチンゲン大学の保険学ゼミナールは、ドイツにおける最古の保険学ゼミナールとして一八九五年に創設されていたので、一九九五年に創設一〇〇周年を迎えている。しかし、その歴史は、創設以来、保険学の歴史と同様、波瀾に富んでいた。このゼミナールは、国民経済学と統計学が数学及び法律学と学際的な共同研究を行った最初の研究所である。[34] 第二次世界大戦後の一九四七年の夏学期において、Rittig が保険経済、J. v. Gierke が私保険法、Bogs が社会保険法を、それぞれ担当していた。[35] なお、ゲッチンゲン大学においては、保険法に関しては伝統的に特別の配慮がなされていた。

(1)　J. v. Gierke　彼は、第二次世界大戦後、再び講義活動を開始し、死去する少し前まで続けていた。[36] 第二次世界大戦後の重要な著作として、Versicherungsrecht, Zweite Hälfte 1947 がある。これは、一九三七年刊行の Erste Hälfte に続くものである。その間に一〇年間が経過しているが、この間における本人及び家族の運命については沈黙したいと述べている。[37] 一九三七年刊行の Erste Hälfte は、第一編は保険法の総論を扱うもので、歴史、法的基礎、保険関係、被保険者、保険者となっている。[38] 一九四七年刊行の Zweite Hälfte は、第一編の続きとして、保険者・保険仲介者、保険関係の発生・終了・内容、第二編は各種の保険部門となっている。

(2) L. Raiser　彼は、改めて述べるまでもなく、多くの分野にわたる重要な著作及び社会的活動によって、ドイツ以外の国々においても広く知られている。とくに、彼は、一流の著作とされる Das Recht der Allgemeinen Geschäftsbedingungen 1935 の著者として広く知られている。彼の研究活動は、二二歳のときに、当時の Kaiser Wilhelm Gesellschaft で外国法及び国際私法研究所の助手となったときに開始している。彼は、一九三三年に教授資格を取得していた。しかし、政治的な理由から、彼には教授の道は閉ざされていたので、とりあえずベルリンで弁護士となった。そのときに、前述の著作を完成させたのである。彼は、一九三七年、Magdeburger Rückversicherungs-AG および Magdeburger Feuerversicherungs-Gesellschaft の取締役となる。その後、彼は、一九四五年、ゲッチンゲン大学の民法、商法、経済法担当の正教授となるが、一九五五年、同じ科目でチュービンゲン大学の教授職に就任している。[39] なお、普通取引約款の法に関する彼の前述の書物は、[40] 判例及び解釈上の問題の研究の他に、広く経済的・法社会学的・法理学的研究をも加えた普通取引約款に関連する全体的な諸問題を、あらゆる観点から考察した、従来の研究成果の集大成的・劃期的著作である。[41]

(3) W. Ebel　彼は、一九五〇年代以来、再び私保険法に関する講義、演習、ゼミナールを担当していた。
彼の研究対象は、保険史に集中しているといってよい。[42] とくに、Quellennachweis und Bibliographie zur Geschichte des Versicherungsrechts in Deutschland 1993 は、きわめて傑出した著作と評価されなければなるまい。この著作は、彼が準備を進め、彼の死後は息子の F. Ebel の編集のもとに完成した、ドイツ保険法史についての資料及び文献の目録である。本書の序文には、本書の執筆についての経緯が述べられている。すなわち、F. Ebel の父であり、ゲッチンゲン大学の教授、保険法史の研究において傑出している W. Ebel は、ドイツ保険学会における年次大会で講演を行ったが、そのことが契機となって保険法史についての著作の準備を始めた。W. Ebelは、長年にわたって、多くの図書館、公文書保管所、保険企業等を訪問して資料を収集し、その資料をカード式整理箱に保管していた。しかし、健康上の理由から、自らこれを著作として完成させることは不可能であると考えられたので、右のカード式整理箱を息子のF. Ebelに手渡し、F. Ebelは父の監督のもとに作業を進めた。もちろん、ドイツ保険学会もこれに対して重要な協力をしていた。(43) 本書は、二部から構成されている。第一部は、ドイツ保険法史に関する約二〇二〇の重要文献をアルファベットの順番に整理している。時期的には、一八〇〇年代の終り頃から一九九三年頃までを対象としている。(44) 第二部は、近代的保険法立法が実現する以前におけるドイツの保険制度及び保険法規定を体系的に整理している。具体的には、ドイツの地域を二四に区分し、二四の地域について、保険部門ごとの保険制度及び保険法規定を掲げている。(45) 本書は、保険制度に関する歴史的叙述及び保険企業の歴史についての基礎を提供するもので、このような研究は従来は存在しなかったことから、きわめて重要であると評価されている。(46) ドイツ保険法（史）の研究に際して不可欠の文献であるということができる。

(4)　W. Weber　国家法学者である彼は、保険監督の基本的問題についても先駆的研究を行っていた。彼は、一九六五年一一月二五日、ケルン大学保険学研究所の創設二五周年記念事業において、Die Versicherungsaufsicht in wissenschaftlicher Analyse und Kritik という題目で記念講演を行った。その中で、彼は、全人保険(Jedermannversicherung) という新たな概念を創造し、全人保険と営業保険を区別し、それぞれの保険について、保険監督の強度につき区別を設けようとした。すなわち、全人保険の分野においては、「被保険者の利益」と「保険にもとづく義務の継続的履行可能性」が保険監督の実施に際して中心的な課題とされるべきこと、これにより、国家はその社会国家的責任を全人保険の分野で達成することができるとする。(47) また、彼には、保険監督と憲法問題に関する研究がある。周知のように、ドイツには、私的な保険施設と並んで、各州の法律により設立され、物保険、とくに建物の火災保険を営む公法的保険施設がある。公法的保険施設は、強制的保険施設と独占的保険施設に区別される。前者においては、保険関係は、法律によって直接に発生するか、法律の強制にもとづいて締結された契約によって発生するのに対し、後者においては、一定の契約は独占的な施設とのみ締結しなければならない[48]。そこで、Weber, Verfassungsprobleme der Versicherungsaufsicht[49] は、公法的保険施設の強制権と独占権の合憲性に対して疑問を提起している。

四　マンハイム

マンハイムは、すでに選帝侯の時代、とくに一七四三年の C. Theodor の即位以来、文化と学問の重要な中心地に発展していた。

(1)　マンハイム大学における保険学は、マンハイム市立商業大学（Die Städtische Handels-Hochschule Manheim）の創立とともに、開始していた。この大学の企画者は、マンハイムの市長である O. Beck であり、彼は、一九〇〇年に Handelsakademie を企画し、その実現のために、ハイデルベルクの国民経済学の教授である E. Gothein を得た。Gothein は、一九〇五年の意見書において、午後遅く、そして夕方に行われる商業大学課程の設立を勧めていたが、それは同年に実現した。一九〇六年、授業は昼間にも拡大された。それが、完全な商業大学への拡大の基礎となっている。一九〇七年／八年の冬学期においては、完全な講義計画書が作成されたが、そこには「保険制度」という専門分野も含まれていた[50]。このように、マンハイムにおいては、以前の商業大学及び一九〇七年の現在のマンハイム大学の創立以来、ほとんど中断されることなく保険に関する研究と教育が行われていた[51]。一九四五年以後においても、設立当初と同様に、市長のもとで再びマンハイム商業大学の再開が軌道に乗せられ、一九四九年の夏学期に講義が再開された。保険学の伝統は、一九四七年に H. Meltzer が保険に関する講義を開始したことにより、継続された。一九六四年、マンハイム大学にドイツで最初の保険経営論の講座が創設されている。その年にケルンからD. Farnyが、また一九七三年にE. Haltenが、保険経営論の講座に、それぞれ招へいされていた。これにより、マンハイム大学の保険学は、その名声を獲得した。[52] 一九五八年以来、保険学研究所はManheimer Reiheを、また、一九七七年以来、マンハイム大学保険学推進のための学会の創設とともにManheimer Vorträge zur Versicherungswissenschaftを、それぞれ刊行している。[53] 保険学の研究及び教育に貢献している研究者として、とくに、E. FreyとE. Lorenzが挙げられる。

(2)　E. Frey　彼は、一九五四年以来、マンハイム大学の非常勤講師として活躍していた。彼の研究は、初期の段階においては、法的な研究、保険契約法の研究に向けられていたが、その後は、経済法、とくに、企業法、ヨーロッパ共同体法、税法、そして保険の市場問題の研究へと移っている。とくに注目されるものとして、保険の企業形態・法形態の分析に関する研究が挙げられる。彼は、ドイツの保険業界におけるドイツ企業形態の順応（Angleichung）の情況に関する問題についての最初の研究者である。[54] また、彼は、学界と業界の関係の在り方についても大きな関心を抱いていた。彼は、Wissenschaft und Praxis–Einige Bemerkungen zu einem leidigen Themaという論文を発表している。[55] この論文は、その表題、とくに副題からも明らかなように、実務は重要な問題についてしばしば学界から批判を受けることによって、また、学界は実務の要望を考慮せずに実務の努力に背くような意見表明を行うことによって、実務に混乱が生ずるという残念な現象が生じているが、このような場合、実務と学界はどのような関係にあるべきかという、両者の緊張関係について論じたものである。この論文は、一方では、実務家に不快感を与えたが、他方では、偏見のない学問上の問題提起を行うことについて研究者に勇気を与えた論文であると評価されている。[56]

(3)　E. Lorenz　彼は、一九七〇年以来、マンハイム大学で授業を担当している。彼の研究として、一九九四年現在、判例批評、書評、功績評価等を除いた単独の著書及び論文が約六五点ある。彼の研究分野は、損害賠償責任法、船舶の衝突と賠償責任、保険法、国際私法、その他に及んでいる。(57) しかし、研究の重点は、国際私法と保険法に置かれている。その際、国際私保険法に関する研究も多いこと、また、保険法の中でも、いずれかといえば、相互保険会社、生命保険、保険者の求償権に関する研究が多いこと、しかも生命保険に関する研究の中でも剰余金の配当に関する重要な研究が比較的多いということができよう。(58) このように、彼は、固有の専門分野を越えた学際的な問題について強い関心を示している。それは、おそらく、国際私法学者の国際的解放性、及びそれと関連した、外国及び外国文化の種々の思考方法に対する特別の関心に由来するものであろうといわれている。(59) 彼の研究方法の学際性に鑑みて、彼の生誕六〇周年記念論文集には、法学・保険法学に関する論文の他に、保険経営論・保険数理に関する論文も寄せられている。(60)

五　ベルリン

(1)　周知のように、ベルリンにおける保険学は、長年にわたる輝かしい伝統を有している。前述したように、第二次世界大戦までは、A. Manes, O. Hagen, P. Moldenhauer, W. Rohrbeck, P. Riebesell を初めとする傑出した保険学者がベルリンで活躍していた。とくに、一九三九年にベルリンの保険企業による経済的支援のもとに保険学のための大学の研究所が設立されていたが、これはベルリンにおける保険学発展の頂点を意味している。一九世紀、そして二〇世紀においては、ベルリンは、ドイツ及びヨーロッパの学問の首都（Wissenschaftsmetropole）としての名声を博していた。しかし、第二次世界大戦の勃発とともに、研究活動は停止せざるをえなかった。(61)

第二次世界大戦による破滅後の一九四七年、ベルリン大学の経済学部の内部に、社会制度及び保険経済のための研究所が創設された。この研究所は、保険学のための以前の研究所の活動、とくに社会政策的要素をも強調して研究を継続するためのもので、一九四七年一月一一日に開会式を行った。(62) また、一九四八年、ソ連によるベルリン封鎖に伴うベルリンの分裂のため、西ベルリンにベルリン自由大学が創立された。その大学で、一九四八年／

四九年の冬学期から、W. David が保険制度を、W. Knochenhauer, E. Finke が私保険を、ベルリン大学では、W. Krauland, G. Rommeney が保険医学を、W. Hildebrandt が私保険法を、H. Münzner が保険数理を、G. Wünsche が保険経営論を、ベルリン工科大学では、E. Finke が保険経済学を、それぞれ担当していた。[63] また、一九九二年、再統一されたベルリンに、ベルリン自由大学、ベルリンフンボルト大学及びベルリン工科大学の三つの大学によって、「保険学推進のための学会（Der Verein zur Förderung der Versicherungswissenschaft）」が創立された。その開会祝典と記念講演が、一九九二年一〇月二八日、ベルリン工科大学で行われた。この学会は、「ベルリンにおける保険学」という表題で、ベルリン叢書（Berliner Reihe）を刊行しているが、その第一巻には、「保険学―過去と将来」と題して、開会祝典における二つの挨拶と五つの記念講演が掲載されている。[64] この叢書は、保険学の活発な研究のための重要な叢書となることが期待されている。[65]

(2)　H. Honsell (Hrsg.), Berliner Kommentar zum Versicherungsvertragsgesetz 1999, LI＋2520 S. 一九九九年、ついに、ハンブルクの Bruck-Möller, ミュンヒェンの Prölss-Martin, そして、Römer-Langheid のコンメンタールに次いで、ベルリンから大コンメンタールが刊行された。このコンメンタールには、ドイツ及びオーストリアの一五名の著名な研究者、六名の協力者が、それぞれ執筆に関わっている。このコンメンタールは、研究者、実務家、とくに、弁護士、裁判官、保険業界人のために書かれたもので、一方では、内外の保険法学界に対して新たな重要な刺激を与えるとともに、他方では、このコンメンタールによってベルリンは保険法研究の中心地であることが再確認されることとなった。このコンメンタールにつき、とくに、各条文ごとに注釈の詳細な概要が示されていること、各条文の沿革・趣旨・目的等について詳細な説明が施されていること、各条文ごとに最新の重要な文献・資料が掲載されていること等において、読者にとってきわめて便利である。[66] なお、前述したベルリンの「保険学推進のための学会」は、このコンメンタールの執筆のために必要な資料の収集について、財政面からの支援を行っていた。[67]

(3)　H. Baumann　前述したK. Siegは、一九六三年からハンブルク大学へ移る一九七三年まで、ベルリン自由大学の教授であったが、Baumannはその Siegのもとで助手を務め、学位、それに次いで教授資格を、それぞれ取得していた。Baumannは、一九七二年以来、さしあたりベルリン自由大学で教授職に就き、一九八二年にベルリン工科大学へ招へいされている。また、ベルリンフンボルト大学の客員教授にもなった。彼は、ベルリンの三つの大学の教授職に就いていたことになる。

彼の研究の特色は学際的研究という点に求められ、研究分野は、会社法、私保険法、民法、カルテル法、社会保険法、憲法にまで及び、しかも研究及び実務にとって重要性を有する新たな思想を絶えず発展させていた。また、彼は、前述した保険学推進のための学会の共同設立者であり、保険制度についての連邦監督官庁の顧問をも務めていた[68]。

彼の学際的思考傾向は保険法分野にも反映し、この分野においても研究は多岐にわたっている[69]。以下では、その中から若干のものに限定して述べることとする。まず、Siegのもとで助手を務めながら作成した博士論文である Leistungspflicht und Regreß des Entschädigungsfonds für Schäden aus Kraftfahrzeugunfällen 1969 がある。一九六五年四月五日の「自動車保有者のための義務保険法」の第三章は、自動車事故にもとづく損害のための補償基金に関する規定を定めている[70]。本論文は、この補償基金の給付義務と求償に関する問題を解明し、現行の責任法・保険法・社会法理論との整合性を図ることを目的としたものである。第一章は、補償基金の歴史的・経済的・社会的発展、第二章は、補償基金の給付義務、第三章は、補償基金の求償、第四章は、補償基金の給付義務の法理論的位置づけとなっている。とくに、本論文の中心ともいうべき第二章では、補償基金の給付義務の特色・要件・内容・範囲・消滅時効・権利者等につき、きわめて詳細な考察を行っている。また、剰余金配当付一時金生命保険と、保険グループの組織改変に際してその有する意味について考察したものとして、Die Kapitallebensversicherung mit Überschußbeteiligung als partiarisches Versicherungsverhältnis und ihre Bedeutung bei der Umstrukturierung von Versicherungsgruppen 1993 が、また、規制緩和と保険法との関係について考察したものとして、Versicherungsrecht nach der Deregulierung 1995 がある。彼は、さらに、D. Farny, E. Helten, P. Koch, R. Schmidt 編集の Handwörterbuch der Versicherung 1988 の中で、保険料（S. 533）、剰余金分配（S. 895）に関する項目を担当し、また、前述した Berliner Kommentar の中で、保険契約法の二条、六七条、一四九条から一五八a条の部分を担当している。

(4)　R. Gärtner　彼は、ハンブルク大学で H. Möller のもとで学位を取得し、ベルリン自由大学の教授となっていた。

彼の博士論文は、Der Prämienzahlungsverzug. Eine rechtsvergleichende Darstellung 1962 で、四章から構成されている。第一章は、保険者の保険料請求権につきヨーロッパ大陸法と英米法の比較を行い、第二章は、保険料支払遅滞の要件につき、保険料、不払い、催告、帰責事由について考察し、第三章は、保険料支払遅滞の法効果につき、ヨーロッパ大陸法を中心として、保険料請求権、保険者の危険負担、保険契約の運命等について考察し、第四章は、保険料支払遅滞の法効果につき、英米法を中心とした考察を行っている。いずれの考察もきわめて詳細であり、本論文は、保険料支払義務に関する比較法的・包括的な研究として高い評価を得ていることはいうまでもない[71]。また、彼には、保険法における最も基本的な問題とされる利得禁止について考察した Das Bereicherungsverbot. Eine Grundfragen des Versicherungsrechts 1970 という教授資格論文がある。第一章の序説を含めて、六章から構成されている。第二章は、利得禁止の問題が典型的に議論される損害保険における利得禁止、第三章は、通説によると利得禁止の問題は生じないとされる生命保険における利得禁止、第四章は、通説によると利得禁止に関し損害保険と生命保険の中間に位置づけられている傷害保険及び疾病保険における利得禁止、第五章は、私保険法における利得禁止に関する問題についての批判的考察、第六章は、保険者の代位に関する問題につき、代位に関する規定の適用範囲、代位に関する規定の批判的考察、個々の保険部門における損益相殺の取扱いとなっている。伝統的な理論によると、利得禁止は、損害保険にのみ強行法的に妥当する重要な特殊法原則であるとされるが、本論文は、第一に、契約法の理論において類似の制度が存在しない法原則を承認することは妥当でないこと、第二に、利得禁止に関して損害保険と人保険に関し異なった法原則を承認することは妥当でないという理由にもとづいていて、伝統的な理論を批判し、結論として、すべての保険について統一的な法原則を確立することが必要であるとし、保険法理論に新しい法的方向づけを行おうとしている[72]。さらに、彼には、Privatversicherungsrecht, 2. Aufl. 1980 がある。これは、書名からすると私保険法の体系書のようにも思われるが、内容的には、異色の体系書、より正確には、私保険法における最も根源的ないし基礎理論的な問題について考察したきわめて高度な内容の論文集となっている。本書は一二章から構成されており、ドイツ私保険法立法の基礎、私保険法の国際的性格、私保険法の体系と法構造、保険契約者の平等取扱い、保険制度と競争秩序等に関する論文が収載されている。さらに、保険法における契約正義について論ずるものとして、Neuere Entwicklungen der Vertragsgerechtigkeit im Versicherungsrecht 1991 がある。本書は、市場経済的思想が新たに自覚され、規制緩和に対する要求がさらに強まっている状況の中で、よりにもよって、契約正義、とくに保険料の形成に際しての契約正義に関する問題が論争されるに至っているという逆説的現象が見られるとし、「正当な形成と不当な形成」の境界線をどこに引くかということにつき最近の実務において論争の契機となっている具体的状況について論じたものである。「消費者保護と契約正義」に関する問題は、保険制度の分野において常に論争されているが、本論文は現在のこの論争の状況を概観するための好著であると評価されている[73]。

(5)　H. Schirmer　彼は、ベルリン自由大学で、K. Sieg のもとで学位を取得し、その大学の教授となっている。彼の学位論文は、Die Vertretungsmacht des Haftpflichtversicherers im Haftpflichtverhältnis 1969 である。責任保険契約の保険者は、被保険者と被害者との間の責任関係に対して影響を及ぼしうる法的可能性は有しない。

被害者に対する被保険者の損害賠償責任の有無と範囲は、本来は被害者と被保険者の間で確定されるべき性質の問題である。しかし、被保険者は、保険者による保険保護が存在するかぎり、被害者との間の責任関係の確定については関心を示さない。これに対し、保険者は、被保険者の損害賠償責任の有無及び範囲について重大な利害関係を有している。このような法的可能性と経済的利害の不一致に対抗するため、保険約款は、保険者は被保険者の代理人となって責任関係に介入する権限を有すると定めている。これが、責任保険者の代理権である。その際、この代理権の発生基礎・内容・終了等に関する問題を明らかにすることが重要であるが、本論文はこの問題について考察したもので、第一章は、代理権の歴史的発展、第二章は、代理権の発生、第三章は、代理権の内容、第四章は、代理権の終了となっている。本論文に対しては、異常とも思われるほどに優れた博士論文であると評価されている。[74]また、彼には、責務の法的性質論と密接に関連する論文として、Zur Vereinbarung von Obliegenheiten zu Lasten Dritter, insbesondere in Verträgen zu ihren Gunsten[75]がある。本論文は、保険者と保険契約者の合意によって、保険契約の締結に関与していない被保険者に責務を負わせる保険契約の効力について論じたものである。問題は、いうまでもなく、契約の締結に関与していない他人に、契約当事者の合意によって負担を課すことはできない。問題は、そのことは責務についても妥当するかということであり、責務の法的性質につき、前提理論、真正義務理論、法律強制理論のいずれに立つかにより、結論が異なる。本論文はこのような問題について考察したもので、責務の法的性質論と関連する問題について新たな重要な示唆を提供する論文である。[76]また、彼には、Die Rechtsstellung mitversicherter Personen in Haftpflichtversicherung[77]がある。同時被保険者（Mitversicherte）とは、保険契約者が締結した保険契約によって保険保護を受ける者をいい、例えば、自動車責任保険においては、保険契約者と並んで自動車の保有者及び運転者も保険保護を受けるが、この保有者及び運転者が同時被保険者である。本論文は、この同時被保険者の法的地位について考察するもので、第一章は、同時被保険者への保険保護の拡張、第二章は、同時被保険者が享受する保険保護の内容と範囲、第三章は、同時被保険者の権利の行使、第四章は、保険契約者が締結した保険契約への同時被保険者の法的地位の依存性、第五章は、展望となっている。さらに、重要な論文として、Der Repräsentantenbegriff im Wandel der Rechtsprechung 1995 がある。判例の子供（Kind）とされる代表者概念は、少なくとも一〇〇年以上にわたって保険法における激しい論争の対象となっており、判例は、代表者概念についての基準を形成するために努力を重ねてきた。本論文は、保険契約者は誰の行動及び誰の了知について保険者に対して責任を負うべきかという、第三者の行動及び了知についての保険契約者の責任について考察している。第一章は、第三者の行動と了知についての保険契約者の責任、第二章は、保険法上の代表者概念の要件、第三章は、代表者に対する保険契約者の責任を排除・制限・拡大することについての保険者と保険契約者の合意の効力、第四章は、要約となっている。とくに、代表者概念の要件に関する伝統的な判例と、これに修正を加えている最近の判例を比較している第三章はきわめて注目に値する。なお、彼には、他に、判例による普通保険約款に対するコントロール、保険仲立人が第三者を用いた場合の保険仲立人の責任等に関する重要な論文がある。

(6)　F. Ebel　彼は、父親の W. Ebel と同様、保険法史の研究者である。F. Ebel には、まず、Die Anfänge der rechtswissenschaftlichen Behandlung der Versicherung[78] があるが、これは、保険の法学的研究の始まりについて考察したものである。序章では、保険についての法学的研究は、世界最古の海上保険論の著作を公表した Santerna 及び Straccha の名とともに、一六世紀に開始していると述べている。第一章は、教会法の範囲における保険類似取引と法学との最初の接点について（教会法における研究の始まり）、第二章は、一三世紀以後フランスの王政は王権の伸長のために地方慣習法等の編纂に着手したが、その際に活躍した法律家（Legisten）の保険の法学的研究について（立法（Die Legistik））、第三章は、ローマ法学及び教会法学と並んで、「保険」というテーマの取扱いはスコラ学派の道徳神学の側に現れること（スコラ学派の道徳神学）について、それぞれ考察している。また、彼には、保険の法史的発展について考察しているものとして、Rechtsgeschichtliche Entwicklung der Versicherung[79]がある。第一章の序説を含め四章から成っている。第二章は、一八〇〇年までの保険の法史的発展を扱うもので、まず保険法の立法として、商法、警察法を跡づけ、次に保険法の文献として、初期の文献、近代法(usus modernus)の文献、文献の内容について、それぞれ説明している。第三章は、ドイツ保険監督法及び保険契約法の施行までの一九世紀における発展について扱うもので、二つの部分に区分される。第一は、保険法の立法史であり、まず保険契約法につき、フランス、オーストリア、ドイツの各邦、プロイセン普通法、ドイツのライヒ法、編纂史、普通保険約款について、次いで保険監督法、社会保険法についてそれぞれ説明している。第二は、保険法学について説明している。第四章は、二〇世紀における保険契約法、保険監督法、保険法学の発展について説明している。本論文は、一〇頁程度の小論文ではあるが、ドイツにおける保険法立法・保険法学の歴史的発展を簡潔に説明したものとして、このテーマに関する研究にとって指針となる不可欠の文献ということができる[80]。さらに、彼には、父親が準備し、それをもとにして完成させたQuellennachweis und Bibliographie zur Geschichte des Versicherungsrechts in Deutschland 1993があるが、これについては前述した。

(1)　保険法におけるあらゆる名声はハンブルクと関連づけられ、「ハンブルク学派」という概念は、ドイツを越えて広く知られていた(G. Winter, Die Assecuranz in Hamburg, Recht und Juristen in Hamburg 1994, S. 206)。

(2)　Siegの略歴については、Vgl. Vorwort, Festschrift für Karl Sieg 1976; また、著作につき、一九七六年頃までのものについては、Vgl. a. a. O. Festschrift, SS. 593–599, 一九七六年頃から一九九一年頃までのものについては、Vgl. Karl Sieg über Individualversicherungsrecht –Rückblick auf 50 Jahre Forschung und Lehre 1991, SS. 529–532.

(3)　H. L. Oberbach, Buchbesprechungen, VersR 1952, S. 424.

(4)　Nachruf, Prof. Dr. Karl Sieg, VersR 1998, SS. 560–562.

(5)　Widmung, Festschrift für Reimer Schmidt 1976; 彼の略歴については、Vgl. E. Lorenz, Glückwünsche, Professor Dr. jur. Dr. –Ing. E. h. Reimer Schmidt– 75 Jahre, VersR 1991, S. 394; E. Prölss, Prof. Dr. Reimer Schmidt, Hamburg, 50

Jahre, VW 1966, S. 373.

（6）著作については、Vgl. a. a. O. Festschrift, SS. 1043–1054; さらに一九八四年七月現在における著作については、Vgl. Reimer Schmidt, Entwicklungen und Erfahrungen auf dem Gebiet der Versicherung, Veröffentlichungen 1951–1982, SS. 550–557.

（7）Colloquium zu Ehren Reimer Schmidt, ZVersWiss 1991, SS. 2–35.

（8）なお、R. Schmidt のこの点に関する疑問については、坂口光男・保険者免責の基礎理論二七—二九頁参照（文眞堂、一九九三年）。

（9）この問題をめぐる議論の詳細については、坂口・前掲三七頁以下、とくに、六〇—六八頁参照。

（10）H. Schirmer, a. a. O. Colloquium, SS. 13–17.

（11）なお、本論文に依拠しながら、わが商法の危険増加に関する規定の解釈及びその規定の将来の方向づけについて考察したものとして、坂口光男「保険契約法における危険の増加」損害保険研究三五巻四号六七頁以下参照。

（12）E. Prölss, Schrifttum, ZVersWiss, Bd. 58, 1969, S. 133.

（13）Festschrift für Karl Sieg 1976, S. 541.

（14）Grundprobleme des Versicherungsrechts, Festgabe für Hans Möller 1972, S. 511.

（15）この点については、Vgl. Griess–Zinnert, Der Versicherungsmakler, 3. Aufl. 1997, SS. 797–807.

（16）Beiträge über den Versicherungsmakler –Ewald Lahno gewidmet– 1993, S. 187.

（17）a. a. O. Beiträge, S. 192; この点の詳細については、坂口光男「保険仲立人の法的地位」保住昭一先生古稀記念・企業社会と商事法二一三—二一四頁参照（北樹出版、一九九九年）。

（18）A. Matusche, Buchbesprechungen, VersR 1993, S. 1212.

（19）a. a. O. SS. 1–2.

（20）a. a. O. S. 117; なお、本論文の要旨については、洲崎博史「保険代位と利得禁止原則㈠」法学論叢一二九巻一号一三頁④も参照。

（21）Grundprobleme des Versicherungsrechts, Festgabe für Hans Möller, 1972, S. 537.

（22）なお、本論文については、H. Kleinewefers の批評として、VersR 1972, S. 526 がある。

（23）E. Klingmüller, In memoriam, Prof. Dr. Erich Roehrbein, VW 1965, SS. 143–144.

（24）U. Hübner, Die Geschichte des Instituts für Versicherungswissenschaft an der Universität zu Köln, Fünfzig Jahre Institut für Versicherungswissenschaft an der Universität zu Köln 1991, S. 38.

(25) Hübner, a. a. O. S. 38.
(26) Hübner, a. a. O. S. 44.
(27) 一九七四年頃までの著作については、Vgl. Festschrift für Ernst Klingmüller 1974, S. 509.
(28) この書物は、Leitfaden der Privaten Krankenversicherung, 2. Aufl. 1967, CS. 1 以下に収められている。
(29) a. a. O. SS. 1–2.
(30) E. Lorenz, Professor Dr. Ernst Klingmüller –75 Jahre, VersR 1989, S. 981.
(31) Hübner, a. a. O. S. 46.
(32) Hübner, a. a. O. SS. 46–47.
(33) この点に関しては、Vgl. P. Koch, Geschichte, SS. 291–292 Anm. 48, 49, 50, 51, 52, 53.
(34) S. Hanekopf, 100 Jahre Seminar für Versicherungswissenschaft an der Universität Göttingen, Ein historischer Überblick 1895 bis 1995, VW 1995, S. 1488.
(35) K. Hax, Stand und Aufgaben der versicherungswissenschaftlichen Einrichtungen in Deutschland, VW 1947, S. 310.
(36) P. Koch, J. v. Gierke, NDB, Bd. 6, S. 374.
(37) a. a. O. Zweite Hälfte 1947, Vorwort.
(38) 本書の特色を中心とした比較的詳細な書評として、Burchard, Bücherbesprechungen, ZVersWiss 1938, SS. 116–118 がある。
(39) Prof. Dr. Ludwig Raiser, Tübingen, †VW 1980, S. 932.
(40) 本書の概要については、Bücherbesprechungen, ZVersWiss 1936, SS. 204–205 がある。
(41) なお、彼の著作として、一九七四年現在で約一二〇点があり、その分野は、私法の全般、さらに、教会、教会法にまで及んでいる。保険法の分野に関しては、再保険法、相互保険に関するものが数点ある（Funktionswandel der Privatrechtsinstitutionen, Festschrift für Ludwig Raiser zum 70. Geburtstag 1974, SS. 727–734）。
(42) 彼の主要著作については、Vgl. Quellennachweis und Bibliographie zur Geschichte des Versicherungsrechts in Deutschland 1993, S. 28, 0401–0410.
(43) a. a. O. Quellennachweis, IV–V.
(44) a. a. O. Quellennachweis, SS. 1–148.
(45) a. a. O. Quellennachweis, SS. 149–482.

(46) D. Schewe, Schrifttum, ZVersWiss, Bd. 82, 1993, S. 433; なお、編者自身も認めているように (a. a. O. Quellennachweis, IV)、資料の収集・正確の完全を期することは、事の性質上、不可能であることはいうまでもない。

(47) Hübner, a. a. O. S. 41.

(48) この点については、坂口光男・保険法立法史の研究一一二頁、一五三―一五四頁参照（文眞堂、一九九九年）。

(49) ZVersWiss 1968, S. 227.

(50) H. Weinmann, Zur Entwicklung der Versicherungswissenschaft an der Universität Mannheim, Manheimer Vorträge zur Versicherungswissenschaft, Heft 1, 1977, S. 11.

(51) P. Koch, Grundlagen und Impulse des Mannheimer Versicherungswesens, VW 1987, S. 296; なお、商業大学からマンハイム大学への歴史の詳細については、Vgl. Die Universität Mannheim in Vergangenheit und Gegenwart 1976, SS. 11–28.

(52) Weinmann, a. a. O. S. 14.

(53) Koch, a. a. O. Grundlagen, S. 296.

(54) R. Schmidt, Emil Frey, ZVersWiss 1980, S. 134; なお、Frey の主要著作については、Vgl. Schmidt, a. a. O. ZVersWiss 1980, SS. 134–135 Anm. 2–11.

(55) Wirtschaft und Recht der Versicherung, Paul Braess zum 66. Geburtstag 1969, SS. 73–79.

(56) Schmidt, a. a. O. ZVersWiss 1980, S. 134.

(57) Lorenz の著作については、Vgl. Recht und Ökonomie der Versicherung, Festschrift für Egon Lorenz zum 60. Geburtstag 1994, SS. 743–753.

(58) 剰余金配当に関する研究の中でも、従来はほとんど研究がなされていない問題に関する研究として、Die Auskunftsansprüche des Versicherten zur Überschußbeteiligung in der Lebensversicherung 1983 がとくに注目される。本書については、VersR 1984, S. 1032 に簡潔な紹介がある。

(59) a. a. O. Recht und Ökonomie, Vorwort.

(60) Vgl. a. a. O. Recht und Ökonomie, VIIX.

(61) M. Erhardt, Grußwort, Versicherungswissenschaft –Vergangenheit und Zukunft, Versicherungswissenschaft in Berlin, Berliner Reihe, Heft 1, 1993, S. 5.

(62) Berlin, VW 1947, S. 68.

(63)　P. Koch, Berlin und Versicherung (II), VW 1961, S. 704.

(64)　a. a. O. Versicherungswissenschaft –Vergangenheit und Zukunft, SS. 1–73.

(65)　Vorwort, a. a. O. Versicherungswissenschaft –Vergangenheit und Zukunft.

(66)　保険契約上の重要問題に限定して本書を批評するものとして、C. Armbrüster, Schrifttum, ZVersWiss, Bd. 88, 1999, SS. 709–714がある。

(67)　Vorwort, a. a. O. Berliner Kommentar.

(68)　Vorwort, Festschrift für Prof. Dr. Horst Baumann 1999.

(69)　一九九九年にBaumannの六五歳の祝賀記念論文集が刊行されているが（前注の（68）参照）、残念なことにそこには著作目録は収載されていないようである。

(70)　その法律の翻訳と簡単な注釈として、石田満氏監訳「西ドイツ自動車保有者に対する義務保険に関する法律（義務保険法）」安田火災記念財団叢書No. 20がある。

(71)　本書を各章ごとに簡潔に紹介するものとして、Schrifttum, ZVersWiss, Bd. 51, 1962, SS. 500–501及びK. Wahle, Buchbesprechungen, VersR 1963, S. 716がある。

(72)　Vgl. Buchbesprechungen, VersR 1973, S. 608.

(73)　U. Hübner, Schrifttum, ZVersWiss, Bd. 80, 1991, S. 669.

(74)　R. Johannsen, Schrifttum, ZVersWiss, Bd. 59, 1970, S. 837.

(75)　Festschrift für Reimer Schmidt 1976, S. 821.

(76)　なお、本文において述べた問題につき、前提理論の立場から考察するものとして、坂口・前掲保険者免責の基礎理論三七頁以下参照。

(77)　Festschrift für Karl Sieg 1976, S. 451.

(78)　ZVersWiss 1980, S. 7.

(79)　HdV, S. 617.

(80)　なお、本論文の末尾に掲載されている四〇点近くの関連文献は、本文で述べたテーマに関する文献の検索及び収集にとってきわめて重要な手がかりを与えてくれる。

第二章　保険法学説

第一節　保険法総論

第一款　保険の定義

保険学説、すなわち、保険の本質・定義をめぐる論争は、保険の歴史とともに古く、そして常に新しい論争でもある。「定義」とは、定義されようとしている対象についての説明であり、保険の定義によって、保険でないものを保険から除外し、それによって保険研究の対象と限界が明らかにされるので、保険の定義の実際上の重要性は決して少なくない。前述したように、一九六二年四月四日から七日までローマで開催された国際保険法学会（A・I・D・A）において、H. Möller は、Moderne Theorien zum Begriff der Versicherung und des Versicherungsvertrages というテーマで報告を行い、保険の概念に関する主要な学説について批判・検討を加えていた。(1)

ところで、前述したように（第一章第四節第一款二）、保険の定義をめぐって、学際的な研究が見られ、経済的及び法的観点からの種々の定義がなされていた。しかし、これらの定義には、一方では、その観点が一面的であるために保険の有する本質の一面を説明しているにとどまること、他方では、その学説が基礎としている基本的概念自体の妥当性に関して疑問があるとされている。また、保険の定義のための多くの努力にもかかわらず、その結果は余り生産的でないとして、定義をめぐる努力を放棄すると明言する見解も見られる。

一　ドイツ

前述したように、一八〇〇年代の半ばになると、生命保険の性格をめぐる論争が契機となって、保険の定義をめぐる論争は重要な転換期を迎えることになる。すなわち、それ以前においては、生命保険は何のためらいもなく損害保険であるとされていたのに対し、一八〇〇年代の半ばになると、生命保険は、保険としての性格を有するのか否か、損害保険と解すべきかということが議論されるに至る。この問題をめぐるドイツにおける固有の議論は、J. Staudinger の論文をもって開始した。彼は、生命保険は真正の保険、しかも損害保険であると主張したのに対し、W. Endemann は生命保険と損害保険を二元的に定義した。このように、一八〇〇年代の半ばにおける生命保険の性格をめぐる論争が契機となって、保険一般の定義、損害保険と生命保険の区別、及び保険法における利得禁止に関する議論が始まったのである。また、前述したように、一九〇〇年代、とくに一九三〇年代になると、経済的観察方法にもとづく入用説（A. Manes）(2) 及び財産形成説（W. Schmidt-Rimpler）、危険団体の概念をもとにして保険を他の制度から限界づけようとする危険団体説（E. Bruck）、保険の特殊な技術に着眼する企業説（Vivante）等が、それぞれ主張されるに至る。しかし、これらの見解は、一方では、その観点が一面的であるために保険の有する本質の一面を説明しているにとどまること、他方では、その見解が基礎としている基本的概念それ自体の妥当性に関しても疑問が提起されている。(3) それゆえ、あらゆる種類の保険を包含でき、同時に保険に属さないあらゆる制度を保険から排除できるための統一的定義は存在しえないと解しているのが、ドイツにおける現在の学説であるといってもよかろう。そして、保険の定義をめぐる実際上の重要性は少ないとしつつも、保険の法的概念構成は、保険という現象に関して経済的に明確で統一的定義が存在しないという事情によって、困難ならしめられているとされる。(4)

二　わが国

わが国では、例えば、イタリアと異なり、保険学説をめぐる論争には実益がないものとして、ほとんど顧みられることはないといわれている[5]。しかし、保険法は保険という経済上の制度に関わる法であることから、経済上いかなる制度をもって保険と定義するかという問題は、保険法にとって重要性を有するはずである。定義によって、研究の対象と限界が明らかになる。そのため、伝統的な保険学は、保険の定義のために多くの時間を費やし努力を重ねてきた。

ところで、保険の定義をめぐるわが国の保険法学者の見解を概観すると、次のとおりである。まず、明治期においては、各人の被る損害の除去もしくは軽減[6]、事故の発生により被る結果の分配[7]とし、大正期においては、保険の本源は損害保険であることから損害の分担[8]、保険の特質の列挙[9]、事故に由来する生活的利益の欠損に対する補正の保障[10]、需要充足[11]とし、昭和前期においては、財産上の需要を満足せしめるもの[12]、事故に対する不安の排除・軽減を目的とする多数人の社会的貯蓄[13]とし、昭和後期においては、統一的定義を断念して各種の保険の本質の探究に努力すべきである[14]、保険の目的として需要説、手段として技術説に立ち、保険はこの二要素を具備する[15]、保険の主な特徴を示すことで足りる[16]、保険の理念・機能・特殊技術という保険の特質を示すにとどまるもの[17]、保険の加入目的についてはは経済生活確保説、保険の補正的性格よりすれば損害塡補説及び経済的必要充足説が妥当[18]、偶然な事故による経済的不利益の多数人による負担とする[19]。以上で紹介した学説に限って述べるならば、保険の定義をめぐるわが国の論争は、定義を断念しないかぎり保険の主な特質を列挙することで足りると考えるか、それとも、それ以上に一つの説で定義するか、二つの説を結合して定義するか等の問題をめぐる論争であるといってよかろう[20]。

他方、保険学においては、次のような主張が見られる。まず、近藤文二教授は、保険の定義に際しては、保険の目的・経済的効用に着眼するだけでは不十分であること、その他に保険の組織形態、保険の技術にも着眼することを要するとする。そして、保険の目的は経済生活の安定ないし確保欲望の満足、保険の組織形態として保険の技術的要請にもとづく保険の団体性と相互性、保険の技術として加入者の拠出金にもとづく共同備蓄財産の形成であるとする。[21] これをもとにして、保険とは、「偶然が齎らす経済の不安定を除去せんがために、多数の経済単位が集まって全体としての収支が均等するように共通の準備財産を形成する制度である。[22]」と定義している。また、小島昌太郎教授は、保険の定義に際しては、保険の本体、保険の目的・機能、保険の技術という三点に着眼することを要すること[23]、この観点から、保険とは、「経済生活を安固ならしむるがために、多数の経済主体が団結して、大数の法則に従い、経済的に共通準備財産を作成する仕組である。[24]」と定義している。両教授とも、保険の有する特質・要素の複数のそれを結合させるということに着眼している。これに対し、水島一也教授は、保険の定義論において期待される結果は、保険研究が持つ現代的課題にとって余り大きくも生産的でもないと思われるとし、「保険の定義をめぐる努力を放棄したい。」と述べている。もっとも、教授は、保険制度を構成する重要な要素を考えるにあたっては、伝統的な保険理論の成果の継承と発展に留意すべきであるとも述べている。[25]

（1）ZVersWiss, Bd. 51. 1962, S. 269.

（2）なお、「入用」の概念をもとにして保険（契約）の統一的定義を試みるものとして、Vgl. H. W. Unna, Die Stellung und Bedeutung des Bedarfsbegriffes im Versicherungsvertrag 1933.

（3）保険の定義をめぐる学説は、第一に保険制度と認められるための客観的要件、第二に保険の機能という、二つの全く異なった観点に着眼しているために、混乱が生じているとされる (M. Dreher, Die Versicherung als Rechtsprodukt 1991, S. 34)。

（4）Berliner Kommentar, Einleitung, S. 16 (H. Dörner).

（5）今井薫「イタリア傷害保険理論における混合保険説―機能派学説から制度派学説への展開を素材に―」損害保険研究六五巻三・四号二二五頁参照。

（6）粟津清亮・日本保険法論・最近保険法六頁（粟津博士論集刊行会、一九二八年）。

（7）村上隆吉・最近保険法論全二一頁（法政大学、一九〇八年）。

(8) 松本烝治・保険法一―二頁（中央大学、一九一六年）。
(9) 水口吉蔵・保険法論四三―五〇頁（清水書店、一九一六年）。
(10) 青山衆司・保険契約論上巻三六頁（巖松堂、一九一九年）。
(11) 三浦義道・補訂保険法論六七頁（巖松堂書店、一九二二年）。
(12) 田中耕太郎・保険法講義要領一頁（田中耕太郎発行所、一九三五年）。
(13) 野津務・保険法八頁（日本評論社、一九四二年）。なお、昭和前期までのわが国の学説については、三浦義道・保険学一〇二―一一四頁も参照（巖松堂書店、一九三三年）。
(14) 小町谷操三・商法講義巻二商行為・保険一六二頁（有斐閣、一九五〇年）。
(15) 田中誠二・保険法三六―三七頁（千倉書房、一九五三年）。
(16) 伊澤孝平・保険法四六―五〇頁（青林書院、一九五八年）。
(17) 大森忠夫・保険法〔補訂版〕三頁（有斐閣、一九九〇年）。
(18) 西島梅治・保険法四―六頁（筑摩書房、一九七五年）。
(19) 田辺康平・新版現代保険法五頁（文眞堂、一九九五年）。
(20) なお、山下友信教授は、保険の要素として、保険料、保険給付、保険料と保険給付の対立関係、収支相等原則、給付反対給付均等原則を挙げられるとする（保険法六―七頁（有斐閣、二〇〇五年））。
(21) 近藤文二・保険学総論八一―一〇一頁（有光社、一九四〇年）。
(22) 近藤・前掲一三三頁。
(23) 小島昌太郎・保険学総論五九三―五九九頁（日本評論社、一九四三年）。
(24) 小島・前掲二六頁。
(25) 水島一也・現代保険経済〔第七版〕一―二頁（千倉書房、二〇〇二年）。なお、現在では、保険と金融の融合という現象の中で、保険の定義は以前にも増して混乱した状況にあり（山下・前掲三頁）、そのため、保険の定義をめぐる論争は依然として重要性を有するということができる。

第二款　危険（保険）団体

一　ドイツ

(1)　ドイツにおいては、前述したように、一九三〇年に危険団体という概念が法概念としても提唱され、それに一定の法的意味が与えられていた。すなわち、この概念を法概念として最初に提唱したE. Bruckは、この概念を過小評価すべきでないこと、この概念は保険法の適用及び解釈等の根拠となりうること、ただこの概念の誇張に対しては注意を要すると述べていた（第一章第四節第一款二）。また、保険制度における倫理と共同社会思想を強調していたW. Kischは、保険制度の特色として、共同社会、犠牲及び誠実という三つの倫理的基本理念が挙げられるとしていた（第一章第四節第二款五）。そして、BruckとKischの見解を比較すると、次のようにいうことができるように思われる。第一に、危険団体という概念を用いる根拠ないしこの概念を導き出すための根拠を異にしている。すなわち、Bruckは、主として、危険団体の概念をもとにして、保険と他の制度との区別、法規の解釈及び適用のための理論的根拠を見い出そうとしている。これに対し、Kischは、保険制度の特色としてまず最初に倫理的基本理念という前提を設定し、この前提をもとにして危険団体の性格づけを行っていること、そのため、危険団体という概念自体に倫理的意味が含められることになる。第二に、Bruckは、右の第一で述べたことの説明のために危険団体という概念を用いており、それ以上に、危険団体の繁栄が個々の被保険者の繁栄になるということの説明のためにこの概念を用いることは、この概念の誇張になると述べている。これに対し、Kischは、危険団体の利益による個々の保険取引の被制約性を肯定し、保険の相互性は相互扶助を意味するとする。そのため、Kischによると、危険団体の繁栄が個々の被保険者の繁栄になるということの説明のために、危険団体という概念が用いられているものと思われる。第三に、とくに注目すべきこととして、Kischは、保険法における特別ないし高度の誠実を、倫理的基本理念としての共同社会及び連帯思想から導き出したということである。

(2) M. Haller が最近発表した論文は、(1)「危険団体」の本質を解明するための新たな重要な契機となっている。すなわち、危険団体という概念は、同種の危険にさらされている人を前提としているのか、それとも保険契約者一般の団体を意味しているのか、社会学的または法的な位置づけを伴う学問上の概念として理解されるのかということが議論されている。(2) まず、Prölss-Martin は、保険法の指導原則として、危険団体、保険技術、信義誠実原則の三つを挙げている。(3) そして、危険団体について、次のように述べている。すなわち、危険団体は法的意味における団体ではないこと、保険者は危険団体の単なる管理者ではない。しかし、危険団体は法的重要性を有しないということではない。危険団体という概念は、種々の法的な関係、例えば、保険約款の客観的解釈及び内容規制において重要な役割を果たし、また、保険契約者の平等取扱いについての保険者の義務を根拠づけるとする。(4) また、Bruck-Möller は、保険の歴史は危険団体の歴史であると述べた後、危険団体の思想は保険法の適用にとって最も重要な意味を有するとして、Bruck がその論文において挙げていた具体例（本書の第一章第四節第一款二参照）を挙げるとともに、他方では、例えば、保険料の増額に際して述べられているように、危険団体の繁栄が個々の被保険者の繁栄となるということの説明のために危険団体の思想を用いることは、誇張になると述べている。(5) 右で述べた学説は、危険団体という概念を承認していること、そこから、一定の法的効果を導き出そうとしていること、あるいは保険法における種々の事象を説明しようとしていることにおいて、共通性が認められる。

これに対し、K. Sieg は、危険団体の存在を否定し、次のように述べている。(6) ①株式会社、相互会社、公法的保険にせよ、保険契約者は、団体の危険によって脅かされているのではなく、他の保険契約者と関係なく危険に曝されていること、保険契約者間における団体は法的には存在しない。共同海損制度の根拠とされるロード海法、それを模範とした海法上の危険団体を保険契約者の団体についての模範とすることはできない。両者は異なっているからである。危険団体は、以前は、「危険負担団体」であったが、現在は保険の数理的理由にもとづく団体的糾合にすぎず、これに「団体（Gemeinschaft）」という表現を用いるのは適切でない。その結果、従来は危険団体という概念から導き出されていた法効果は、保険契約者と保険者の間における債権関係から導き出されることになる。同様に、危険団体の概念は、保険契約者平等取扱いの根拠とはなりえない[7]。②従来の危険団体という概念に代えて、「保障団体（Sicherungsgemeinschaft）」という概念を用いるべきである。概念のこの変更は、実質的内容における変更を意味する。すなわち、危険団体という概念は「集団（Kollektiv）」を意味するのに対し、保障団体という概念は、保険者と保険契約者の個別的関係を意味する[8]。③さらに、「連帯団体（Solidargemeinschaft）」という概念を用いることができるかということである。従来、私保険における危険団体は社会保険における連帯団体と比較されていた。しかし、私保険においても社会保険においても、連帯ということは余り存在しない。ただし、法定の災害保険においては例外で、ここでは、災害保険の保険者とその構成員の間には連帯の存在が確認されうるとする[9]。以上がSiegの見解の要旨であるが、結局、危険団体の概念を保険法の指導原則と解する見解は余り広くは主張されていない[10]、あるいは危険団体の法的射程範囲についてはきわめて疑わしい[11]とされているのが、最近のドイツの見解であるといえよう[12]。

二　わが国

周知のとおり、わが国においても、保険の団体性を保険法の特色の一つに加えるべきか否か、これを肯定する場合において、この団体を、経済的・社会的・法的団体のいずれの団体に位置づけるべきか、営利保険と相互保険の両者について同一の意味を有するものと解すべきか、また、保険の団体性を保険法解釈の指導理念と位置づけることが妥当か否かということである。

まず、明治期においては、保険行為の法律関係には、保険者と保険契約者の法律関係、また、保険者が保険契約者の集団を代表する機関となる場合には保険関係以外に団体関係が存在し、相互保険にはこの二つの法律関係が存在すること、相互保険以外の保険においても多数の保険契約者が糾合されて協同互救が行われるが、それは法律と関係のない経済的関係であるとし[13]、大正期においては、保険は多数人の団体を基礎とすること、営利保険においては、保険者は保険契約者総員の団体を結合する介在者にすぎず、団体員と対立する企業者が存在しない相互保険とその経済上の観念を異にしないこと[14]、経済的事実としては、保険は保険者を中心とした団体の形成をとおして成立するが、法律上では、保険の団体性は相互保険においては認められるが営利保険においては保険契約者間には何ら関係は存在しないこと[15]、保険においては団体構成の観念を要するが、それは危険率の応用のためであるとしつつ、団体員間で需要の充足を行う保険には相互救済・相互主義の観念を要件とするとされていた[16]。これに対し、昭和前期になると、保険の団体性ということが明確に意識され強調されるとともに、これを保険法の解釈及び立法に反映させようとする学説が登場する。まず、田中耕太郎教授は、保険契約は、法律的には保険者と保険契約者間の債権契約にすぎないが、経済的には保険契約者は相互に一つの目的に向かって団結していることから危険団体を前提として考えることが保険法の研究にとって不可欠であるとする[17]。この見解は、次のように具体的に展開される。すなわち、保険の団体性を基礎づける根拠は、保険契約の多数契約性・定型性・継続性と保険契約者間の利害共通性に求められること、保険の団体性を承認することの必要性は、保険契約者の平等取扱いという正義の観念に求められること、保険の団体性を承認する実益は、例えば、告知義務違反の場合に、要件として客観主義、効果として当然無効主義をそれぞれ正当化ならしめうる点にあるとする[18]。そこには、社会学的事実を法律理論に構成しようという、田中耕太郎教授の社会学的研究方法が明確に示されている[19]。次に、野津務教授は、危険団体の存立維持が前提となって保険は可能であるが、この危険団体は、団体員相互の救済を使命とする協同組合的精神にもとづく協同組合的団体にほかならないこと[20]、保険は、「相互扶助」の道徳を実現する危険団体を構成すると述べている[21]。さらに、朝川伸夫教授は、保険の団体性・倫理性をもとにして、一方では保険契約者個人の利益の団体的被制約性を導き出し、他方では保険法の解釈及び立法を行い、また保険法の強行法性・任意法性の判断を行うべきであるとされる。(22) そして、右で述べた学説の延長線上において下された判決が、「保険事業の維持経営の破たんを救う道が、保険料の増額以外には存在しないと主務大臣が認めて……処分をした本件のような場合……保険料の増額を……既存の契約に及ぼしうる」と判示した最高裁判所の判決である。(23) 判決は、危険団体の概念を過度に誇張ないし強調している。これに対し、昭和後期においては、昭和前期における右の学説は厳しい批判にさらされることになる。(24) すなわち、保険の団体性は、危険の総合平均化のために保険企業者の立場から技術的に要請される団体にすぎず、保険行為の個人的性格を否定する根拠とはなりえないこと、(25) 保険の団体性の承認には有益性がある反面で弊害も存在すること、保険の団体性は、危険測定の基礎となるという技術的必要性の範囲に限定すべきこと、(26) 保険の団体性を、保険契約法の特色として掲げ、保険契約の解釈の指導理念として一般の契約解釈原則に優先せしめる根拠とすることは妥当でないこと、(27) 保険の団体性は、保険企業の経営面においてのみならず個々の保険契約の法的規整面においても考慮すべきであるが、保険の団体性は、相互保険においては表面に現れるのに対して営利保険においては単に客観的・経済的に認められるにとどまるというように、法律的に注目すべき相違点が存在するとし、(28) 同様に、営利保険と相互保険を区別し、保険の団体性に関し、前者については、法的団体としては認めず、また団体性は潜在的なものとして経済的に把握されるにとどまるが、後者については、法形式において保険契約者は社員として社団を構成していること、団体性は法律的にも顕著であるとされる。(29)

三　考察

歴史的には、団体と保険は、相互に、前提となって発展してきた。協同組合的保険の起源は、例えば、家族・種族・村のような全く自然的な団体と結びついており、この保険においては相互扶助が中心をなしていた。相互扶助は、自然的な団体により自然の義務として行われた。この保険においては保険（危険）団体は存在するが、この団体は人的な結合にもとづくものであって「相互に危険の補償を目的」とするものではない。このような保険に、「保険」という概念を使用することはできない。(30) 確かに、保険を他の類似制度から区別するための基準として、保険の団体性は挙げられる。しかし、保険には、本来的意味における団体的要素は否定される。(31) 同種の保険契約者の集団の存在という事実は、単に保険の技術上・経営上の原理にもとづくにとどまること、それゆえ、保険の固有性からすると法的には重要性を有しない。保険契約者は、保険者と債権関係を有するにとどまり、他の保険契約者に対して法的意味を伴う水平的関係は有しない。「保険団体」という概念は、保険技術上の集団形成を超えた内容を有する概念という誤解を与えかねない。そこで、この概念とは別の、保険法・保険契約の諸原則にもとづいて同一の法的効果が導き出されることを要する。(32)

そこで、第一に、保険団体と平等取扱い原則との関係が問題となる。保険団体の概念から保険者の一般的な平等取扱い原則を導き出し、平等取扱い原則は、保険法を凌駕した特殊的制度であると解する見解が存在する。この見解に従うと、保険契約者は、私法上でも保険者に対して平等取扱い原則の遵守を請求できることになる。そして、この見解の当否を判断するためには、次の問題について検討することを要する。①まず、平等取扱い原則の根拠が問題となりうる。すなわち、平等取扱い原則は、実定法に規定が存在する場合にのみ認められるのか、それとも私法におけるすべての現象形態の基礎として一般的な衡平考慮から直接に認められるのかということである。(33) 仮に、後者の見解に従うとしても、平等取扱い原則は、「団体関係」が存在する場合に限って認められるのか、それとも、国家による保護措置の私法上の効果として平等取扱い義務を発生させる法的関係にも適用されるのかということが問題となる。(34) ②また、保険監督法において、社員の平等取扱い義務に関する規定が定められている場合、(35) あるいは保険契約者に対する特別利益の提供を禁止している場合には、平等取扱い原則は法律上の根拠を有することになる。(36)

しかし、それは保険監督法における平等取扱い原則の問題であり、保険法における平等取扱い原則の問題とは区別することを要する。(37)

第二に、保険団体・平等取扱い原則と、等価原則との関係が問題となる。等価原則は、保険契約における給付と反対給付の等価性、しかも主観的等価性を意味する。そして、この等価性は、平等取扱い原則から導き出すことも、私法としての保険法に根拠を求めることもできない。等価性は、保険契約の当事者の合意の問題である。保険法は、例えば、危険増加の場合に契約内容の修正可能性について定めることによって等価関係の破壊のときに事後的に対処しているにとどまる。保険法は、保険料の額に対しては何ら影響を及ぼさないという観点に立脚しているのである。余りにも低い保険料の場合には、保険技術の適切な適用によって修正が行われる。このように、給付と反対給付の等価性は、平等取扱い原則の面における問題ではなく、保険技術上で確定されうる特殊な等価性にすぎない。このことは、保険料は保険者の保険料率表の中に表現されているということからも明らかとなる。(38)それゆえ、等価性は「保険技術上の等価性」(39)と表現するのが適切である。

第三に、保険団体と保険者の受託者的地位との関係が問題となる。保険契約者の保険団体の承認のもとに保険者の特別の法的地位を認め、保険者は、その法的形態いかんに関わりなく、保険団体の組織者・管理者、そして単なる受託者にすぎないとする見解が主張されたことがある。(40)この見解に従うと、保険者には受託者としての行動義務が課されること、この行動義務は、財産管理者としての一般的義務の他に、保険契約者の平等取扱い義務、適切な再保険契約の締結に関する注意義務に及ぶことになる。(41)しかし、保険者のこのような義務の債権法的性格は不明確なままである。すなわち、保険者の義務違反の場合に、保険団体の構成員は、義務の履行に対する請求権、義務不履行の場合に損害賠償請求権を有するかということについては不明確である。もし、保険者に対して義務の履行についての請求権を有するとすると、そのことは保険者の業務遂行に対して影響を及ぼすことになり、その結果、保険者の企業者としての地位と、保険給付に対する債権者としての保険契約者の地位との境界が不明確になる。[42]

以上で述べたことからも明らかなように、保険団体という概念は、保険制度の技術的要請にもとづく技術的性格のものにすぎず、そこには法的に重要性を有する意味は付与されず、そこからは法的効果を導き出すことは困難である。このような性格を有するにすぎないものに「危険（保険）団体」という表現を用いることは、誤解を与えかねない。むしろ、その実体を端的に表現していると考えられる「保障団体（Sicherungsgemeinschaft）」[43]、「危険調整団体（Risikoausgleichskollektive）」[44]、「保障チーム（Sicherungsteam）」[45]という表現を用いるのが妥当である。[46]

（1）M. Haller, Gefahrengemeinschaft oder Sicherungsteam?, Beiträge zur Sicherheitsökonomik, Heft 7, 1985, 51 S.
（2）Karl Sieg über Individualversicherungsrecht -Rückblick auf 50 Jahre Forschung und Lehre- 1991, S. 252.
（3）Prölss-Martin, Kommentar, SS. 52-61（Prölss).
（4）Prölss-Martin, a. a. O. SS. 52-53（Prölss).
（5）Bruck-Möller, Kommentar, 8. Aufl. Bd. 1, 1961, S. 97.
（6）Sieg, a. a. O. S. 252 f..
（7）Sieg, a. a. O. SS. 252-255.
（8）Sieg, a. a. O. SS. 255-256.
（9）Sieg, a. a. O. SS. 256-267.
（10）R. Schmidt, Versicherungsalphabet, 8. Aufl. 1991, S. 132.
（11）M. Werber-G. Winter, Grundzüge des Versicherungsvertragsrechts 1986, S. 4; なお、山下友信「普通保険約款論—その法的性格と内容的規制について（一）」法学協会雑誌九六巻九号一〇二一—一〇三三頁も参照。
（12）保険者と保険契約者間、及び保険契約者間における法的団体関係の存在が否定されると、保険契約は保険者と保険契約者間の債権的関係となる（H. L. Weyers, Versicherungsvertragsrecht 1986, S. 41)。
（13）粟津清亮・日本保険法論・最近保険法六—七頁（粟津博士論集刊行会、一九二八年）。
（14）松本烝治・保険法三頁（中央大学、一九一五年）。
（15）青山衆司・保険契約論上巻二六頁（巖松堂、一九二〇年）。

(16) 三浦義道・補訂保険法論五—九頁（巖松堂書店、一九二四年）。
(17) 田中耕太郎・保険法講義要領一七—一八頁（田中耕太郎発行所、一九三五年）。
(18) 田中耕太郎「保険の社会性と団体性—保険法における社会学的方法の適用」商法研究第二巻六六一—七〇八頁（岩波書店、一九三五年）。
(19) 鈴木竹雄編・田中耕太郎・人と業績一三—一四頁（矢沢発言）（有斐閣、一九七七年）。
(20) 野津務・保険法四〇頁（日本評論社、一九四二年）。
(21) 野津務・新保険契約法論七九頁（中央大学生協出版局、一九六五年）。
(22) 朝川伸夫・保険法研究三七—四六頁（中央大学出版部、一九六七年）。
(23) 最高裁昭和三四年七月八日大法廷判決（民集一三巻七号九一一頁）。
(24) 学説の状況については、とくに喜多川篤典・保険判例百選一七頁参照（有斐閣、一九六六年）。
(25) 大森忠夫・保険契約の法的構造三三三—三三四頁（有斐閣、一九六五年）。なお、同旨の見解は、すでに昭和前期において、保険学の研究者によっても主張されていた。例えば、近藤文二・保険学総論九七頁（有光社、一九四〇年）。
(26) 田中誠二・保険法二三—二六頁（千倉書房、一九五三年）、田中誠二＝原茂太一・新版保険法二四—二六頁（千倉書房、一九八七年）。
(27) 小町谷操三・海上保険法総論㈠五三頁（岩波書店、一九五三年）。
(28) 石井照久・商法Ⅱ二五九頁（勁草書房、一九五七年）、石井照久＝鴻常夫・増補海商法・保険法一三九頁（勁草書房、一九七六年）。
(29) 田辺康平・新版現代保険法二一—二二頁（文眞堂、一九九五年）、金澤理・保険法上巻〔改訂版〕三八頁（成文堂、二〇〇二年）。
(30) F. Büchner, Geschichtliche Betrachtungen zum Begriff der Versicherung, Grundprobleme des Versicherungsrechts, Festgabe für Hans Möller 1972, S. 118; Haller, a. a. O. SS. 16–17.
(31) Haller, a. a. O. S. 17.
(32) M. Dreher, Die Versicherung als Rechtsprodukt 1991, SS. 124–127; ＢＧＨも、危険団体を常に保険技術的原理と密接に関連づけているとされる（Vgl. Dreher, a. a. O. SS. 125–126）。
(33) ＢＧＨは、平等取扱いの原則は、「社団法において一般的に妥当する」と判示している（BGHZ 47, 381 (386)）。
(34) 本文で述べたことについては、Vgl. G. Hueck, Der Grundsatz der gleichmäßigen Behandlung im Privatrecht 1958, S.

221, S. 272.

(35) ドイツの保険監督法二一条一項は、相互保険において、社員の保険料及び社員への給付は、同一の条件のもとにおいては同一の諸原則に従ってのみ算定されることを要すると定めている。

(36) なお、田中＝原茂・前掲二四頁は、特別利益の提供・不利益扱いを禁止する点に保険の団体性を認める利点があるとする。

(37) Dreher, a. a. O. S. 129; E. Hofmann, Privatversicherungsrecht, 3. Aufl. 1991, S. 9.

(38) W. Koenig, Gerechtigkeit und Rechtssicherheit im Versicherungsvertrag, Grundprobleme des Versicherungsrechts, Festgabe für Hans Möller 1972, S. 364; Dreher, a. a. O. SS. 130–131.

(39) Koenig, a. a. O. S. 364.

(40) J. v. Gierke, Versicherungsrecht, Erste Hälfte 1937, S. 119; H. Möller, Versicherungswissenschaft und Versicherungspraxis in den zurückliegenden 75 Jahren, ZVersWiss 1974, S. 21; 田中（耕）・前掲商法研究七〇八—七〇九頁。

(41) Gierke, a. a. O. SS. 119–120.

(42) Dreher, a. a. O. SS. 89–90, S. 135.

(43) Sieg, a. a. O. S. 256.

(44) Prölss-Martin, a. a. O. S. 52 (Prölss).

(45) Haller, a. a. O. S. 47.

(46) 山下友信教授も、保険の団体性から、保険法及び保険業法上において直接的な法的効果を導き出すことについて疑問を提起している（保険法六三—六四頁（有斐閣、二〇〇五年））。

第三款　保険法の体系的地位

一　ドイツ

(1) すでに述べたように（第一章第二節第三款）、一八〇〇年代の前半のドイツにおいては、保険契約の性格づけ、それとの関連において、保険法の体系的地位に関してきわめて激しい議論が行われていた[1]。この議論は、具体的には、保険契約の射倖契約性、それゆえ、保険法は民法の債務法の中に位置づけられるか否かという問題をめぐる議論であった。まず、立法として、一七九四年のプロイセン普通法、一八〇四年のフランス民法典及び一八一一年のオーストリア一般民法典は、保険契約を射倖契約に、それゆえ、保険法を体系的には民法の債務法に位置づけていた。また、一八〇〇年代初頭のドイツ普通法理論も、射倖契約という一般的な範ちゅうを認めるとともに、保険契約を射倖契約に、すなわち、冒険取引の一種、許される幸運契約にそれぞれ位置づけていた。これに対し、ゲルマン法学者は、射倖契約ないし幸運契約という一般的な範ちゅうを認めることに反対し、保険契約を射倖契約という観念から解放しようとしていた。保険法の体系的地位に関する問題は、保険法の本質とも関連してきわめて重要である。(2)

(2)　一八世紀及び一九世紀における債務法、したがって民法典の編纂も、ガイウス（Gaius）のローマ法的契約体系に従っている。(3) この考えは、ローマ法の継受をとおして、プロイセン普通法、フランス民法典、オーストリア一般民法典、そして、ドイツ民法典に採用された。そこでは、最も頻繁に現れ、法的に明確な契約類型について規定が定められた。保険法も、一八世紀及び一九世紀における法典編纂運動の一部として、プロイセン普通法、オーストリア一般民法典の中に規定が定められた。そして、ドイツの多くの邦においても保険法編纂のための試みがなされ、その試みは、一八三九年のヴュルテンベルク商法典草案、一八五七年のプロイセン商法典草案、一八六一年のバイエルン民法典草案、一八六六年の普通ドイツ債務法についてのドレースナ草案の中にそれぞれ現れていた。(4) しかし、このような試みは、ドイツ民法典編纂のための審議の開始とともに、終了してしまった。その経緯の詳細については、拙著においてすでに考察したが、(5) 一言で述べると次のとおりである。すなわち、民法典草案の作成に際しての「計画及び方法」に関して専門的な提案を行うことを目的とする準備委員会の委員の一人であるGoldschmidtは、商法典は民法典の中にではなく特別の法典編纂の対象とすべきこと、全体の保険法は商法典の中に収めるべきことの提案をしていた。民法典編纂のための第一委員会も、この考えに立ち、そして、この委員会においては保険法についての審議は行わないことにし、これにより、民法典からの保険法の訣別が確定した。

Goldschmidt は、保険法を、「特殊な法分野」と解し、商行為法の特殊契約法に服せしめようと考えていたのである。[6] また、ローマ法には保険契約・保険法は知られていないこと、伝統的な債務関係のカタログに固執するロマニステンの間には新たな契約類型を顧みないという狭隘な考えが支配していた。[7] 保険法が「特別私法」となったことにより、保険法は、一方において、一般私法理論の基礎の上に立つこと、一般私法理論によって形成された解決提案によって補充されること、他方において、固有の概念を伴う一連の特別法則を形成・発展させたという、二面性を有することとなった。[8]

(3)　そこで、民法典から訣別した保険法と民法との関係・相互作用が問題となる。前述した、一九世紀半ばの前後におけるドイツの各邦における保険法編纂の多くの試みからも明らかなように、保険法は一般私法と密接に関連づけられていた。そして、この関連性は、現行保険契約法の体系においても維持されることを要するということを意味するとされている。[9] それにもかかわらず、次のような指摘がなされている。すなわち、私法学は長年にわたって保険法に対して関心を示してきた。しかし、保険法に関し新たな危機が迫っている。民法典は保険法を特別法へと追い遣ったことによって、保険法は固有の研究領域を形成する特別の法領域となってしまった。民法学は、保険法についてほとんど完全に沈黙している。また、保険法学は、一般私法学との関連性を失うという危険が存在しているとされる。[10] 保険法と民法との関係・相互作用に関する研究が重要であるとされている。[11] そこで、最近、例えば、K. Sieg は、具体的な例をもとにして、保険契約法と民法の契約法との相互の関係・作用について考察し、[12] M. Dreher は、「債務法の体系における保険契約」という表題のもとに、民法の契約類型と保険契約との類似点と相違点を比較するとともに、民法と保険法の相互作用の例として、保険契約の解釈と民法、民法に対する保険法の影響等の問題について考察している。[13] そして、最近、保険法と民法の債務法との関連性を従来以上に強調しようという努力がなされているが、それは特筆に値するといわれている。[14]

二　わが国

(1)　わが国の保険法の体系書において、保険法の地位に関する問題について触れられるようになるのは、昭和前期の初め頃になってからであるといいうる。その際、第一に、保険法を法体系上で商法典の中に収めておくことの当否、第二に、商法の体系中における保険法の地位について、それぞれ問題とされていた。まず、第一の問題に関し、陸上保険に関する規定を商法典の外部に設けるべきであるという見解が主張されたことがある。この見解は、海上保険に比較して、陸上保険は、家族制度、相互救済組合、中世期的ギルドに起源を有するゲマインシャフト的・団体主義的保険であるとして、海上保険に対して大きな特色を有し、海上保険と根本的精神を大きく異にしている、ということを根拠としている。(15) しかし、陸上保険の性格をこのように把握する見解は現在では存在しないこと、右の見解には、商行為法の任意法性は陸上保険には妥当しえないという視点が欠けている。第二の問題に関しては、保険は商行為として、保険法は商行為法の一部を成すとしつつも、保険法は特殊の理念を有するために、商行為法の中でも一種特別の地位あるいは特異な地位を占め、そのため、保険法の研究においては一種特別の観察点を要するとされている。(16)

(2)　保険法の体系的地位に関する問題につき、前述した範囲に限定して述べるならば、ドイツとわが国の学説には、その視点において次のような相違が存在するように思われる。すなわち、ドイツでは、保険法と民法、とくに民法の債務法との相互の関連性・作用に着眼した研究の重要性が強調されているのに対し、わが国では、商行為法の中における保険法の特殊性と、保険法研究に際して特殊な視点への着眼の重要性ということが指摘されている。そのため、わが国においては、保険法と民法、とくに保険法と民法の債権法との相互の関連性・作用についての研究の重要性が見落されるということになりかねない。(17) ドイツとわが国でこのような相違が生じている理由ないし背景を明らかにすることは、わが国における保険法研究の今後の方向を探るためにも重要であると思われる。

保険法における特殊法則と一般私法理論との関連性を明らかにすることは、法的透明性と法的安定性の確保のためにもきわめて重要であるが、従来、このような研究は余り、あるいはほとんどなされていないといいうる。(18)

（1）私法の体系における保険法の地位に関する問題を、ヨーロッパ各国法について概観するものとして、H. Eichler, Versicherungsrecht 1976, SS. 217–226 がある。

（2）田中耕太郎・保険法講義要領一二頁参照（田中耕太郎発行所、一九三五年）。

（3）ガイウスをしてローマ法学者の中で最も有名にした四巻の「法学提要」の体系は、近世においても模範的な私法体系としてフランス民法典の編別に対して影響を与えた（田中周友「ローマ法学」法哲学講座第二巻（1）九一―九二頁（有斐閣、一九六一年））。

（4）これらの草案における保険法規定の構成・内容・特色等については、坂口光男・保険法立法史の研究二三―三九頁参照（文眞堂、一九九九年）。

（5）坂口・前掲五八―六〇頁参照。

（6）もっとも、Goldschmidt は、保険は財貨の転換の媒介を本質とする商業とは余り関係がないので、これを商行為とすることは商行為概念を拡張することになるとも述べていた（坂口・前掲六〇頁参照）。

（7）坂口・前掲六〇頁参照。なお、Vgl. M. Dreher, Die Versicherung als Rechtsprodukt 1991, S. 65.

（8）Berliner Kommentar, SS. 13–14（Dörner).

（9）Eichler, a. a. O. S. 226.

（10）W. Ebel, Glücksvertrag und Versicherung, Zur Geschichte der rechtstheoretischen Erfassung des Versicherungsverhältnisses, ZVersWiss 1962, S. 75; そのような状況の中で、例えば、W. Fikentscher が民法の債務法の体系書の中で、「特殊な約束」という表題のもとではあるが、保険契約の概念・主要な種類・法源・信義則について触れていること (Schuldrecht, 4. Aufl. 1973, SS. 535–537）は注目される。

（11）K. Sieg, Wechselwirkungen zwischen Versicherungsvertragsrecht und bürgerlichem Recht 1985, S. 23.

（12）Sieg, a. a. O..

（13）Dreher, a. a. O. SS. 63–80.

（14）Sieg, a. a. O. S. 23.

(15)　田中耕太郎「保険の社会性と団体性—保険法に於ける社会学的方法の適用」商法研究第二巻六五七—六五九頁（岩波書店、一九三五年）。
(16)　田中耕太郎・前掲保険法講義要領一二—一五頁、野津務・保険法一四—一六頁（日本評論社、一九四二年）、同・新保険契約法論一八—二一頁（中央大学生協出版局、一九六五年）、石井照久・商法Ⅱ二六〇—二六四頁（勁草書房、一九五七年）、伊澤孝平・保険法三六—三七頁（青林書院、一九五八年）。
(17)　そのような状況の中において、例えば、石田満「私法体系における保険契約の地位」保険契約法の基本問題一頁以下（一粒社、一九七七年）が、保険法と民法の関係及び保険法の地位について考察しているのは貴重である。なお、星野英一「損害保険契約法の改正—Ⅵ民法の観点から見た問題点」私法三六号四一頁以下も重要である。
(18)　Vgl. Berliner Kommentar, SS. 13-14 (Dörner).

第四款　普通保険約款

一　ドイツ

一九三五年、L. Raiser は、普通取引約款に関する全体的な諸問題をあらゆる観点から考察した、従来の研究の集大成的・劃期的著作である Das Recht der allgemeinen Geschäftsbedingungen を公表していた。E. Prölss は、この著作に依拠しつつ、一九三五年から一九四〇年にかけて、普通保険約款に関する一連の重要な論文を発表していたこと、本書においては、その中から、普通保険約款の解釈原則に関する彼の論文の骨子を紹介した（第一章第四節第二款六）。以下においては、とくに、普通保険約款の性格づけと拘束力の根拠、及び普通保険約款の解釈原則を中心として考察することとする。

(1)　普通保険約款は契約法的規定であると性格づけるのが、現在の多数説である。例えば、「機能的にも理論的にも契約法に位置づけられること、特殊な契約法的規定、一方的に形成された契約規定[1]」、「服従の表示、指示・採用の表示にもとづいてのみ適用されること、慣習法として適用されるのは、例外的に、その使用が継続的慣行と並んで保険者及び保険契約者の法的確信を得ている場合である[2]」、「準備ができている、一般に法律に類似した特色を有する契約規定[3]」とされている。その結果、普通保険約款が保険契約の構成要素となるためには、保険契約への組入れに関する合意が存在することが必要となる[4]。これに対し、少数の法規説は、普通取引約款の間に区別を設けるという観点から出発している。すなわち、普通取引約款の中から特別のグループの普通取引約款を取り出し[5]、これを「準備ができている契約規定（fertig bereit liegende Vertragsordnung）」とし、普通保険約款はこのグループの普通取引約款に属するとする[6]。そして、このグループの普通取引約款の適用根拠は、普通取引約款の全体の内容にではなくて相応の適用原則に関連づけられた慣習法に求められるとする[7]。もっとも、この見解に立つと、企業の法制定権限に関して問題となる。この点につき、ここでは一定の定めについて直ちに法の性格を認めるという企業の権限ではなく、法的団体（Rechtsgemeinschaft）自体の法制定権限を問題としているのであるとする。すなわち、法制定権限は国家に帰属するが、国家は一定の範囲において、明示的または黙示的に法制定権限を他の主体に委ねることは可能であること、そして、法的団体自体が慣習法を生み出すことが可能であることについては疑いはない。それゆえ、「準備ができている契約規定」という要件を満たす普通取引約款に関しては、この普通取引約款が、個別の契約につき、相応の適用原則に関連づけられた慣習法を考慮して、標準となるとする[8]。

　普通保険約款を契約法的規定と性格づけることに対応して、その拘束力の根拠を法律行為に求めるのが多数説となっている。もっとも、多数説の内部においても、法律行為、すなわち明示または黙示の合意に根拠を求める見解と、法律行為の概念とは別の外在的要素に根拠を求める見解に分かれている。そして、後者の外在的要素に根拠を求める見解の内部においても、普通取引約款の使用が取引分野において自明と考えられる場合には普通取引約款の使用という慣習の規範化された力により拘束力が生ずるとする見解と、普通取引約款の拘束力を顧客の何らかの責任的要素と結びつける見解に分かれているとされる[9]。

(2)　Prölss は、前述したように、普通保険約款の解釈に際して不明確原則を適用することに反対していた。そこで、この問題に関する判例と学説の動向を見ておくこととする。[10]

まず、以前の判例は、保険申込証における質問の解釈に関する事案において、保険申込証を作成する保険者は、保険申込証における質問を相手方が理解しうるように明瞭に表現する義務を負担し、疑わしい場合には保険者に不利に解釈されるとした。[11]　ＲＧもこの判決を継承し、保険者によって作成された契約条項または約款は、疑わしい場合には保険者に不利に解釈されるとした。[12]　とくに、ＲＧは、保険約款の表現における不明確性は、民法一五七条により、保険契約者の負担とされてはならないこと、このことは、とくに、保険者の危険を保険契約者の不利益において制限する規定、及び危険減少または危険増加回避のために保険契約者に課される責務に関する規定に妥当するということを詳細に述べていた。[13]　これに対し、その後のＲＧは、以前の判例に制限を加えるという傾向を有している。すなわち、不明確な規定は保険者に不利に解釈されること、しかし、不明確な規定を保険契約者が理解したという意味に常に解釈することは妥当でないこと、保険契約者が、保険者の表示を信義則と取引慣習を考慮して（民法一五七条）そのような意味に理解できたであろうということがさらに必要であるとした。これは、保険者は保険契約者の恣意的な理解を承認することは要しないということを意味する。[14]　その後の判例はこの表現を用い、不明確原則が適用されるのは、個々の契約における約定の意味と目的、及び信義則に従って考慮すべきその他の付随的事情によって、一定の契約内容が確定されない場合に限られるとした。[15]　これは、不明確原則は、補充的解釈原則であるということを意味する。つまり、以前の判例は、疑わしい場合には保険者の不利において解釈されるという見地に立っていたのに対し、その後の判例は、この危険を回避しようとしたのである。[16]　ＢＧＨは、作成者は、規定の内容をより明確に表現することが可能であったので、不明確な条項について不利益を甘受しなければならないとし、ＲＧの判例を引用している。[17]

次に、学説を見ておくこととする。まず、保険約款の完全な客観的解釈を主張し、不明確原則の適用を否定する前述のPrölssの見解とその理由づけは、説得力を有しないとして批判されている[18]。そこで、保険約款は一方的に形成された契約法的規定なので、保険者だけが明確性について責任を負い、不明確な場合には保険者の不利益に解釈されること、しかし、不明確原則は補充的にのみ適用されると解する見解が一般的となっている[19]。その際、第一に、この原則の適用要件が問題となる。この点につき、事実上、客観的不明確性が存在すること、すなわち、あらゆる解釈原則を用いても除去できない疑いが残り、少なくとも二つの解釈が法的に可能であること、それゆえ、法的には明確であるにもかかわらず当事者間で単に条項の射程範囲について争いが存在するだけでは不十分であること[20]、判例及び学説における解釈の相違・困難だけでは十分ではないということである[21]。そして、このような適用要件が存在する場合にのみ「補充的」にのみこの原則が適用される[22]。第二に、不明確原則は、保険約款の作成者である保険者の「力の増大（Machtverstärkung）」可能性に対する修正を意味するので、このような可能性が問題とならない場合には適用されないとされる。そして、保険者の力の増大傾向が認められない場合として、①保険約款が保険契約法の規定の表現を正確に反復している場合であり、この場合には、保険約款への保険契約法の規定の採用は客観的解釈に対して影響を及ぼしえない、②相互会社が社員総会またはその他の機関で保険約款を作成した場合、③監督官庁の指導による変更をも含め、もっぱら国家の側で作成した保険約款の場合、④専門の保険契約者圏が、保険約款の作成に際して意見聴取をされたのみならず平等の権利で協力した場合、⑤保険契約者の盟友である保険仲立人の仲立約款、⑥個々の保険契約者自身が保険約款の作成に際して協力した場合であるとされている[23]。

二　わが国

(1)　わが国における約款研究は、大正一二年発生の関東大震災の際の地震約款の拘束力に関する問題を契機として、主として商法学者による保険約款を中心とした研究をもって開始した。その後、昭和三〇年頃から銀行取引約款を初めとする各種の約款をめぐる民法学者による約款研究が活発化したということができる。[24] そして、研究の関心は、まず地震約款論争を契機とした約款の本質論・拘束力根拠論に向けられていたが、昭和三〇年代になると約款の濫用に対する規制に大きく転回するとともに、消費者保護等の動向が約款研究に対して強い刺激剤となっている。そして、約款研究の視点も、私的自治・契約自由という基礎的諸原理、契約の拘束性・法律行為論、法・契約の意識、約款法の法体系上の問題等の研究というように多角化している。[25] 以下において、わが国における約款の研究史を概観する。

まず、①大正四年（一九一五年）から大正一四年（一九二五年）頃までの時期である。普通保険約款の拘束力に関する大判大正四年一二月二四日（民録二一輯二一八二頁）は、伝統的な法律行為理論に対する重要な問題提起を行うものであった。この判決をめぐって、約款の法規性を否定し拘束力の根拠を当事者の意思に求めて原審の判決を支持する見解、[26] 約款の知・不知により拘束力が左右される不安定を避けるために意思推測説に立つ本判決を支持する見解[27] がそれぞれ主張されていた。他方、伝統的な法律行為理論に立つ民法学者は、保険契約者が保険約款を了知する機会がなかったということを理由として、保険約款の拘束力を否定していた。[28] これは、意思推定説ないし附合契約説が商法学者の間で有力になりつつあった当時の状況の中における民法学者の主張として、きわめて重要である。次いで、一方当事者による契約内容の提示と他方当事者によるその包括承認・附合によって包括的合意が成立するとする附合（附従）契約理論が主張され、[29] また、水口吉蔵教授による、約款の性格把握、約款の内容的限界、解釈の上告可能性等、約款に関する注目すべき包括的・体系的な研究が現れていた。[30] もっとも、この時期においては、約款はおぼろげながらその姿が捉えられるにとどまり、伝統的法律行為理論との関係、約款の解釈・規制についての研究はほとんど見られない。[31] ②昭和一〇年（一九三五年）頃から昭和三〇年（一九五五年）頃までの時期である。一九三五年にL. Raiserの前述の劃期的著作が現れるが、この著作は、わが国の約款研究に対しても絶大な影響を与えた。例えば、田中耕太郎教授は、この著作に依拠して、「行為法における定型化」現象の典型・代表例として約款による取引を挙げており、(32) また、わが国における約款研究の基礎・指針を提示する石井照久教授の「普通契約條款―特にその解釈について―」及び「普通契約條款と国家的規整」(33) における基本的な考え方の原型はすでに Raiser の右の著作の中に見い出される。他方、約款法の総合的・理論的研究として、制度理論の展開によって約款の法としての基本的性格を把握しようとしたのは、米谷隆三教授である。教授によると、制度とは協同善の法的展開としての生活体であり、制度は、国家、企業を初めとして個人に至るまで階層的であること、約款は、国家法と契約法の中間に位置づけられる相対的抽象的客観法であること、約款は抽象的規範であるゆえに、その具体化のために「約款による契約」を必要とすること、すなわち、抽象的規範は「約款による契約」によって具体的規範性を有するに至るが、とくに、約款が具体的規範性を獲得するためには理念的な提供と意思的な附合行為を要するとする。(34) ③昭和三〇年代に入ると、約款研究の主たる関心は、約款の濫用・内容に対する規制に向けられるようになるが、その理由として、広範囲に及ぶ約款利用の浸透、諸外国の動向と消費者問題等が挙げられる。この時期におけるとくに注目すべき研究として、銀行取引約款をめぐる研究が挙げられる。この分野には民法上の重要問題が多く含まれていることもあって、この頃から約款に対する民法学者の研究が活発化している。これにより、約款研究には、商法学者による従来からの保険約款研究とともに、民法学者による銀行取引約款等を初めとした研究が見られることとなる。(35) いずれにせよ、わが国における約款研究には、ヨーロッパ大陸法のような特異的・独創的な体系は存在せず、ヨーロッパ大陸法の研究をもとに体系立てているということ以上には出ていないとしても、短期間に大きな展開を見せているということができよう。(37)

(2)　普通保険約款の本質と拘束力をめぐるわが国の学説は、当初の意思推定説ないし意思主義説から自治法規説、白地商慣習法説を経て、契約法理に立脚する契約説へと進んでいるということができる。(38)

まず、明治期の終り頃においては、保険約款を熟知したうえで申込むという記載のある保険契約の申込書で申込んだときは保険約款を承知したものと推定されるとし、(39)大正期においては、保険約款によることの意思がないことが明瞭なときは保険約款に拘束されないが、意思がなかったことについて挙証責任を負うこと、(40)保険約款は契約の條款であって法律と同一または類似の性格を有するものではないので、保険約款によることについて明示または黙示の意思が存在する場合にのみ拘束力を有するとする意思主義が主張された。(41)昭和初期になると、意思推定理論が存在する一方、(42)自治法理論と白地商慣習法理論が有力に主張されるに至る。まず、自治法理論は、保険約款は、被保険者の危険団体を支配する「一種の法規」(43)、国家法と並ぶ「団体の自主的法規」(44)、営業者と取引関係に入る者の「服従を要求する規範」であり、その法源性の根拠は、法理念の支持を受ける事実上の規範力に求められるとする。(45)これに対し、保険約款は、社会学的考察においては規範としての作用を営むことは肯定しうるが、その発生・形成・妥当根拠の点において、国家法のような権威と価値を主張できるものではなく、国家法との間には超越しえない大きな質的差異が存在するとして、当然の規範性を否定し、保険取引は「保険約款による」という慣習（民法九二条）または慣習法が成立しているということに拘束力の根拠を求める白地商慣習法理論が主張された。(46)昭和後期においては、保険約款の自治法性・法規性を否定し、拘束力の根拠を、当事者の契約または慣習法もしくは判例法に求める見解と、(47)規範の一種として法規性を肯定する見解があるが、(48)白地商慣習法理論が通説的地位を占めている。(49)しかし、白地商慣習法理論は「一応」の通説とされ、(50)また、拘束力の根拠をこの理論によって「説明するほかない」(51)と述べられているように、消極的な意味において支持されているにとどまることから、この理論が確固たる安定的地位を占めているとは必ずしもいえない。そこで、昭和四〇年代になると、保険約款の拘束力を安易に認める伝統的な学説に対して批判が加えられるとともに、ドイツの約款理論、とくに約款規制法をめぐる議論からの強い影響を受けて、保険約款を保険契約に「組み入れる合意」の中に拘束力の根拠を求めるという契約説が多くの支持を得るに至っている。すなわち、保険約款はそれ自体何ら法的意味を有するものではない契約の定めにすぎないこと、保険契約に組み入れて初めて法的意味を有するが、この組み入れが合意という法律行為にもとづくと解するのである。その際、この合意の存在が認められるためにはいかなる要件が存在していることを要するかということに関し、保険約款の開示の対象の範囲を中心とした類型化が試みられている。[52]

三　考察

以下においては、普通保険約款の本質と拘束力の根拠、及び普通保険約款の解釈について考察することとする。

(1)　保険約款の本質と拘束力に関する学説の状況は、右で述べた学説以外にも多くの学説が加わり、複雑で混沌としている。しかし、人が他人に拘束される根拠は意思に求められるべく、拘束力の根拠は同意という法律行為理論に還元されるべきである（契約説）。そして、右の同意の存在が認定されるためには、保険契約者が保険約款を認識しているか少なくとも認識可能性を有していることが前提条件となる。この前提条件とは、保険約款の開示を意味する。[53] この開示によって、保険約款についての知・不知という主観的事情による拘束力の不安定性は除去される。問題は、開示の対象をどのように解するかということである。理論的には、「保険約款を使用する」旨を開示し、これに対して異議がなければ同意があったものと解される。しかし、そのように解すると、約款の使用に関する同意による約款の包括的承認によって、保険契約によって保険契約者が得ようと期待した給付を得られないという、保険契約者の合理的な期待に反することにもなりかねない。[54] そこで、「約款の内容」を開示するならば、保険契約者は約款の内容を知りうる立場に置かれるので、異議を述べないかぎり同意したものと解される。しかし、約款の内容を知りうる立場に置かれたとしても、約款の内容が保険契約者にとって理解可能性を有しないときは、同意したということはできないであろう。[55]

(2)　保険約款の本質に関する法規説と契約説では、保険約款の解釈方法も異なりうる。[56] 法規の解釈と契約の解釈との本質的な相違点は、前者では、全体的・統一的秩序の確保が求められるのに対し、後者では、私的自治の原則からその必要性はない、という点に求められるからである。次に、保険約款の本質論と関連づけながら、第一に、保険約款の解釈原則一般、第二に、不明確原則について、それぞれ考察することとする。

第一に、保険約款の解釈原則一般に関し、わが国の従来の学説は、法規説またはこれに類似する説に立ち、次のように主張している。①まず、白地商慣習法理論によると、約款の解釈は、一方では、契約の解釈と異なって「法律の解釈」に接近し、客観的・統一的・画一的になされるべきこと、他方では、約款と法律との異質性から、平均的顧客の理解可能性を重視すべきこと、約款の適用が予定される取引圏・取引地域について統一的に解釈されるにすぎないとする[57]。このように、「法律の解釈」への接近と差異の中に約款の解釈原則を求めている。②次に、約款を国家法と契約の中間に位置づけ、相対的抽象的客観法とする制度理論は、次のように述べている。すなわち、解釈の対象が法規、法律行為、約款であっても一様に客観的に解釈すべきであるが、法規、法律行為、約款の間には階層性が存在することから、約款の客観的解釈は具体的な下位の解釈原則によって定型化することを要するとする。すなわち、まず、約款の客観的解釈の具体的な下位の解釈原則として、約款の妥当範囲の量と質を問題とすべきこと、妥当範囲の量に関しては平均的な顧客の合理的理解可能性が基準となるが、この平均的な顧客の合理的理解可能性は、さらに約款の妥当範囲の質に関して具体化され、非商人を対象とするときは通常的・素人的理解可能性が、商人を対象とするときは専門的・商人的理解可能性が、それぞれ基準となるとする。また、客観的解釈は、統一的解釈原則によって具体化される。すなわち、約款の妥当範囲それ自体が定型的に想定されていることから統一的解釈が必要となるが、約款の妥当範囲の質を地域的または職域的に細分化し、その各々の妥当圏の中で統一的に解釈されるというように、統一的解釈の原則は異別解釈の原則によってさらに細分化されるとする[58]。③さらに、約款を「約款による契約」の前提条件である法規と解する自治法理論は、法律解釈の原則と同様に客観的解釈と統一的解釈を強調する。しかし、他方では、約款の特異性から、客観的解釈については顧客圏の平均的合理的理解可能性を基準とし、統一的解釈については地域的・職域的な異別解釈を認めている。(59) ④以上で述べたように、法規説またはこれに類似する説は、保険約款の解釈においては契約一般の解釈と異なる方法を用いるべきであるとする点において、共通している。しかし、そのように解すると、約款も契約規定であり、約款による契約も個別契約であるということを無視ないし軽視することになり、結局は、保険者に法規制定権限を認めたことと同様になる。(60) そこで、約款の解釈に際しても契約の解釈と異なった方法が用いられるべき積極的理由は存在しないこと、この観点から、約款に対する顧客圏の平均的理解可能性を基準とし、契約締結に至った目的、契約締結に向けられた交渉過程等の個別的事情を考慮に入れて解釈を行うべきであるとする見解が現在では有力となっている。(61) この見解は、顧客圏の平均的理解可能性を基準としている点において、前述した従来の学説と共通性は認められる。(62) 普通保険約款の本質につき契約説に立つことから、その解釈についても現在の有力説に従うべきものと考える。

第二に、不明確原則の適用について考察する。まず、これを肯定する見解は、(63) その理由についてとくに述べていないようであるが、学説の中には、約款の客観的・統一的解釈という制約はあるが、この原則が適用されるとする注目すべき見解が見られる。(64) これに対し、約款の本質につき法規説またはこれに類似する説の立場から、この原則の適用に対して消極的・制限的な見解が有力に主張されている。その理由として、約款の病理現象の克服、約款に対する認可制度の存在、とくに約款の客観的解釈の強調ということが述べられている。(65) この観点から、約款の条項が不明確で矛盾を含んでいるために合理的な解釈が不可能なときに集団的な取引の効力を否定することは好ましくないのでこの原則を適用すべきこと、その際、約款の不明確性が法的確実性を害するほどに著しくないこと、条項の内容の混乱が甚しくその合理的意味を全く発見しえない程度でないこと等の場合に限ってこの原則の適用を肯定し、(66) あるいは、不明確原則は、約款解釈の補助的原則・信義則原則の具体化された特殊原則であるとされる。(67)

法規の解釈に際して考慮され、決定的な意味を有するのは、規定の沿革と目的、規定の文言と他の規定との関係である。それゆえ、法規の解釈に際しては不明確原則が適用される余地はない(68)。不明確原則の適用の有無が問題となりうるのは、法律行為の解釈の分野においてである。すなわち、法律行為の意味・内容が不明確で発見できないときは、意思表示の不一致として、法律行為は無効とならざるをえない。しかし、法律行為の意味・内容が不明確なすべての場合について法律行為を無効とすることは、かえって法律行為解釈の目的に反する。そこで、法律行為解釈の技術的な補助手段として、不明確原則が適用される(69)。それゆえ、約款の本質につき契約説に立つ場合には、不明確原則の適用の余地がありうる。保険者は、保険契約の内容としての約款の条項につき明確に表現すべき義務を保険契約者に対して負担している。その条項が不明確なときは、義務違反となり、その効果として不利益に解釈されることになる。これに対しては、不明確原則には、約款規定の文言の明確性ということに拘泥して結論を導き出すという、濫用的適用の危険があると指摘されている(70)。いうまでもなく、信義則と取引慣行を考慮して約款規定の趣旨・意味・内容・目的を明らかにすべく、それでもなお不明確なときにこの原則が適用されるのであり、単に約款規定の文言の明確性ということに拘泥して結論を導き出すという、この原則の濫用的適用が認められないのはもっともなことである。それゆえ、右の指摘はわれわれの主張と矛盾するものではないと考える。問題は、約款規定が不明確なときに、直ちにこの原則を適用すべきかということである(71)。この点に関しては、信義則と取引慣行を考慮してあらゆる解釈原則を用いてもなお内容が確定されず二つの解釈が法的に可能であること、そして、不明確原則は、約款の作成者である保険者の「力の増大」可能性を修正するという意味を有しているので、保険者の力の増大可能性が認められることを要すると解するのが妥当ではないかと考える。

（1） J. Schmidt-Salzer, Allgemeine Geschäftsbedingungen, 2. Aufl. 1977, SS. 54–57, S. 58.

（2） H. Eichler, Versicherungsrecht, 2. Aufl. 1976, SS. 103–105.

（3）E. Hofmann, Privatversicherungsrecht, 3. Aufl. 1991, S. 14.

（4）M. Werber, Versicherungsvertragsrecht, System, HdV, S. 1215.

（5）なお、普通取引約款に対する普通保険約款の特殊性を肯定すべきか否かをめぐるドイツの議論については、山下友信「普通保険約款論―その法的性格と内容的規制について―」法学協会雑誌九六巻九号九八―一〇六頁参照。

（6）M. Werber, Die AVB im Rahmen der Diskussion über die Allgemeinen Geschäftsbedingungen, Grundprobleme des Versicherungsrechts, Festgabe für Hans Möller 1972, SS. 523-524; なお、K. Clauss, Zur Systematik der Allgemeinen Geschäftsbedingungen, Monatsschrift für Deutsches Recht 1959, S. 165 f. は、すべての取引約款が普通取引約款であるわけではないとし、普通取引約款を、通常のもの、官庁の認可のあるもの、法律によって特権を与えられているものに区別し、それぞれの普通取引約款について、成立、適用、変更の観点から考察しているが、前述のWerberの見解は、これに依拠しているのである。

（7）Werber, a. a. O. Festgabe, S. 526.

（8）Werber, a. a. O. Festgabe, S. 527; なお、Werberの見解に対しては、実際に慣習法が存在していることの説明が必要であるとされる（Eichler, a. a. O. S. 104 Anm. 148）。

（9）この点に関しては、山下・前掲一〇九―一一三頁参照。ドイツの判例の動向については、河上正二・約款規制の法理二一〇―二一九頁が詳細である（有斐閣、一九八八年）。

（10）なお、ドイツの判例・学説・立法における不明確条項解釈準則の歴史的発展については、上田誠一郎・契約解釈の限界と不明確条項解釈準則三五―八九頁参照（日本評論社、二〇〇三年）。

（11）一八七一年一一月二一日の帝国上級商事裁判所の判決（ROHG, Bd. 4, 60. Vgl. Bruck-Möller, Kommentar, 8. Aufl. Bd. 1, 1961, S. 75）。

（12）一八八二年一〇月九日の帝国裁判所の判決（RGZ, Bd. 10, 160. Vgl. Bruck-Möller, a. a. O. S. 75）。

（13）一九二二年三月一七日の帝国裁判所の判決（Vgl. Bruck-Möller, a. a. O. S. 76）。

（14）一九二七年三月一一日の帝国裁判所の判決（RGZ, Bd. 116, 274. Vgl. Bruck-Möller, a. a. O. S. 76）。

（15）一九三四年一〇月三〇日の帝国裁判所の判決（Juristische Wochenschrift 1935, S. 1010. Vgl. Bruck-Möller, a. a. O. S. 76）。

（16）Bruck-Möller, a. a. O. S. 76.

（17）一九五二年二月一二日の判決（NJW 1952, S. 657. Vgl. Bruck-Möller, a. a. O. S. 77）。

(18) Bruck-Möller, a. a. O. S. 77.

(19) 例えば、E. Bruck, Das Privatversicherungsrecht 1930, S. 30; Bruck-Möller, a. a. O. S. 78; Schmidt-Salzer, a. a. O. S. 158; Hofmann, a. a. O. S. 20; W. Römer-T. Langheid, Kommentar, S. 101 (Römer).

(20) Schmidt-Salzer, a. a. O. SS. 158-159; Prölss-Martin, Kommentar, S. 66 (Prölss)；とくに、一九八七年一二月九日のＢＧＨ（VersR 1988, S. 282）は、「客観的」な多義性・不明確性を強調している。

(21) Römer-Langheid, a. a. O. S. 101 (Römer).

(22) Bruck-Möller, a. a. O. S. 78.

(23) Bruck-Möller, a. a. O. SS. 78-79.

(24) 米谷隆三・約款法の理論一七四頁（有斐閣、一九七〇年）、河上・前掲六四頁。

(25) 河上・前掲一〇八頁。

(26) 水口吉蔵・商法判例研究三一二―三一三頁（清水書店、一九二四年）、同・保険法論二四〇―二四一頁（清水書店、一九一六年）、青山衆司・保険契約論上巻二一〇―二一一頁（巖松堂、一九二〇年）。

(27) 松本烝治「判批」法学協会雑誌三四巻六号一〇六三頁。

(28) 牧野英一＝鳩山秀夫＝花岡敏夫＝寺田四郎・災害の法律問題における末弘及び鳩山（河上・前掲五二―五三頁における注(7)、(14)参照）。

(29) 杉山直治郎「附合契約の観念に就て(1)～(5)完」法学協会雑誌四二巻七・八・九・一一・一二号。

(30) 水口吉蔵「営業約款に就て(1)(2)」法律及び政治四巻六号二五頁、同・七号五〇頁。

(31) 河上・前掲五一頁。なお、以上については、米谷・前掲一七四―一七八頁も参照。

(32) 田中耕太郎「商法上の法律関係と其の定型化」商法（特殊問題・中）（春秋社、一九五六年）。

(33) 石井照久・「普通契約條款」に収載されている（勁草書房、一九五七年）。

(34) 米谷・前掲四一一頁、四一六頁、四三九頁、四五三頁。

(35) 河上・前掲六一―六四頁。

(36) 米谷・前掲一八五頁。なお、河上・前掲一一〇頁参照。

(37) 河上・前掲一〇八頁。なお、わが国における約款研究の問題点を数点にわたって指摘するものとして、河上・前掲一〇八―一一〇頁参照。

(38) 約款の拘束力をめぐるわが国の法の状況の概観として、石原全・約款法の基礎理論一六六―一七五頁参照（有斐閣、一九九五年）。
(39) 粟津清亮・日本保険法論・最近保険法三六四頁（粟津博士論集刊行会、一九二八年）。
(40) 松本烝治・保険法七五―七六頁（中央大学、一九一五年）、三浦義道・保険法論一三〇頁（巖松堂書店、一九二二年）。
(41) 水口・前掲保険法論二三六―二四一頁、青山・前掲二一〇―二一一頁。
(42) 犬丸巖・改正商法保険法論五七―五八頁（法文社、一九四〇年）。
(43) 田中耕太郎・保険法講義要領六七頁（田中耕太郎発行所、一九三五年）。
(44) 田中耕太郎・改正商法総則概論一九三頁（有斐閣、一九四三年）。
(45) 西原寛一・日本商法論第一巻二三六頁（日本評論社、一九四三年）。同・商行為法四五頁でも「自治的規範」、「一種の規範」とし（有斐閣、一九六七年）、野津務・保険法八二頁は「保険関係者から成る社会に妥当すべき規範」とする（日本評論社、一九四二年）。
(46) 石井・前掲三二―三三頁。
(47) 田中誠二・保険法二七頁（千倉書房、一九五三年）、田中誠二＝原茂太一・新版保険法二七頁（千倉書房、一九八七年）。
(48) 伊澤孝平・保険法五七―五八頁（青林書院、一九五八年）。
(49) 大森忠夫・保険法〔補訂版〕五三―五四頁（有斐閣、一九九〇年）、鈴木竹雄・新版商行為法・保険法・海商法八四頁（弘文堂、一九九〇年）、鴻常夫・商法総則〔新訂第五版〕六六頁（弘文堂、一九九九年）。
(50) 田辺康平・新版現代保険法二四頁（文眞堂、一九九五年）。
(51) 大森・前掲五四頁。
(52) 山下・前掲九七巻一号六五頁、七二―八一頁、同「第一章　約款による取引」現代企業法講座4企業取引二四頁（東京大学出版会、一九八五年）。なお、拘束力の根拠をめぐる論争は実務に対しては余り影響を与えていないとの指摘につき、山下友信・保険法一一二頁注50参照（有斐閣、二〇〇五年）。
(53) 河上・前掲一八五頁。
(54) 大塚龍児「普通取引約款の拘束力」法学教室第八号六三頁参照。
(55) 山下・前掲法協九七巻一号七九―八〇頁。
(56) もっとも、保険約款の本質論と解釈方法がすべて連動しているというわけではない。例えば、法規性を否定しつつ解釈は法律と同様になされるべきであるとし（田中＝原茂・前掲二七—二八頁）、法規性を肯定しつつも契約条項としての性質を失っていないので解釈に際しては当事者の真意の探求が指針となるとされる（伊澤・前掲五七—五八頁）。なお、河上・前掲二五九—二六〇頁も参照。

(57) 石井・前掲三五—六九頁、鴻・前掲六九頁注（3）。

(58) 米谷・前掲五七五—五八一頁。

(59) 田中（耕）・前掲保険法講義要領六七—六八頁、同・前掲改正商法総則概論一九三—一九四頁、西原・前掲商行為法五三—五四頁。

(60) 山下・前掲法協九七巻三号五五頁。

(61) 新版注釈民法⒀債権⑷契約総則一八四—一八六頁参照（潮見筆）（有斐閣、一九九六年）。

(62) なお、顧客として、「一般的顧客」と「合理的な一般的顧客」のいずれを基準とするかについては、山下・前掲法協九七巻三号六一頁注（78）参照。

(63) 田中誠二＝喜多了祐他著・コンメンタール商行為法二七頁（勁草書房、一九七三年）、竹内昭夫＝道田信一郎他・現代の経済構造と法一一八—一一九頁（竹内筆）（筑摩書房、一九七五年）。

(64) 竹内・前掲一一八—一一九頁。

(65) 米谷・前掲五八四頁、西原・前掲商行為法五五頁。

(66) 石井・前掲六〇頁。

(67) 米谷・前掲五八三—五八四頁。

(68) 大村須賀男「普通取引約款解釈における不明瞭法則の存在意義」六甲台論集九巻二号六一頁。

(69) 大村・前掲六〇—六一頁。

(70) 山下・前掲保険法一二一頁注67。

(71) この点につき、田中＝喜多他・前掲二七頁、竹内・前掲一一八—一一九頁は、とくに制限は設けていないようである。

第二節　保険契約法総論

第一款　保険契約の定義

一　ドイツ

(1)　保険契約の定義を行うことは、保険契約を他の契約から区別し、それによって保険法についての確実な法的基礎を見い出すためにきわめて重要である。(1) 保険契約の定義に関して、従来から試みがなされていた。多くの学者は、保険契約の定義に関して見込みがないこと、不毛であると述べ、多くの学者は、実生活からかけ離れた説明の見せしめでしかないと思われる定義を行っていたといわれている。(2) 他方では、保険契約の定義は、可能であるのみならず不可欠であると主張する多くの有力説が存在する。(3) 保険契約法一条は、保険契約にもとづく保険者と保険契約者の義務内容を確定することで満足し、保険契約の定義を意識的に放棄していた。(4) この点につき、保険契約法の草案の理由書は、次のように述べていた。すなわち、一九〇一年の保険監督法は保険事業の定義を行っていないと同様、保険契約法の草案も保険契約の定義を行っていない。その理由として、第一に、法律の規定によって余すところなく定義することは不可能であること、第二に、保険契約の存否についての疑いは事実上は稀にのみ発生すること、第三に、そのような疑いが発生した場合には、一般の法原則に従い、事実上の事情を考慮して保険契約法の全体的内容にもとづいて判断されること、第四に、定義を行うと、法の実際的・学問的発展の妨げになるという危険が生ずる。そこで、民法典が各種の契約について考慮したのと同様、保険契約法の草案の一条も、保険契約にもとづく両当事者の主たる義務内容を確定するにとどめたのであると述べていた。(5) そして、保険契約法が保険契約の定義を放棄したことは賢明であると評価されている。(6) そこで学説は、保険契約の定義を放棄する学説、定義に際して保険者と保険契約者間の法的関係に着眼する学説、保険関係にもとづく保険者と保険契約者の義務内容に着眼する学説に分類されるといわれている。(7)

(2)　ところで、学説は、保険契約の本質的な特徴をもとにして保険契約の定義を行うのが一般的である。(8)まず、E. Bruck は、次のように主張している。すなわち、①保険契約は契約の当事者に相互の法的請求権を基礎づける私法上の契約であること、②保険者は保険料と引換えでのみ主たる給付である危険負担を引き受けること、③保険者の危険負担は、他の法律行為と内部的関連性を有しない独立の合意の効果であること、④すべての保険部門に共通の特色は需要（Bedarf）であること、⑤保険者によって充足される需要の発生は不確定であること、⑥計画に従った大規模経営が本質的特徴か否かについては理論的に争われているが、実際上はほとんど重要性を有しないとする。これをもとにして、彼は保険契約を次のように定義している。すなわち、保険契約は有償契約であり、その契約にもとづいて、一方の当事者である保険者は独立に危険を負担し、それにより、他方の当事者である保険契約者の不確定な需要の充足またはある時期に金銭または金銭的価値を有する給付を確約すること、そして、少なくとも一方の当事者の給付は、額につき、そして、または時期につき不確定な事情に依存する契約をいうとする。(9)また、J. v. Gierke は、保険契約の典型的な特徴として一〇点を挙げ、それぞれの特徴について具体的に考察し、それをもとにして、保険契約ないし保険関係を次のように定義している。すなわち、保険関係は独立に判断すべき法的関係であり、その法的関係にもとづいて、保険者は他方の被保険者に保険保護を与えること、この保険保護の付与は、保険者は、有償で計画的な基礎にもとづいて、被保険者に不確定な準備を必要とする出来事が発生した場合に、被保険者に対して財産上の給付に義務づけられるという点に存すると述べている。(10)さらに、A. Ehrenzweig は、次のように述べている。すなわち、保険法学者は長年にわたって一般的に妥当する定義を試みていた。しかし、その定義は存在しないし、また存在しえない。定義は、法規定、保険契約の特徴（Charakteristik）のみから確定される。そして、保険契約の特徴として、①有償契約性、②保険給付の対象として、損害塡補と確定的約定額が対比されること、③保険契約法は、損害保険と人保険を対立させているが、純粋の定額保険とされる生命保険についてさえ純粋の損害塡補を約束することは禁止されていないこと、④保険契約法は、取引の慣行に従い、純粋の定額約束を人保険について許容したこと、⑤損害保険と人保険に関する保険契約法の基本的規定は一般的に「保険事故」ということについて述べているとする。そして、以上で述べたことから、「きわめてぎこちない（schwerfällig）」が、保険契約は次のように定義されるとする。すなわち、保険契約は、契約であり、その契約によって、一方の当事者は報酬（保険料）と引換えに、①約定に従って人または財産に関わる損害事故によって引き起こされている財産的損害を塡補する義務を負うか、②それとも、契約で確定された金額を一時金もしくは年金で支払うこと、またはその他に合意された給付を行うことについて義務を負うことであるが、右の②は、約定により、ⓐ少なくとも時期につき不確定な人の損害事故（死亡、傷害）または他の契約取引によって確定された生存事故（婚姻、離婚、子供の出生等）の発生後か、ⓑそれとも、人の生存または死亡に関連する契約の定めから両当事者に経済的な最終結果の不確定性が生ずることを前提として、全く一定の時期においてかの、いずれかであると定義している。[11] さらに、W. Koenig も、保険契約の重要な特徴として六点を挙げ、その特徴について具体的に考察し、次のように述べている。すなわち、保険契約は契約であり、その契約により、一方の当事者が他方の当事者に、報酬と引換えに、保険の対象が保険事故に遭遇した場合に財産的給付を行うことを約束すると述べている。[12]

以上で述べた学説を要約すると、第一に、保険契約の本質的な特徴を挙げ、それをもとにして保険契約を定義していること、そして、保険契約の本質的な特徴として、私法上の契約、保険料の支払いを伴う有償契約、独立の契約、保険事故等に求めている点で共通性が認められること、これに対し、第二に、保険者の給付に関しては一元的に説明する見解と二元的に説明する見解に分かれること、また、計画的な大規模経営の要否についても見解が分か

れている、ということができよう。(13)

二　わが国

保険契約の定義に関し、(14)大正期においては、保険者が損害の塡補または一定金額を給付する契約というように二元的に定義する見解、(15)事故の発生により生ずる経済的需要に対して保険者が金銭的給付をなす契約、(16)需要の偶然的危険を多数者間に分配する方法により予定の報酬に対し予定の給付をなす契約というように一元的に定義する見解が存在し、(17)昭和前期においては、定義は抽象的であってもさしつかえないとの理由から、不確定な事故が発生したときに契約上で定められた給付をなすべき契約であるとする定義(18)がなされる一方、定義は包括的になればそれだけ無内容となって意義が失われるとの見地に立って、保険契約の主な特徴を示すことで満足せざるをえないとする見解が主張された。(19)昭和後期においても、一元的に定義すると無内容となって他の契約との区別が困難となること、二元的に定義すると冗漫に流れて簡明性が失われるという理由から、保険契約の要素ないし特徴を具体的に示すことで満足せざるをえないとする見解が見られるが、(20)定義を試みる見解が多くなっているように思われる。そして、定義を試みる見解の中には、偶発的な事故にもとづく需要充足という目的と危険分散の組織という手段を具備する特殊な契約、(21)事故が発生した場合にある金額を支払うことを約束する契約というように一元的に定義する見解がある。(22)しかし、多数説は、偶然な事故による損害を塡補し、または約定金額を給付する契約というように、二元的に定義している。(23)

三　考察

保険契約の定義に関し、わが国の学説は、前述したドイツの学説と同様、保険契約の主たる特徴を示すことで満足する見解、他方では、保険契約の定義を試みようとする見解に分かれていること、(24)後者の見解の内部においても、一元説と二元説に分かれている。そして、この議論には実益がないという見解に立つのでないかぎり、保険契約の定義は必要であり有益である。[25]

まず、保険契約の主たる特徴を示す見解、あるいは、さらにその特徴をもとにして保険契約を定義する見解について考えると、そこで挙げられる特徴点が多くなればそれだけ保険契約の正確で厳密な定義が可能となる。しかし、他方では、ぎこちがなく冗長な定義になりかねない。そのことは、例えば前述した Bruck 及び Ehrenzweig の定義からも明らかであるように思われる。次に、保険契約の定義に際しての着眼点として、保険者と保険契約者間の法的関係、保険契約にもとづく保険者と保険契約者の義務、保険者の給付の内容に、それぞれ着眼するという観点があるが、保険者の給付の内容に着眼する立場が妥当である。[26] そして、損害保険契約と生命保険契約は、保険者の給付の内容を異にし、契約構造を異にするので、これらを包含して一元的に定義することは妥当でない。もっとも、保険者の給付に関し、保険事故発生後の具体的な保険金支払いではなく、それ以前の危険負担に求める見解に立つと、[27] 保険契約は保険者が危険負担という給付を行う契約というように一元的に定義すべきことになる。[28] しかし、保険者の給付に関する危険負担説の当否については慎重な考慮を要しよう。そこで、保険契約の定義としては、冗漫・洗練不足・不完全という印象を拭い去れないということは十分に承知しつつ、二元説が妥当であろうと考える。なお、保険契約は、経済的制度としての保険制度の目的を実現するための法形式であるので、保険契約の定義に際しては、それ以上に、危険分散のための組織という方法、[29] あるいは計画的大規模経営[30]ということをも加える必要はないものと考える。

（1）　E. Bruck, Das Privatversicherungsrecht 1930, S. 50; W. Koenig, Schweizerisches Privatversicherungsrecht, 3. Aufl. 1967, S. 31.
（2）　J. v. Gierke, Versicherungsrecht, Erste Hälfte 1937, S. 76.
（3）　そのような有力説の代表的な見解の要旨については、Vgl. Hagen, Vertragsrecht, Lexikon, SS. 1763-1765.
（4）　Vgl. Bruck, a. a. O. S. 50.

（5）Begründung zu den Entwürfen eines Gesetzes über den Versicherungsvertrag 1906, SS. 10–11.

（6）A. Richter, Privatversicherungsrecht 1980, S. 82; 他方では、そのために、保険の本質をめぐる論争がそのまま保険契約の概念をめぐる論争に持ち越されることとなった（M. Dreher, Die Versicherung als Rechtsprodukt 1991, S. 49）。

（7）Vgl. Dreher, a. a. O. S. 50.

（8）Bruck, a. a. O. S. 50; Koenig, a. a. O. S. 30; A. Ehrenzweig, Deutsches (Österreichisches) Versicherungsvertragsrecht 1952, SS. 56–60; H. Möller, Versicherungsvertragsrecht, 3. Aufl. 1977, SS. 18–21; K. Sieg, Allgemeines Versicherungsvertragsrecht, 2. Aufl. 1988, SS. 23–24.

（9）Bruck, a. a. O. SS. 50–57.

（10）Gierke, a. a. O. SS. 77–90.

（11）Ehrenzweig, a. a. O. SS. 56–60.

（12）Koenig, a. a. O. SS. 30–34; なお、Möller, a. a. O. S. 18 は、保険契約は、保険者が危険負担を、保険契約者は保険料支払いを負担する契約と定義しているが、これは、保険契約を、保険契約関係にもとづく両当事者の義務に関連づけて定義していることを意味する（Dreher, a. a. O. S. 50）。

（13）なお、Vgl. Hagen, a. a. O. S. 1765.

（14）保険契約の定義に関するわが国の学説史の概観として、田辺康平「学説一〇〇年史商法―保険法」ジュリスト四〇〇号・学説一〇〇年史一一六―一二二頁も参照（有斐閣、一九六八年）。

（15）松本烝治・保険法二〇頁（中央大学、一九一五年）。

（16）水口吉蔵・保険法論一五八―一五九頁（清水書店、一九一六年）。

（17）三浦義道・補訂保険法論七五頁（巖松堂書店、一九二二年）。

（18）野津務・保険法三四頁（日本評論社、一九四二年）。

（19）田中耕太郎・保険法講義要領二九―三〇頁（田中耕太郎発行所、一九三五年）、小町谷操三・商法講義巻二商行為・保険一六一―一六三頁（有斐閣、一九五〇年）。

（20）伊澤孝平・保険法四六頁（青林書院、一九五八年）、石井照久・商法Ⅱ二六九頁（勁草書房、一九五七年）、石井照久＝鴻常夫・増補海商法・保険法一四九頁（勁草書房、一九七六年）。なお、山下友信・保険法三八頁参照（有斐閣、二〇〇五年）。

（21）田中誠二・保険法二八頁、一〇四―一〇五頁（千倉書房、一九五三年）、田中誠二＝原茂太一・新版保険法（全訂版）一〇六―一〇七頁（千倉書房、一九八七年）。
(22)　大森忠夫・保険法〔補訂版〕三五頁（有斐閣、一九九〇年）。
(23)　例えば、田辺康平・新版現代保険法二八頁（文眞堂、一九九五年）、西島梅治・保険法〔第三版〕四頁（悠々社、一九九八年）、倉澤康一郎・保険法通論二五頁（三嶺書房、一九八二年）、坂口光男・保険法三五頁（文眞堂、一九九一年）。
(24)　例えば、石田満・商法Ⅳ（保険法）〔改訂版〕三五―三六頁（青林書院、一九九七年）。
(25)　このことをとくに強調するものとして、例えば、水口・前掲一五五頁、大森・前掲三五―三六頁、とくに三六頁注（八）参照。
(26)　田辺康平・前掲新版現代保険法一三頁、同・保険契約の基本構造二一頁以下（有斐閣、一九七九年）。
(27)　例えば、大森・前掲八一頁。
(28)　M. Werber-G. Winter, Grundzüge des Versicherungsvertragsrechts 1986, S. 17.
(29)　田中（誠）＝原茂・前掲三七頁、一〇六―一〇七頁。
(30)　保険契約の特徴として、計画的大規模経営を挙げるべきか否かをめぐるドイツの議論については、Vgl. Bruck, a. a. O. S. 56.

第二款　保険契約の分類

一　緒説

保険契約の分類ないし類型化は、第一に、保険法ないし現に行われている保険契約の全体の体系的把握、第二に、保険法の規定群、とくに損害保険契約にのみ適用される利得禁止に関する規定群の適用範囲の確定、第三に、新たに生まれる種類の保険の性格把握のために、必要かつ重要である。(1) その際、分類の基準を予め設けるか否か、設けるとしてその基準をどのように設定するかということが問題となる。保険契約の体系的な分類はきわめて困難であり、完全に満足しうる分類は不可能であるともいわれている。(2)

二　ドイツ

(1)　ドイツ保険契約法一条は、保険を損害保険と人保険に分類している。損害保険に対して、定額保険ではなくて人保険を対立させていることにつき、保険契約法の草案の理由書は次のように述べていた。すなわち、学説においては、人保険という表現に代えて、しばしば定額保険という表現が用いられている。しかし、定額保険という概念は、それに属する保険部門に際して一定額のみならず他の種類の給付も問題となりうるというかぎりにおいて、狭すぎる。草案の一条は、保険者の給付が損害額によって限界づけられず当事者の約定によって定められる保険部門を人保険と定めることによって、損害の発生と無関係に保険者が給付をなすことを目的とする約定は人に関する保険についてのみなしうる、ということを表現したのであると述べていた。[3] そして、理由書のこの点につき、第一に、保険契約法が成立した一九〇八年当時においては、人保険は単に定額保険としてのみ行われていたこと、それゆえ、保険契約法一条一項二文は「定額保険」と修正して読まれるべきこと、[4] 第二に、損害保険は保険事故の発生によって引き起こされる効果に、これに対し人保険は保険の対象にそれぞれ着眼した分類なので、このような分類は妥当でないこと、[5] 第三に、損害保険と人保険を対立させたことにより、当初から危険・保険の対象・保険給付の種類に従った多様な分類基準が採用されたこと、[6] 第四に、損害の有無・損害額に関係なく保険者が給付をなしうる約定は人保険についてのみ可能であると述べられている。[7]

(2)　次に、学説における分類を見ておくこととする。まず、E. Bruck は、保険の体系的分類は需要充足の機能にもとづいて行われるとする。この需要充足は、厳格に区別すべき二つの体系、すなわち、具体的需要充足の体系と抽象的需要充足の体系によって行われる。需要充足のこの体系は、一定の保険部門は右のいずれかの体系に従って行われるということを考慮している。その結果、具体的需要充足の体系は、被保険者の利得禁止のため、原則として抽象的需要充足の体系によって置き換えることはできない。これに対し、抽象的需要充足の体系は具体的需要充足の体系によって置き換えることは可能であるとする。[8] その例として、傷害・疾病・廃疾・葬祭の保険があるとする。また、J. v. Gierke は、保険契約の分類基準として、危険、保険事故の対象、保険者の給付の内容を挙げている。

そして、危険を基準として、火災・雹害・運送・生命・傷害・責任保険等の分類が、保険事故の対象を基準として、財産・人・責任保険の分類が、保険者の給付の内容を基準として、損害保険と定額保険の分類がそれぞれ行われるとする。(9) さらに、Bruck-Möller は、保険契約を、保険の対象、需要充足、保険危険を基準として分類している。保険の対象を基準として、人保険と非人保険に、需要充足を基準として、損害保険と定額保険にそれぞれ分類する。そして、損害保険は具体的需要充足に従って行われ、利得禁止が適用される。利得禁止は損害保険にのみ妥当する。人保険では、定額保険と損害保険の選択が、それゆえ、生命・傷害・疾病保険では抽象的需要充足と具体的需要充足のいずれも可能である。生命保険は、それが具体的な葬祭料のみが支払われるときは、損害保険である。人保険が損害保険として行われるときは、利得禁止が適用される。損害保険の内部において、積極保険と消極保険の区別が行われる。危険を基準として、危険の包括主義と限定主義、保険部門と保険種類、陸上保険と海上保険に、それぞれ分類されるとする。(10) なお、最近の学説においても、損害保険と定額保険、積極保険と消極保険に、(11) 人保険と非人保険、損害保険と定額保険、陸上保険と海上保険に、(12) 需要の種類により損害保険と定額保険、危険の種類により人保険と非人保険、損害の種類により積極保険と消極保険に(13) という分類がそれぞれ行われている。

なお、スイスにおいて、W. Koenig は、保険保護の対象をもとにして保険の分類を行っている。すなわち、保険保護の対象により人保険と損害保険に、そして、損害保険の内部において物保険と財産保険を区別する。これによって、保険は、物保険、人保険、財産保険に分類されるが、これが保険の体系的分類を正当化ならしめる重要な法的分類であるとする。そして、物保険は物損害を塡補するにとどまるので、物損害を超える財産損害を塡補するものは物保険ではなく財産保険であること、また、人保険の本質は定額保険なので、保険者の給付義務が損害に関わらしめられるものは人保険ではなく財産保険である。さらに、財産保険における財産損害は、物・人の損傷の間接的結果として生ずるか否か、積極財産の喪失または消極財産の発生として生ずるか否かは問わないとする。(14)

三　わが国

わが国の学説においては、保険契約の分類に際して、あらかじめ一定の基準を設定することなく種々の保険を並列的に分類しているのが一般的のようであるが、一定の基準を設定し、その基準にもとづいて分類する学説が存在する。もっとも、後者の学説においても、基準の内容は必ずしも同じではない。(15)

四　考察

保険契約の分類ないし類型化は、前述したように、保険法ないし保険契約の全体の体系的把握、保険法の規定群の適用範囲の確定、及び新たに生まれる種類の保険の性格把握の目的を有し、この目的に役立つものであることを要する。(16) この観点からすると、保険契約は、保険者の給付の内容、保険事故発生の対象、保険事故に従って分類することが妥当である。①まず、保険者の給付の内容の差異によって、損害保険と定額保険に分類される。(17) 一般に、この分類が、「最も重要な分類」(18)、「最上級の分類」(19)、「最も理論的な分類」(20) であるとされる。損害保険は、事故による具体的損害を塡補する保険なので、これには利得禁止が適用される。非人保険は損害保険としてのみ締結されうる。これに対し、人保険は、定額保険と並んで損害保険としても締結できる。例えば、生命保険に関連して埋葬費が、傷害保険において治療費が、それぞれ塡補される場合がその例である。(21) 損害保険の内部において、積極保険と消極保険の分類が行われる。前者においては積極財産が保険に付されるので、物、債権、その他の権利、利益の期待が被保険利益となる。後者の保険の対象となる消極財産として、法律上の債務、契約上の債務（例として再保険）、必要費用、損失可能性（責任保険における不当請求の防御）が挙げられる。約定の金額が支払われる定額保険には利得禁止は適用されない。損害の有無及び損害額に関係なく約定金額が支払われる定額保険は、人に関してのみ認められる。(22) ②次に、保険事故発生の対象の差異により、人保険と非人保険の分類が行われる。人保険の特色は、保険事故が、人に関わるもの、直接に人体について発生するという点にある。(23) 人保険は、人体について発生する事故の差異により、死亡・生存保険、傷害保険、疾病保険等に区別される。人保険は損害保険としても行われることが多くなっている。人に関わりのない事故に対して確定金額を支払う保険は禁止される。人保険以外のすべての保険が、非人保険である。非人保険は、物保険とその他の財産保険に区別される。海上保険は、常に非人保険にして損害保険である。[24] 非人保険は、利得禁止を考慮して、損害保険としてのみ行われる。[25] ③さらに、保険事故の差異により、各種の保険部門、例えば、火災・運送・生命・傷害・疾病・責任保険等の分類が行われる。[26] この保険部門の内部において、保険の種類が区別される。保険の種類は、保険事故、保険事故の対象等の特殊性のため、きわめて多様である。例えば、火災保険の内部において建物火災保険と動産火災保険が、生命保険の内部において死亡保険と生存保険が、責任保険の内部において、責任の種類により責任保険の種類が、それぞれ区別される。[27] 以上において、保険者の給付の内容、保険事故発生の対象、保険事故の差異という、保険契約の構造の差異の観点から保険契約を分類したが、この分類は網羅的な分類であり、この分類によって、保険契約の全体の体系的把握が可能になると考える。

（1）　J. v. Gierke, Versicherungsrecht, Erste Hälfte 1937, S. 91.

（2）　A. Manes, Versicherungswesen, 1. Allgemeine Versicherungslehre, 5. Aufl. Bd. 1, 1930 S. 11; なお、一九世紀後半のドイツにおいて、保険法の体系化に際して保険契約をいかに分類するかという困難な問題に直面していたが、この問題をめぐる主要な学説については、勝呂弘・損害保険論選集六四―六七頁参照（千倉書房、一九八五年）。

（3）　Entwurf eines Gesetzes über den Versicherungsvertrag 1903, S. 56.

（4）　Bruck-Möller, Kommentar, 8. Aufl. Bd. 1, 1961, S. 103.

（5）　E. Bruck, Das Privatversicherungsrecht 1930, S. 62; なお、A. Richter, Privatversicherungsrecht 1980, S. 56 も参照。

（6）　H. Eichler, Versicherungsrecht 1976, S. 227.

（7）　Eichler, a. a. O. S. 228; E. Hofmann, Privatversicherungsrecht, 3. Aufl. 1991, S. 28.

（8）　Bruck, a. a. O. SS. 62–63; なお、他に需要充足の体系による分類として、Vgl. H. Möller, Versicherungsrecht, 3. Aufl. 1977,

S. 35; M. Werber-G. Winter, Grundzüge des Versicherungsvertragsrechts 1986, SS. 17-18.

（9） Gierke, a. a. O. SS. 91-105; なお、田辺康平「保険契約の分類」保険契約の基本構造一一―一二頁も参照（有斐閣、一九七九年）。

（10） Bruck-Möller, a. a. O. SS. 103-106; Möller, a. a. O. SS. 33-42 も参照。

（11） Eichler, a. a. O. SS. 227-230.

（12） Richter, a. a. O. SS. 54-56.

（13） Werber-Winter, a. a. O. SS. 17-19.

（14） W. Koenig, Schweizerisches Privatversicherungsrecht, 3. Aufl. 1967, SS. 212-215; なお、Koenig の見解に対する疑問として、田辺・前掲一五―一七頁参照。

（15） 例えば、青山衆司・保険契約論上巻三九―四五頁は、保険の実質と形式という基準を（巖松堂、一九二〇年）、田辺康平・新版現代保険法六―一四頁は、保険の行われる目的、保険契約の内容、その他という基準を立てている（文眞堂、一九九五年）。

（16） 田辺・前掲基本構造三頁も参照。

（17） なお、田辺・前掲基本構造三〇頁以下は、損害保険と定額保険も保険保護の対象としての利益は認められるが、その算定の可能・不可能という利益の態様の差異のために保険者の給付も異なるので、損害保険と定額保険の分類が行われるとする。

（18） Gierke, a. a. O. S. 103.

（19） Eichler, a. a. O. S. 227.

（20） 田辺・前掲新版現代保険法一三頁。

（21） Bruck-Möller, a. a. O. S. 104; Eichler, a. a. O. S. 228; Hofmann, a. a. O. SS. 28-29.

（22） a. a. O. Entwurf, S. 56; Gierke, a. a. O. S. 104; Eichler, a. a. O. S. 228; Hofmann, a. a. O. S. 28; もっとも、大森忠夫・保険契約法の研究八七―八八頁は、立法論としては、物についても定額保険が可能であるとすべきであるとする（有斐閣、一九六九年）。

（23） Bruck-Möller, a. a. O. S. 103; Möller, a. a. O. S. 34; Eichler, a. a. O. S. 228.

（24） Möller, a. a. O. S. 42; Richter, a. a. O. S. 56.

（25） Möller, a. a. O. S. 35; Hofmann, a. a. O. S. 29; Richter, a. a. O. S. 55; Werber-Winter, a. a. O. S. 18.

（26） Gierke, a. a. O. SS. 92-94; なお、責任保険の保険事故につき、請求説に立つと責任保険は請求という特殊な事故に関する保険ということになるが、損害事故説に立つと単に他人の財産・身体等の侵害を事故とする保険と考えるべきことになるものと思われる。

（27） Gierke, a. a. O. SS. 96-97.

第三款　責務

一　緒説

「責務」という法技術概念は、保険法の全体に関わる最も基礎的ないし中心的概念であり、ドイツにおいては、一九二〇年代になると、責務に関する諸問題をめぐる研究が本格化している。その諸問題の指摘、その諸問題のうち、責務の法的性質、責務と他の危険制限との限界づけの基準に関する見解の状況については、すでに概観したとおりである（第一章第四節第二款三）。以下においては、ドイツに関しては、第一に、責務違反要件の確立・修正の過程、第二に、責務の法的性質、第三に、責務と、他の危険制限との限界づけ、第四に、第三者の責務違反に対する保険契約者の責任につき[1]、また、わが国に関しては、右の第二以下の問題について、それぞれ考察することとする。

二　ドイツ

(1)　ドイツ保険契約法六条は、保険契約によって約定された責務の違反を理由とする保険者の給付免責の要件として、保険契約者の帰責事由、保険者の解約、責務違反と保険事故発生等の間の因果関係の必要性を定め、一五ａ条は、これらの要件を保険契約者の不利益において変更する合意を保険者は援用できないと定め、責務違反要件の半面的強行法性を宣明している。

そこで、まず、責務違反要件の確立過程を概観することとする[2]。一七九四年のプロイセン普通法は、帰責事由を考慮せず、因果関係にも着眼せず、責務違反の場合には保険者の表明を要することなく違反の効果が発生すると解されていた。この法律の欠陥は、責務について契約自由の制限に関する規定を定めず、保険者に広範囲にわたる自由を認めていたという点にある[3]。また、一八七〇年以前の判例、法律草案、学説においては、帰責事由と因果関係の双方を必要とするものと双方とも不要とするもの、帰責事由は必要であるが因果関係は不要とするもの、帰責事由は不要であるが因果関係は必要であるというように、きわめて区々であった。そして、帰責事由を必要とする見解の内部においても、帰責事由の程度に関して見解が分かれていた[4]。一八七〇年以後の判例、学説、法律草案においても、帰責事由は必要であるが因果関係は不要とするもの、帰責事由は不要であるが因果関係は必要であるというように、区々であった。そして、帰責事由を必要とする学説の内部においても、この原則が適用される責務の範囲に関して見解が分かれていた[5]。このように、帰責事由と因果関係の要否に関する見解は、複雑な様相を呈し混沌とした状況にあった。一九〇三年の保険契約法草案は、右で述べた諸見解の妥協のもとに作成されたが、草案の規定をめぐって激しい論争が行われた[6]。その論争を経て[7]、前述した保険契約法六条・一五a条の規定が定められたのである。

このように、ドイツ保険契約法六条・一五a条の規定は[8]、このような規定を有しないわが国と比較してきわめて注目に値する。しかし、それにも増して注目すべきことは、ドイツでは、とくに一九六〇年代の判例と学説によって、保険契約者保護の強化との関連において、前述の要件に大きな修正が加えられるに至ったということである。すなわち、まず帰責事由に関し、故意の存在の認定が厳格化され、帰責事由の存在に関する立証責任が保険者に転換され、保険者の教示義務理論の確立が挙げられる[9]。また因果関係に関し、法律上は重過失による責務違反に限って適用される因果関係原則を故意による責務違反にも適用し、さらに保険者の解約に関し、法律規定の厳格な適用による解約義務の厳格な履行を要求した[10]。このように、判例、学説は、法律に対する違反とまで評価されうる解釈態度を示していたが、その際に用いられた法理論が、信義則、実質的衡平、相当性の原則である[11]。判例・学説のこのような解釈態度は、その基本において、わが国の問題を考える際にも貴重な示唆を与えてくれるものと思われる。

(2)　周知のとおり、責務は義務的性格を有するか、これが肯定されるとして、いかなる性質を有する義務と解されるかという問題をめぐる論争には決着が見られない[12]。この論争の具体的な実益に関しては評価が分かれうるが、多くの実益の存在についてはすでに具体的に実証されているところである。

責務の法的性質をめぐるドイツの本格的な論争は、一九五三年に発表されたR. Schmidtの論文[13]において開始したということについては異論はあるまい。しかし、それ以前においても、断片的ではあるが、論争のための発端が示されていた[14]。そして、この問題を考察する際の視点として、倫理的観点に立脚するもの、責務の履行について存在している保険者と保険契約者の利害状況に着眼するもの、責務の不履行のときに発生する法効果に着眼するもの、種々に段階づけられた義務の体系に着眼するものがある[15]。そして、Schmidtは、法規範には、人から一定の行為を期待する目的論的強制を定める場合と、人の一定の行為に対して不利益を与える強要要件を定める場合があるが、真正の義務と責務は、右の双方を組み合わせた目的論的強要要件に属すること、他方、真正の義務と責務は法的強制の点において区別され、責務は「より弱い効力を有する目的論的強要要件」に属するとする。この見解の最大の特色は、より弱い強制度の義務を真正の義務から区別したという点に求められる[16]。

現在のドイツにおいて、責務の法的性質をめぐって、前提説、義務説、その中間としてSchmidtの前述の説が主張されている[17]。前提説は、責務は権利者に訴求・執行可能性及び履行・賠償請求権を与えるものではなく、反対に、責務の負担者はその不履行の場合に生ずる不利な法効果を防止するために自己の利益において行動していると主張している[18]。前提説の最大の特色として、責務は、保険者と保険契約者の両当事者を債権法的に拘束したり独立の経済的反対給付を意味するものではなく、保険契約者の一定の行動を保険金請求権の取得ないし保持のための単なる前提にすぎない、と解している点に求められる。他方、義務説は、その理由として、次のように述べている。第一に、保険契約法の理由書は、保険契約者に「課されている義務（obliegende Pflichten）」の違反は保険者の損害賠償請求権を基礎づけると述べていること、第二に、保険契約法自身も責務を真正の法的義務と表現している場合として、「義務（Pflicht）」という用語を使用していること（その例として、三三条、四一条、六二条、六九条、九二条、一一〇条、一七一条等)、保険契約者は告知または履行「しなければならない」という用語を使用していること(その例として、六条、一六条、二三条等)、保険者は「求めることができる」という用語を使用していること(その例として、三四条)、第三に、責務が訴求可能性を有し、その違反のときに損害賠償請求権が発生するか否かということは、法的義務としての責務の法的性質の判断にとっては重要でない。けだし、訴求が不可能であるとしても義務性を有する真正の義務も存在するからである(非独立の従たる義務)。前提説は、論理的に単なる効果でありうるにすぎないことを責務の定義の中に採り入れている。第四に、前提説は、責務違反の場合、保険者は、給付免責されるということによって、十分に保護されるとするが、例えば、火災保険においては、保険者はこの場合にも抵当債権者に対しては給付義務を負担する(保険契約法一〇二条・一〇三条)と述べている[19][20]。なお、最近、責務の法的性質をめぐる議論につき、第一に、理論的に、本来、何が議論の対象であるかということが全く不明確であること、第二に、見解の対立にもかかわらず結論が接近していることから、実際上の結果は余り異ならないという指摘がなされている[21]。右の指摘のうち、第一の指摘は、今後の研究の在り方との関連において傾聴に値する。

(3)　前述したように、ドイツ保険契約法六条・一五a条は、保険契約によって約定された責務の違反要件の半面的強行性を宣明している。そこで、責務と、その他の危険制限をいかに、そしていかなる基準にもとづいて限界づけるか、また、実際には責務なのにこれに危険制限という表現・法形式を用いることによって責務に関する規定の適用を免れることは認められるかということが問題となる。ドイツ保険契約法における諸問題の中で、この問題ほど最も困難で長年にわたって激しく論争されている問題は少ないといわれている[22]。

ところで、責務は、保険契約者に作為または不作為という一定の行動を課す行動規範なので、保険契約者に行動義務を課している場合には「真正の責務(echte Obliegenheit)」が存在する。そして、行動と無関係な危険制限と責務との区別に関しては、困難な問題は生じない。これに対し、行動と関係する危険制限と責務との区別に関しては困難な問題が生ずる。この場合には、危険制限と責務はいずれも保険契約者の行動に関係しているからである。[23] 保険者は、責務に関する強行規定の適用を回避するために、実際には保険契約者の行動を対象とする責務に属するにもかかわらず、保険約款において危険制限という表現・法形式を用いることがある（いわゆる「隠された責務（verhüllte Obliegenheit）」）。まず、行動説は、保険契約者の行動が問題となる場合には責務の存在を認め、これには保険契約法の前述の規定が適用されるとする。行動説は、RGとE. Bruckによって提唱され、H. Möllerによって包括的に体系化されたもので、BGHの立場でもある。BGHによると、保険約款の中のある条項が責務と危険制限のいずれを定めているかの解釈に際しては、その条項の「表現」または保険約款の中における条項の「体系的地位」という形式によってではなく、その条項が保険契約者の行動を対象としているか否かという実質的内容を基準とすべきこと、それゆえ、形式的には危険制限とされていても、そこに責務が隠されているときは、保険契約法六条が適用されるとする。その理由として、保険契約法六条・一五a条の空洞化防止を挙げている。[24] それにもかかわらず、個々の具体的事例における両者の限界づけにはきわめて大きな困難が伴う。[25] これに対し、O. Hagenが提唱し、E. Prölssによって強力に支持されている除斥説によると、条項の表現、保険約款の中における条項の体系的地位が、条項の性格の解釈基準となること、保険契約者の行動が問題となる場合にも危険制限を約定することは、契約の自由として承認されるとする。[26] 行動説と除斥説の対立は、より基本的・本質的には、ある条項の解釈基準、法解釈方法論、強行規定のもとにおける契約自由の射程範囲等という、広くて深い困難な問題に関わる見解の対立ということができる。[27]

(4)　責務は、本来は保険契約の当事者としての保険契約者が負担する。問題は、保険契約者と一定の関係にある第三者の責務違反を保険契約者のそれと同一視することが可能か否かということである。[28]

まず、履行補助者の過失に対する債務者の責任を定めているドイツ民法二七八条の適用の可否が問題となる。この規定でいう「履行補助者」とは、判例によると、事実上の事情により、債務者の意思にもとづいて、債務者が負担している「債務（Verbindlichkeit）」の履行に際して補助者として活動する者とされる。[29] そして、この規定の適用を肯定する見解が存在するが、[30] 学説及び判例は否定している。否定の理由として、第一に、民法二七八条は、その表現からして「債務」の履行を要件としているが、責務は「法的義務」ではないので、責務の履行は法的義務の履行ではないこと、[31] 第二に、民法二七八条を適用すると、保険契約者の保険保護が著しく低下ならしめられる。けだし、保険契約者は、被保険危険に関わる行為を委ねたすべての下位の補助者（untergeordnete Hilfspersonen）の行為についても責任を負わなければならず、そのことは、保険契約者の保険保護を過度に制限することになるからである。[32] 民法二七八条の射程範囲は余りにも広すぎるので、一般的に被保険危険と関わりを有しない補助者の責務違反についてまで保険契約者から保険保護を奪うことになるとされる。[33]

そこで、代表者責任理論が主張される。この理論は、責務違反の場合のみならず、責務違反とは解されない保険事故招致（主観的危険事情除斥）の場合にも適用されている。[34] もっとも、判例の代表者概念には多くの変遷が見られる。[35] まず、ＲＧは、被保険危険が属する業務の範囲において「契約または類似の関係にもとづいて保険契約者の代り」となる者を代表者と判示した。[36] ＢＧＨもこの公式を継承し、代表者とは、被保険危険が属する業務の範囲において代理または類似の関係にもとづいて保険契約者の代りとなる者をいうと判示している。[37] それゆえ、単に保険の目的物についての管理を委ねられているというだけでは十分ではない。[38] そして、ＢＧＨの以前の判決は、独立して、一定の全く重要でなくはない範囲において保険契約者のために行為を行うこと（危険管理（Risikoverwaltung））、その際、保険契約にもとづく保険契約者の権利・義務にも配慮する（契約管理（Vertragsverwaltung））[39] 権限を有することを要すると判示していた。この判決は、契約管理権限の存在を要求することによって、代表者概念に制限を加えている。[40] その後、ＢＧＨはこの制限を放棄し、契約管理権限をも有することは要しないとした。[41] その結果、現在では、通常は危険管理が代表者であることの地位を基礎づけるとされている。そして、BGHは代表者責任の根拠を、衡平の考慮に求めている。すなわち、保険契約者は、危険管理に関して第三者をして自己の身代りとさせることによって保険者の地位を悪化ならしめることは禁止されるとする。それゆえ、第三者に対する保険契約者の責任は、第三者の「危険管理」に関連づけられているのであって「契約技術上の管理」に関連づけられているのではないとされる(42)。BGHのこの判例は、学説の支持を得ている。その理由として、第一に、契約管理と代表者責任原則との結合は調和しえないこと(43)、第二に、第三者に契約管理も委ねられているといいうるためには、保険契約にもとづく権利・義務の委託が包括的であり、第三者が保険契約者の身代りとなることが必要であるが、危険管理と並んでこのような契約管理をも必要とすると、代表者は実際上で存在しえなくなるとされる(44)。なお、代表者概念は法律上で承認されている概念ではないので、判例は次第に「危険管理」という要件を厳しく解し、保険契約者は「保険の対象についての処分権限と責任を完全に放棄していなければならない」と判示している(45)。そのため、多くの場合に、代表者の行為に対する保険契約者の責任は稀にのみ考慮されているといわれる(46)。

ドイツにおいて、代表者責任に関する判例は、判決を下している裁判所、当該の保険部門、代表者概念の多くの変遷等により、不統一で見解が異なっていると指摘されている(47)。

三　わが国

ドイツにおいては、保険契約者の諸義務を、真正の義務（保険料支払義務）と責務に分け、告知義務、危険増加に関連する義務、保険事故の通知義務、損害防止義務等を責務に位置づけるのが一般的である(48)。これに対し、わが国においては、保険料支払義務以外の右の諸義務の法的性質につき、それぞれの義務について異なった見解が主張されている。すなわち、まず、告知義務の法的性質につき、前提要件と解することにおいてほぼ一致しているが(49)、弱い効力を有する義務と解する見解もある(50)。また、危険増加の通知義務の法的性質につき、通説は真正の義務・純粋の債務と解しているが、[51] 間接義務・前提要件と解する見解も主張されている。[52] また、保険事故発生の通知義務の法的性質につき、真正の義務と解するのが通説であるが、[53] 不利益を避けるための前提要件、[54] 保険者の請求権が対立する意味での義務ではないが違反のときに損害賠償請求権が発生するとする見解がある。[55] さらに、損害防止義務の法的性質につき、通説はその違反のときに損害賠償請求権が発生するとするが、その請求権発生の根拠につき、債務不履行説[56]と不法行為説[57]に分かれていること、これに対し、不履行によって発生・拡大した損害について保険者は免責されるとする有力な見解も主張されている。[58] このように、わが国の学説はかなり複雑な様相を呈しているという状況にあること、しかも、それぞれの学説はその理由を必ずしも明確に示しているとはいいえない。

四　考察

(1)　ところで、保険料支払義務以外の義務は、通常の義務と区別して責務と解するのが妥当であるが、この責務の法的性質につき、わが国においても見解は分かれている。まず、前述したSchmidtの法律強制理論に従って、「弱き効力しか有さないとはいえ義務性」を有するとする見解がある。[59] しかし、以下のような疑問がある。第一に、右の見解は、責務違反の効果は通常の義務違反の効果よりも「より弱い」と表現しているが、この表現は正確でない。けだし、責務違反の効果は権利の喪失であるのに対し、通常の義務違反の効果は履行強制、損害賠償責任の発生であり、発生する効果の単なる程度の差異にとどまるものではないからである。第二に、「より弱い」効力という表現にも疑問がある。すなわち、通常の義務の違反の場合には損害賠償責任が発生するのに対し、責務の違反の場合には権利の喪失という効果が発生するが、違反に対する制裁という実際的な観点からすると、後者の効果のほうが前者の効果よりも強力な制裁を意味する。このような強力な制裁と「より弱い」効力という考えは調和しえないように思われる。第三に、右の見解は、責務の履行は保険者と保険契約者の双方の利益のためになされ、責務の履行については保険者と保険契約者の併存せる利益状況が認められるとするが、疑問である。保険者は、保険契約者が責務を履行する場合よりも履行しない場合のほうが有利である。保険者は、前者の場合には給付義務を負い、後者の場合には給付免責されるからである。法がある者に義務を課しその履行を強制するのは、その相手方がそのことについて法的保護に値する利益を有しているからである。しかし、保険者は保険契約者が責務を履行することについてこのような利益を有しないと解される。これによって、責務の義務的性格は否定される。(60)

責務と通常の義務は、共に行動規範であるという点において共通している。しかし、その行動規範が「履行される」ことについての利害状況に関して両者は区別される。行動規範が履行されることについての保険者の利益は、通常の義務の場合には肯定されるのに対し責務の場合には否定される。責務の履行について利益を有するのは、保険者ではなく保険契約者である。結局、責務の履行は、権利の取得ないし保持、権利喪失の防止のための前提であり、責務の法的性質については前提理論が妥当である。(61) その結果として、第一に、責務の履行強制と不履行の場合の損害賠償責任の発生は否定される。例えば、告知義務違反の場合の保険者の保険料取得権の根拠として、告知義務を契約締結過程における一種の契約上の義務と構成し、(62) 告知義務違反はこの契約上の義務違反を意味するという構成は考えられうる。しかし、告知義務の法的基礎づけとして契約上の義務と解することが妥当であるか否かに関して、ドイツでは激しい論争が行われており、慎重に判断することを要する。第二に、第三者の責務違反に対する保険契約者の責任につき、これは責務の法的性質論とは必ずしも当然かつ論理的に関わりを有するものではないと考えられるが、(63) 代表者責任理論で処理するのが妥当である。第三に、責務の法的性質論は、保険者と保険契約者との約定によって、保険契約の締結に関与しない他人に責務を課す保険契約の効力を判断する際にも重要な意味を有する。このような保険契約の効力は、責務の履行強制と損害賠償責任の発生を肯定する真正義務説のもとにおいては認められず、われわれの前提理論のもとでは認められることになる。(64) 第四に、前提理論によると、保険契約者は責務を履行しないかぎり保険金請求権を取得しない。そこで、例えば、残存物代位において、残存物に付着する負担は保険者に移転せず被保険者がこれを除去する義務を負うこと、そして、この義務を責務と解すると、被保険者は負担を除去しないかぎり保険金請求権を取得しないことになる。しかし、全損の発生とともに保険者は保険金支払義務を負うのであり、保険者は被保険者が負担を除去しないことを理由として保険金の支払いを拒絶することはできないといわなければならない。(65)

(2)　前述したように、ドイツ保険契約法には六条・一五a条の規定が存在するため、責務とその他の危険制限をいかなる基準にもとづいて限界づけるかということが重要な問題となる。そこで、このような規定が存在しないわが国において、ドイツにおける前述の議論はいかなる意味を有するかということが問題となりうる。この点につき、商法の解釈論として、契約にもとづく責務に法律上の責務に関する商法六四四条・六四五条・六五七条の規定を類推適用するのが妥当であるとする注目すべき見解が主張されている。(66)この見解に従って商法の規定を見ると、六四四条・六四五条においては、帰責事由、解除、因果関係の存在が必要とされ、六五七条においても解除が予定されており、因果関係に着眼する見解も存在する。(67)そして、家計保険については、これらの要件を当事者の不利益において変更することはできないとする見解が有力に主張されている。(68)その結果、わが国においても、ドイツにおけると同様の議論が生ずる余地は十分にありうる。(69)そして、責務と危険制限の限界づけに関し、ドイツでは基本的には行動説と除斥説が主張されているが、わが国についても行動説を支持すべきものと考える。その結果、第一に、保険約款における一定の条項が責務と危険制限のいずれを定めているかということについての判断基準は、その条項の表現とか保険約款中における条項の体系的地位という形式にではなく、その条項が保険契約者の行動を対象としているか否かという実質に求められること、第二に、保険者の給付義務が保険契約者の行動に関わらしめられている場合には、危険制限の約定は許されないということになる。(70)

(3)　第三者の行為に対する保険契約者の責任の問題に関し、わが国では保険事故招致の場合を中心に議論されているが、責務違反の場合にも一般的に問題となりうる。そして、この問題は、代表者責任理論の適用によって判断するのが妥当である。この場合の代表者とは、保険契約者が保険の目的物についての管理者としての地位から完全に退き、自己の身代りとして保険の目的物について事実上の管理を委ねているその第三者をいう。このような第三者の責務違反または保険事故招致を保険契約者のそれと同一視することなく保険者に責任を負わせることは、保険者の法的地位を本質的に悪化ならしめ、衡平の考慮という原則に反する。[71] そして、代表者とは右に述べた者を意味するが、その際、なお考慮すべき問題として、第一に、契約の管理権限をも委ねられていることを要するか否か、第二に、保険の目的物についての危険管理の期間を問題とすべきか否か、第三に、危険管理に関し、保険契約者は保険の目的物についての処分権限と責任を完全に放棄したことを要するか否か、第四に、危険管理の委託の原因として代理またはこれと類似の関係が存在することを要するか否か、という問題がありうると思われる。[72]

なお、最近のドイツにおいて、判例の代表者責任の要件とされる①「代理または類似の関係」、②「保険契約者に代わる」、③「被保険危険が属する業務の範囲」、④「代表者の任命の必要性」、⑤第三者の「危険管理」・「契約管理」・「独立の行為権限」等につき、厳密な分析と批判的検討を加える研究がきわめて活発・深化している。[73] そこで、ドイツのこの研究を参照すること、そして、RG及びBGHのもとにおける代表者責任の要件に関する学説を跡づけることは、わが国における研究にとって多くの貴重な示唆を与えてくれるものと考える。

(1)　本文で述べたことが責務に関するドイツの主要な論争問題であるということについては、Vgl. Bruck, Obliegenheit, Lexikon, SS. 1105–1108; T. Honsell, Versicherungsvertragsrecht, Obliegenheiten, HdV, SS. 1197–1201.

(2)　この問題については、Vgl. G. Klaiber, Verschulden und Kausalität bei Obliegenheitsverletzungen im Versicherungsvertragsrecht 1958, SS. 34–65.

(3)　坂口光男・保険者免責の基礎理論二三八―二三九頁（文眞堂、一九九三年）。

(4)　この点の詳細については、坂口・前掲二三九―二四五頁参照。

（5）この点の詳細については、坂口・前掲二四五—二四九頁参照。
（6）その論争の状況については、坂口・前掲二四九—二五三頁参照。
（7）その後の一九〇六年の草案の規定については、坂口・前掲二五三—二五四頁参照。
（8）なお、保険契約法六条に定められている諸要件の詳細な分析については、坂口・前掲七八—七九頁参照。
（9）この点についての判例・学説の詳細については、坂口・前掲二六七—二八二頁参照。
（10）この点についての判例・学説の詳細については、坂口・前掲二八二—二九一頁参照。
（11）坂口・前掲三〇一—三〇三頁参照。
（12）この点については、さしあたり、石田満・保険契約法の基本問題七九—九〇頁参照（一粒社、一九七七年）。
（13）R. Schmidt, Die Obliegenheiten 1953, XXII＋338 S.
（14）この点については、坂口・前掲三—一一頁参照。
（15）この点に関する諸見解の詳細については、坂口・前掲一二—二二頁参照。
（16）なお、Schmidt の見解に対する疑問点については、坂口・前掲一七—一九頁参照。
（17）Vgl. H. L. Weyers, Versicherungsvertragsrecht 1986, S. 124.
（18）Vgl. Berliner Kommentar, SS. 158–159 (Schwintowski).
（19）Prölss-Martin, Kommentar, S. 177 (Prölss).
（20）なお、スイスの有力説は混合説に立ち、責務違反によって損害賠償義務が発生するか否かを区別し、前者の場合には法的義務説に、後者の場合には前提説に立っている。そして、告知義務と損害防止義務は法的義務、危険状態維持義務は前提であると主張している (W. Koenig, Schweizerisches Privatversicherungsrecht, 3. Aufl. 1967, SS. 137–138)。
（21）Weyers, a. a. O. S. 123.
（22）Vgl. Berliner Kommentar, S. 160 (Schwintowski)；E. Hofmann, Privatversicherungsrecht, 3. Aufl. 1991, S. 119；Weyers, a. a. O. S. 136.
（23）G. Winter, Versicherungsvertragsrecht, Risikobeschreibungen und -beschränkungen, HdV, S. 1205.
（24）BGHZ 51, 356.
（25）Vgl. Hofmann, a. a. O. S. 119.
（26）Prölss-Martin, a. a. O. S. 169 (Prölss)；行動説と除斥説の問題点及び相互の批判の詳細については、坂口・前掲八九—一一二頁参照。
(27) この点については、坂口・前掲一二五―一三〇頁参照。
(28) この点に関する問題の状況については、Vgl. Hofmann, a. a. O. SS. 129–130.
(29) Vgl. Palandt, Bürgerliches Gesetzbuch, 65. Aufl. 2006, S. 348.
(30) Prölss–Martin, a. a. O. S. 182 (Prölss) は、制限された範囲においてではあるが「適用」を肯定している。
(31) Berliner Kommentar, S. 204 (Schwintowski); W. Römer–T. Langheid, Kommentar, S. 205 (Römer).
(32) Berliner Kommentar, S. 204 (Schwintowski).
(33) Hofmann, a. a. O. S. 130; なお、わが国の民法学においても、履行補助者の内容は多種多様であり、その範囲はかなり広いとされている（注釈民法⑽債権⑴四二六―四二七頁（北川筆）（有斐閣、一九八七年））。
(34) 代表者責任理論の適用が最も問題となる重要な場合は、保険契約にもとづく責務、危険状態維持義務及び保険事故招致の場合であるとされる（A. Kampmann, Die Repräsentantenhaftung im Privatversicherungsrecht 1996, S. 12f）。
(35) ＲＧの第一段階から第三段階まで、ＢＧＨの第四段階から第五段階までの跡づけの詳細については、Vgl. Kampmann, a. a. O. SS. 43–83.
(36) RGZ 135, 370; RGZ 83, 43 (Vgl. Berliner Kommentar, S. 205 (Schwintowski)).
(37) BGHZ 107, 229; BGHZ 24, 378 (Vgl. Berliner Kommentar, S. 206 (Schwintowski)).
(38) Berliner Kommentar, S. 206 (Schwintowski); Römer–Langheid, a. a. O. S. 205 (Römer).
(39) 契約管理権限の例として、保険事故発生後の保険者との交渉権限が挙げられる（P. Schimikowski, Versicherungsvertragsrecht, 3. Aufl. 2004, S. 171）。
(40) もっとも、この判決は、従来の判例の変更を意味するのか、それとも単に解釈を明確化したにとどまるのかということが問題となるが、この点については、Vgl. H. Schirmer, Der Repräsentantenbegriff im Wandel der Rechtsprechung 1995, SS. 29–33.
(41) BGHZ 122, 250 (Vgl. Berliner Kommentar, S. 206 (Schwintowski)).
(42) Berliner Kommentar, SS. 206–207 (Schwintowski).
(43) R. M. Beckman–A. M. Beckmann, Versicherungsrechts–Handbuch 2004, S. 827 (Looschelders).
(44) Berliner Kommentar, SS. 206–207 (Schwintowski); Römer–Langheid, a. a. O. S. 207 (Römer).
(45) Berliner Kommentar, S. 207 (Schwintowski); Schimikowski, a. a. O. S. 169.

(46) Schimikowski, a. a. O. S. 169.
(47) Berliner Kommentar, S. 207 (Schwintowski).
(48) 例えば、E. Bruck, Das Privatversicherungsrecht 1930, SS. 243-363; H. Möller, Versicherungsvertragsrecht, 3. Aufl. 1977, SS. 86-154; K. Sieg, Allgemeines Versicherungsvertragsrecht, 2. Aufl. 1988, SS. 101-140; Hofmann, a. a. O. SS. 105-135.
(49) 粟津清亮・日本保険法論・最近保険法一六九頁（粟津博士論集刊行会、一九二八年）、松本烝治・保険法一〇一頁（中央大学、一九一五年）、水口吉蔵・保険法論二九九―三〇〇頁（清水書店、一九一六年）、青山衆司・保険契約論上巻一九三頁（巖松堂、一九二〇年）、野津務・新保険契約法論二一五頁（中央大学生協出版局、一九六五年）、小町谷操三・商法講義巻二商行為・保険一九二頁（有斐閣、一九五〇年）、石井照久・商法Ⅱ二八八頁（勁草書房、一九五七年）、伊澤孝平・保険法一六六頁（青林書院、一九五八年）、大森忠夫・保険法〔補訂版〕一一七頁（有斐閣、一九九〇年）、田辺康平・新版現代保険法四七頁（文眞堂、一九九五年）。
(50) 石田満・商法Ⅳ（保険法）〔改訂版〕七四頁（青林書院、一九九七年）。
(51) 松本・前掲一〇一頁、青山・前掲二五三―二五四頁、小町谷・前掲二〇一頁、伊澤・前掲二六八―二六九頁。
(52) 田辺・前掲一五七頁。
(53) 松本・前掲一〇一頁、水口・前掲五一五頁、青山・前掲二五三頁、小町谷・前掲二〇三頁、大森・前掲一六九頁、西島梅治・保険法（第三版）一一二頁（悠々社、一九九八年）。
(54) 野津・前掲二九五頁、田辺・前掲一五七―一五八頁。
(55) 石井・前掲三三一頁。
(56) 粟津・前掲二五一頁、松本・前掲一一四頁、青山・前掲二六六頁、小町谷・前掲二〇三頁、伊澤・前掲二八八―二八九頁、大森・前掲一七二頁、石田・前掲保険法一七六―一七七頁。
(57) 野津・前掲二五八頁。
(58) 石井・前掲三二九―三三〇頁、田辺・前掲一六〇頁、西島・前掲二一〇頁。
(59) 石田・前掲保険法七四頁、同・前掲基本問題九〇頁。
(60) 詳細については、坂口・前掲二七―二九頁参照。
(61) 詳細については、坂口・前掲二九―三二頁参照。
(62) 石田・前掲基本問題一七二頁。

(63)　Vgl. H. Eichler, Versicherungsrecht, 2. Aufl. 1976, S. 57.

(64)　詳細については、坂口・前掲三七—六八頁参照。

(65)　この問題については、坂口光男「残存物代位と負担の帰属」損害保険研究六五巻一・二号合併号一三一—一三二頁参照。

(66)　石田・前掲基本問題七四頁。

(67)　その見解については、坂口・前掲免責の基礎理論七三頁注（8）参照。

(68)　その有力説については、坂口・前掲免責の基礎理論七三頁注（11）参照。

(69)　石田・前掲基本問題七四頁、九一頁注（9）、坂口・前掲免責の基礎理論七二頁。

(70)　坂口・前掲免責の基礎理論一二五—一三一頁。

(71)　Berliner Kommentar, S. 206 (Schwintowski).

(72)　Vgl. Berliner Kommentar, SS. 206–207 (Schwintowski); Römer–Langheid, a. a. O. SS. 206–208 (Römer); なお、わが国の保険約款の免責条項における「取締役」とは、保険の目的物の現実の管理と関係なく、形式的に「取締役の地位にある者」と解すべきか否かということも問題となるが、この問題については、さしあたり、山下丈「判解」ジュリスト一二九一号一一三頁以下参照。

(73)　例えば、Vgl. Kampmann, a. a. O. SS. 43–68; F. Mordfeld, Der Repräsentant im Privatversicherungsrecht 1997, SS. 61–69; R. Cyrus, Repräsentantenhaftung des Versicherungsnehmers in Deutschland und Österreich 1998, SS. 19–30; H. Leonhardt, Die Repräsentantendoktrin im Privatversicherungsrecht 1999, SS. 35–44.

第四款　告知義務(1)

以下においては、主として、法理論的根拠、探知義務、因果関係、民法規定との関係を中心として考察することとする。

一　ドイツ

(1)　まず、告知義務の法理論的根拠について考察する。保険契約法の草案の理由書は、危険の種類と程度に関する保険者の正確な認識は保険契約者の協力（Mitwirkung）によってのみ得られるので、保険契約者に保険契約の締結に際して告知すべき責務を課すことが適切であること、保険契約者が告知をなすべきことは信義則の要求するところであると述べていた。(2) これに対し、学説は、三つのグループに分類されるといわれている。(3) 第一は、契約法における一般原則の表現と解する見解であるが、その見解の内部においても種々の見解が主張されている。この見解に対しては、告知義務は一般の債務法には存在しない特殊の法現象であり、保険契約の特殊性を考慮した法理論的根拠づけが必要であるとされる。(4) 第二は、告知義務を保険者と保険契約者間の特殊の関係の表現と解するもので、両者間には一般契約法による誠実関係を超えた特殊の法的関係が存在するとする。もっとも、この見解の内部においても見解が分かれており、保険契約の最大善意契約性に求め、保険契約は保険契約者の告知という黙示的条件のもとで締結されるとする見解、危険事情の認識についての契約当事者の平等確保に求める見解、保険契約の射倖契約性に求める見解があるが、これらの見解に対しても疑問が提起されている。(5) 第三は、保険取引の特殊性に着眼する見解で、この見解は二つに分かれている。まず、危険団体説によると、危険団体への保険契約者の糾合の結果として、個々の保険契約者は、形式的には保険者に対して、実質的には危険団体の他の構成員に対して、それぞれ特別の義務を負担するとする。これに対し、現在の有力説である技術的基礎説(6)によると、保険取引の技術的基礎からして、保険者は、危険測定上で重要な個々の事情の性質について正確な認識を得ることを要し、自らそのための努力をし、危険事情を調査すべきであるが、保険の特殊性にもとづく法的発展は、保険者に照会義務ではなく、危険団体の利益のために保険契約者に告知義務が課されたと述べている。(7) この技術的基礎説は、わが国の危険測定説に相当すると見てよかろう。

(2)　保険契約法一六条一項一文は、保険契約者に「知られている」事実について告知義務を負うと定めている。この点につき、保険契約法の草案の理由書は、一般的に探知（Nachforschungen）すべき義務を課すことは極端にすぎること、悪意で事実を知らなかった場合にのみ不知を主張してはならないと述べていた。(8) そこで、現在、次のような主張がなされている。①告知義務は知の表明（Wissenserklärung）を目的としているので、調査をなす必要はなく、また、重過失による不知も十分ではなく悪意で知らなかった場合にのみ不知を主張しえないだけである。(9) ②「知」とは、「意識されていること」ないし積極的に知っていることを前提とするので、知らないこと、知りうべかりしこと、かつては知っていたが現在は忘れてしまっていることは、知っていることには含まれない。(10) ③「知」とは、現実に存在しいつでも思い出しうる知を含んでいるので、その都度の相当の努力によって思い出すことができることも、知に属する。かつて事実を知っていた場合には、努力にもかかわらず思い出すことができない場合にのみ「失念」したということを主張できる。(11) ④仮に告知の前に記憶を調べなければならないとしても、探知・調査義務を負うのではないと主張されている。(12)

(3)　保険契約法二一条は、保険事故の発生後に保険者が解除した場合、告知義務違反の対象である事実が保険事故の発生及び保険者の給付の範囲に対して影響を及ぼさなかったときは、保険者の給付義務は存続すると定めている。(13) この規定は、契約の解除には遡及効があり当事者の給付義務も消滅するという解除の効果に関する一般原則に対する重要な例外をなしている。この点につき、保険契約法の草案の理由書は、この規定は保険者に不当な負担を負わせるものではないとし、その理由を次のように述べていた。第一に、保険者は契約の締結に際して実際に引き受けようと意図していた危険の事実の結果に対してのみ責任を負うこと、保険者は、もし事実が多くの点において保険者に対してなされた告知に相当していたならば負ったであろう以外の責任は負わないこと、第二に、保険者の利益は、因果関係の不存在についての立証責任は保険契約者に負わされているということによって、保護されると述べていた。(14) 要するに、保険契約者に帰責事由が存在するとはいえ、因果関係の不存在のときに保険契約者に不利益を負わせることは不当であると判断されたのである。(15) この規定は保険事故発生後の解除を前提としていること、解除が行われるのは多くは保険事故発生後である。[16] そして、この規定の当否をめぐって激しい議論が行われている。まず、この規定の不当性を主張するE. Bruckは、次のように述べている。すなわち、保険者の解除権は、不誠実な保険契約者を優遇することによって、切れ味の鈍い刀（Schwert mit stumpfer Klinge）となっている。保険者は、告知されていたならば保険契約に承諾を与えない。契約締結の段階においては、契約が成立するか否か、いかに成立するかということのみが問題となる。それゆえ、告知義務違反が保険事故の発生後に判明するとしても、告知義務違反の場合の解除の可能性は常に存在しなければならない。それにもかかわらず、一方では告知義務違反、他方では契約の締結との間の自然な関連性が、一方では告知義務違反、他方では保険事故発生との間の恣意的に作り出された関連性によって、犠牲にされることになる。法律によると、因果関係が存在しないときは、告知義務違反は度外視されることになると主張している。[17] この見解に対しては、第一に、保険契約法二一条の場合においては、保険事故によって保険者が契約締結の際に予定し計算していた危険が実現したものであること、保険者の契約解除権は告知義務違反に対する制裁と考えるべきではないこと、[18] 第二に、衡平の観点からして、告知義務違反によって保険者の危険負担の中に入り込んだ危険事情についてのみ保険者の責任が排除されると考えるべきであるとして、[19] 保険契約法二一条の規定の合理性が主張されている。

(4)　告知義務違反のときに、民法の錯誤及び詐欺との関係が問題となる。

(イ)　まず、錯誤との関係について述べる。保険契約法の草案の理由書は、解除権と並んで民法の規定により保険契約を取り消すという保険者の権利は問題となりえないとし、錯誤に関する規定の適用は排除されるとしていた。[20] しかし、その理由についてはとくに述べていない。これに対し、学説は、錯誤規定の適用排除の理由につき、次のように述べている。第一に、形式的理由として、保険契約法二二条は、危険事情に関する詐欺を理由とする保険者の契約取消権は影響を受けないと定めているが、その反対解釈として、錯誤を理由とする取消権は認められないこと、第二に、告知義務に関する強行規定の保護目的が挙げられる。すなわち、保険契約法は、告知義務違反の要件として保険契約者の帰責事由を（一六条三項、一七条二項）、保険者の給付免責のためには因果関係の存在を（二一条）、それぞれ要求している。もし錯誤に関する規定が適用されると、告知義務違反によって保険者が錯誤に陥ると、保険者は保険契約者に帰責事由がなくても保険契約を取り消すことができ、これにより告知義務に関する強行規定の保護目的は失われることになる。そこで、告知義務に関する保険契約法の特別規定は錯誤に関する一般規定の適用を排除するとする。[22] 第三に、危険事情に関する保険者の錯誤は民法一一九条の意味における錯誤ではない。けだし、危険事情に関する観念は保険者の意思表示の内容ではなく意思表示にとっての動機にとどまるからであるとする。[23][21]

(ロ)　次に、詐欺との関係について考察する。保険者は、保険契約者が危険事情に関して詐欺を行ったときは、保険契約を取り消すことができる（保険契約法二二条）。この点につき、保険契約法の草案の理由書は、次のように述べていた。すなわち、保険契約者が詐欺を行い、それによって保険契約が締結されている場合には、詐欺がなければ契約を決して締結しなかったであろうということを保険者が主張することは禁じられない（民法一二三条・一二四条）。そして、保険者が取消権を行使すると契約は当初から無効となる（民法一四二条一項）。保険者は、取消しのときに保険事故が発生しているか否か、保険事故の発生が、詐欺が関係する事情と因果関係を有するか否かに関わりなく、給付義務を免れると述べていた。[24] そして、保険者は、詐欺の場合には二つの法的手段、すなわち、告知義務違反を理由とする解除権と詐欺を理由とする取消権を選択的に有する。[25] 保険契約法二二条の趣旨は、取消権を認めたという点にあるのではない。取消権はすでに民法一二三条によって認められているからである。それゆえ、保険契約法二二条は、告知義務違反に関する規定は民法一二三条による取消しに比較して阻止的効果(Sperrwirkung)を発揮しない、ということを明らかにすることを目的としているとされる。[26]

二　わが国

(1)　商法は、ドイツ保険契約法一六条一項一文のような保険契約者に「知られている」事実について告知義務を負うという定めはしていない。そこで、重要な事実を重過失によって知らなかったために告知しなかったときも、告知義務違反と解すべきか否かということが問題となる。まず、明治期においては、重要事項を知ることが容易であること、また調査を行うことが容易であるにもかかわらずこれを等閑に付した場合も重過失に含まれるとする見解が存在していた(27)。大正期においては、重過失による不知も告知義務違反になるとする見解(28)、告知の前提として知っていることを要すること、開陳責任は探知責任ではなく単に通告の責任に過ぎないとして、重過失による不知は告知義務違反にはならないとする見解が主張されていた(29)。昭和前期においては、重過失による不知も告知義務違反となること、少し注意すれば思い出せたのに思い浮かばなかったことも告知義務違反になるとする見解が有力に主張されていたが(30)、告知義務は探知義務ではないとして反対に解する見解も主張され(31)、昭和後期においては、不知についての重過失も重過失に含まれること、知りうべかりし事項も告知事項に含まれるとする有力な見解が見られるが(32)、反対に解する見解が多くなっている(33)ということができる。

告知義務における「告知」とは、知っていることの告知・開陳を意味する。そして、「知」とは、意識していること、積極的に知っていることを前提とするので、知らないこと、知りうべかりしこと、かつては知っていたが現在は忘れてしまっていることは、知っていることには含まれない。もっとも、調査ないし相当の努力により、知ることができ、また思い出すことができる場合がある。しかし、これは探知の問題であって告知の問題ではない。告知義務と探知義務の本質的差異を確認することが重要である。これに対し反対説は、探知義務も肯定し、その理由として、保険契約の当時、重要な事実を思い浮かべなかったとしても些少の注意を用いるならば思い浮かべることができたときは重過失による不告知になるとした判決(34)を援用している(35)。すなわち、重過失にもとづく不探知による不告知も重過失による告知義務違反と解するのである。しかし、右の判決を、告知事項を重過失で知らなかった場合にも告知義務違反になると判示したものと理解することに対しては疑問がある。すなわち、判決は、契約締結の三か月前に軽い脳溢血症にかかっていたという事案に関するもので、原審の判決は、脳溢血症はきわめて軽微で被保険者はほとんど念頭に置かない程度のものであったと認定している。三か月前に脳溢血症にかかったことのある者は、これを知っているのが通常であると解してよいと思われる。それゆえ、判決は重要性の不知について重過失があったということを理由とすべきであり[36]、そのかぎりにおいて判決は支持しうる。

(2)　告知義務違反の対象事実と保険事故発生との間の因果関係に着眼している商法六四五条二項但書の当否につき、見解は鋭く対立している。まず、明治期及び大正期においては、因果関係不存在のときに保険者が給付免責されないことの理由、及び因果関係不存在の証明に困難が伴うため争いが生ずると述べている見解が一方にあり[37]、他方では、商法の規定は告知義務違反の場合に保険者に解除権を与えている趣旨と相容れず保険者に不当に過酷な結果をもたらすと主張する見解があった[38]。昭和前期においては、商法の規定の当否につきとくに触れていない学説が存在する一方[39]、学説の明らかな対立が見られる。すなわち、告知義務における客観主義の立場から、商法の規定は結果から遡って不良保険を正当化しようとする誤った観念に立っているとする見解が存在する[40]。これに対し、保険者は因果関係が存在しない偶然な事故についても保険金を支払う意思で保険契約を締結していること、因果関係不存在のときは信義則からして保険者に保険金支払責任を負わせるべきであること、不良危険が危険団体に混入したとしても結果的に危険団体は何ら不利益を受けていないとして、規定の妥当性を主張する見解が存在していた[41]。昭和後期においても、規定の当否につきとくに触れていない学説が存在する一方[42]、規定の当否につき、明らかな対立が見られる。すなわち、告知義務違反のときに保険者の解除権が認められているのは、告知されていれば保険者は保険契約を締結せず保険金支払責任も負う必要はないということにもとづくこと[43]、告知義務制度は保険者をして事前に一般的に不良危険を排除・制限する機会を与える趣旨であるということを理由として[44]、商法の規定の不当性と厳格解釈、そして削除を主張する見解が存在する。これに対し、告知義務に関する規定は契約当事者の利害の衡平な調整を目的としており、商法の前述の規定もその一手段であるとし、規定の厳格解釈は肯定するがその合理性を主張する見解が存在する。(45)

告知義務違反の場合をも含めて、責務違反が保険事故の発生等に対して因果関係を有しなかった場合の保険者の責任をいかに判断するかという問題は、立法論としても、きわめて困難で議論がありうる。(46) しかし、第一に、保険契約の締結時点における危険選択の局面と保険事故発生後における保険金支払いの局面は、異なった局面として区別することを要する。告知されていれば保険契約は締結しなかったという問題と、因果関係不存在の場合に保険者は保険金支払責任を負うべきであるという問題は、別個の問題として区別すべきであるからである。第二に、保険事故によって保険者が保険契約の締結の際に予定していた危険が実現したのであり、この保険事故について保険者は保険金支払責任を負うことになる。第三に、因果関係が存在しなかった場合には、告知義務違反は保険者に対して何ら不利益を及ぼさなかったことになる。それにもかかわらず、保険者を免責させることは、告知義務違反とこれに対する制裁との間の均衡を失する。第四に、このように解することによって不利益を被る保険者の保護は、因果関係不存在についての立証責任の保険契約者への転換、及び因果関係の不存在に対する厳格解釈(47)によって、図られる。このように、商法の規定には合理性が認められるので、この規定は維持されるべきである。(48)

(3)　告知義務違反が同時に民法の詐欺・錯誤の要件をも具備するときに、民法の規定も適用されるか否かにつき、学説は、第一説（民商法適用説）、第二説（商法単独適用説）、第三説（折衷説）に分かれ、鋭く対立している。まず、明治期においては、この問題にはとくに言及されていないように思われるが、大正期においては、第二説が有力に主張される。(49) 昭和前期においては、第二説(50)が主張され、昭和後期においては、第一説(51)及び第二説(52)と並んで、第三説(53)が有力に主張されているということができる。

これらの学説の優劣を決する基準は、論理の整合性、契約当事者の利害の衡平な調整、権利関係の安定確保の要請をそれぞれどの程度において充足するかということに帰着するものと思われる。もっとも、右の三つの要請は、価値の次元を質的に異にしているので、単純に優劣の比較を行うことができないことはいうまでもない。①まず、論理の整合性という観点からすると、第一説と第二説が優れていることはいうまでもない(54)。これに対し、第三説は詐欺と錯誤を区別するが、このことは、「あまりにも恣意的な解釈(55)」として「解釈の限界を超え(56)」、また、「論理の整合性に欠ける(57)」ということは認めざるをえない。もっとも、第一説によると、錯誤の場合、無効となると同時に解除権が認められるが、解除するまでは有効であるので、無効であると同時に有効であるという論理的に矛盾した結果が生じ(58)、また、詐欺の場合、一つの保険契約について商法による特殊な解除権と民法による一般的な取消権が同時に発生するという、ありうべからざる結果が生ずるということになる(59)。この点につき、第一説はどのように解しているのかは必ずしも明らかでない。また、第二説は、商法の規定は詐欺・錯誤に関する民法の規定に対して自己完結的な体系を有する規定であるという前提に立っているが、その前提自体の当否が問われるべきである。けだし、民法の規定は意思表示の瑕疵・欠缺に関する規定であるのに対し、告知義務に関する規定はこれとは異なっていること(60)、商法の規定は告知義務それ自体に関係する問題に限ってのみ自己完結的な体系にとどまると考えることも可能であるからである。②次に、契約当事者の利害の衡平な調整という観点からすると、第三説が最も優れているということはいうまでもない(61)。すなわち、第一説によると、錯誤の場合は保険契約者に不利、第二説によると、詐欺の場合は保険者に不利という結果が、それぞれ生ずることになる。③さらに、権利関係の安定確保という観点からすると、いうまでもなく第二説が最も優れている。しかし、法律関係の早期決着による権利関係の安定確保という要請は、いかなる場合にも例外を許さない絶対的要請と考えられるかということである。権利関係の安定確保は、法の重要な価値・理念ではある。しかし、その形式的な重視は、衡平の原理にもとづく具体的妥当性の軽視という不都合な結果をもたらすことになりかねない。権利・法的関係の安定確保の要請と衡平・具体的妥当性の確保の要請は、優劣関係にあるのか否か、対立関係と緊張関係のいずれの関係にあるのか、両者の最大の調和点を何に求めるかという問題はさておき、特別の事情が存在する場合には、権利関係の安定確保の要請は後退せしめられてもやむをえないと考える。そして、保険契約者に詐欺があるときは、右の特別の事情に該当すると考える。結局、第三説が妥当であると認めざるをえない(62)。

（1）告知義務に関する最古の規定は、一四三五年、一四五八年、一四八四年のバルセロナの海上保険条例の中に見い出されるが、包括的な規定が定められるのは一七九四年のプロイセン普通法においてである（Vgl. W. Röhr, Die vorvertragliche Anzeigepflicht 1980, S. 1)。バルセロナの条例のその規定の詳細については、Vgl. S. Schlenker, Die vorvertragliche Anzeigeobliegenheit des Versicherungsnehmers 2005, SS. 29–41.

（2）Begründung zu den Entwürfen eines Gesetzes über den Versicherungsvertrag 1906, SS. 30–31.

（3）以下の説明は、Röhr, a. a. O. SS. 40–54 による。

（4）Röhr, a. a. O. S. 46.

（5）Röhr, a. a. O. SS. 46–51; なお、射倖契約性に求める見解に対しては、保険契約の射倖契約性自体を否定する立場からの批判がある（Vgl. Röhr, a. a. O. SS. 49–50)。

（6）技術的基礎説の主張者の詳細については、Vgl. Röhr, a. a. O. S. 52 Anm. 285.

（7）Bruck-Möller, Kommentar, 8. Aufl. Bd. 1, 1961, S. 316; 要するに、保険者の調査義務と保険契約者の告知義務に関する見解の論争において、後者の見解が採用されたのである（E. Bruck, Das Privatversicherungsrecht 1930, S. 179)。

（8）a. a. O. Begründung, S. 31.

（9）Berliner Kommentar, S. 358（Voit）; W. Römer–T. Langheid, Kommentar, S. 312（Langheid）; E. Hofmann, Privatversicherungsrecht, 3. Aufl. 1991, S. 82, S. 85.

（10）Bruck, a. a. O. SS. 188–189; W. Kisch, Handbuch des Privatversicherungsrechtes, Bd. 2, 1920, S. 230; Bruck-Möller, a. a. O. S. 324; Prölss–Martin, Kommentar, S. 301（Prölss).

（11）R. M. Beckmann–A. M. Beckmann, Versicherungsrechts-Handbuch 2004, S. 698（Knappmann).

（12）Bruck, a. a. O. S. 189.

（13）この規定が定められるまでの長年の議論の詳細については、坂口光男・保険者免責の基礎理論二三八—二五九頁参照（文眞堂、一九九三年）。

（14）a. a. O. Begründung, S. 35.

（15）Vgl. Bruck-Möller, a. a. O. S. 350.

（16）Bruck, a. a. O. S. 198; Bruck-Möller, a. a. O. SS. 349–350; Römer-Langheid, a. a. O. S. 330 (Langheid).

（17）Bruck, a. a. O. SS. 198–199; 同様の見解については、Vgl. Röhr, a. a. O. S. 238 Anm. 1388; なお、現代外国法典叢書(9)独逸商法〔Ⅳ〕六八頁も参照（有斐閣、一九五六年）。

（18）Berliner Kommentar, S. 424 (Voit).

（19）Röhr, a. a. O. S. 238; 同様の見解については、Vgl. Röhr, a. a. O. S. 238 Anm. 1389.

（20）a. a. O. Begründung, S. 35.

（21）Bruck-Möller, a. a. O. S. 357; H. Eichler, Versicherungsrecht, 2. Aufl. 1976, S. 178; Hofmann, a. a. O. S. 83.

（22）Bruck, a. a. O. S. 194; Bruck-Möller, a. a. O. S. 357; Eichler, a. a. O. S. 178; Berliner Kommentar, S. 384 (Voit); P. Schimikowski, Versicherungsvertragsrecht, 3. Aufl. 2004, S. 122.

（23）Kisch, a. a. O. SS. 90–94; Röhr, a. a. O. S. 277.

（24）a. a. O. Begründung, S. 35.

（25）Hofmann, a. a. O. S. 83.

（26）Berliner Kommentar, S. 436 (Voit).

（27）和仁貞吉・保険法六二—六三頁（東京専門学校出版部、一九〇一年）。これに対し、粟津清亮・日本保険法論・最近保険法は、この点についてはとくに触れていないようである（粟津博士論集刊行会、一九二八年）。

（28）松本烝治・保険法一〇一頁（中央大学、一九一五年）、同・商法解釈の諸問題三七九頁（有斐閣、一九五五年）。

（29）水口吉蔵・保険法論三三四—三三五頁（清水書店、一九一六年）、青山衆司・保険契約論上巻一八六—一八七頁（巖松堂、一九二〇年）。

（30）田中耕太郎・保険法講義要領八八頁（田中耕太郎発行所、一九三五年）、大濱信泉・保険法要論一四五頁（廣文堂書店、一九三四年）、小町谷操三・商法講義巻二商行為・保険一九四頁（有斐閣、一九五〇年）。

(31) 野津務・保険法一〇一—一〇二頁（日本評論社、一九四二年）、同・新保険契約法論二一六頁（中央大学生協出版局、一九六五年）。

(32) 石井照久・商法Ⅱ二九一頁（勁草書房、一九五七年）、石井照久＝鴻常夫・増補海商法・保険法一七一頁（勁草書房、一九七六年）、伊澤孝平・保険法一七一—一七二頁（青林書院、一九五八年）、田辺康平・新版現代保険法五〇頁（文眞堂、一九九五年）。

(33) 田中誠二＝原茂太一・新版保険法（全訂版）一七二頁（千倉書房、一九八七年）、大森忠夫・保険法〔補訂版〕一二四頁（有斐閣、一九九〇年）、西島梅治・保険法〔第三版〕五一頁（悠々社、一九九八年）、金澤理・保険法上巻〔改訂版〕八三頁（成文堂、二〇〇二年）、中西正明「告知義務と重大な過失」鈴木竹雄＝大隅健一郎編商法演習Ⅲ一四四頁（有斐閣、一九六八年）、江頭憲治郎・商取引法（第三版）四〇〇頁（5）（弘文堂、二〇〇二年）、山下友信・保険法二九七—二九八頁（有斐閣、二〇〇五年）、坂口光男・保険法七二頁（文眞堂、一九九一年）。

(34) 大判大正四年六月二六日民録二一輯一〇四四頁。

(35) 例えば、松本・前掲一〇四頁、田中（耕）・前掲八八頁、石井・前掲二九一頁、伊澤・前掲一七一—一七二頁、田辺・前掲五二頁等。

(36) 中西正明・総合判例研究叢書商法(8)一一八頁（有斐閣、一九六二年）、山下・前掲二九七頁。

(37) 粟津・前掲一八一—一八二頁、水口・前掲三三八—三三九頁、三浦義道・補訂保険法論一七二—一七三頁（巖松堂書店、一九二二年）。

(38) 竹田省「告知義務の違反に因る保険契約の解除に就て」法学論叢六巻四号六三頁。

(39) 例えば、大濱・前掲一四九頁、犬丸巖・改正商法保険法論九六頁（法文社、一九四〇年）。

(40) 田中耕太郎「告知義務における客観主義」法学協会雑誌五八巻一〇号三〇頁。

(41) 野津・前掲保険法一〇五—一〇六頁。

(42) 例えば、石井・前掲二九五頁、田中（誠）＝原茂・前掲一七四頁、金澤・前掲八四頁、江頭・前掲四〇二頁（8）。

(43) 小町谷操三・海上保険法総論㈠三〇四頁（岩波書店、一九五三年）、田辺・前掲五六頁、田辺康平＝坂口光男編・注釈住宅火災保険普通保険約款一四三頁（田辺筆）（中央経済社、一九九五年）、中西・前掲総合判例研究叢書一五九—一六〇頁。

(44) 大森・前掲一二九頁。

(45) 西島・前掲五七頁、坂口・前掲七四頁。

(46) ドイツ保険契約法の成立前及び成立過程におけるこの問題をめぐる議論については、坂口・前掲免責の基礎理論二三八―二五九頁参照。
(47) そのような判例については、中西・前掲総合判例研究叢書一六〇頁参照。
(48) 西島・前掲五七頁、同「商法六七八条に関する一考察」文研論集九一号一六―一九頁、山下・前掲三一七頁、坂口・前掲保険法七四頁。
(49) 例えば、松本・前掲一〇八―一〇九頁、青山・保険契約法一二三頁（日本評論社、一九二九年）、三浦・前掲一八〇―一八一頁、一八七頁。なお、三浦・前掲は、きわめて詳細な理由を述べている。
(50) 大濱・前掲一四九頁、野津・前掲保険法一一六頁、小町谷・前掲一九八頁。
(51) 大森・前掲一三五―一三六頁、田辺・前掲新版現代保険法五七頁。
(52) 金澤・前掲八九頁、同・ジュリスト商法の争点Ⅱ二六三頁（有斐閣、一九九三年）。
(53) 小町谷・前掲総論㈠三五四頁、小町谷操三＝田辺康平・商法講義保険三六―三七頁（有斐閣、一九七一年）、伊澤・前掲一七九頁、中西・前掲総合判例研究叢書一九〇―一九一頁、石田満・商法Ⅳ（保険法）〔改訂版〕九二―九三頁（青林書院、一九九七年）、江頭・前掲四〇一頁、坂口・前掲保険法七七―七八頁。
(54) 金澤・前掲争点Ⅱ二六三頁、同・前掲保険法八九頁。
(55) 田辺・前掲新版現代保険法五七頁。
(56) 田辺＝坂口・前掲一四四頁（田辺筆）。
(57) 金澤・前掲争点Ⅱ二六三頁。同・前掲保険法八八頁。
(58) 野津・前掲新保険契約法論二二三頁（注四一）。
(59) 倉澤康一郎・保険契約法の現代的課題四九頁参照（成文堂、一九七八年）。
(60) 田辺・前掲新版現代保険法五七頁参照。
(61) 田辺＝坂口・前掲一四四頁（田辺筆）。金澤・前掲保険法八八頁も参照。
(62) 山下・前掲三二〇頁も同旨である。

第五款　質問表の効力

一　ドイツ

(1)　質問表の効力につき、保険契約法の成立前の学説は次のように述べていた。すなわち、事実が危険の判断にとって客観的に重要であるか否かにつき、事情によっては疑いが生ずること、告知について指導するためにも、保険者は質問表を作成し、保険契約者に申込書とともに手渡している。この場合には、質問されている事実は危険の判断にとって重要なものと看做されるべきこと（angesehen werden sollen）、質問表に対する虚偽の返答は重要事実に関して虚偽告知と看做されて締結された契約は保険者に対して拘束力を有しないこと、事実は客観的に重要性を有しなかったという異議も許されていないと述べられていた。(1)　また、重要性に関して争いがあり、その客観的重要性が確定されない事実に関して、申込書または保険約款における質問によって、右の争いに関する問題は肯定的な意味に判断されうると述べられていた。(2)　一九〇五年一一月二八日に帝国議会に提出されていた保険契約法の法案の一八条は、一項において、保険者が明瞭かつ書面で質問した事情は疑わしいときは重要なものとする（gilt... als erheblich）と定め、二項において、保険契約者が書面による質問にもとづいて告知すべきときに、保険者は、悪意の黙秘の場合に限って、明らかに質問されていない事情の不告知を理由として契約を解除することができると定めていた。そして、この規定について、次のような説明がなされていた。すなわち、保険実務においては、保険契約の締結前に、代理商から保険契約者に対して、多くの質問が記載されている申込書が手渡されるのが通常であるが、法案の一八条はこの慣行を考慮したこと、明瞭かつ書面で質問されている事情は「疑わしいときは」重要なものと表明していること、それとともに、保険者は質問表による質問によって直ちにこの質問を重要なものとしたのではないということが示されていること、一八条の表現によると疑わしいときにのみ重要性が認められること、このことは、保険者の質問はさしあたり重要なものとされ、保険契約者には反証が許されるということを意味すると説明されていた(3)。

(2)　法案の一八条一項は同文のままで一九〇八年の保険契約法一八条一項に引き継がれ、保険契約法一八条一項は、一九三九年一二月一九日の命令によって、同文のままで一六条一項三文として追加され、現在に至っている(4)。

以下において、重要性推定の要件と効果について考察する。第一に、重要なものと推定されるための要件として、保険者が明瞭かつ書面で質問することを要する。①まず、書面ということに関し、書面は、口頭という概念の反対概念であること、見本として印刷されている説明書が保険契約者に署名のために呈示されることでは不十分であること、言語による文言上の質問形式が無条件に必要であるということは要しないこと、明瞭に示されている一定の標題（Rubriken）に回答するということで足りるとされている(5)。②次に、質問が明瞭であるということに関し、当該の特定の事情に明瞭に照準を合わせていることを要すること、その他の危険に関して重要な事情というように一般的な質問では足りないこと、返答のために価値判断を要するような質問であってはならないこと、多くの詳細にわたって示された疾病に続いて、その他の疾病を患っているかという質問では足りないとされている(6)。第二に、重要性が推定されることにもとづく効果につき、次のように述べられている(7)。①この推定は、重要性について反証が可能な推定であること、単に疑わしいときにのみ立証責任の転換をもたらすにとどまる(8)。②この推定は、保険者が質問したすべての事情が実際上も重要であるということを意味するのではない。保険者の質問によって、重要でない事実が重要な事情になるものではない(9)。さもなければ、保険者は可能なかぎり多くの詳細な質問を行うことによって告知義務違反の援用が容易となり、適切でない結果が生ずることになる(10)。同様に、質問されていない重要事実は重要でない事実であるということにはならない(11)。それゆえ、保険契約者は、質問されていない重要事実についても告知義務を負う。もっとも、明瞭に質問されていない事情を告知しない場合には、保険契約者に悪意の黙秘が存在する場合にのみ保険者は契約を解除しうるので（保険契約法一八条二項）、その限度において保険契約者は保護される。それゆえ、質問表は、保険者にとって、一方では重要性の推定がなされる（保険契約法一六条一項三文）という点において有利であり、他方では明瞭に質問されていない事情の不告知を理由とする保険者の解除は保険契約者の悪意の黙秘の場合に限られるという点において不利に作用することになる。(12)

二　わが国

まず、明治期においては、例えば、質問表の記載事項以外の事項については保険契約者は不陳の責任は負わないとしつつも、質問表の記載事項のすべてを客観的に重要事項と断定することはできないこと、(13)質問表の記載事項であっても重要事項と認めることはできず、質問表の記載事項以外に重要事項が存在するときはこれについて告知義務があるとされ、(14)大正期においては、規定が存在しない商法のもとにおいては質問表には法律上の効力は認められず、単に証拠としての文書にとどまると解する見解が存在する一方、(15)質問表の記載事項はおおむね重要事項であるが常に当然に重要であるとはいえないこと、質問表の記載事項以外の事項の中にも重要でないものがあり、結局は個別的に判断すべきであること、(16)さらに、告知すべき事項は印刷に付せられた質問事項をもって全部なりと解すべきであるとされる。(17)ところが、昭和前期になると、推定的効力を認める見解が通説的地位を占めるようになる。(18)昭和後期においては、法的効力を認めない見解が一部存在するが、(19)推定的効力を認める見解が通説的地位を占める一方、(20)質問表にさらに強い効力を認め、少なくとも重要事項はすべて質問表に記載されており、質問表の記載事項以外に重要事項はなく、それゆえ、質問表に回答することで足りるとする見解が主張されている。(21)

三　考察

まず、質問表の効力否定説には、法以外の諸要素についての考察を排除し、そして法として実定法だけを承認するところの一九世紀後半にとくにドイツで支配的であった、いわゆる法実証主義を想起させるものがある。法実証主義のもとにおいては、制定法の自己完結性を前提とし、所与の制定法規範に対して形式論理的操作を加えることで一切の問題の解決がなされうるとされる。[22] そして、商法には質問表に関する規定が存在しないので、質問表には商法上あるいは商法に定められているという意味における効力は認められないということはそのとおりであり、そのかぎりにおいて質問表の効力否定説に対しては何ら異論はない。しかし、商法上あるいは商法に定められているという意味における効力は認められないということと、他の諸要素の考慮のもとに質問表に一定の効力が認められるかということとは別個のことであり、両者は区別されることを要すると考える。

次に、質問表に推定的効力を認める見解[23]に対する疑問点について述べることとする。第一に、この見解に立つと、質問表の記載事項の非重要性については保険契約者が、質問表の記載事項以外の事項の重要性については保険者が、それぞれ立証責任を負うべきことになる。しかし、非重要性あるいは重要性の有無の判断は、保険技術に関する専門的知識の有無に決定的に依存するため、立証の難易、及びそれとの関連における証拠方法の利用の難易に関して保険契約者と保険者との間には大きな差異が生ずる。[24] そこで、立証責任の分配に関して、右の見解で一貫させることが妥当であるかということが問題となりうる。[25] 第二に、質問表に推定的効力を認める見解の中には、質問表の記載事項以外の事項については保険者は重要視していないので告知義務違反は成立しないこと、ただ、保険契約者の不告知が保険者を欺罔する意思によるものであるときは、保険契約者の保護は要しないので保険者は告知義務違反を理由として解除することができると述べている見解がある。[26] しかし、まず、質問表の記載事項以外の事項については告知義務違反は成立しないとしながら、保険契約者の不告知が保険者を欺罔する意思によるものであるときは告知義務違反となると解することの結びつきが必ずしも明らかではないように思われる。また、保険契約者の不告知が保険者を欺罔する意思によるものであるときは、詐欺にもとづく取消しの問題であって、告知義務違反とは別個の問題ではないかと考える。[27]

客観的に見て危険測定上で重要な事項が告知事項とされるので、保険者による質問表への記載によって告知事項の範囲が左右されることはない。したがって、質問表に記載されている事項は重要事項、質問表に記載されていない事項は非重要事項となるのではない。しかし、質問表は、保険技術に関して最高度の専門的知識を有する保険者が長年の経験をもとにして「慎重に検討した上で作成」[28]していることはいうまでもないので、質問表の記載事項はすべて重要事項であること、反対に質問表の記載事項以外の事項はすべて重要事項でないと解すべきである。この見解からするならば、質問表は重要事項のすべてを包含していると解することになり、告知義務も質問表の記載事項に限定されると解すべきことになる。これは、質問表の使用には、保険契約者の自発的な義務を保険者の質問に答える答弁・応答義務に修正するという、告知義務の履行方法に関する一種の実体的効力を伴うということを意味している。[29]この見解によると、保険者は質問表で可能なかぎり多くの詳細な質問を行うことになると考えられる。しかし、告知事項は客観的に見て危険測定上で重要な事項に限られるので、保険者の質問によって告知事項の範囲を重要でない事項にまで拡張することは認められない。[30]告知事項の範囲を重要でない事項にまで拡張したとしても、この事項については告知義務を負わない。このように、質問表は重要事項の全部を包含しており、質問表の記載事項以外には重要事項は存在しないという見解に立つと、[31]質問表の記載事項以外の事項については告知義務違反が問題となる余地はない。ところが、保険者は客観的に見て重要事項であるにもかかわらずこれを質問表に記載しないということが観念的には考えられえ、この場合の取扱いが問題となる。この点につき、保険者は重要な事項は質問表に記載すべく、記載することによって告知を受けることができたのであり、それにもかかわらず記載しなかったために告知を受けることができなかったということは、保険者の過失による重要事項の不知として、解除権は阻却される（商法六四四条一項但書・六七八条一項但書）と解すべきである。[32]この規定にいう保険者の過失とは、法律上の注意義務の存在を前提としたその義務違反に際しての過失ではなく、自己に生ずる不利益を防止するために必要な注意を欠くという自己過失を意味する。[33] 質問表に重要事項を記載しなかった保険者には明らかに過失が認められること、そして、取引上で必要な注意を欠く保険者を保険契約者の犠牲において保護する必要性は認められない。[34]

現行の保険約款、例えば、住宅火災保険普通保険約款の七条は、「保険契約者が…保険契約申込書の記載事項について…事実を告げずまたは不実のことを告げたときは、当会社は、…保険契約を解除することができます。」と定めている。[35] これは、告知義務を答弁・応答義務にとどめ、重要事項を質問表の記載事項に限定し、質問表の記載事項以外の事項については告知義務は存在しないという趣旨であると解されている。[36] これは、われわれの前述の見解に対応するものとして、高く評価される。もっとも、質問表の記載事項以外の事項についての保険契約者の不告知が保険者を欺罔する意思によるものであった場合をどのように考えるかということである。質問表の記載事項以外の事項は重要事項ではないので、この事項については告知義務違反は問題とならず、詐欺による取消しが問題となる。この場合、保険契約者の詐欺行為の対象、及びその詐欺行為にもとづく保険者の錯誤の対象は何かということであり、明らかでないようである。これを、質問表の記載事項以外の危険の蓋然性に関する特殊な重要事実と解[37]するとしても、その意味は必ずしも明らかではないように思われる。

(1)　W. Lewis, Lehrbuch des Versicherungsrechts 1889, SS. 81–82.

(2)　V. Ehrenberg, Versicherungsrecht 1893, S. 336.

(3)　以上については、Vgl. S. Gerhard–O. Hagen, Kommentar zum Deutschen Reichsgesetz über den Versicherungs-Vertrag 1908, SS. 103–104.

(4)　これに対し、海上保険においては、告知義務者の一定程度の専門的知識の存在及び保険仲立人の協力ということから、質問表に対する必要性は認められない。それにもかかわらず、一九一九年の普通ドイツ海上保険約款の二一条は、保険者が明瞭に質問した事情も疑わしいときは重要なものとすると定めている（E. Bruck, Das Privatversicherungsrecht 1930, S. 188）。

(5)　以上については、Bruck–Möller, Kommentar, 8. Aufl. Bd. 1, 1961, S. 323; A. Ehrenzweig, Deutsches (Österreichisches) Versicherungsvertragsrecht 1952, S. 82 Anm. 5; Prölss–Martin, Kommentar, S. 291（Prölss）; Berliner Kommentar, S.

351 (Voit); W. Röhr, Die vorvertragliche Anzeigepflicht 1980, S. 106.

（6） 以上については、Bruck-Möller, a. a. O. S. 323; Ehrenzweig, a. a. O. S. 82 Anm. 5; Prölss-Martin, a. a. O. S. 291 (Prölss); Röhr, a. a. O. S. 106.

（7） この推定は、「真正の法律上の推定」である (U. Hansen, Beweislast und Beweiswürdigung im Versicherungsrecht 1990, S. 103)。

（8） Gerhard-Hagen, a. a. O. S. 104; Bruck, a. a. O. S. 187; Bruck-Möller, a. a. O. S. 323; Ehrenzweig, a. a. O. S. 82.

（9） W. Kisch, Handbuch des Privatversicherungsrechtes, Bd. 2, 1920, S. 220; Prölss-Martin, a. a. O. S. 297 (Prölss); それゆえ、保険者の質問は、一般原則にもとづいて重要性を判断すべき裁判官の任務を免除するものではない (Kisch, a. a. O. SS. 220-221)。

（10） Berliner Kommentar, S. 351 (Voit).

（11） Kisch, a. a. O. S. 227; Ehrenzweig, a. a. O. S. 82; Bruck-Möller, a. a. O. S. 339.

（12） Bruck-Möller, a. a. O. S. 323.

（13） 粟津清亮・日本保険法論・最近保険法一七五―一七六頁（粟津博士論集刊行会、一九二八年）。

（14） 村上隆吉・最近保険法論全二四〇頁（法政大学、一九〇八年）。

（15） 松本烝治・商法解釈の諸問題三七五頁（有斐閣、一九五五年）、青山衆司・保険契約論上巻一九九頁（巖松堂、一九二〇年）。

（16） 水口吉蔵・保険法論三二六―三二七頁（清水書店、一九一六年）。

（17） 三浦義道・補訂保険法論一六二―一六三頁（巖松堂書店、一九二二年）。

（18） 田中耕太郎・保険法講義要領九一―九二頁（田中耕太郎発行所、一九三五年）、大丸巖・改正商法保険法論四二頁（法文社、一九三五年）、野津務・保険法一一一頁（日本評論社、一九四二年）、小町谷操三・商法講義巻二商行為・保険一九五頁（有斐閣、一九五〇年）。

（19） 加藤由作・海上危険新論八三―八四頁（春秋社、一九六一年）。

（20） 田中誠二＝原茂太一・新版保険法（全訂版）一七五頁（千倉書房、一九八七年）、大森忠夫・保険法〔補訂版〕一二五頁（有斐閣、一九九〇年）、田辺康平・新版現代保険法五〇頁（文眞堂、一九九五年）、中西正明・保険契約の告知義務二〇―二一頁（有斐閣、二〇〇三年）、西島梅治・保険法〔第三版〕三五二頁（悠々社、一九九八年）。

（21） 古瀬村邦夫「質問表の効力」ジュリスト商法の争点Ⅱ二六一頁（有斐閣、一九九三年）、坂口光男・保険法七一頁（文眞堂、一九九一年)。なお、金澤理・保険法上巻〔改訂版〕八二頁(成文堂、二〇〇二年)も、質問表は網羅的なので、これに答えれば足りると述べているのも同旨であると思われる。

(22)　この点については、さしあたり、矢崎光圀「法実証主義」法哲学講座第四巻(Ⅲ)二一五頁以下(有斐閣、一九五七年)、加藤新平・法哲学概論一〇一—一一頁、二三二頁参照(有斐閣、一九七六年)。

(23)　ここにいう「推定」とは、裁判官の自由心証の一作用として、経験則を用いて行われるという意味における「事実上の推定」にとどまること(大森・前掲一二五頁)、しかもこの推定は、重要事項を告知させるために質問表を作成する保険者の意思の解釈に着眼した推定と考えられる。

(24)　重要性推定の効力が認められると、立証に関する状況は、保険者にとって容易となる(Bruck-Möller, a. a. O. S. 323)。

(25)　立証責任の分配を決定する一つの要素としての当事者間の利害の公平な調整に関しては、立証の難易、立証に必要な証拠方法の利用の難易が挙げられる(新堂幸司・民事訴訟法(第二版)三四七頁以下、とくに三五一頁以下参照(筑摩書房、一九八一年))。

(26)　大森・前掲一二五頁、中西・前掲二〇頁。

(27)　古瀬村・前掲二六一頁、原口宏房「質問表の効力」金融商事判例九三三号三四頁。因みに、ドイツでは、質問されていない事情の不告知の場合に保険者が解除できるのは悪意による黙秘の場合に限られると定めている保険契約法一八条二項は、詐欺にもとづく取消しを定めている保険契約法二二条によって完全に置き換えられると解されている(W. Römer-T. Langheid, Kommentar, SS. 323-324 (Langheid))。

(28)　吉田明「判解」ジュリスト生命保険判例百選(増補版)一〇五頁(有斐閣、一九八八年)。

(29)　これに対し、例えば、山下友信・保険法二九六頁は、このように解することは、商法の解釈としては無理であるとする(有斐閣、二〇〇五年)。

(30)　Kisch, a. a. O. S. 220; Berliner Kommentar, S. 351 (Voit).

(31)　永井和之「判解」ジュリスト商法(保険・海商)判例百選(第一版)九七頁(有斐閣、一九七七年)。大阪地判平成九年一一月七日(判例時報一六四九号一六二頁)も同旨である。

(32)　大判大正一一年一〇月二五日民集一巻六一二頁、古瀬村・前掲二六一頁、中西正明・総合判例研究叢書商法(8)九五—九六頁(有斐閣、一九六二年)、坂口・前掲七一頁。

(33)　前掲大判大正一一年一〇月二五日、野津務・新保険契約法論二一九頁(中央大学生協出版局、一九六五年)、田中(誠)＝原茂・前掲一三七頁。

(34) 田中（誠）＝原茂・前掲一七三頁、大森・前掲一三一頁。この場合の保険者の過失については、保険契約者が立証責任を負うと解されている（松本烝治・保険法一〇五頁（中央大学、一九一五年）、大森・前掲一三一頁）。
(35) 生命保険会社の保険約款については、例えば、中西・前掲保険契約の告知義務二一―二五頁参照。
(36) 田辺・前掲五一頁、田辺康平＝坂口光男編・注釈住宅火災保険普通保険約款一三五頁（田辺筆）（中央経済社、一九九五年）、古瀬村・前掲二六一頁、倉澤康一郎・保険契約法の現代的課題四二頁（成文堂、一九七八年）、山下・前掲二九六頁。
(37) 倉澤・前掲四二頁（本文中の傍点は筆者）。

第六款　保険証券の有価証券性

一　ドイツ

(1)　一九世紀後半におけるドイツの支配的見解は、保険金請求権、それとの関連における保険証券の特殊性を理由として、保険証券の有価証券性を否定するのが一般的であった。例えば、W. Lewisは、保険者のなすべき給付は、不確定な事故、保険契約者の保険料支払い、危険増加の通知に依存していることから、相場を形成しうる市場価格（Marktpreis）を有しないこと、保険証券が無記名式であっても、保険者は証券の所持人に支払う権限を有するだけで、証券の所持人は支払請求権を有しないので、流通証券ではなく免責証券にとどまると述べていた。(1) また、V. Ehrenbergも、保険証券に表章されている権利及びその価額は不確定であること、権利の存在は一定の事実の発生または不発生に依存させられていること、保険契約にもとづく保険者の義務も無因的な金額の支払約束ではなく、保険者は保険契約者との間の人的事情にもとづく抗弁を対抗することができるので、流通を目的とした流通証券とは決して考えられないと述べていた。(2) さらに、保険契約法の草案の理由書も、次のように述べていた。すなわち、保険者の給付は、不確定な諸事実にかからしめられているので、流通を目的とした有価証券の対象とすることには適しない。そこで、保険契約法の草案は、固有の無記名債権証書、すなわち、所持人が発行者に対して給付を請求できる証券（民法七九三条）を認めていない。もちろん、生命保険証券においては、支払いは所持人に対してなされると定められることもあるが、これは、債務者に、所持人に対して給付をなす権限を与えるにとどまり義務を負わせるものではないので、免責証券としての意味を有するにとどまる。同様に、運送保険証券において、給付は所持人に対して行われると定められているが、これも固有の無記名証券を意味するものではない。そこで、草案の四条一項は、無記名保険証券が発行された場合には、債務者は所持人に給付をなすことによって債務を免れるが、所持人は給付を請求する権利は有しないと定めている民法八〇八条の免責的効力を生ずると定めたのであると述べていた(3)。

(2)　保険契約法の成立後においては、保険証券の有価証券性につき、学説は否定説と肯定説に分かれている。まず、否定説の代表者ともいうべきO. Hagenは、次のように述べている。すなわち、まず一般論として、前述したEhrenbergの見解をほぼ全面的に援用するとともに、保険金請求権はただ保険契約にもとづいてのみ判断されること、保険証券は、保険金請求権の担い手（Träger）ではなく単に保険金請求権の付属物（Zubehör）にすぎないので、「証券は債権に随伴するのであって、有価証券のように債権が証券に随伴するのではない」と述べている。次に、商法三九三条二項により、運送保険証券は指図式で発行され裏書によって譲渡されるが、保険契約の性質上、完全な指図証券に固有な譲渡の効力は認められないこと、被裏書人は、証券にもとづく権利ではなく、従前の権利者の権利を取得するにすぎないので、保険者は証券記載の基礎となっている保険契約にもとづくすべての抗弁を対抗できるとする。さらに、無記名条項付きの保険証券も、その経済的本質からして、真の無記名証券となることとは不可能で、民法八〇八条に定められている免責証券にとどまる。それゆえ、無記名条項付きの保険証券も有価証券ではなく、保険金請求権の譲渡は、保険証券の交付によってではなく保険金請求権の移転によって行われると述べている(4)。同様に、H. Eichlerも、指図式の運送保険証券につき、保険者は保険契約及び保険法にもとづく抗弁を被裏書人に対抗できること、保険証券は保険債権の担い手ではないという理由から、有価証券性を否定し、被裏書人は証券からの権利ではなく従前の権利者の権利を取得すること、また、譲渡・差押えの対象となるのは、債権自体であって証券ではないと述べている。(5)

これに対し、最近では指図式保険証券の有価証券性を肯定する見解が多くなっている。この見解の特色ないし着眼点は、第一に、無記名式保険証券の免責的効力を定めている保険契約法四条一項は指図式保険証券の発行を禁止していないのみならず、商法三六三条二項によって、運送保険証券は指図式で発行され裏書によって譲渡することができるということを理由として、その有価証券性を肯定していること、第二に、そこで、保険証券を、陸上保険証券と運送・海上保険証券に区別し、後者の保険証券について有価証券性を肯定しようということである。(6)この観点から、一般的に、次のように述べている。すなわち、商法三六三条二項により、運送保険証券は、指図式で発行され裏書によって譲渡されるので、真の有価証券であり、所持人は請求権を有し、権利は証券の所持人に帰属すること、証券にもとづく権利は証券についての権利に従うとする。(7)もっとも、有価証券性が肯定されるとしても、裏書は、他の完全な指図証券の場合と同一の効力は有せず、保険証券に表章されている保険金請求権の特殊な制約を受けること、また、保険契約にもとづく抗弁は善意の被裏書人にも対抗できるので裏書には固有の移転的機能は欠けているとされている。(8)

(3)　以上で述べた範囲に限定してドイツの学説の状況を要約すると、第一に、保険契約法の成立前においては、保険金請求権、それとの関連における保険証券の特殊性を理由として、保険証券の有価性を否定する見解が支配的ないし一般的であったこと、第二に、保険契約法の成立後においては、右で述べた理由の援用のもとに有価証券性を否定する見解が主張される一方、他方では、運送保険証券は指図式で発行され裏書によって譲渡することができるので真の有価証券であるが、その裏書の効力は特殊の制約を受け、裏書には固有の移転的機能は欠けていると解する見解が存在するといってよかろう。

二　わが国

わが国の学説・判例は、昭和一〇年代頃まで、一部の例外を除いては、すべての保険証券について一律に有価証券性を否定するのが一般的であったということができる。これは、保険金請求権、それとの関連における保険証券の特殊性を理由とする前述のかつてのドイツの支配的見解をほぼそのまま承継したものである。すなわち、明治期においては、証券という名称にもかかわらず証書にすぎないこと[9]、一つの証拠にほかならないこと[10]、保険契約者に安心を与えるための契約の証拠とされ[11]、大正期においても、証拠証券にすぎず有価証券ではないとされ[12]、昭和前期においては、保険金請求権は保険証券外の諸事情に依存し単独で流通することに適しないとして有価証券性を否定する見解が存在する一方[13]、指図式保険証券の有価証券を肯定する見解[14]が主張されるに至っている[15]。昭和後期においても、肯定説と否定説が存在する。しかし、昭和後期におけるこれらの説の内容ないし理由づけは、かつてのそれとはかなり異なっていると考えられないではない。

三　考察

有価証券性肯定説は、保険証券の有価証券性を肯定するが、その単独譲渡に伴う弊害防止のために、保険証券が運送証券と一体となって流通する場合に限定して有価証券性を肯定する[16]。そのため、この見解のもとにおいては、第一に、保険の目的物である貨物が運送人の直接占有下に置かれ保険金請求権の譲受人の占有下にはない運送保険においては、保険金請求権の単独譲渡には弊害が伴うということの意味が解明されるべきであること、第二に、運送証券と一体となって保険証券が流通する場合に限定して保険証券の有価証券性が肯定されるその有価証券を、どのような性質の有価証券と把握し、これを有価証券の体系中にいかに位置づけるべきかという課題に直面することになる。

他方、有価証券性否定説は、かつての否定説とは理由をかなり異にし、保険の目的物の譲渡に関する商法六五〇条の解釈において、保険金請求権の移転について対抗要件の具備不要説に立って保険証券の有価証券性を疑問視している。すなわち、保険金請求権は、保険の目的物の譲渡とともに当然に移転し、保険証券の裏書によって独立に移転するのではないこと、保険金請求権の譲渡について対抗要件を具備しなくても対抗でき、対抗のために裏書は必要でないので保険証券の有価証券性を認める必要性はないとする。(17) この見解はきわめて巧妙で独特な論理を展開しているが、疑問がないでもない。第一に、保険金請求権の移転について対抗要件を具備しなくても対抗でき、対抗のために保険証券の裏書は必要でないので有価証券性を認める必要性はないと述べている。しかし、対抗のために裏書は必要でないということと、有価証券性否定とがどのように結びつくのかということである。両者は別個の問題であり、前者から後者の結論が導き出されるとは考えられないからである。(18) 第二に、保険の目的物の譲渡とともに保険金請求権は当然に移転し、保険証券の裏書は単に証券の授受の過程を示すにすぎないとしているので、保険証券の裏書は保険金請求権の移転にとっては意味を有しないと解すべきことになる。しかし、保険の目的物の譲渡に伴う保険金請求権の推定的移転が保険証券の裏書によって確定的移転となるのであり、そのかぎりにおいて、裏書には大きな意味が認められる。第三に、保険証券の裏書は、保険金請求権の移転及び対抗にとっては意味を有せず、単に保険証券の授受の過程を示すにすぎないと述べている。いうまでもなく、裏書は、証券への記載と証券を相手方に交付する行為なので、証券の授受の過程を示すものであることはいうまでもない。しかし、裏書は、単にそれだけにとどまるのではなく、さらに権利の移転という実体的効力を有するということは否定しがたいと考える。(19)

そこで、指図式保険証券の有価証券性を肯定する見解が妥当であると考える。第一に、肯定の結果として、保険証券の裏書によって保険金請求権が移転し、また、資格授与的効力、免責的効力及び善意取得が認められる。これに対し、保険金請求権、それとの関連における保険証券の特殊性からして、抗弁の制限という流通証券に固有の機能は保険証券には欠けている。しかし、そのために、保険証券の有価証券性を否定すべきではない。有価証券の内部においても、完全形態のものから不完全形態のものというように、階層性が認められるからである。第二に、有価証券性が肯定されるとしても、次の問題の検討が重要となる。まず、保険証券が運送証券と一体となって流通している場合にのみ、保険証券の有価証券性が肯定されると解すべきか否かということである。この問題は、一般的には、被保険利益の移転を伴わない保険金請求権のみの単独譲渡の可否の問題として見解が分かれているとともに、その理由づけも複雑・多岐をきわめている。[20] 次に、運送証券と一体となって流通している場合にのみ有価証券性が肯定される保険証券を、いかなる性質の有価証券と把握し、いかに評価すべきかということである。この点につき、この場合の保険証券は、有価証券というよりは「有価証券的性質」[21]ないし「制限的有価証券」[22]性を有するとされ、また単独では有価証券に認められる機能を有しない保険証券に有価証券性を認めることは「ほとんど無意味」[23]であると評価されている。そこで、このような性質を有し評価がなされている保険証券を、通常の有価証券といかに関連づけて取り扱うか、有価証券の体系中にいかなる位置づけを行うかということである。そのためには、有価証券の概念・機能及び有価証券法理の適用等に関し、保険証券は通常の有価証券と比較して、どのような特殊性と共通性ないし類似性を有するかということを具体的に検討することが必要であると考える。[24] そうであるとしても、ここでは、有価証券と認められるための要素の一部は満たし一部は欠いているという次元の問題ではなく、単独では有価証券性が認められない有価証券をいかに解するかということが問われているために、問題は複雑である。第三に、保険証券の有価証券性の問題を含めて、保険契約のあらゆる局面、すなわち、保険契約の成立及び内容、保険金請求権の譲渡及び行使、保険証券についての法的関係等にとって、保険証券が有する意味を個別的に検討することも今後の重要な課題であると考える。[25]

（1）　W. Lewis, Lehrbuch des Versicherungsrechts 1889, SS. 170–171.

（2）　V. Ehrenberg, Versicherungsrecht 1893, S. 472; なお、坂口光男「指図式保険証券の有価証券性」法律論叢七四巻四・五合併号一二三頁参照。

(3) Begründung zu den Entwürfen eines Gesetzes über den Versicherungsvertrag 1906, S. 17; なお、Vgl. S. Gerhard–O. Hagen, Kommentar zum Deutschen Reichsgesetz über den Versicherungs–Vertrag 1908, SS. 31–32.

(4) O. Hagen, Das Versicherungsrecht, Ehrenbergs Handbuch des gesamten Handelsrechts, Bd. 8, 1. Abteilung 1922, S. 358, SS. 360–362.

(5) H. Eichler, Versicherungsrecht, 2. Aufl. 1976, SS. 185–186.

(6) E. Hofmann, Privatversicherungsrecht, 3. Aufl. 1991, S. 74; M. Werber–G. Winter, Grundzüge des Versicherungsvertragsrechts 1986, SS. 33–34.

(7) E. Bruck, Das Privatversicherungsrecht 1930, S. 223; J. v. Gierke, Versicherungsrecht, Zweite Hälfte 1947, S. 148; Bruck–Möller, Kommentar, 8. Aufl. Bd. 1, 1961, S. 161; H. Möller, Versicherungsvertragsrecht, 3. Aufl. 1977, SS. 80–81; A. Richter, Privatversicherungsrecht 1980, S. 103.

(8) Müller–Erzbach, Deutsches Handelsrecht 1928, S. 757.

(9) 青木徹二・商行為論全四〇三頁（有斐閣書房、一九〇六年）。

(10) 村上隆吉・最近保険法論全二五二—二五三頁（法政大学、一九〇八年）。

(11) 粟津清亮・日本保険法論・最近保険法二三九頁（粟津博士論集刊行会、一九二七年）。なお、志田鉀太郎・商法保険法講義完七八頁は「検認証券ノ一種」とする（明治大学出版、一九〇六年）。

(12) 例えば、松本烝治・保険法九三頁（中央大学、一九一五年）、水口吉蔵・保険法論二八〇—二八一頁（清水書店、一九一六年）、三浦義道・補訂保険法論一二七頁（巖松堂書店、一九二二年）。そして、松本、水口は、指図式・無記名式の保険証券であっても有価証券でないとする。

(13) 田中耕太郎・保険法講義要領六一頁（田中耕太郎発行所、一九三五年）、大濱信泉・保険法要論一六一—一六二頁（廣文堂書店、一九三四年）。

(14) 岡野敬次郎・商行為及保険法四九一頁（岡野奨学会、一九二八年）、野津務・保険法九〇頁（日本評論社、一九四二年）、小町谷操三・商法講義巻二商行為・保険一八六頁（有斐閣、一九五〇年）。

(15) 学説史の概観として、田辺康平「学説一〇〇年史商法—保険法」ジュリスト四〇〇号学説百年史一一九—一二〇頁、一二二頁参照。

(16)　田中誠二＝原茂太一・新版保険法（全訂版）一六七頁（千倉書房、一九八七年）、伊澤孝平・保険法一〇五頁（青林書院、一九五八年）、大森忠夫・保険法〔補訂版〕一四二―一四三頁（有斐閣、一九九〇年）、田辺康平・新版現代保険法一〇九頁（文眞堂、一九九五年）、西島梅治・保険法〔第三版〕七九―八〇頁（悠々社、一九九八年）、金澤理・保険法上巻〔改訂版〕九三頁（成文堂、二〇〇二年）、基本法コンメンタール〔第三版〕商法総則・商行為法二四四頁（中西筆）（日本評論社、一九九一年）。

(17)　石井照久・商法Ⅱ二九九―三〇〇頁、三二四頁（勁草書房、一九五七年）。理由は少し異なるが、江頭憲治郎・商取引法〔第三版〕六七頁注（8）、四〇四頁（弘文堂、二〇〇二年）、山下友信・保険法二二二頁（有斐閣、二〇〇五年）も否定説に立っている。なお、詳細については、坂口・前掲一三〇―一四〇頁参照。

(18)　西島・前掲八〇頁参照。それゆえ、対抗要件不要説は有価証券性の否定説に結びつくとすること（大森・前掲一四五頁注（十一）、前田庸「判解」ジュリスト一一号保険判例百選四九頁（有斐閣、一九六六年））は「不正確である。」ということになる（西島・前掲八〇頁注（11）、坂口・前掲一三六頁注（47））。

(19)　以上の点については、坂口・前掲一三〇―一三一頁参照。

(20)　見解の状況については、坂口・前掲一二六―一二八頁参照。

(21)　中西・前掲二四四頁。なお、田辺・前掲新版現代保険法一〇九頁注（4）も参照。

(22)　石田満・商法Ⅳ（保険法）〔改訂版〕一〇四頁（2）参照。（青林書院・一九九七年）。なお、明治期においても「純然タル有価証券」とは異なるとされていた（志田・前掲七八頁）。

(23)　岩崎稜「保険証券の有価証券性」ジュリスト商法の争点Ⅱ二六九頁（有斐閣・一九九三年）。

(24)　局面は異なるが同旨の観点として、大森・前掲一四一頁参照。

(25)　このような観点からの研究として、W. Kisch, Der Versicherungsschein 1952, 200S. が挙げられる。

第七款　保険事故の意義

一　緒説

学説は、表現の点で多少の相違は認められるが、保険事故は保険者の給付義務を具体化ないし基礎づける事実であるとし、保険事故の意義を、保険事故が引き起こす効果である保険者の給付義務と関連づけて定義するのが一般的である。そして、損害保険における保険事故の意義を、保険者の給付義務と関連づけて定義するならば、損害の発生が保険者の給付義務の前提となるので、保険事故の概念に損害をも加えるべきことになる。しかし、第一に、右の定義によると、保険者の給付義務は、保険者の給付義務を基礎づける事故の発生によって基礎づけられると解することになり、循環論に陥いることになる。右の定義は、保険事故は保険事故の効果としての保険者の給付義務を基礎づける事故であるということは説明できても、何をもって保険事故と解するか、果たして保険者の給付義務は基礎づけられているかという問題の判断には役立たない。第二に、右の定義によると、保険事故の概念に保険者の給付義務の前提である損害も加えられることになり、その結果、保険事故と損害という、二つの異質の事象ないし概念を混同することになり、無用の混乱が生ずることになる。第三に、保険事故の発生にもかかわらず保険者が給付義務を負わない場合があり、この場合には、保険事故は保険者の給付義務を基礎づける事故ということはできないことになる。第四に、右の定義は、損害防止義務の開始時期との関係においても問題となりうる。すなわち、右の定義によると、保険事故が発生しているといいうるためには保険者の給付義務の前提である損害も発生していなければならないが、損害の発生後には損害の完全な防止は不可能である。そこで、損害の完全な防止が可能であるためには、保険事故の定義に修正を加え、保険事故は保険の目的物に「直接にさし迫っている事故」と解さなければならないことになる。そうすると、損害防止義務の局面においては、隣家に発生した火災も保険に付された自家についての保険事故と解すべきことになり、保険事故の意義は、損害防止義務とその他の場合とでは異なったものとなる(1)。

法律は、例えば、保険期間、保険事故発生の通知義務、損害防止義務の開始時期等との関連において、保険事故に多くの重要な効果を結びつけているので、保険事故の意義を明らかにすることは、実際上においても重要な意味を有する。以下において、保険事故と保険者の給付義務、保険事故と損害との関係について、それぞれ考察し、それをもとにして、保険事故の意義を明らかにすることとする。

二　ドイツ

(1)　まず、保険事故と保険者の給付義務との関係について考察する。ドイツ保険契約法の草案の第一条についての理由書は、「保険事故は、その発生によって保険者の給付義務が基礎づけられる事故である。(2)」と定義している。そこで、学説も、表現の点で多少の相違は認められるが、保険事故は保険者の給付義務を基礎づける事実であると定義するのが一般的である。(3)しかし、保険事故の発生にもかかわらず保険者が給付義務を負わない場合があるので、この場合、保険事故と保険者の給付義務との関係をどのように考えるかということが問題となり、主として、三つの見解が存在する。第一に、保険者の給付義務なき保険事故ということを承認する見解がある。すなわち、保険事故は、保険者の給付を義務づける「傾向」は有するが事実上で給付義務を発生させるということは必要でないこと、何らかの事情にもとづいて保険者の給付義務が発生しないことがあるとしてもそのために保険事故の特徴が失われるものではないこと、保険事故の発生にもかかわらず保険者の給付義務が発生しないということは、単に保険事故の法律上の効果に関わるにすぎず保険事故の本質自体に関わるものではないと述べている。(4)第二に、保険事故は「原則」として保険者の給付義務を引き起こす事故であるとする見解がある。すなわち、保険事故は、保険者の原則的給付義務のみを引き起こしうるのであって、常に保険者の給付義務を引き起こすとはいえない。そして、保険事故が例外的に保険者の給付義務を引き起こさない場合として、責務の違反、保険料の不払い、危険増加、保険事故招致という、保険契約者の行為にもとづく場合を挙げている。(5)第三に、保険者の客観的給付義務と現実的給付義務を区別する見解がある。すなわち、保険事故は常に保険者の客観的給付義務を引き起こすが、現実の給付義務は、さらにいくつかの条件が備わるときに初めて発生するとし、その条件の例として、小損害免責に該当しないこと、保険事故招致及び責務違反に該当しない場合であるとする。(6)

右で述べた諸見解は、保険事故の定義に際して、保険事故と保険者の給付義務との関係をも視野に入れているという点では共通性が認められる。しかし、第一の見解は、保険事故と保険者の給付義務との関連性を否定しているのに対し、第二及び第三の見解は、保険事故は保険者の原則的給付義務ないし客観的給付義務を引き起こす事故であると定義している。とくに、第一の見解が、保険者の給付義務は単に保険事故の法律上の効果に関わるにすぎず保険事故の本質自体に関わるものではないと述べていることは、注目に値する。以上に対して、保険事故と保険者の給付義務との関係を視野に入れることなく保険事故を定義する見解があり、それによると、保険事故は被保険危険が実現したもの[7]、保険事故は、保険者の給付義務のすべての前提ではあるが、被保険危険が実現したもの[8]と定義している。

(2)　次に、保険事故と損害との関係について考察する。

まず、ドイツの通説は、保険事故と損害を別個のものと解し、保険事故の概念に損害を加えない。その理由として、第一に、形式的には、保険契約法は、保険事故の発生に「よって（durch）」生じている財産上の損害（一条一項一文）・失われた利益（五三条）と表現していることから、保険事故は損害の原因である一定の事故のみを意味すること、第二に、損害防止義務との関係において、保険事故の概念に損害を加え損害の発生によって保険事故が初めて発生するとすると、少なくとも思考法則上では、保険事故の発生にあたって損害を完全に防止することは不可能であると述べている。もっとも通説の内部においても、保険事故と損害との関係をどのように解するかということをめぐって、見解が分かれている。この点につき、「損害の発生なき保険事故」ということを承認する見解がある。すなわち、損害は保険事故の概念には加えられないので損害が発生したときにのみ保険事故の発生を認めることは妥当でないこと、損害は保険者の責任のための独立の要件にすぎないこと、保険事故は損害と保険者の責任にとっての「原因」であり、損害は保険者の責任の「内容」を決定すると解する見解がある[9]。これに対し、損害の発生なき保険事故ということは認められないとする見解がある。もっとも、そのことは、損害が発生した場合に初めて保険事故が発生しているということを意味するのではなく、事故が直接または不可避的に損害を生じさせたであろう場合にその事故は保険事故と認められるとする。(10) この見解は損害の発生なき保険事故ということを認めないので、この見解によると、保険事故が発生しているか否かを確定するためには、事故がその発生から損害の発生までたどった経過を探究すべきことになること、保険事故が発生しているか否かは事後的に損害発生の有無の時点において確定されることになるので、事故が発生しただけの時点においては保険事故の発生はまだ確定されないことになる。その結果、例えば、保険事故発生の通知義務についていえば、事故が発生しただけの時点においては通知義務の存否は不明であるということになる。(11)

以上に対し、保険事故の概念に損害を加え、保険事故は損害の発生によって初めて発生しているとする見解がある。もっとも、その理由づけは、多岐にわたっている。すなわち、単に形式的に前述した保険契約法の一条についての理由書を援用するにとどまるもの、(12) 経済上の災害が事実上で発生している場合に保険事故が認められるが、この場合の経済上の災害とは、例えば、火災保険における火災のような損害原因ではなく、この損害原因によって引き起こされている損害の発生それ自体を意味するとするもの、(13) 保険事故は、危険事故（Gefahrereignis）と、それにもとづく保険の目的物の破壊・毀損という二つの要件から成り、保険の目的物に事実上で損害が発生していないかぎり保険事故は発生していないとするもの、(14) 被保険危険の実現と損害の発生は、分離することが不可能な単一の事象であり、例えば、火災の勃発は、その後の火災損害の第一段階であって火災損害の原因ではないとする見解が(15) ある。

三　わが国

保険事故と保険者の給付義務、保険事故と保険損害との関係につき、わが国の研究には、ドイツと比較して、広がりと深まりは余り見られない。保険事故の意義につき、明治期においては、損害を惹起すべき危険事実とし[16]、大正期においては、経済上の損害を発生せしむべき事故[17]、保険者がその結果につき責任を負う事故[18]、損害の原因となる不測の事故とし[19]、昭和前期においては、保険者の給付がその到来に関わる出来事[20]、保険契約者に経済的悪影響を及ぼすべき出来事と定義していた[21]。これに対し、昭和後期においては、表現の点において多少の相違は認められるが、明確に保険事故を保険者の給付義務と結びつけて定義する見解が多数を占めるに至っている[22]。もっとも、学説の中には、意識的かつ慎重にも、保険者の給付義務を「原則」として発生させる事故と述べている見解があるが[23]、これは、保険事故の発生にもかかわらず保険者が給付義務を負わない場合があることを考慮に入れているものと考えられる。そして、以上で述べたことに限定するならば、わが国の学説は、保険事故の意義を保険者の給付義務と関連づけて定義していること、それゆえ、保険事故の概念に損害をも加えているものということができよう。

四　考察

(1)　まず、保険事故は常に保険者の原則的ないし客観的給付義務を引き起こすと解することについては、疑問がある。前述したドイツの学説においては、保険事故の発生にもかかわらず保険者が給付義務を負わない場合として、①保険事故招致、②責務の違反、③危険増加、④保険料の不払い等が挙げられている。そして、①の場合の保険者免責の根拠につき、われわれのように主観的危険事情除斥説に立つと、保険契約者側に存在している主観的危険事情が保険契約の当初より保険者の危険負担から除外され、保険者の危険負担は当初より存在しないので、この場合には、保険事故は保険者の原則的ないし客観的給付義務を引き起こすということはできない。けだし、原則的ないし客観的給付義務というのは、保険者の危険負担が存在する場合についてのみ問題となりうるからである。これに対し、②及び③の場合には、保険者の引き受けている危険に関して保険契約者に一定の責務が課され、その違反の場合に保険者は後に給付免責されることから、保険事故は原則的ないし客観的給付義務を引き起こすということはできる。これに対し、④の場合には、保険料の支払いと保険者の責任との関係をいかに解するかということと関連して、[24]問題は複雑にして困難を極めている。まず、責任開始条項説に従うと、保険料が支払われないまま保険事故が発生した場合には、保険者の責任が開始しないままでの保険事故の発生として、保険者の原則的ないし客観的給付義務ということが問題となる余地はないと解することになるものと思われる。また、損害不塡補条項説に従うと、保険料の支払いがなくても保険者の責任は開始するので、この場合には保険事故は保険者の原則的ないし客観的給付義務を引き起こすと解することになるものと思われる。さらに、二重条件説に従うと、保険期間の開始とともに保険者は抽象的とはいえ債務を負担していると解するので、保険事故は原則的ないし客観的給付義務を引き起こすと解することになるものと思われる。

このように、保険事故は必ずしも常に原則的ないし客観的給付義務を引き起こすということはできないといわなければならない。そうであるとするならば、保険事故を保険者の給付義務と関連づけて定義することは、必ずしも妥当であるとはいえないことになる。そこで、保険事故の定義にあたっては、保険者の給付義務と関連づけることなく、保険者の給付義務の存否・範囲を決定する基準となる損害を生じさせるところの事象自体を明らかにすることが必要である。それによると、保険事故は、保険契約によって保険者が引き受けた危険、すなわち、被保険危険が実現したものと定義される。これは、保険事故の定義としては内容に乏しいと考えられないではないが、保険事故の意義は、右で述べた以上のものでも以下のものでもない。そして、右の定義によると、保険事故はすべての保険部門において同一の意義を有することになり、これにより保険事故の統一的な定義が可能となる。すなわち、損害保険における保険事故は損害を引き起こすのに対し生命保険における保険事故にはこのようなことは認められず、この点において両者の保険における保険事故は根本的に異なっているという主張がなされることがあるとするならば、そのような主張には疑問がある。すなわち、両者の保険における保険事故の事実上の結果は異なっているが、その差異は、保険事故は被保険危険が実現したものであるという、保険事故の本質的特徴に対しては何ら影響を及ぼすものではないからである。(25)

(2)　保険事故は、それによって引き起こされる損害と区別すべきであり、保険事故の概念に損害を加え損害が発生したときに初めて保険事故が発生していると解すべきではない。それにもかかわらず、保険事故の概念に損害を加える見解の理由は、推測にとどまるが、おそらく次の点にあるものと思われる。第一に、保険事故が発生すると事実上で損害も発生するという考えに立っているということである。確かに、例えば、火災という保険事故の発生とともに事実上で損害も発生している。しかし、事実上の問題はともかくとして、理論的には、保険事故と損害は、原因と結果の関係にある異質の別個の概念として区別することを要する。第二に、損害保険は損害塡補を目的としているので、保険事故が発生したといいうるためには塡補の前提である損害も発生していなければならないという考えが存在しているのではないかということである。しかし、損害は、保険者の塡補義務にとってのみ意味を有し保険事故自体の概念とは何ら関係を有しないこと、損害は、保険者の塡補義務の存否・範囲を決定するための第二の、特別な独立の責任要件にとどまり保険事故の要件を構成するものではない。

このように、損害は保険事故の概念的特徴を構成しないが、損害は、それが発生したときにのみ保険保護が与えられる対象なので、損害を全く発生させない事故は保険保護の対象を欠く事故ということになる。(26)そこで、保険事故と損害との間にどのような関係が存在することが必要かということが問題となる。この点につき、保険事故と損害との必然的関連性は否定される以上、保険事故は通常の成り行きにおいて損害を引き起こす事故、あるいは、保険事故は損害を引き起こすことが可能な事故であれば足りると解される。(27)このように、損害は保険事故の概念に加えられないので、具体的には、火災保険における保険事故は火災の勃発であって火災による損害ではないこと（罹災説）、傷害保険における保険事故は傷害自体であって傷害による労働不能または死亡ではないこと、責任保険における保険事故は損害事故であって被保険者の責任負担ではない（損害事故説）と解すべきことになる。保険事故に対して一定の法効果が結びつけられている場合の保険事故とは、右で述べた事故を意味する。[28]

(3)　例えば、火災という事故の事実上の結果として損害が発生し、この損害に対する法効果として保険者の給付義務が発生する。事故の結果として損害が、損害の結果として保険者の給付義務が、それぞれ発生し、事故は、損害及び給付義務の前提である。そのかぎりにおいて、事故、損害、給付義務は、相互に密接な関係にある。しかし、これらの概念は異質の別個の概念として区別されることを要する。従来、この点が必ずしも明確に認識されていなかったために、具体的な問題をめぐる法解釈において混乱が生じていたと考えられないでもない。なお、本款において考察した問題あるいはその結論は、保険法の基礎理論に関わるので、保険法の全般に対して射程範囲を有しているということができる。

（1）　以上で述べた点の詳細については、坂口光男・保険契約法の基本問題七二―七五頁参照（文眞堂、一九九六年）。

（2）　Begründung zu den Entwürfen eines Gesetzes über den Versicherungsvertrag 1906, S. 11.

（3）　V. Ehrenberg, Versicherungsrecht 1893, S. 319; Hagen, Versicherungsfall, Lexikon, S. 1741; E. Bruck, Das Privatversicherungsrecht 1930, SS. 627–628; J. v. Gierke, Versicherungsrecht, Erste Hälfte 1937, S. 79; Ders., Zweite Hälfte 1947, S. 201; H. Eichler, Versicherungsrecht, 2. Aufl. 1976, SS. 65–66; Prölss–Martin, Kommentar, S. 84 (Prölss).

（4）　W. Kisch, Grundsätzliches zum Begriff des Versicherungsfalls, ZVersWiss 1935, S. 86.

（5）　H. Oberbach, Der Versicherungsfall in der Allgemeinen Haftpflichtversicherung, Juristische Rundschau für die Privatversicherung 1943, SS. 14–15.

（6）　H. Meier, Der Versicherungsfall in der Allgemeinen Haftpflichtversicherung 1967, S. 61; 以上で述べた見解の詳細については、坂口・前掲七五―七七頁参照。

（7）　E. Hofmann, Privatversicherungsrecht, 3. Aufl. 1991, S. 81.

（8）　H. L. Weyers, Versicherungsvertragsrecht 1986, S. 198.

（9）　Kisch, a. a. O. SS. 84–85.

(10) C. Ritter, Das Recht der Seeversicherung, Bd. I, 1922, S. 552.

(11) 以上で述べた見解の詳細については、坂口・前掲八二―八三頁参照。

(12) S. Gerhard-O. Hagen, Kommentar zum Deutschen Reichsgesetz über den Versicherungs-Vertrag 1908, S. 13.

(13) Peef, Der Versicherungsfall überhaupt und insbesondere bei der Haftpflichtversicherung 1914, SS. 36-37.

(14) W. Koenig, Schweizerisches Privatversicherungsrecht, 3. Aufl. 1967, SS. 261-262; そのように解する理由として、保険事故は保険者の給付義務を引き起こす事故であると定義している点にある（a. a. O. S. 261）。

(15) W. Siebeck, Die Schadenabwendungs-und-minderungspflicht des Versicherungsnehmers 1963, S. 51, S. 53.

(16) 和仁貞吉・保険法四五頁（東京専門学校出版部、一九〇一年）。

(17) 村上隆吉・保険法論第一巻二四八頁（法政大学、一九一五年）。

(18) 水口吉蔵・保険法論二〇〇頁、二〇二頁（清水書店、一九一六年）。

(19) 青山衆司・保険契約論上巻一四八頁（巖松堂、一九二〇年）。

(20) 田中耕太郎・保険法講義要領一一一頁（田中耕太郎発行所、一九三五年）。

(21) 大濱信泉・保険法要論六八―六九頁（廣文堂書店、一九三四年）。

(22) 石井照久・商法Ⅱ三〇二頁（勁草書房、一九五七年）、伊澤孝平・保険法一一三―一一五頁（青林書院、一九五八年）、大森忠夫・保険法〔補訂版〕六一頁（有斐閣、一九九〇年）、田辺康平・新版現代保険法七九頁（文眞堂、一九九五年）、金澤理・保険法上巻〔改訂版〕九九頁（成文堂、二〇〇二年）、西島梅治・保険法〔第三版〕六三頁（悠々社、一九九八年）、倉澤康一郎・保険法通論五三頁（三嶺書房、一九八二年）。

(23) 田辺・前掲七九頁。

(24) 保険料の支払いと保険者の責任との関係に関する学説の状況の整理として、さしあたり、田辺康平＝坂口光男編・注釈住宅火災保険普通保険約款八一―八五頁参照（坂口筆）（中央経済社、一九九五年）。

(25) 以上で述べたことの詳細については、坂口・前掲基本問題七七―七九頁参照。

(26) 保険事故は保険者が責任を負担する事故なので、この責任負担の前提である損害も発生することが必要である（Vgl. R. Schmidt, Versicherungsalphabet, 8. Aufl. 1991, S. 385）。

(27) 田辺・前掲二〇三頁、同・保険契約の基本構造二二三頁（有斐閣、一九七九年）、坂口光男・保険法二三五頁（文眞堂、一九九一年）。

（28）以上で述べたことの詳細については、坂口・前掲基本問題八四―八五頁参照。なお、火災保険における罹災説の妥当性については、田辺＝坂口編・前掲二五二―二五三頁参照（坂口筆）。また、責任保険における損害事故説の妥当性については、坂口・前掲保険法二三四―二三五頁参照。

第八款　保険料の不可分

一　ドイツ

(1)　保険法理論は、可能なかぎり保険技術に適合するものであることを要する。そこで、保険実務は、保険技術上の必要性にもとづいて、いわゆる保険料不可分の原則を導き出し、また、保険約款の中にも保険料不可分の原則に相当する規定が定められていたといわれている。(1)

保険料不可分の原則は、古く、保険契約法の成立以前から判例及び学説において承認されていた。C. Malß は、すでに一八六三年に次のように述べていた。すなわち、保険料不可分の原則は、危険の存続期間の短縮は決して保険料の減縮を根拠づけるものではないということを意味していること、危険はあらゆる瞬間に実現することがありうるので、ある瞬間において危険を負担する保険者は全く全範囲において危険を負担したものであるとする。(2)また、V. Ehrenberg は、保険料期間という概念が有する意味は、保険者の責任が保険料期間の一部分にしか及ばないとしても保険料は不可分の単一とされるという点にあること、この原則は全ての種類の保険に適用されると述べていた。(3)そして、この原則の根拠は、保険技術に求められるとしていた。(4)なお、スイスにおいては、H. Roelli も、保険料不可分の原則は技術的な考慮に由来するとして、次のように述べていた。すなわち、保険技術の統計上の基礎は一定の期間についての大量観察という点にあること、危険の技術的評価は右で述べた観察方法にもとづいていることから、保険者の責任が保険料期間の経過前に終了する場合にどの程度の保険料を保険者に帰属させるべきであるかということを正確に確定することは不可能である。そこで、一般的に、現に継続中の保険料期間についての保険料は不可分であるということが承認されていると述べていた。(5) このように、保険料不可分の原則の根拠として、危険の不可分性、保険技術的必要性が挙げられていた。

(2)　ドイツ保険契約法の草案は、スイスの Roelli の草案と異なり、保険料不可分の原則を承認するという観点には立脚しなかった。この点につき、理由書は次のように述べていた。すなわち、学説及び立法において保険料の不可分が承認されているが、草案は、これに相当する規定を保険関係が終了するあらゆる場合について定めることはしていない。現に継続中の保険料期間についての全部の保険料請求権を保険者に認めることが正当でないと思われる事情が存在する。そこで、保険料の不可分は、法律上で一般原則としてではなく、個別的規定によって適用されるのが適切であると思われるかぎりにおいてのみ妥当するとしていた。(6) そこで、草案は、保険者に保険料請求権が認められる場合を、保険料に関する規定の中に原則的・体系的にではなく、反対に個別的に定めるにとどめていた。(7) もっとも、こうした草案の規定に対して、保険料の可分原則を徹底させようとする立場から、異論が唱えられていた。すなわち、草案は、実際上は保険料不可分の原則に立っていること、僅かな場合についてのみこの原則の例外を定めているにとどまっている。給付反対給付均等の原則に従うならば、被保険者は、保険者が負担している以上の責任は負わないのである。この考えに従って、草案の規定は変更されるべきである。保険料不可分の原則がいかに恣意的なものであるかということは、この原則及びその適用が本質的に保険料期間概念を根拠としている、ということからも明らかである。保険者が主張する保険料不可分は、単に保険者の財布のために捏造された虚構ないし理論以外の何ものでもないと批判していた。(8) 一九〇八年の保険契約法四〇条は、保険契約が終了する場合の保険者の保険料取得権について定めていたが、この規定は、一九三九年一二月一九日の命令によって改められ、保険者が保険料を取得しうる場合が拡張された。(9)

(3)　次に、保険料の不可分をめぐる現在の学説の状況を見ておくこととする。①まず、保険契約法、とくにその四〇条一項の規定から保険料の不可分についての一般原則は導き出されえないこと、保険料不可分は原則ではなく、単に法律で定められている一定の場合にのみ保険料は不可分であること、この場合には多少とも不可分の原則への接近が見られるとされている。(10)②次に、保険料不可分の原則に対する評価について見ておくこととする。まず、この原則を積極的に評価する見解は、次のように述べている。すなわち、保険料の不可分は、保険契約者の不完全な行動に対する制裁、保険者に対する不公平な優遇、衡平考慮、危険の不可分性ということにではなく、反対に「保険経営の機構（Mechanismus des Versicherungsbetriebs）」にもとづいている。保険者は特定の期間について取得した保険料を継続的に使用できなければならず、そうでなければ、多数の契約にもとづいて引き受けた危険を負担することができなくなる。民法の双務契約においては両当事者の利害は同価値であるが、保険法においては、保険契約者の保険料支払債務が不変のままで存続することについて保険者は大きな利害を有している。保険料の不可分は、保険料と危険負担との固有の結びつきということにも適合する。そこで、保険料の不可分を原則にまで高めることは全く可能であるとする。(11)これに対し、次のような見解が主張されている。すなわち、危険団体はあらゆる場合に不可分を必要とはしていない。保険技術的には一年間よりも短い期間を保険料算定の基礎とすることは全く可能であること、保険料期間は日単位にも短縮しうるように、保険料に関する問題を保険料期間と全く関連づけないことも可能であるとする。(12)また、保険料不可分の原則という表現は、保険料は保険料期間についてのみ算定され分割されえないという不適切な印象を与えかねないこと、保険者は、保険契約法四〇条により保険料期間についての全保険料を請求しうるが請求しなければならないものではなく、保険料を期間に応じて（zeitanteilig）算定することは妨げられないこと、保険料の不可分は法律からも保険技術上の理由からも導き出すことはできないとされる。(13)なお、保険料不可分の原則を一般的に定めているスイス保険契約法二四条の規定のもとにおいても、次のようなきわめて注目すべき見解が主張されている。すなわち、保険料不可分の根拠を危険の不可分に求める見解があるが、そのような根拠は、実際上の理由から主張されうるとしても、理論的な根拠とはなりえない。保険料の不可分は、決して原理（Axiom）・不動の原則ではなく、単に一定の合目的考慮・衡平的理由にもとづくにとどまる。それゆえ、期間的な割合に応じた保険料の算定は全く可能であるとされている。(14)

二　わが国

商法には、保険料の不可分性を正面から認める明文規定は存在しないが、(15)学説は、その多くは危険の不可分性を根拠として、保険料不可分の原則を一貫して承認してきたということができる。すなわち、明治期、(16)大正期、(17)昭和前期、(18)昭和後期(19)における学説は、保険料不可分を当然の原則として承認していた。これに対し、最近の学説においては、不可分原則は必ずしも合理的でないこと、(20)強調すべきはむしろ保険料可分原則であること、(21)不可分原則を支持する根拠は十分な根拠とはなりえないこと、(22)商法上は不可分原則は存在しないと解釈されると主張されている。(23)そして、立法論としては、可分原則を採用したうえで、保険約款により不可分とする余地を残すこと、(24)さらに、より具体的な立法論として、可分原則を定立し、特殊な危険の担保についてのみ不可分とするのが妥当であるとされている。(25)

三　考察

まず、保険料不可分の原則を、商法六五五条・六三七条・六四六条の規定から導き出すことができるか否かについて検討する。学説は、商法六五五条の規定の反対解釈として保険料不可分の原則を肯定している。この規定によって保険者が取得できる返還手数料の法的性質については、損害賠償説と契約締結費用補償説が対立しているが、後者の見解が妥当である。(26)そうであるとすると、この規定によって保険者が取得できるものは、決して保険者の「危険負担」に対する対価としての保険料ではありえない。換言するならば、この規定による契約締結費用補償請求権から、これとは性質を異にする危険負担に対する対価としての保険料取得権を導き出すことは不可能であるということである。それはともかくとして、保険者の保険料返還義務に関する規定の反対解釈から保険料不可分の原則を導き出すという根拠は、きわめて形式的である。また、商法六三七条・六四六条の規定から、保険料不可分の原則を導き出すことが可能であるかということである。これらの規定によると、保険料の減額は将来効のみを有するとされている。しかし、これらの規定は、減額請求がなされるまでの保険料を保険者は取得できると定めているにとどまり、減額請求をしている時の属する保険料期間についての全部の保険料を保険者は取得できるということまでは定めていない。そこで、学説は、この場合には「保険料不可分の原則」により、保険料の減額は次の保険料期間以後に対してのみ効力を有するとしているのである。(27)これは、いうまでもなく、ここで議論の対象となっている保険料不可分の原則を承認するという前提に立ったうえでのことであるということに注意することを要する。

次に、保険料不可分原則を支持する見解の理論的根拠について、考察する。まず、保険技術的必要説が妥当性を有するか否かの決め手は、保険料期間の細分化が技術的に可能か否か、保険料算定の問題を保険料期間と関連づけないことが可能か否かということに依存している。保険技術的には、保険料算定の基礎を一年より短い期間とすることは可能であること、保険料期間は日単位にも短縮しうるように、保険料算定に関する問題を保険料期間と関連づけないことも可能である。(28)このように考えることができるとするならば、保険料算定と保険料期間との関連性は切断され、保険料不可分原則の根拠とされる保険料期間概念それ自体の当否が検討されるべきことになる。(29)また、危険不可分説に対しては、期間が短縮されるに従って事故発生率も逓減するということは全く否定しがたい事実である以上、理論的根拠としてはいかにも恣意的にして薄弱である。さらに、より根源的には、契約理論の次元においては、給付と反対給付は均等関係に立つという、他のいかなる要請に対しても譲歩しえない不動の原理が存在している。保険者の給付が存在しない部分については保険契約者の給付も存在しえない。保険料不可分の原則を支持する見解は、この点について積極的に説明すべきである。以上において述べたように、保険料不可分の原則は、保険料にとって決して本質的・不動の原則ではなく、単に保険者にとって便宜的な合目的考慮にもとづく一つの考え方にすぎない。[30] そうであるとするならば、これを立法によっても原則まで高めることは不可能である。立法論としても、保険料不可分の原則は放棄すべきである。この点につき、立法論として保険料可分原則を採用したうえで、保険約款によって不可分とする余地を残すのが妥当であろうという見解が主張されている。[31] もっとも、その理由は必ずしも明らかでないようなので、この見解に対して評価を下すことは容易ではない。しかし、第一に、保険約款においてとはいえ不可分とする余地を残しうるとするのであるならば、それは契約理論の次元における不動の原則に対する例外の承認となるので、例外を承認すべきことの理由を積極的に示すことが必要である。第二に、仮に、保険の技術上、保険料の不可分を必要とする場合であっても、その必要とする根拠、要件及び保険部門を具体的に示すことが必要であると思われる。[32]

（1）Begründung zu den Entwürfen eines Gesetzes über den Versicherungsvertrag 1906, S. 49; 坂口光男・保険法立法史の研究一八七―一八八頁（文眞堂、一九九九年）。

（2）C. Malß, Studien über Versicherungsrecht, insbesondere über Feuer- und Lebensversicherung, ZHR, Bd. 6, S. 373; W. Lewis も、一八八九年の Lehrbuch des Versicherungsrechts, S. 175 において、危険の単一性から保険料の不可分性を導き出していた。

（3）V. Ehrenberg, Versicherungsrecht 1893, S. 353.

（4）V. Ehrenberg, Versicherungswert und Schadenersatz, ZVersWiss 1906, S. 387 Anm. 1.

（5）H. Roelli, Die Vorarbeiten für ein Bundesgesetz über den Versicherungsvertrag, Zeitschrift für Schweizerisches Recht 1899, SS. 600-601; なお、本文で述べたことの詳細については、坂口・前掲一八八―一八九頁及び岩崎稜・保険料支払義務論九七頁（有斐閣、一九七一年）を参照。

（6）a. a. O. Begründung, S. 49.

（7）例えば、一九〇二年の予備草案の二二条、一九〇三年の草案の三四条がそのように定めていたが、この点については、坂口・前掲一八九―一九〇頁参照。

（8）O. Prange, Kritische Betrachtungen zu dem Entwurf eines Gesetzes über den Versicherungsvertrag 1904, S. 320; この点の詳細については、坂口・前掲一九〇―一九二頁参照。

（9）この点については、坂口・前掲一九二―一九三頁参照。

（10）J. v. Gierke, Versicherungsrecht, Zweite Hälfte 1947, S. 174; Prölss-Martin, Kommentar, S. 426（Prölss）; H. Eichler, Versicherungsrecht, 2. Aufl. 1976, S. 216; Berliner Kommentar, S. 720（Riedler）.

（11）E. Bruck, Das Privatversicherungsrecht 1930, SS. 249-251; これに対し、保険経営の機構から保険料の不可分性は導き出されないとされる（W. Koenig, Schweizerisches Privatversicherungsrecht, 3. Aufl. 1967, S. 118 Anm. 2）。

（12）Bruck-Möller, Kommentar, 8. Aufl. Bd. 1, 1961, S. 514.

（13）W. Römer-T. Langheid, Kommentar, S. 472（Römer）; なお、保険契約法四〇条と対比される新保険契約法三九条は、保険料不可分の原則を廃止している。

（14）Koenig, a. a. O. S. 118.

（15）明治一七年一月二九日のロェスエル商法草案は、現行商法六四六条に相当する七一七条についての理由書において「保険料ノ不分割ハ保険ノ性質ヨリ生スル至重ノ結果」とし、その理由として危険の不可分性を挙げていた。この点については、青谷和夫「保険契約法の逐条別史的素描（Ⅲ）」生命保険協会会報五九巻一号三四頁参照。

（16）和仁貞吉・保険法九九―一〇〇頁（東京専門学校出版部、一九〇一年）、志田鉀太郎・商法保険法講義六三頁（明治大学出版部、一九〇六年）、村上隆吉・最近保険法論全二六一―二六二頁（法政大学、一九〇八年）。なお、粟津清亮・日本保険法論・最近保険法一九三―一九四頁は、不可分は絶対の真理ではなく、数理上、分割しうるとする（粟津博士論集刊行会、一九二八年）。

（17）松本烝治・保険法八〇―八一頁（中央大学、一九一五年）、青山衆司・保険契約論上巻一六七頁（巖松堂、一九二〇年）、水口吉蔵・保険法論二二四―二二五頁、三八八―三八九頁（清水書店、一九一六年）、三浦義道・補訂保険法論一五五頁（巖松堂書店、一九二二年）。

（18）岡野敬次郎・商行為及保険法五九三頁（岡野奨学会、一九二八年）、大濱信泉・保険法要論六七頁（廣文堂書店、一九三四年）、野津務・保険法一二二頁（日本評論社、一九四二年）、小町谷操三・商法講義巻二商行為・保険二四八頁（有斐閣、一九五〇年）、同「保険料不可分の原則」損害保険研究一二巻三号七四頁以下。

(19) 石井照久・商法Ⅱ二七六頁（勁草書房、一九五七年）、田中誠二・保険法一四〇―一四一頁（千倉書房、一九五三年）、田中誠二＝原茂太一・新版保険法（全訂版）一四五頁（千倉書房、一九八七年）、伊澤孝平・保険法一六三―一六四頁（青林書院、一九五八年）、大森忠夫・保険法〔補訂版〕七九頁（有斐閣、一九九〇年）、石田満・商法Ⅳ（保険法）〔改訂版〕九七頁（青林書院、一九九七年）。

(20) 田辺康平・新版現代保険法一〇五頁（文眞堂、一九九五年）。

(21) 岩崎・前掲一〇七―一〇九頁。

(22) 金澤理・保険法上巻〔改訂版〕七三―七五頁（成文堂、二〇〇二年）。

(23) 山下友信・保険法三五四頁（有斐閣、二〇〇五年）。

(24) 西島梅治・保険法〔第三版〕七〇頁（悠々社、一九九八年）。なお、山下・前掲三五四頁参照。

(25) 金澤・前掲七五頁、同「保険料の返還と保険料不可分の原則」損害保険研究二九巻一号四〇―四三頁。

(26) 松本・前掲九九頁、小町谷操三・海上保険法総論㈡六八六頁（岩波書店、一九五三年）、同・前掲損害保険研究八六頁、大森・前掲一六〇頁、基本法コンメンタール〔第三版〕商法総則・商行為法二五〇頁（西島筆）（日本評論社、一九九一年）。

(27) 例えば、松本・前掲一二七頁、大森・前掲一六四頁、前掲基本法コンメンタール二二八頁（田辺筆）、前掲基本法コンメンタール二四〇頁（中西筆）。

(28) Bruck-Möller, a. a. O. S. 514; 岩崎・前掲一〇八頁、金澤・前掲保険法七三―七四頁。

(29) そこで、岩崎前掲一〇八頁は、保険料期間概念の法的有意性を否定している。

(30) Koenig, a. a. O. S. 118.

(31) 西島・前掲七〇頁、菅原菊志「判解」ジュリスト損害保険判例百選五五頁（有斐閣、一九八〇年）。

(32) この点において、金澤・前掲保険法七五頁、同・前掲損害保険研究四三頁における提案の内容は注目される。

第九款　保険金請求権の消滅時効

一　ドイツ

(1) 保険契約法の成立前において、例えば、V. Ehrenberg は、次のように述べていた。すなわち、保険給付に対する請求権は、一般にまたは個々の種類の保険について特別条項が定められていないかぎり、訴えの消滅時効(Klageverjährung)に関する私法の一般規定に服すること、保険給付に対する裁判上の行使は、三か月または六か月、外国の保険では一年間というかなり短期間に制限されているが、その期間は、通常は事故(火災、死亡等)、責任保険では加害者が請求された日から進行すると述べていた(1)。また、一九〇五年に帝国議会の審議に付された保険契約法案の一二条一項は、前段で、保険契約にもとづく請求権は二年、生命保険では五年で消滅時効にかかること、後段で、時効は「給付を請求しうべき年の終了とともに進行する」と、それぞれ定めていた。そして、法案についての理由書は、右の期間は、給付を請求しうべき年の終了とともに、それゆえ、給付が契約の定めにより「履行期」となる年の終了とともに進行すると述べていた(2)。

(2)　一九〇八年の保険契約法一二条一項は、前述した法案の一二条一項と同じ定めをなしている。そして、保険契約法一一条一項は、保険者の金銭給付は、保険事故及び保険者の給付の範囲の確定に必要な調査の終了とともに履行期となると定めている。他方、民法一九九条一項一号は、消滅時効期間は請求権が発生している年の終了とともに進行すると定めている。このように、消滅時効期間の進行につき、保険契約法と民法では異なった定めをなしている。そこで、保険契約法一二条一項の「給付を請求しうべき」時とは、民法一九九条と同じく「請求権の発生時」を意味するのか(3)、それとも、保険契約法一一条一項に定められている調査の終了による「履行期」を意味するのかということが問題となる。

まず、請求権の実体的発生時説によると、消滅時効は保険金請求権の実体的発生時から進行するとする。その理由として、第一に、保険契約法一二条一項後段の「給付を請求しうべき」時とは、履行期ではなく、請求権の実体的発生時、すなわち、保険事故の発生時を意味すること、第二に、消滅時効は履行期の到来とともに進行すると解すると、保険契約者が保険事故の発生を通知しない場合、それゆえ、保険者による調査が行われない場合には履行期は到来せず、保険金請求権は消滅時効にかからないということになる。これは、債権者の遅滞した請求に対して債務者を保護するという消滅時効制度の趣旨に反するとされる(4)。次に、擬制的履行期説は、以下のように主張している。すなわち、保険契約法一一条一項によると、調査の終了とともに履行期が到来するが、保険契約者が保険事故の発生を通知しない場合には、調査は開始せず、保険金請求権は消滅時効にかからないことになる。他方、保険金請求権の履行期は、種々の要素、すなわち、保険事故の通知、必要な調査の期間、報告と証拠の提出等に依存させられており、浮動的である。しかし、保険金請求権の履行期の浮動性、及び保険契約者の不知・知りえないことという個人的事情は、消滅時効の進行に対して影響を及ぼしてはならない。そこで、擬制的履行期という観点から、保険金請求権の消滅時効は、客観的に、履行期の到来のために必要とされる諸要件が保険金請求権者によって満たされえたであろう年の終了とともに、進行するとする（傍点は筆者）。例えば、保険契約者が一九四〇年一月一日に死亡するならば、履行期の到来のために必要とされる諸要件は、通常はその年の間に満たされるであろうから、五年の時効期間は、一九四〇年の終了とともに進行し、一九四五年の終了とともに満了するとする(5)。

これに対し、現在の通説・判例は、履行期時説に立っている。すなわち、保険契約法の草案についての理由書は履行期時説に立っていたが(6)、学説も、保険契約法一一条一項による保険者の調査の終了とともに保険者の金銭給付は履行期となり、この時に、給付は請求しうべきものとして消滅時効が進行するとする(7)。この見解によると、保険者の調査は保険金請求権の履行期にとって重要な意味を有するので、調査が終了しないかぎり履行期は到来しないことになる。そこで、この場合の消滅時効の起算点が問題となる。この点につき、Bruck-Möller は、必要な調査が終了しない原因が、保険者と保険契約者のいずれの帰責事由にもとづくかを区別し、前者の場合には、履行期は到来せず保険者は消滅時効の進行を主張することはできず、後者の場合には、保険契約者に帰責事由が存在しなければ給付を請求することができたであろう年の終了とともに消滅時効は進行するとする(8)。とくに問題となるのは、保険契約者が保険事故の通知・調査に際しての協力を怠る場合である。この場合には、保険契約者は、任意に履行期の到来、それとともに消滅時効の進行を遅らせることができることになる。そこで、学説は、条件の成就により不利益を受くべき当事者が信義則に反して条件の成就を妨げたときは条件は成就したものと看做すと定めている民法一六二条一項の法則を適用して、保険契約者の帰責事由が存在しなければ到来したであろう時に履行期は到来したものと擬制しようとする。[9] これに対し、BGHは、保険契約者の帰責事由が存在しなかったならば保険者はいつ調査を終了したかということには着眼すべきでないとする。すなわち、一方では、債権者が請求権の主張を静観する（zuwartet）ことは、それが契約条件に反しないかぎり、帰責事由には該当しないこと、他方では、消滅時効の進行に関して、民法も保険契約法も債権者の帰責事由には着眼していないこと、保険契約者の帰責事由は、履行期の確定にとっては無関係であり、履行期の確定に対しては何ら影響を及ぼさないと判示している。[10]

(3)　以上で述べたドイツにおける議論から、わが国における問題を考えるに際して、きわめて貴重な示唆を与えられることが明らかとなった。第一に、消滅時効の進行の基準となる「給付を請求しうべき」時とは、保険事故発生時と履行期のいずれを意味するのかということ、第二に、履行期時説に立つと、保険契約者が保険事故発生の通知を怠ると保険者の調査も終了せず履行期は到来しないことになる。この場合、履行期の到来を客観的に擬制するか、保険者の調査が終了しない原因が保険者と保険契約者のいずれの帰責事由にもとづくかの区別を行うか、とくに、履行期の確定を帰責事由という主観的事情に関連づけることが妥当であるか、ということである。この問題は、その基本において、後述するわが国の議論とかなりの部分において重なり合うということができる。

二　わが国

保険金請求権の消滅時効の起算点につき、明治期においては、権利を行使することをうべき時、[11] 保険事故の発生了知時、[12] 保険事故の発生時とし、[13] 大正期においては、保険事故の発生によって損害塡補請求が可能となり、また保険金支払義務が確定するので、保険事故の発生時または保険事故による損害の発生時とする見解が有力に主張され、(14)昭和前期においては、一般にこの問題には言及されていないようであるが、一定の書類が保険者に到来した時から一定期間が経過した後に保険金を支払う旨の特約をしたときは、その期間が経過した時が履行期にして時効の起算点であるとし、(15)昭和後期においては、見解はかなり複雑に分かれているといいうる。すなわち、まず、消滅時効の起算点と履行期は区別すべきであるという観点に立って保険事故発生時とする見解、(16)保険事故発生時としつつ、保険契約者が客観的にみて保険事故の発生を知らないこともやむをえない事情があるときは保険事故の発生を知った時とする見解がある。(17)次に、保険約款に請求手続及び支払猶予期間に関する定めがあるときは、後者の期間が経過した時とする見解が有力に主張されている。(18)もっとも、この見解は、請求手続をなした後、支払猶予期間が経過した時が時効の起算点となるとしているので、請求手続がなされない場合の起算点はいつであるかということが問題となる。この点につき、請求期間が満了し支払猶予期間が経過した時とする見解、(19)保険事故発生時から支払猶予期間が経過した時とする見解、(20)現実に請求手続がなされたか否かを問わず請求手続をなすことをうべかりし時より支払猶予期間が経過した時とする見解、(21)請求手続がなされないときは保険事故の発生時とする見解が、(22)それぞれ主張されている。さらに、保険約款に定められている支払猶予期間は、権利行使についての法律上の障害として、消滅時効の進行に対して影響を及ぼすが、他方、支払猶予期間の設定には時効援用を放棄する旨の意思表示が含まれているとして、消滅時効の始期は支払猶予期間だけ後へ移動するとする見解がある。(23)

三　考察

(1)　まず、保険事故発生了知時説について考察する。判例・学説によると、民法一六六条一項の「権利を行使することができる時」とは、権利行使について法律上の障害（例として、債権の弁済期）がないことを意味するとされる。そして、権利者が権利の存在・権利の行使可能性について知らない場合にも消滅時効の進行は妨げられないとされる[24]。これに対して批判的な見解が有力に主張されている。すなわち、法律上で権利行使が可能な時から時効が進行すると厳密に解すべき必然性はないとし、「権利を行使しうることを知るべかりし時期」、すなわち、債権者の職業・地位・教育等から「権利を行使することを期待ないし要求することができる時期」から消滅時効が進行するとされ[25]、また、単に権利の行使について法律上の障害がないというだけではなく、さらに権利の性質上、その権利行使が現実に期待することができるようになった時から消滅時効が進行するとする最高裁の判決がある[26]。そして、最高裁は、生命保険の被保険者が行方不明になってから約三年八か月が経過した後に死体で発見されたという事案において、前述の最高裁判決に従い、本件事案においては、「当時の客観的な状況等に照らし、その権利行使が現実に期待できないような特段の事情が存していたものというべきであり」とし、その間は消滅時効は進行しないと判示した[27]。本判決は、保険金請求権者が単に個人的・主観的な事情から保険事故の発生、したがって保険金請求権の発生・行使可能性を知らなかったという事案に関する判決ではない。それゆえ、本判決は単純に保険事故発生了知時説に立っていると解することはできない。問題は、客観的な状況等からして被保険者の死亡を何人も知ることができなかったという事実を、消滅時効の起算点との関係においていかに評価するかということである。この点については、さまざまな評価がありうるが、権利そのものの性質にもとづく権利に内在する障害、すなわち法律上の障害とまではいえないとしても、限り無くこれに準じうるほど権利行使に障害が伴っていると考えられる[28]。

(2)　支払猶予期間経過時説の妥当性を判断するためには、次の問題について検討することを要する。第一に、保険金の請求手続及び支払いに関する保険約款の規定の意味あるいは性質をどのように考えるかということである。まず保険金の請求手続については、保険事故の通知義務とこれに続く書類提出義務が定められているが、これらの義務は、保険事故の発生によって具体化した保険金請求権の行使のための義務として、責務としての法的性質を有する[29]。そして、責務の法的性質につき、われわれのように前提理論に立つと、右の義務を履行しないと保険金請求権を取得ないし保持することはできないことになる。次に「保険金の支払時期」という表題のもとに「…日から三〇日以内に…支払います。」と定めている保険約款の規定は、保険者の履行遅滞が生ずる時期を定めたもので[30]、保険金請求権の消滅時効に関するものではない[31]。すなわち、保険金請求権は期限の定めのない債権として、保険者は支払請求を受けた時から履行遅滞となるが（民法四一二条三項）、保険約款の右の三〇日という期間は、保険者の遅滞が生ずる時期を延期したものである[32]。それにもかかわらず、保険約款に定められている支払猶予期間の経過後に消滅時効が進行すると解されている理由は、支払猶予期間の定めは履行期に関する定めと解し、履行期と消滅時効の起算点は一致しなければならないという点にあるものと思われる。しかし、債務者が履行しなければ遅滞の責任を負わされる履行期と、権利行使が可能であるにもかかわらずその不行使のときに債務者をして債務から免れせしめる消滅時効は、制度本来の趣旨等を異にしており、両者は区別して考えることを要する。また、履行期と消滅時効の起算点は、確定期限の定めのある債務についてのみ一致するにとどまる[33]。第二に、支払猶予期間経過時説は、請求手続を終了し、支払猶予期間が経過した時を消滅時効の起算点としているので、請求手続が行われない場合の消滅時効の起算点が問題となり、支払猶予期間経過時説の内部においても見解は多岐にわたり、流動的な様相さえ呈している。まず、請求手続の有無という保険契約者の主観的事情は消滅時効の進行には影響を及ぼさないこと、請求期間の定めは権利行使についての法的障害ではないので消滅時効の進行には影響は及ぼさないという結論においては見解は一致している。次に、そのように解した場合、請求手続ないし請求期間と時効進行との関係が問題となる。この点につき、前述したように、第一説は、請求期間が満了し支払猶予期間が経過した時から消滅時効が進行するとし、第二説は、保険事故発生時から支払猶予期間が経過した時から消滅時効は進行するとし、第三説は、請求手続をなすことをうべかりし時より支払猶予期間が経過した時から消滅時効が進行するとする[34]。しかし、第一説によると、請求手続を行わなかった場合にも請求期間が考慮されているため、請求手続を行った場合と行わなかった場合とが同一に取り扱われることになること、保険金請求権は、請求手続を行った場合のほうがより早く消滅時効にかかることがありうるという不合理な結果が生ずることになる。第二説に対しては、保険約款では請求期間内に請求手続を行ったことを前提として支払猶予期間が定められ、両者は一体の関係に置かれているので、請求手続を行わなかった場合には支払猶予期間を考慮する必要はない。そうすると、消滅時効は、支払猶予期間を考慮することなく、保険事故の発生時から進行すると解さなければならない。第三説にも疑問があるように思われる。まず、この説が述べている請求手続をなすことをうべかりし時をいかなる基準のもとに確定すべきかということであり、この基準の確定には技術的困難が伴う以上、この説の実行可能性について疑問が生ずる。また、この説は、現実に請求手続が行われたか否かは問わないとしているので、現実に請求手続が行われた場合にも請求手続をなすことをうべかりし時が基準となるとしている。しかし、そのように解することは、「手続をした日…支払います。」（傍点は筆者）と定めている保険約款の規定に反するのみならず、現実に請求手続が行われた時と請求手続をなすことをうべかりし時が一致しない場合に問題が生ずることになる。さらに、仮にこの説が、保険契約者に帰責事由が存在していなければ請求手続をなすことをうべかりし時ということに着眼しているとするならば、前述したドイツのＢＧＨが述べているような問題が生ずることになろう。

(3)　さらに、基本的に支払猶予期間経過時説に立ちつつ、支払猶予期間に相当する期間だけ消滅時効期間の始期が後へ移動するとする見解について、考察する。この見解は、①支払猶予期間は猶予期間の一種として、その期間の経過時から消滅時効が進行するが、②支払猶予期間に相当する期間につき保険者は時効援用を放棄する、つまり、消滅時効期間の始期は支払猶予期間に相当する期間だけ後へ移動する、③右の②のように解すべき理由として、保険者と保険契約者の利益の均衡ということを挙げている。[35] この見解はきわめて巧妙ではある。しかし、第一に、①で消滅時効は進行するとしながら、②で、時効援用の放棄として、消滅時効期間の始期は後へ移動するとし、そして、ここでいう始期ということを仮に進行という言葉に置き換えることが許されるとするならば、消滅時効に関して二つの進行ということを認めることになるのではないかと思われる。第二に、③で述べているように、支払猶予期間の設定によって保険契約者が受ける不利益を、②のように消滅時効の進行する時点を操作することによって、償おうとしている。要するに、消滅時効が進行する時点を、当事者の利益または不利益と関連づけて判断しようというのである。いうまでもなく、消滅時効は権利を行使しうる時より進行するのであり、このことは、当事者の利益または不利益によって影響を受けるべきものではない[36]。

(4)　前述したように、ドイツでは、保険金請求権の消滅時効につき、明文で履行期時説を採用していると思われるにもかかわらず、これと異なった見解が主張されているのみならず、履行期時説に関しても、保険契約者が保険事故発生の通知を怠った場合の履行期の確定について論争が行われている。明文規定のないわが国においては、ドイツにおけるよりも論争は複雑をきわめている。考察の結果として、保険事故発生時説を支持すべきものと思う[37]。

(1) V. Ehrenberg, Versicherungsrecht 1893, SS. 493–494.

(2) Begründung zu den Entwürfen eines Gesetzes über den Versicherungsvertrag 1906, S. 26.

(3) もっとも、民法一九九条については、請求権の発生だけではなく、その履行期も到来していることを要するとも解されている (Lehmann-Hüber, Allgemeiner Teil des bürgerlichen Gesetzbuches, 16. Aufl. 1966, S. 363)。

(4) H. Schmitt, Wann beginnt die Verjährung von Versicherungsansprüchen?, VersR 1952, S. 384; 詳細については、坂口光男・保険契約法の基本問題一一三―一一四頁参照（文眞堂、一九九六年）。

(5) A. Ehrenzweig, Wann beginnt die Verjährung von Versicherungsansprüchen?, VersR 1953, S. 124; Ders., Deutsches (Österreichisches) Versicherungsvertragsrecht 1952, SS. 183–184; 詳細については、坂口・前掲一一五―一一六頁参照。

(6) a. a. O. Begründung, S. 26.

(7) E. Bruck, Das Privatversicherungsrecht 1930, S. 473; Bruck-Möller, Kommentar, 8. Aufl. Bd. 1, 1961, SS. 259–260; Prölss-Martin, Kommentar, S. 256 (Prölss); E. Hofmann, Privatversicherungsrecht, 3. Aufl. 1991, SS. 145–146; W. Römer-

T. Langheid, Kommentar, S. 256 (Römer); Berliner Kommentar, S. 285 (Gruber); A. Richter, Privatversicherungsrecht 1980, S. 175; 判例については、Vgl. Prölss-Martin, a. a. O. S. 256 (Prölss).

(8) Bruck-Möller, a. a. O. SS. 259-260.

(9) Bruck-Möller, a. a. O. SS. 259-260; Prölss-Martin, a. a. O. S. 256 (Prölss); Römer-Langheid, a. a. O. S. 257 (Römer).

(10) BGH, Urt. v. 4. 11. 1987, NJW-Rechtsprechungs-Report 1988, S. 212.

(11) 志田鉀太郎・日本商法論巻之三商行為二七九頁（有斐閣書房、一九〇一年）。

(12) 粟津清亮・日本保険法論・最近保険法二八四―二八五頁（粟津博士論集刊行会、一九二八年）。

(13) 村上隆吉・最近保険法論全三五〇頁（法政大学、一九〇八年）。

(14) 青山衆司・保険契約論上巻三一九頁（巖松堂、一九二〇年）、水口吉蔵・保険法論四四二―四四三頁（清水書店、一九一六年）、三浦義道・補訂保険法論二一一頁（巖松堂、一九二二年）。

(15) 野津務・保険法三二九頁（日本評論社、一九四二年）。

(16) 小町谷操三＝田辺康平・商法講義保険六五頁（有斐閣、一九七一年）、大森忠夫・保険法〔補訂版〕一五八―一五九頁（有斐閣、一九九〇年）、大森忠夫＝三宅一夫・生命保険契約法の諸問題一八〇頁（有斐閣、一九五八年）、倉澤康一郎・保険契約の法理二一二頁以下（慶応通信、一九七五年）、中西正明「生命保険の死亡保険金請求権の消滅時効」大阪学院大学法学研究二〇〇五、九二頁、坂口・前掲一二六頁以下。

(17) 石田満・商法Ⅳ（保険法）〔改訂版〕一八九頁（青林書院、一九九七年）。

(18) 田中誠二＝原茂太一・新版保険法（全訂版）二八六頁（千倉書房、一九八七年）、田辺康平「保険金請求権の消滅時効と保険会社の約款の定め」西南法学論集一七巻二・三・四号七二頁、栗谷啓三「保険金支払義務の消滅時効の起算点」保険学雑誌三八一号五八頁以下。

(19) 栗谷・前掲六三頁。

(20) 棚田良平「保険金支払債務の消滅時効」損害保険研究三〇巻三号一一〇頁。

(21) 加藤由作・海上損害論三八六頁（巖松堂、一九三五年）、西島梅治・保険法〔第三版〕八三―八四頁（悠々社、一九九八年）。

(22) 江頭憲治郎・商取引法第三版四二三頁（弘文堂、二〇〇二年）。

(23) 金澤理「保険契約における時効」比較法学三巻一号一一七―一一八頁、同・保険法上巻〔改訂版〕一四四―一四六頁（成文堂、二〇〇二年）、吉川吉衞「保険金請求権の消滅時効期間の始期・補論」所報五六号一三三頁。

(24) 注釈民法(5)総則(5)二八一頁（森島＝平井筆）（有斐閣、一九六七年）。なお、判例は時効の起算点を早くしたり遅くしたりして不統一であること（星野英一・民法論集第四巻三〇九頁）、最近の判例は、債権者保護の観点から起算点を遅らせる傾向にある（四宮和夫＝能見善久・民法総則第六版三九二頁（弘文堂、二〇〇二年））といわれている。

(25) 星野・前掲三一〇頁。

(26) 最高裁昭和四五年七月一五日大法廷判決（判例時報五九七号五五頁）。なお、最近の裁判例につき、四宮＝能見・前掲三九二―三九八頁参照。

(27) 最高裁平成一五年一二月一一日判決（民集五七巻一一号二一九六頁）。本判決の解説・評釈として、さしあたり、中西・前掲九一頁以下、大澤康孝・ジュリスト平成一五年重要判例解説（一二六九号）一一九頁、坂口光男・判例評論五四六号一九一頁以下参照。なお、本判決の「権利行使が現実に期待」することができるか否かについての判断基準は必ずしも明確でなく、その確定には困難が伴うことから、本判決の考えをどこまで一般化しうるかについての問題は残されている（坂口・前掲判批一九六頁参照）。

(28) なお、権利行使の現実期待可能性の判断基準を設定しようと試みるものとして、遠山聡「保険金請求権の消滅時効の起算点―例外的処理が許容される『特段の事情』について」生命保険論集一五一号七七頁以下参照。

(29) 野津務・新保険契約法論二九五頁（中央大学生協出版局、一九六七年）、田辺康平・新版現代保険法一五八頁（文眞堂、一九九五年）、田辺康平＝坂口光男編・注釈住宅火災保険普通保険約款二〇八―二一〇頁参照（野村筆）（中央経済社、一九九五年）、坂口光男・保険法一〇九頁（文眞堂、一九九一年）。

(30) 北澤宥勝・火災普通保険約款論三九三頁（損害保険事業研究所、一九五〇年）、田辺＝坂口・前掲二三九―二四三頁参照（田辺＝野村筆）。

(31) 大森＝三宅・前掲一八〇頁、肥塚肇雄「保険約款の支払猶予期間及び調査期間の意義」奥島孝康教授還暦記念第二巻・近代企業法の形成と展開五五六頁（成文堂、一九九九年）。

(32) 田辺＝坂口・前掲二四〇頁参照（田辺＝野村筆）。

(33) 以上の点については、坂口・前掲基本問題一二八―一二九頁参照。

(34) この点に関する学説については、坂口・前掲基本問題一二一―一二三頁参照。

(35) 金澤・前掲比較法学一一七―一一八頁、同・前掲保険法一四四―一四六頁。

(36) 内池慶四郎「過怠約款付割賦払債務の消滅時効の起算」民商法雑誌五八巻一号一二一頁、坂口・前掲基本問題一二三―一二五頁参照。

（37）　なお、保険事故発生時説に対して予想される最大の疑問・批判として、この説は、請求期間及び支払猶予期間について定めている保険約款の規定に対する配慮に欠けているということが挙げられると考えられる。しかし、この説は、保険約款の右の規定の趣旨・内容について十分な検討を加えた結果として、保険約款の規定を根拠とした支払猶予期間経過時説には賛成できないと主張しているのである。

第十款　危険増加の継続性

一　緒説

危険増加に関する商法六五六条、六五七条は、単に危険が著しく変更または増加したときと定めるにとどまり、危険増加の概念として、危険増加が継続性を有することを要するか否かについては商法の規定からは明らかでない。学説においても、この問題について体系的に考察したものは存在しない。ドイツ保険契約法の草案の危険増加に関する二三条から二九条の規定においても、継続性を意味すると考えられる「状態（Zustand）」という表現は、二四条二項において用いられているにとどまる。二四条二項は、増加前に存在していた状態（Zustand）が回復したときは保険者の解約権は消滅すると定めていた。

危険増加の継続性に関する問題は、理論的には危険増加の概念に関わる問題、実際的には危険増加と保険事故招致の限界づけ及び規定の適用に関わる問題を、それぞれ包含している。そして、ドイツにおいては、酒酔い運転によって保険事故が発生した場合、これは危険増加と保険事故招致のいずれを意味するかという、実際上の具体的な問題との関連において議論されてきた。これを具体的に述べると、以下のとおりである。責任保険に関する保険契約法一五二条は、保険契約者の故意かつ違法な事故招致に対して保険者は責任を負わないと定めているが、このような故意かつ違法という帰責事由は酒酔い運転の場合には通常は存在しない。そこで、保険者は、主観的危険増加に関する保険契約法二三条以下の規定にもとづいて、給付免責を導き出そうと試みる。その際、危険増加の概念として、危険増加の継続性を要求する見解に立つと一時的な現象にとどまる酒酔い運転は危険増加とされないのに対し、これを要求しない見解に立つと保険事故招致も危険増加の一場合と構成することになり、保険事故招致の場合に、これに関する規定と危険増加に関する規定が競合して適用されることになる。(1)

二　ドイツ

(1)　ドイツ保険契約法の成立前における学説として、例えば、V. Ehrenberg は、危険事情の変更は継続的または一時的な種類のものでありうること、火災危険を増加させる行為を一回限り行うことも、この行為が継続するかぎり、危険の変更となること、(2) 危険の変更が、一時的なものにとどまり継続的な痕跡を残すことに適していないときは、保険はその後においても再び拘束力を有しうると述べていた。(3) また、保険契約法の草案の危険増加に関する二三条から二九条についての理由書は、継続性を意味すると解される「状態（Zustand）」という表現を数回にわたって使用していた。すなわち、家屋の火災保険に際して家屋の「状態」について火災の発生を助長しうる変更が生ずるならばと述べ、また、危険増加前に存在していた「状態」が回復するときは保険者の解約権は消滅するが、この解約権が消滅するためには、「状態」が保険事故の発生に対して影響を及ぼす可能性も存在しないことを要すると述べ、さらに、客観的危険増加の場合にも危険増加前に存在していた「状態」が回復するときは保険者の解約権は消滅すると述べていた。(4) もっとも、右の理由書は、状態という表現を用いつつも、「増加の前」に存在していた状態ということについては述べているが、「増加の状態」ということについては述べていないので、理由書から、危険増加の概念として危険増加が継続性を有することを要するという結論を導き出すことはできないという主張もなされている。(5)

(2)　保険契約法二四条二項後段は、危険増加の前に存在していた状態が回復したときは、保険者の解約権は消滅

すると定めている。この規定からも明らかなように、危険増加は一時的性質のものでもありうる。(6)

(イ)　判例は、危険増加の概念として、危険増加の継続性を要求し、危険増加といいうるためには、危険増加が、新たな自然的危険経過の基礎を形成することができるような長期間に及ぶ新たな危険状態を生み出すことに適していることを要するとする。すなわち、ＲＧはすでに、一度の、または僅かの場合に制限されている自動車の積荷の重量の超過は危険増加にはならないこと、(7)危険増加は継続状態を前提としているとして、(8)危険増加の継続性を要求していた。しかし、これらの判決においては、危険増加についての厳密な定義は未だ確立されていない。これに対し、ＢＧＨは、一連の注目すべき判決において、危険増加の継続性の意味・内容・判断基準等に関する精緻な理論を形成した。すなわち、①運行に許可されていないオートバイの一度の使用の事案において、新たな危険状態は、少なくとも、それが新たな自然的危険経過の基礎を形成することができ、それによって保険事故の発生を一般に助長することに適するごとき継続的なものであることを要するとし、(9)②酒酔いの状態における自動車の運転に関する事案において、新たな、増加した危険状態を生み出す危険経過のみが危険増加と認められるが、その際に注意すべきことは、増加した危険状態がいかに長期間にわたって事実上でも継続したかということではなく、性質上、長期間にわたって継続することに適しているか否かということであるとし、(10)③ブレーキに欠陥のある自動車の使用に関する事案において、いかなる要件のもとに、増加した危険状態が性質上、長期間にわたって継続することに適しているかという問題につき、運行上で安全でない自動車を使用しようという保険契約者の決心によって、長期間にわたり増加した危険の新たな状態が生み出されているとし、(11)④オートバイのブレーキが運行上で安全でなかったという事案において、保険契約者の行為が、短期間の危険行為を意味するか、それとも長期間にわたる状態を生み出すかは、保険契約者の主観的態度にもとづいて決定されるので、危険増加の着手は保険契約者の主観的行動要素を含んでいること、自動車の欠陥についての保険契約者の認識なくしては危険増加ということは考えられないとする。(12)

このように、①の指導的判決によって、危険増加の概念としての危険増加の継続の必要性という一般原則が示され、②の判決によって、継続性の意味につき、事実上の継続ではなく性質上における継続適合性の基準が示され、③及び④の判決によって、継続性の有無の判断に際して保険契約者の決心ないし主観的態度への着眼という基準が示されているといってよかろう。(13)

(ロ)　通説も、判例と同様の立場に立っている。(14)そして、危険増加の概念としての危険増加の継続性をもとにして、危険増加に続いて保険事故が発生している場合の危険増加と保険事故招致の限界づけにつき、次のように述べている。すなわち、危険増加では危険が従来の状態から脱出して新たな状態の中に置き換えられるのに対し、保険事故招致では危険は中断することなく急速にその実現まで高められること、(15)危険増加に特徴的なことは増加した危険の安定という静的な点にあるのに対し、保険事故招致に特徴的なことは動的要素という点にあること、(16)その後に保険事故を伴う危険増加では、第一に危険の新たな状態へ導く危険の変更、第二に増加した危険状態への静止、第三に保険事故の発生へと導く新たな危険増加ということが特徴的であるのに対し、保険事故招致では危険は一気に実現し、右の三つの段階は存在しないとする。(17)以上のように述べて、保険事故招致は、法的な意味における危険増加には該当しないと主張している。(18)

(ハ)　これに対し、危険増加の概念として、危険増加の継続の必要性を否定し、一度の、その結果において継続しない危険行為も危険増加に該当するとする少数の有力説が主張されている。(19)その理由として、第一に、判例・通説が用いている「継続性」という概念は不明確であるとしている。すなわち、いつ危険増加の継続状態が存在し、いつ危険が高められた水準の中に静止し、いつ危険が急速にその実現の段階まで高められたと認めるべきかということについては不明確であるとする。(20)第二に、継続性という基準は、危険増加の存在の肯定または否定のための適切な基準とはなりえないとする。すなわち、短期間の危険増加は、それが性質上、一時的であるという理由だけで重要な危険増加とは解されないのかという疑問が生ずる。例えば、可燃性の高い燃料が一回だけ建物内に貯蔵される場合には、この貯蔵の期間中に危険が実現するということが考えられる。保険技術的には、危険が、僅かな程度において長期間増加しているか、それとも高い程度において短期間増加しているかは重要なことではないとする。[21] 第三に、例えば、自動車の酒酔い運転の場合、問題は、危険増加の観点からではなく、自動車の運行についての適性という観点から解決すべきであるとする。この観点から、酒酔い運転の場合には、一時的とはいえ自動車の運行についての適性を失っていること、運行についての適性の一時的喪失も危険増加を意味するとする。[22] この少数の有力説に従うと、危険増加と保険事故招致との限界づけが困難となる。そこで、この少数の有力説の中には、自説に制限を加え、保険事故がきわめて短期間内に招致され、そのため、危険増加が危険増加としての独自性を有せず、増加した危険が静止することなく保険事故まで発展する場合には、危険増加の存在を認めず、保険事故招致と解する見解がある。[23] この見解は、判例・通説への接近を意味している。なお、学説の中には、危険増加の継続の必要性を否定する立場に立ち、危険増加の継続性の要素は単に危険増加の重要性の判断にとってのみ意味を有し、一時的危険増加は継続的危険増加に比較して重要性は少ないということの判断が容易であるとする見解がある。[24]

三　わが国

わが国においては、危険増加の継続性に関する問題は、具体的事案の解決を迫られて議論されていたドイツとは異なり、従来、必ずしも体系的な議論の対象とされることはなかった。以下においては、主として、危険増加の概念としての危険増加の継続性の要否、一時的危険増加と継続的危険増加を区別することについていかなる法的意味が認められていたか、という問題をめぐる学説を跡づけることとする。

まず、明治期から大正期においては、危険増加に関する商法の規定の趣旨は、危険増加の状態が持続し…継続するときにかぎり契約の効力を失わせるとする見解、[25] 危険変動には永続的なものと一時的なものがあり、いずれも危険変動といいうるが、永続するか否かは保険者の責任に対して大きな影響を及ぼすとする一方、危険増加の状態が継続するときは保険契約は失効するとする見解が存在し、(26)昭和前期においては、危険の変更には一時経過的なものと持続的なものがあるが変更としては区別されないとする見解、(27)変更が全く一時的で、それによって保険事故が発生したときは保険事故招致に関する規定が適用されるだけで危険増加としての効果は生じないとして、(28)危険増加の継続の必要性を要求し、これにより危険増加と保険事故招致を限界づけようとする見解がある。昭和後期においては、危険増加が永続的なものか一時的なものかによって法律効果に区別はなされないという考えに立ちつつも、危険増加の期間の長短は全く意味を有しないということではなく、危険増加の存否の決定及び保険事故の発生に対する影響の証明の難易に関して両者は異なるとする見解がある。(29)これに対し、近時においては、とくに自動車保険における自動車の用途変更に関する裁判例が契機となって、危険増加の継続の要否をめぐる問題の重要性が明確に意識され、そして、危険増加の概念として、危険増加の継続の必要性を要求する見解が主張されるに至っているということができる。(30)

四　考察

危険とは、事故発生の可能性によって脅かされている状態であり、危険増加とは、保険契約の締結の際に存在していた危険状態の増加を意味する。そして、状態は、一般にその継続性において認識しうるので、ある事象が状態と認められるか否かは、その事象が継続性を有するか否かに依存する。(31)それゆえ、危険増加が存在するといいうるためには、危険事情の変更によって、一定期間、新たな危険状態が引き起こされていることを要する。そして、この新たな危険状態は、新たな自然的危険経過の基礎を形成することができ、それによって、保険事故の発生を一般的に助長することに適するような継続的なものであることを要する。それが、法的な意味における危険増加の概念である。(32)これに対し、次のような見解が主張されている。第一は、危険増加の継続性ということではなく、危険増加の重要性という観点から、一時的危険増加は継続的危険増加と比較して重要でないと認められることが容易であるとする見解がある。[33] 確かに、一時的危険増加は、保険事故の発生をもたらす程度は少ないと考えられるので、重要でないと認めることは容易であろう。しかし、一時的危険増加であっても、それが危険増加であるかぎり、継続的危険増加と差異はないのみならず、危険増加の重要性と危険増加の概念としての継続性の要否の問題は、次元を異にする別個の問題として区別することを要する。危険増加が重要性を有せず、また著しくないときは、そもそも危険増加自体の存在が認められないのである。[34] ここで問題としているのは、重要または著しい危険増加が発生したことを前提として、それが継続性を有することを要するか否かということであり、後者の問題を前者の問題に置き換えることはできない。第二は、基本的には一時的危険増加と継続的危険増加は区別されないという考えに立ちつつも、危険増加の存否の決定の難易及び保険事故発生に対する危険増加の影響の証明の難易という点に関して、一時的危険増加と継続的危険増加の区別に意味を認めようとする見解がある。[35] 確かに、右の諸点の難易ということに関しては、一時的危険増加と継続的危険増加の間には差異が認められるということにつき異論はないであろう。しかし、一時的危険増加と継続的危険増加を区別することの意味は、単に右の諸点の難易ということに尽きるものではなく、危険増加の概念自体の確定という、より本質的・実質的な問題に関わると理解すべきではないかと思われる。[36]

このように、法的な意味における危険増加の存在が認められるためには、増加した危険が継続性を有することを要すると解する結果として、第一に、危険増加が継続性を有する場合に限って危険増加について定められている法定及び約款上の効果が発生すること、第二に、危険増加と保険事故招致に関する規定の適用関係が明らかにされる。以下においては、右の第二の点について述べることとする。

保険契約者の一定の行為は、①保険事故の発生をもたらすか（保険事故招致）、②増加した危険の状態をもたらす（危険増加）ことがある。右の②の場合においても、ⓐ危険は増加した状態の中にとどまるか、ⓑ危険が増加した状態の後に直ちにまたは若干の期間後に保険事故が発生することがありうる。そして、右の②ⓑの場合においても、ⓘ危険が保険契約者の新たな関与なくして実現する場合と、ⅱ危険が保険契約者の新たな関与によって実現する場合が区別される。右の区別に応じて、②ⓐ及び②ⓑⓘの場合には危険増加に関する規定が適用され、これに対し、①の場合には保険事故招致に関する規定が、②ⓑⅱの場合には危険増加と保険事故招致に関する規定が、それぞれ適用される(37)。右の②ⓑⅱの場合は、一つの事実に二つの法規の適用、すなわち、法規の競合的適用の場合のようにも考えられるが、そのように考えるべきではない。けだし、②ⓑⅱの場合には、ⓑという危険増加とⅱという保険事故招致、すなわち、二つの別個の事実が存在し、その各事実に、その事実について定められている規定が適用されるにとどまるからである。危険増加が継続性を有するか否かに関しては、いずれかに確定しており、中間的なものは存在しない。したがって、危険増加と保険事故招致、それゆえ、これに関する規定は相互に排斥しあう関係にあるのであり(38)、一つの事実が双方の要件を満たし双方の規定が競合して適用されると考えるべきではない(39)。

（1）本文で述べた問題点の所在の詳細については、坂口光男・保険契約法の基本問題二六―三二頁参照（文眞堂、一九九六年）。
（2）V. Ehrenberg, Versicherungsrecht 1893, S. 398.
（3）Ehrenberg, a. a. O. S. 400.
（4）Begründung zu den Entwürfen eines Gesetzes über den Versicherungsvertrag 1906, SS. 36–38.
（5）O. Hegnon, Der Tatbestand der Gefahrerhöhung im Versicherungsrecht 1993, S. 59.
（6）その具体例については、さしあたり、Vgl. W. Kisch, Handbuch des Privatversicherungsrechtes, Bd. 2, 1920, S. 483.
（7）RGZ 150, 48.
（8）RGZ 156, 113.
（9）BGHZ 2, 360.
（10）BGHZ 7, 311.
（11）BGHZ 23, 142; 以上で述べた判例以外の判例については、Vgl. Prölss-Martin, Kommentar, S. 341 (Prölss).

(12) BGHZ 50, 385; 以上で述べた判決の詳細については、坂口・前掲三二—三六頁参照。
(13) Vgl. Prölss–Martin, a. a. O. S. 341 (Prölss).
(14) E. Bruck, Das Privatversicherungsrecht 1930, S. 296; Bruck–Möller, Kommentar, 8. Aufl. Bd. 1, 1961, S. 378; R. Raiser, Kommentar der allgemeinen Feuerversicherungs–Bedingungen 1930, S. 171; H. Eichler, Versicherungsrecht, 2. Aufl. 1976, S. 62 Anm. 295; E. Hofmann, Privatversicherungsrecht, 3. Aufl. 1991, SS. 93–94; M. Werber, Die Gefahrerhöhung 1967, S. 29; E. Harms, Die Gefahrerhöhung im Versicherungsvertrag 1956, S. 57; E. Framhein, Die Herbeiführung des Versicherungsfalles 1927, S. 34.
(15) Framhein, a. a. O. SS. 31–35.
(16) W. Holtz, Der Begriff der Gefahrerhöhung im deutschen und schweizerischen Versicherungsvertragsrecht, Schweizerische Versicherungszeitschrift 1952, SS. 82–83.
(17) Harms, a. a. O. SS. 54–55; なお、以上で述べたFramhein, Holtz, Harmsの見解の詳細について、坂口・前掲三六—三八頁参照。
(18) これに対し、Hegnon, a. a. O. SS. 57–63は、通説・判例の問題点をおよそ四点にわたってきわめて詳細に指摘している。
(19) Prölss–Martin, a. a. O. S. 341 (Prölss); Berliner Kommentar, S. 462 (Harrer); W. Römer–T. Langheid, Kommentar, SS. 352–353 (Langheid).
(20) E. Prölss, Trunkenheit am Steuer und Kraft–Fahrtversicherung, VersR1951, SS. 137–138; Prölss–Martin, a. a. O. S. 341 (Prölss); Hegnon, a. a. O. S. 61; このことは、継続性を要求する見解においても承認されている (Bruck–Möller, a. a. O. S. 380; Framhein, a. a. O. S. 31)。
(21) Berliner Kommentar, S. 462 (Harrer); Römer–Langheid, Kommentar, SS. 352–353 (Langheid); Hegnon, a. a. O. S. 60も、危険が、一〇時間に二倍に、一時間に二〇倍になった場合の区別はなされないとする。
(22) R. Geigel, Der Bundesgerichtshof zur Trunkenheit am Steuer, ZfV 1953, SS. 8–9.
(23) Prölss, a. a. O. S. 139; Prölss–Martin, a. a. O. S. 341 (Prölss); なお、本文で述べた少数の有力説の詳細については、坂口・前掲三八—四〇頁参照。
(24) Kisch, a. a. O. S. 483; Hegnon, a. a. O. SS. 62–63.
(25) 村上隆吉・保険法論第一巻二五八頁 (法政大学、一九一五年)。
(26) 水口吉蔵・保険法論三四六—三四八頁、三五七頁 (清水書店、一九一六年)。

(27) 岡野敬次郎・商行為及保険法五五〇―五五一頁（岡野奨学会、一九二八年）。
(28) 小町谷操三・商法講義巻二商行為・保険二一九頁（有斐閣、一九五〇年）。
(29) 今村有・海上保険契約法論中巻四八七―四八八頁（損害保険事業研究所、一九七九年）、伊澤孝平・保険法一九〇頁（青林書院、一九五八年）。
(30) 西島梅治・保険法〔第三版〕一一〇頁（悠々社、一九九八年）、山下友信・保険法五七一―五七二頁（有斐閣、二〇〇五年）、石山卓磨「用途変更」金融・商事判例別冊No. 3、一〇七頁、坂口・前掲四七頁以下。なお、大塚英明「保険契約における危険の状態の免責と危険の増加―フランスの具体例を素材として―」現代保険法海商法の諸相・中村眞澄教授・金澤理教授還暦記念論文集第二巻四八四―四八五頁（成文堂、一九九一年）、勝野義孝・生命保険契約における信義誠実の原則四八三頁注（12）参照（文眞堂、二〇〇二年）。
(31) これに対し、Hegnon, a. a. O. S. 59は、「状態」という用語に無条件に「継続性」という概念が内在しているとはいえないとする。
(32) 詳細については、坂口・前掲四七―四八頁参照。したがって、例えば、自殺の実行の準備は危険増加となるが、自殺自体を危険増加と解することは、保険事故招致と危険増加という異なる概念を混同することになる（山下・前掲五七二頁注13）。
(33) Kisch, a. a. O. S. 483; Hegnon, a. a. O. S. 62; 今村・前掲四八七頁。なお、Pröls-Martin, a. a. O. S. 342 (Pröls) も、状態の一時性は、危険増加の「正常性（Normalität）」が認められるための重要な観点であるとする。
(34) Vgl. Römer-Langheid, a. a. O. S. 386 (Langheid).
(35) 今村・前掲四八七頁、四八八頁。
(36) 以上の点については、坂口・前掲四〇―四一頁参照。
(37) 例えば、職業を、危険増加に該当する職業に変更した後に、重過失で傷害を引き起こす場合には、前者に危険増加、後者に保険事故招致に関する規定が、それぞれ適用される（坂口・前掲四九頁）。
(38) 保険事故招致は、危険の実現として、危険が最も増加した場合であり、危険増加の一場合とも解されるが、前者には動的要素が、後者には静的要素が認められるという点において、両者は区別される（坂口・前掲三六―三八頁）。
(39) 以上の点の詳細については、坂口・前掲四七―四九頁参照。

第十一款　保険事故招致における故意

一　ドイツ

(1)　まず、保険契約法の成立前における状況について、概観することとする。

海上保険制度が生まれた初期においては、保険者は保険契約者にとって偶然な（zufällig）事故による損害に対してのみ責任を負うこと、しかも、ここにいう偶然とは、保険契約者の心意とは無関係なこと、それゆえ、保険契約者の帰責事由（Verschulden）にもとづいて生じた事故による損害に対しては保険者は責任を負わないということは当然のこととされていた。このような考えは、法律と保険約款に対してきわめて大きな影響を及ぼしていた。このことをより明確に表現したのが、一七九四年のプロイセン普通法である。(1) すなわち、その第二編第八章第一三節の二一一九条は、被保険者またはその代理人（Commissionair）が帰責事由または過失（Schuld oder Nachläßigkeit）により損害を引き起こしたかぎり、保険者はその補償について責任を負わない旨を定めていた。この規定についてとくに注目すべき点として、第一に、この規定によって、初めて、第三者、すなわち、代理人の帰責事由は被保険者の帰責事由と同視されていること、第二に、従来の慣行とは異なり、僅かな帰責事由（ein geringes Verschulden）が存在するにとどまるときは保険者の給付免責は発生しないとしていることであるとされる。(2)

また、保険法の代表的な体系書においては、保険事故招致に際しての帰責事由につき、次のように述べられていた。例えば、W. Lewis は、次のように述べていた。すなわち、帰責事由につき、悪意・重過失に該当する行動様式はこれに含まれること、軽過失にもとづく損害も保険者の負担となるか否かについては無条件に肯定も否定もされず、一般の観念に従って判断されること、それによると、海上保険では軽過失も保険者を免責させるが、火災保険では、火災は保険契約者の過失によっても発生するので、僅かな過失のときには保険者は免責されないとする。

また、保険契約者の意思が保険事故の招致に向けられているときは保険者は免責されること、この関係において重過失は悪意と同視されること、これらの場合にも保険保護を与えることは公序良俗に反するとする。さらに、第三者の保険事故招致につき、保険契約者が責めに任ずる者による事故に対しても保険が引き受けられることについては疑問の余地はなく、第三者が、保険契約者と無関係な者か否か、代理関係にある者か否かを区別する考えは不可解（unerfindlich）であると述べていた。(3) また、V. Ehrenbergは、次のように述べていた。まず、帰責事由につき、故意（absichtlich）の場合には保険者は免責されるが、過失の場合にも保険者が免責されるか否かについては激しい論争が行われている。すなわち、海上保険においてはすべての帰責事由、それゆえ、僅かの過失も保険者の免責となるが、この法原則は、多くの陸上保険には直ちに適用されることなく、現在では重過失の場合にのみ保険者の免責が肯定されている。また、第三者の保険事故招致につき、①被保険者と雇傭関係にある被傭者（Angestellte）の保険事故招致の場合につき、被保険者が法律または契約にもとづいて義務づけられている予防措置の実施を被傭者に委ね、被傭者がこれを怠ったときは、これは被保険者の懈怠と同視されること、これに対し、被傭者の作為または不作為が問題となる場合で、これにつき被保険者自身に帰責事由が存在しないときは被保険者の保険金請求権は影響を受けないが、被傭者の選任につき被保険者に過失がある場合等は除外される。②被保険者の家族員による保険事故が被保険者の意思によらずに行われている場合には、被保険者自身が同様の行為によって保険金請求権を失う場合にのみ被保険者は保険金請求権を失うことになる。もっとも、この場合においても、妻の行為の場合には、夫婦財産共同体に属する対象についての利益が保険に付されている場合、子の行為の場合には被保険者に相当の監督が欠けている場合にのみ、それぞれ保険者の給付義務は存在しないとする。(4)

一九〇五年一一月二八日に帝国議会に提出された保険契約法案の六一条は、保険契約者が保険事故を故意または重過失によって招致しているときは保険者は給付義務を免れると定め、帰責事由を故意または重過失に制限していた。この点につき、理由書は、次のように述べていた。すなわち、商法典の海上保険に関する八二一条四号は、被保険者の故意または過失によって生じている損害について保険者は給付義務を免れること、その際、この過失はすべての過失を意味している。他方、公的保険施設の規約ならびにドイツ私火災保険会社の連盟の保険約款は、保険者の免責事由となる保険契約者の帰責事由を故意または重過失に制限している。法案の六一条は、これらの保険約款等に従って、保険契約者の地位を商法典の右の規定によるよりも有利にしたのである。これにより、重過失とされない過失による保険事故招致の場合には保険者の責任は存続したままとなる。もっとも、法案の六一条の規定は強行規定ではないので、保険者の責任を拡張または制限する合意は許されると述べていた。(5)

(2)　保険契約法の成立後において、学説は、保険事故招致における故意につき、次のように述べている。第一に、ここにいう故意概念は民法上の故意概念に相当すると解するのが一般的であるが、(6)保険事故を招致しないという法的義務は存在しないので固有の意味における違法性の意識は問題となりえないということを理由として、民法上の概念は単に準用されるにとどまるとする見解がある。(7)第二に、行為の動機は問題外であること、(8)未必の故意も含まれること、(9)保険契約の存在及び保険事故を認識しているか否かは問わないとされる。(10)第三に、これに対し、行為自体と結果についての故意につき、種々の説明がなされている。すなわち、①故意とは、一定の結果に向けられた意思決定であり、違法な性質であることを意識して行うことであるが、結果を招致するという目的の存在は必要でないこと、故意は行為意思（Tatwille）を意味し、意図（Absicht）は結果意思を意味するとし、(11)②故意とは、保険事故招致という一定の行為に向けられている意思であるが、その行為の目的は結果の招来の中に存することは要しないとし、(12)③故意とは、保険事故の認識と意思のもとに（mit Wissen und Willen）招致すること、それゆえ、損害結果を意図しないまでも少なくとも予見して行為を行うこととし、(13)④故意の特徴は認識の要素（Wissensmoment）と意思の要素（Willensmoment）の点に求められること、そして、認識の要素に関しては、認識して火を放つことを意味し、また意思の要素として必要なことは、意図しまたは意思を有し、または少なくとも是認することを要するとし、[14] ⑤故意は加害行為自体に向けられていることを要し、加害行為の結果にまで及ぶことは要しないこととし、[15] ⑥故意とは、認識と意思を意味すること、これは行為とその結果に及ぶことを要するとし、[16] ⑦さらに、故意とは、行為の認識とその結果についての意思を前提とすること、重要なことは認識であり、それゆえ、自己の行為の認識、そこから生ずる損害の認識、そして両者の因果関係の認識を必要とすること、また、意思の要素に関しては、故意の三つの段階、すなわち、目的に向けられている意図、確実な知、未必の故意が問題となるとする。[17]

以上において紹介した見解に限定するならば、おそらく次のようにいうことができよう。すなわち、結果ないし損害結果を招致するという目的・意図まで存在することは要しないこと、認識と意思にもとづいて行為を行うことという点については、見解はほぼ一致しているように思われる。これに対し、それ以外の点については、それぞれの見解の間に微妙な差異が認められると思われないでもない。

二　わが国

まず、明治期においては、保険事故招致に関する商法の規定に触れつつ、重過失は悪意に準ずると述べるにとどまり、悪意の意義及び悪意の対象についてまで説明されていないのが一般的のようであり、[18] 大正期においては、保険者免責の根拠、悪意・重過失についての特約の効力に触れ、悪意とは故意を意味するが、[19] 故意とは、結果の発生を欲し、もしくはその結果が発生しうることを知ることであって、保険金取得という不正の目的の存在は必要でないとし、[20] 昭和前期においては、保険者免責の根拠と悪意・重過失についての特約の効力に触れる一方、[21] 故意とは、不正の意図が存在することのみを意味するのではなく、損害の発生を欲し了知することであるとする。[22] 昭和後期においても、保険者免責の根拠と悪意・重過失についての特約の効力に触れる一方、[23] 次のような注目すべき見解ないし研究の深化が見られるに至る。第一は、特約の効力につき、単に故意・重過失という機械的な基準ではなく、保険者に保険責任を負わせることが信義則または公序良俗に反するか否かという観点から具体的に判断すべきであるとして[24]、特約の効力の判断基準ないし限界を信義則・公序良俗に求め、第二は、重過失の場合に保険者が免責される理由は、故意の立証が困難であるために重過失を立証することによって故意をとらえるためであるので、重過失は準故意ともいうべく、狭く限定して解釈すべきであるとし[25]、第三は、判決を契機として、故意に関する研究が深化している。すなわち、まず、故意の意義に関し、確定的故意以外に未必の故意も含まれるか、未必の故意概念を用いることが必要か否か、また、故意の対象を加害行為と損害発生のいずれに求めるかということである[26]。とくに、故意の対象に関しては困難な問題が存在し、故意をめぐる議論もこの点に集中しているということができる。

三　考察

まず、故意免責における故意の意味・性質・内容について、考察する。本来、故意とか過失という帰責事由は、ある者が他人の権利を侵害するに際して用いられる概念であり、それゆえ、他人の権利の侵害という違法行為を前提とした概念である。そこで、保険事故招致の場合の故意または重過失という帰責事由は、右で述べた場合と同様の意味に解されるか否かについて検討することを要する。保険事故招致の場合の保険者免責の理論的根拠につき、まず、民法上の債務不履行ないし不法行為という一般責任理論で説明する見解によると、保険事故招致の場合の故意は、保険者という他人の権利を侵害する際の故意と同じ性質を有するものと解すべきことになる。また、同様のことは、信義則違反にもとづく条件成就説にも妥当すると思われる。すなわち、この説は、保険事故招致の場合の保険者免責の根拠を保険契約当事者間の信義誠実の観点から説明しているので[27]、この説によると、保険事故招致は、保険者という他人に向けられている信義則違反、他人である保険者の利益の侵害に向けられていると解さざるをえない[28]。しかし、保険事故招致の場合の故意の性質を右のように解することに対しては疑問がないでもない。すなわち、保険事故招致は、保険者に対する関係において、債務不履行、不法行為、信義則違反を意味するのではなく、保険契約者の所有に属する保険の目的物をその経済的目的に反する方法で取り扱うという、純粋に自己の財産の侵害という事実行為にとどまるのである。[29] そして、保険者は、保険契約者側の右のような主観的危険事情を除外したうえで保険の引受けを行っているのである（主観的危険事情除斥説）。[30] もちろん、保険契約者が保険の目的物をその経済的目的に反する方法で取り扱ったことから生ずる結果を保険者に転嫁することは、保険者に対する信義則に反する。しかし、これは、保険事故の招致自体とは別個の問題である。右で述べた観点からすると、保険事故招致の場合の保険契約者の故意は、他人である保険者の利益の侵害にではなく、保険の目的物をその経済的目的に反して取り扱うということ自体についての故意であること、それゆえ、違法ないし信義則違反ということが問題となる余地はないといわなければならない。むしろ、保険事故招致の場合の故意は「自己の利益を侵害」する際の故意を意味し、本来の意味における故意とは性質あるいは内容を異にしている。[31] その結果として、保険事故招致の場合の故意については、一般私法上の故意概念は単に準用[32]されるにとどまると解されているのである。[33]

商法六四一条後段の「悪意」とは、一般に故意を意味すると解されている。そして、悪意とは、ある事実を知ることであるが、特殊の場合には、不正な害意を含む強い意味を有する場合がある。[34] そして、私法一般における故意とは、結果の発生を認識し、かつその結果の発生を認容して行為を行う心理状態を意味するとされている。[35] もっとも、結果の発生を認容していることまで要求すると、多くの公害事件においてはこれを欠いているために故意の存在が否定されることになるので、その後の通説においては認容までは必要でないとされ、[36] また、違法性の認識についても見解が分かれ、他人の権利の侵害について認識し、違法行為を行っているにもかかわらずその認識を有しないときは少なくとも過失があること、不法行為の成立要件として故意と過失を区別しない通説に立つかぎり、違法性の認識の要否を論ずる実益はないとされている。[37]

前述のように、保険事故招致は、保険の目的物をその経済的目的に反する方法で取り扱うという純粋の事実行為であること、それゆえ、保険事故招致の場合の故意は、保険の目的物をその経済的目的に反して取り扱うということ自体についての故意を意味する。それゆえ、保険契約者が保険金の不正取得という、保険者の利益の侵害に向けた不正な害意のもとに保険事故を招致する場合は、保険事故招致に関する商法六四一条の問題ではなく、むしろ、公序良俗違反として民法九〇条によって解決すべき問題である。(38) これに対し、保険事故それ自体を故意で、すなわち保険事故それ自体の発生を認識して招致することが、商法六四一条の保険事故招致である。その際、第一に、未必の故意は故意に含まれるか、第二に、故意の対象を何に求めるかということが問題であり、とくに、第二の問題に関して多くの議論がなされている。そして、第二の問題に関し、故意は加害行為について存在すれば足りるとする加害行為対象説と、損害の発生について故意を必要とするとする損害発生対象説が主張され、(39) また、原因行為の損害発生に対する蓋然性がきわめて高度であるか否かを区別し、前者の場合には損害発生についての故意がなくても原因行為について故意があれば保険者は免責され、後者の場合には原因行為について故意があっても損害発生について故意がなければ保険者は免責されないとする見解(40)（高度の蓋然性説と称しておく）が主張されている。まず、損害発生対象説は、その理由として、重大な損害結果が生ずる加害行為が行われたとしても重大な損害結果の発生について故意がないかぎり保険者は免責されないと解するのが保険契約当事者の通常の意思と免責約款の趣旨に沿うとしている。しかし、保険事故とその結果としての損害は、原因と結果の関係にある別個の概念として区別すべきこと、(41) そして、保険事故招致は、損害ではなく、保険事故自体の招致を意味する。(42) この観点からするならば、故意の対象は保険事故自体であって損害ではありえないことになる。それゆえ、加害行為である保険事故招致自体について故意が存在するならば、招致された保険事故と相当因果関係がある損害については保険者は免責されると解すべきである。(43) また、高度の蓋然性説は、原因行為が損害発生に対して及ぼす蓋然性の程度に着眼する注目すべき見解であるとは認められるが、蓋然性の程度の客観的判断には困難が伴うということが予想される。(44) 以上で述べた理由にもとづき、加害行為対象説が妥当であると解される。

（1） E. Framhein, Die Herbeiführung des Versicherungsfalles 1927, SS. 7-8.
（2） Framhein, a. a. O. S. 8; もっとも、本文で述べた第二の点に関するプロイセン普通法の規定は、その後においても影響を与えることはなく、海上保険においては依然として「すべての帰責事由」が標準とされるという原則が採用されていたとされる (Framhein, a. a. O. SS. 8-9)。
（3） W. Lewis, Lehrbuch des Versicherungsrechts 1889, SS. 210-213.
（4） V. Ehrenberg, Versicherungsrecht 1893, SS. 420-424.
（5） Begründung zu den Entwürfen eines Gesetzes über den Versicherungsvertrag 1906, S. 71.
（6） Gerhard-Hagen, Kommentar zum Deutschen Reichsgesetz über den Versicherungs-Vertrag 1908, S. 284; Bruck-Möller-Sieg, Kommentar, 8. Aufl. Bd. 2, 1980, S. 546 (Möller); E. Hofmann, Privatversicherungsrecht, 3. Aufl. 1991, S. 186; W. Römer-T. Langheid, Kommentar, S. 589 (Langheid); Berliner Kommentar, S. 1016 (Beckmann).
（7） A. Pinckernelle, Die Herbeiführung des Versicherungsfalls 1966, S. 43.
（8） E. Bruck, Das Privatversicherungsrecht 1930, S. 656.
（9） Bruck, a. a. O. S. 656; A. Ehrenzweig, Deutsches (Österreichisches) Versicherungsvertragsrecht 1952, S. 266; Pinckernelle, a. a. O. S. 43; Römer-Langheid, a. a. O. S. 590 (Langheid); Berliner Kommentar, S. 1016 (Beckmann).
（10） Bruck, a. a. O. S. 656; Bruck-Möller-Sieg, a. a. O. S. 546 (Möller); Römer-Langheid, a. a. O. S. 590 (Langheid); Berliner Kommentar, S. 1016 (Beckmann).
（11） Gerhard-Hagen, a. a. O. S. 285.
（12） Bruck, a. a. O. S. 656; Framhein, a. a. O. S. 45.
（13） Ehrenzweig, a. a. O. S. 266.
（14） Bruck-Möller-Sieg, a. a. O. SS. 546-547 (Möller).
（15） Hofmann, a. a. O. S. 186.
（16） Römer-Langheid, a. a. O. SS. 589-590 (Langheid).
（17） Berliner Kommentar, S. 1016 (Beckmann).

(18) 例えば、和仁貞吉・保険法四六頁（東京専門学校出版部、一九〇一年）、志田鉀太郎・日本商法論巻之三商行為二五九頁、二六三頁、二六四—二六五頁（有斐閣書房、一九〇一年）、粟津清亮・日本保険法論・最近保険法二四九頁、三六一頁（粟津博士論集刊行会、一九二八年）、村上隆吉・最近保険法論全三四六頁（法政大学、一九〇八年）。

(19) 例えば、松波仁一郎・保険法一二七—一二八頁（明治大学出版部、一九一二年）、松本烝治・保険法九六—九七頁（中央大学、一九一五年）、青山衆司・保険契約論上巻二七八頁（巌松堂、一九二〇年）、三浦義道・補訂保険法論二〇七—二〇八頁（巌松堂、一九二二年）。

(20) 水口吉蔵・保険法論五三五頁（清水書店、一九一六年）。

(21) 例えば、田中耕太郎・保険法講義要領一一五—一一七頁（田中耕太郎発行所、一九三五年）、大濱信泉・保険法要論一六五—一六六頁（廣文堂書店、一九三四年）、野津務・保険法一一九頁（日本評論社、一九四二年）。

(22) 犬丸巌・改正商法保険法論一〇六—一〇七頁（法文社、一九四〇年）。

(23) 田中誠二・保険法一七〇—一七一頁（千倉書房、一九五三年）、石井照久・商法Ⅱ三〇四—三〇五頁（勁草書房、一九五七年）、伊澤孝平・保険法二三七頁（青林書院、一九五八年）、大森忠夫・保険法［補訂版］一四七—一四八頁（有斐閣、一九九〇年）。

(24) 田中（誠）・前掲一七〇頁、田中誠二＝原茂太一・新版保険法（全訂版）一七八頁（千倉書房、一九八七年）、伊澤・前掲二三二頁、二三七頁、大森・前掲一四八頁。

(25) 田辺康平・新版現代保険法一一三頁（文眞堂、一九九五年）、江頭憲治郎・商取引法第三版四一五頁（弘文堂、二〇〇二年）。

(26) 山下友信・保険法三七二—三七五頁（有斐閣、二〇〇五年）。なお、山本哲生「故意免責における故意について」保険学雑誌五九五号二一頁以下、とくに、三〇頁以下参照。

(27) 大森・前掲一四七—一四八頁、同・保険契約の法的構造二一七—二二五頁（有斐閣、一九五二年）。

(28) 信義則違反による条件成就の場合に条件の不成就を擬制しているドイツ民法一六二条二項の基本思想は、相手方に対する誠実違反から利益を得てはならないという点にある（Palandt, Bürgerliches Gesetzbuch, 63. Aufl. 2004, S. 170）。

(29) Ehrenzweig, a. a. O. S. 266; Bruck–Möller–Sieg, a. a. O. S. 546 (Möller); Römer–Langheid, a. a. O. S. 589 (Langheid).

(30) 坂口光男・保険契約法の基本問題五六—五九頁（文眞堂、一九九六年）。

(31) そこで、帰責事由は「他人に対する」ものと「自己に対するもの」に区別されるが、この点の詳細については、坂口光男・保険者免責の基礎理論三—四頁、二五—二七頁参照（文眞堂、一九九三年）。

(32) Pinckernelle, a. a. O. S. 42; なお、田辺康平「判評」私法判例リマークス一九九三年〈上〉一二二頁、落合誠一「判解」法学教室九五号七五頁参照。

(33) 準用の場合には必要な若干の修正を加えうるので、故意の意義についても、必ずしも一般私法上のそれに拘束される必要はないとされる（田辺・前掲私法判例リマークス一二二頁、落合・前掲七五頁、同・「判研」ジュリスト一〇一八号一三〇頁）。

(34) この点については、我妻栄「悪意」法律学辞典第一巻一頁（岩波書店、一九三四年）、柚木馨「善意・悪意」民事法学辞典下巻一一二二—一一二四頁（有斐閣、一九七四年）参照。

(35) 我妻栄「故意」法律学辞典第二巻六六三頁（岩波書店、一九三五年）、注釈民法⒆債権⑽二一—二二頁（加藤筆）（有斐閣、一九六五年）参照。

(36) 森島昭夫・不法行為法講義一五九頁、一六一頁注（3）（有斐閣、一九八七年）参照。

(37) 森島・前掲一五九—一六〇頁。なお、吉村良一・不法行為法〔第三版〕六一—六二頁（有斐閣、二〇〇五年）も参照。

(38) 山本・前掲三八—三九頁も参照。

(39) この問題は、具体的には、自動車の急加速という加害行為によって、他人が、①傷害を被り、②それにより死亡した場合、免責条項にいう故意の対象を①と②のいずれに求めるかという問題をめぐって近時、議論されているが、この点については、さしあたり、落合・前掲ジュリスト一二九—一三〇頁、山野嘉朗「判解」ジュリスト一〇四六号一一八頁—一一九頁参照。

(40) 落合・前掲ジュリスト一三〇頁。

(41) この点の詳細については、坂口光男・前掲基本問題七二頁以下、とくに八一頁以下参照。

(42) この点をとくに強調するものとして、山下・前掲三七二頁、及び同頁の注32、H. L. Weyers, Versicherungsvertragsrecht 1986, S. 203 がある。

(43) 田辺・前掲私法判例リマークス一二二頁、山下・前掲三七二—三七三頁。Bruck–Möller–Sieg, a. a. O. SS. 546–547 (Möller) も、故意は、予期に反して重大な結果が生じうる損害結果に関することは要しないとする。

(44) このことは、高度の蓋然性説の主張者自身も認めている（落合・前掲ジュリスト一三〇頁）。

第十二款　保険法における立証責任

一　緒説

ここで改めて述べるまでもなく、実体法規は、構成要件としての事実にもとづく法律効果の発生または不発生を内容とする法規なので、まず事実の存否を確定し、それをもとにして法律効果の発生または不発生を判断するのが、法規適用の論理的操作である。この構成要件としての事実が確定されないと、紛争は永久に解決されず訴訟の目的は達成されない。立証責任（証明責任・挙証責任）は、事実の存否が確定されない場合に限って問題となること、一定の事実に関して一方の当事者だけがその存否について負うこと、いずれの当事者がこれを負うかは最初から抽象的に決まっている(1)。

ところで、ドイツにおいては、保険訴訟における立証責任に関して、次のように述べられている。すなわち、保険者と保険契約者との間における保険訴訟は原則として一般の民事訴訟と区別されないので、立証責任に関する一般理論は保険訴訟にも妥当する(2)。しかし、保険事故発生の確定が問題となる場合には、保険訴訟における立証責任には多くの特色が認められるとされている。その理由として、第一に、保険者は、保険事故発生の事情を知らないのが通常なので、訴訟において不知について争うことができること（ドイツ民事訴訟法一三八条四項）、他方、保険契約者も、しばしば核心的事実について説明せず、そしてこれについて不知であると主張することがある。このような場合には、憶測、思惑そして嫌疑に道を開くことになるが、裁判官はこのような主張にもとづいて判決を下すことはできない(3)。第二に、これに心理的な要素も加わる。すなわち、保険事故に遭遇している保険契約者は訴訟の経過においてその正当性を確信していること、これに対し、保険者は、その不当性を主張しようと試み、保険事故の不発生を立証できると考えているということである。このような場合、裁判官は両当事者の単なる構成と憶測にもとづいて判決を下すことはできない。そこで、このような事情のもとにおいては、立証責任に関する問題はきわめて重要で決定的な意味を有するとされている(4)。

このように、保険訴訟における立証責任には多くの特色が認められるとしても、保険訴訟についても立証責任に関する一般理論が妥当する。そのことは自明のこととして承認しつつも、保険法における個々の問題についての見解の相違により、立証責任の負担者及び立証すべき事実に関し差異が生じないかということである。例えば、保険事故招致の場合の保険者免責の理論的根拠をめぐって、保険事故不招致義務違反説、信義則違反による条件成就説、主観的危険事情除斥説等が主張されているが、そのいずれの見解に立つかにより、立証責任の負担者及び立証すべき事実に関し差異が生じないかということである。なお、保険法における立証責任の問題は保険法のあらゆる局面に及ぶこと、そして、ドイツにおいては、主として、保険者の危険負担、危険制限、被保険利益、保険価額、保険期間、保険損害、保険事故、保険事故招致、責務違反、告知義務違反、危険増加等の場合の立証責任に関して議論されているようである(5)。以下においては、理論的及び実際的に重要と思われ、したがって多くの議論が行われている告知義務違反、保険事故招致、傷害保険における偶然性（自由意思にもとづかないこと）に関する立証責任に限定して考察することとする。

二　ドイツ

(1)　まず、告知義務違反の場合の立証責任について考察する。

告知義務の法的性質をめぐって、真正義務説と責務説が、責務説の内部においても法律強制理論と前提要件説が、それぞれ対立している(6)。そして、真正義務説に立つと、保険者が告知義務違反の客観的要件について立証責任を負うのではなく、反対に、義務者としての保険契約者が告知義務を履行したということについて立証責任を負うことになる(7)。これに対し、ドイツの通説はこれと異なり、次のように解している。すなわち、まず、保険者は保険契約の解除権を基礎づけるすべての事実について立証責任を負う(8)。具体的には、保険者は、不告知または不実告知、危険事情の重要性、告知すべき事情についての保険契約者の知について(9)、そして、告知されない事情が保険契約者の悪意にもとづくときは（保険契約法一八条二項）その悪意について(10)、それぞれ立証責任を負う。もっとも、明瞭かつ書面で質問されている事情は重要なものと推定されるので、そのかぎりにおいて保険者の立証責任は緩和されている。これに対し、保険契約者は、保険者の解除権を阻却すべきすべての事実について立証責任を負う。(11)具体的には、保険契約者は、自己の帰責事由の不存在、不告知または不実告知の事情についての保険者の知、告知義務違反の対象となった事情と保険事故発生等の間の因果関係の不存在、代理人による保険契約の場合には自己及び代理人の帰責事由の不存在について、それぞれ立証責任を負うとされる。(12)

ところで、ドイツ保険契約法一六条一項一文は、危険の引受けにとって重要で保険契約者に知られている事情について告知義務を負うと定めているが、ここで保険契約者が知っているというのは、単に事情についての知のみを意味するのか、それ以上に事情の重要性についての知を意味するのかということであり、見解が鋭く対立している。(13)この見解の対立を反映して、事情の重要性に関する保険契約者の知について、保険契約者と保険者のいずれが立証責任を負うのかということについても見解が対立している。まず、保険者は事情の重要性に関する保険契約者の知を立証することは困難であるということを理由として、重要性に関する保険契約者の知は、保険契約者が告知義務違反を免れるために反証を挙げるべき帰責事由の一部を構成するとする見解がある。(14)これに対し、支配的見解は、事情の重要性に関する保険契約者の知は告知義務違反の客観的要件に属するということを理由として、これについては保険者が立証責任を負うとしている。(15)さらに、近時においては、事情の重要性に関する保険契約者の知は告知義務の要件には属さないとする見解が有力に主張されている。この見解は、その理由を次のように述べている。すなわち、事情の重要性については純粋に客観的に判断すべきであるという原則から、重要性についての知は問題とはなりえない。けだし、重要性についての知を問題とするならば、重要性を有するか否かは保険契約者の考えに従って判断されることになるからである。すなわち、保険契約者が重要でないと考える場合には保険契約者は重要性についての認識を有しないことになること、そして重要性についての保険契約者の知を告知義務の要件と解すると、この事情に関しては告知義務は存在しないことになるであろう。この理由から、重要性についての知は取るに足りないこと、それゆえ、告知義務の要件には属さない。もし保険契約者が事情を誤って重要でないと考えた場合は、告知義務の存在の問題ではなく、告知義務の違反に際しての帰責事由の問題であるとする。(16)

(2)　次に、保険事故招致と立証責任の問題について考察することとする。

保険事故招致の場合の保険者免責の理論的根拠に関し、周知のとおり見解が対立しているが、いずれの見解に立つかにより、立証責任に関しても差異が生ずる。①まず、かつては、保険契約者は保険者に対して保険事故不招致義務を負うこと、保険事故招致はこの義務違反を意味し、この義務違反の効果として保険者は免責されるとする見解が主張されたことがある。(17)この観点から、保険者は、保険事故不招致義務の違反が存在すること、保険事故は保険契約者の行為によって招致されていること、損害はこの保険事故によって引き起こされているということについて、それぞれ立証責任を負うこと、他方、保険契約者は、自己に帰責事由が存在しないことについて立証責任を負うと主張されたことがある。(18)②また、保険事故招致の場合の保険者免責の理論的根拠として、信義則違反による条件成就説が主張される。この見解は、条件の成就によって利益を受くべき当事者が信義則に反して条件を成就せしめたときは条件は成就しなかったものと看做すとするドイツ民法一六二条二項の規定を根拠としている。そして、右の規定に関し、第一に、この規定の性格づけとして、信義則に反する行為から利益を得てはならないという一般法理の表現、(19)信義則に関するドイツ民法二四二条の一般原則への立脚ないしその具体化と説明されている。(20)第二に、信義則違反による条件成就の要件として、信義則に対する客観的違反で十分であるとされるが、(21)他方において、行為者に帰責事由が存在していることを要するか否かに関しては争われており、(22)判例は、信義則違反は故意の他に過失でもありうるので過失で十分であるとし、(23)学説は、有責的行為の存在は必要でない、(24)故意的行為は必要でない(25)と解している。そして、保険事故招致の場合の保険者免責の理論的根拠に関する信義則違反による条件成就説は、立証責任につき、次のように主張している。すなわち、立証責任の問題もドイツ民法一六二条二項が定めている方法によって判断すべきこと、それゆえ、条件付権利者（被保険者）は、請求権を基礎づける事実、すなわち条件の成就につき、これに対し、条件付義務者（保険者）は、条件は、これによって利益を得る当事者によって信義則に反して成就せしめられているということについて、それぞれ立証責任を負うとする。[26] ③さらに、通説及び判例は、保険事故招致の場合の保険者免責の理論的根拠につき、危険除斥説、より正確には主観的危険事情除斥説に立っている。[27] そして、危険除斥の場合には、保険者はすべての損害について責任を負うという原則から、一定の危険事情が保険者の責任から例外的に除外されている。そこで、学説は、立証責任に関して、保険事故招致は危険事情除斥に該当するのでという前置きをしたうえで、[28] 次のように述べている。すなわち、保険者は、保険事故招致に関する規定の客観的・主観的要件、具体的には、保険事故の招致、保険契約者の帰責事由、保険契約者の行為と保険事故発生との間の因果関係、[29] 保険契約者の代表者が保険事故を招致したときはその代表者性とその帰責事由について、[30] それぞれ立証することを要する。これに対し、保険契約者は、保険事故の発生について証明することを要する。[31] 保険契約者が保険事故発生の証明をなさないかぎり、保険者は保険契約者による保険事故の招致について立証することは要しない[32]とされている。[33]

(3)　さらに、傷害保険における偶然性の立証責任について考察することとする。

ドイツ普通傷害保険約款においては、傷害概念の本質的な要素は、事故の急激性・偶然性・外来性、身体傷害の発生である。そして、事故の偶然性（自由意思にもとづかないこと）の立証責任をめぐって、かつて激しい議論が行われていた。一九〇八年に成立した保険契約法の規定に合わせるため、一九〇九年に普通傷害保険約款に関する二つの草案が作成され、一九一〇年に認可され公表された。その三条二項において、傷害概念の定義がなされ、傷害が自由意思にもとづかないということが保険金請求権を根拠づける要件とされ、これにより、保険金請求権者は、傷害、したがって自由意思にもとづかないという要件を立証しなければならないということが明確化された。[34]保険約款のこの定義規定は、疑いもなく立証責任に関する合意（Beweislastvereinbarung）に関するものであること、しかも立証責任に関する合意の典型例であるとされている。[35]傷害概念の導入により、自由意思にもとづかないという消極的要件が保険金請求権を根拠づけることになり、保険金請求権者は、自由意思にもとづかない身体の傷害という消極的要件を立証すべき地位に立たされることになった。

これに対し、判例は、自由意思にもとづかないという厳しい立証責任を保険金請求権者に課すことは、取引慣行を考慮して信義誠実が要求するところに従って契約を解釈すべきことを定めている民法一五七条に違反するとし、また、保険者は自由意思にもとづくことについて立証責任を負うこと、このことは、故意による傷害の場合に保険者は免責されると定めている保険契約法一八一条の規定から明らかであり、この明らかであるということは傷害概念の導入によっても何ら変更を受けるものではないと判示していた。[36]学説においても、保険金請求権者の不利益において立証責任を分配することは、判例によって形成されてきた信義則にもとづく内容規則に耐えられないという注目すべき主張がなされていた。[37]そこで、判例は、あらゆる場合において保険金請求権者から自由意思にもとづかないということについての完全な立証を要求することはしなかった。このような立証は不可能に近いことから、RGは証拠判断法則を確立し、BGHもこれに従っている。その証拠判断法則によると、保険金請求権者がなすべき立証については一般的に高度な要求は課されないこと、その理由として、人間の自己保存本能からして大多数の人間は自殺または自己傷害を行うことは考えられないという傾向が認められるとしている。もっとも、このような経験則は、個々の具体的な場合において自殺または自己傷害についての嫌疑が存在する場合には、立証の容易化のために採用されることはできないとする。その際、保険金請求権者のために一応の証明は認められない。そこで、保険者は、自殺または自己傷害についての嫌疑の根拠を立証すべきこと、保険金請求権者は、保険者の立証によって

生じた嫌疑の状況に対して通常の証拠判断法則に従って完全に反証を挙げることを要するとされていた。(38)

右で述べた背景ないし経緯のもとに、一九六七年六月三〇日の保険契約に関する法律の変更法により、保険契約法に一八〇a条の規定が導入された。その一項によると、保険者の給付義務が、健康の損傷が自由意思にもとづかないということにかからしめられている場合には、反対の証明がなされるまでは自由意思にもとづかないという推定がなされる。そこで、自殺または自己傷害については、保険者が立証責任を負うとされる。(39)そして、二項によると、一項の規定は半面的強行規定であるとされている。保険約款によると、自由意思によらないということが傷害の要件とされているが、自由意思によらないということは保険契約法一八〇a条一項によって推定され、これにより、立証責任の分配に関する以前の考え方は変更されたことになる。(40)

三　わが国

立証責任に関する一般原則によると、権利発生の根拠となる事実についてはこれを主張する者が、権利滅却事実についてはこれを主張する者が、それぞれ立証責任を負うことになる。この一般原則に従うと、告知義務違反及び保険事故招致の場合、保険者と保険契約者（保険金請求権者）のいずれがいかなる事実について立証責任を負うかということは、最初から抽象的に定まることになる。そのためか、わが国の明治期以後の保険法の体系書においては、告知義務違反及び保険事故招致の場合の立証責任についてとくに触れられることは余り多くはなかったように見受けられる。そして、立証責任について触れられている体系書においても、立証責任に関する一般原則に従って立証責任の負担者を判断しつつも、立証すべき事実に関して微妙な差異が認められないでもない。(41)まず、告知義務違反の場合、保険者が立証すべき事実として、告知事項についての保険契約者の知識、告知義務違反の事実、(42)事実の重要性、保険契約者の帰責事由、(43)告知義務違反の要件の存在とし、(44)これに対し、保険契約者が立証すべき事実として、保険者の知・過失による不知、(45)商法六四五条二項但書の因果関係の不存在としている。(46)また、保険事故招致の場合、保険者は、免責事由である事実の存在、免責事由による事故（損害）の発生という因果関係について、それぞれ立証責任を負うとされている(47)。

これに対し、発生した事故の原因である偶然性について立証責任を負うのはいずれの当事者であるかということに関し、最近の判決を契機として活発に議論されている。例えば、生命保険契約に付加されている災害割増特約に適用される保険約款によると、保険事故は不慮の事故による死亡等で、不慮の事故とは偶発的な外来の事故であること、他方、被保険者の自殺等の故意により保険金支払事由が生じたときは保険者は保険金支払責任を負わないとされている。そこで、死亡が自殺によるものか否かが明らかでない場合、保険金請求権者において、発生した事故が偶然の事故であることについて主張・立証責任を負うとする請求権者負担説(48)と、保険者において、発生した事故が被保険者の故意によるものであることについて立証責任を負うとする保険者負担説(49)が対立している。前説は、その理由として、傷害という用語自体が偶然という観念を含んでおり、偶然性は傷害にとって概念本質的要素として保険事故の要件となっているので、請求権者において身体損傷の原因を立証することを要すること、実際上、偶然性についての立証を要しないとすると保険金の不正請求が容易になるとする。これに対し、後説は、保険約款の合理的解釈に着眼する立場から、請求権者が例えば傷害による死亡という事実を立証すれば保険者が故意を立証することを要すると解さないと、保険約款において故意が免責と定められていることの意味が失われること、実際上、故意にもとづかないということの立証は消極的事実の証明であって不可能に近く、請求権者にはきわめて困難であるとする。

四　考察

(1)　まず、告知義務違反の場合の立証責任について考察する。保険者は保険契約の解除権を基礎づけるすべての事実、具体的には、不告知または不実告知、事実の重要性、告知すべき事項についての保険契約者の知、保険契約者の帰責事由につき、これに対し、保険契約者は、保険者の契約解除権を阻止する事実、具体的には、帰責事由の不存在、不告知または不実告知の対象となった事実についての保険者の知、告知義務違反の対象となった事実と保険事故発生との間の因果関係の不存在について、それぞれ立証責任を負う。問題は、悪意による告知義務違反に関し、事実の重要性に関する保険契約者の知も告知義務の要件を構成すると解すべきか否かということである。わが国では、これは肯定され、その存否については保険者が立証責任を負うと解されている(50)。この点につき、ドイツでは、すでに述べたように、保険契約者の知とは、単に事情についてだけの知なのか、それとも重要性についての知をも意味するのかということをめぐって見解が対立しており、この対立を反映して、事情の重要性に関する保険契約者の知について保険契約者と保険者のいずれが立証責任を負担するかということについても見解が対立している。この問題に関し、ドイツの支配的見解は右で述べたわが国の見解と同旨である。もっとも、事実が重要性を有するか否かは純粋に客観的に判断すべきこと、他方、重要性についての保険契約者の知を問題とするならば重要性を有するか否かは保険契約者の考えに従って判断されることになり、その結果、客観的には重要性を有する事実であるにもかかわらずこの事実については告知義務は存在しないということになる。そうであるとするならば、事実の重要性に関する保険契約者の知も告知義務の要件と解することが妥当であるか否かについては、検討の余地がありうると思われる。

(2)　保険事故招致の場合の保険者免責の理論的根拠につき、いずれの見解に立つかにより、立証の内容ないし事項に関しても相違が生ずるように思われる。とくに信義則違反による条件成就説に立つと、保険者は、条件は、これにより利益を得る当事者によって信義則に反して成就せしめられたということについて立証責任を負うことになるはずである。その際、ドイツでは、すでに述べたように、信義則に反する条件成就の要件として、信義則に対する客観的違反で十分であると解する見解が存在するが、他方において、条件を成就せしめた者の側における帰責事由の存在の要否及び帰責事由の程度に関して見解が対立している。そのいずれの見解に立つかにより、立証の内容ないし事項に関しても相違が生ずるものと思われる。いずれにせよ、信義則違反による条件成就説に立つかぎり、これに関する民法規定に従って立証責任に関する問題が判断されることになるはずである。それにもかかわらず、保険事故招致に関する規定の要件について立証責任を負うと解することは[51]、信義則違反による条件成就説の不徹底さを示しているとの謗りを免れないと考えられないでもない[52]。

保険事故招致の場合の保険者免責の理論的根拠につき、主観的危険事情除斥説に立つわれわれの見解によると、立証責任につき次のように解すべきことになる。まず、主観的危険事情除斥一般について述べる。主観的危険事情除斥においては、保険者はすべての損害について責任を負うという原則から一定の主観的危険事情が保険者の責任から除外されているので、保険者は、主観的危険事情の存在、除斥された主観的危険事情と保険事故発生との間の因果関係の存在、保険契約者の帰責事由の存在について、それぞれ立証責任を負う[53]。次に、このことを保険事故招致について具体的に述べると、保険者は、保険事故招致の事実、保険契約者の帰責事由、保険契約者の行為と保険事故発生の間の因果関係の存在を、また保険契約者の代表者が保険事故を招致しているときはその代表者性とその帰責事由について、それぞれ立証責任を負うと解される。

(3)　次に、傷害保険における事故の偶然性の立証責任について考察する。

保険約款においては、偶然な事故による身体の傷害が保険事故であると合意され、このような事故の発生が保険金請求権の成立要件となっているので、偶然性の存在については、保険金請求権者が立証責任を負うことになる[54]。立証責任の負担に関する一般原則に従うかぎり、右の結論は明快であり何ら疑いはない。問題は、保険約款における立証責任に関する合意、あるいは、立証責任に関する契約の典型例であるとされる保険約款の規定に対していかなる評価を下すべきかということである[55]。

ところで、傷害が被保険者の自由意思にもとづかないという意味における偶然性の存在を立証することはほとんど困難ないし不可能に近いこと、しかも、人間の自己保存本能からして大多数の場合に自殺または自己傷害は考えられない。そうであるとするならば、右の結論には疑問が生ずる。そこで、保険金請求権者をして立証責任の負担から免れせしめる理論をいかに構成するかということである。第一は、保険事故の構成要素とされる急激・偶然・外来のうち、急激・外来と偶然を区別し、前者は保険事故の客観的要素なのでこれについては保険金請求権者が立証責任を負うが、後者の主観的要素は、故意の保険事故招致ではないという免責事由の不存在ということで満たされると解釈されるとする構成である。(56) 保険事故の構成要素を客観的なものと主観的なものに区別し、それに応じて立証責任の負担者を判断しようとするこの見解はきわめて巧妙で注目に値する。もっとも、保険約款においては、「急激かつ偶然な外来の事故」による身体の傷害の場合にのみ事故は傷害事故とされているので、(57) この三要素は、客観的なものと主観的なものから成っているとしても、保険事故の要素としては一体不可分の関係のもとに置かれていること、それゆえ、立証責任に関してもそのようなものとして取り扱うべきではないかという疑問が生じないでもない。第二は、保険約款における立証責任に関する合意（契約）の内容を合理的に解釈するという構成である。すなわち、保険約款は立証責任を保険金請求権者に課しているが、その立証はほとんど困難ないし不可能であると解されるならば、保険約款は、保険金請求権者に対して期待しえないこと、あるいは不可能なことを課しており、相当性の原則に反すると考えられないでもない。(58) そうであるとするならば、保険約款における立証責任に関する合意(59)（契約）に対して、契約解釈の基準としての当事者の意図した目的・慣習・任意法規・信義誠実の原則の観点から、解釈を行うことが必要となる。(60) 第三は、偶然性を保険事故の要件と定めている傷害概念規定と、被保険者の故意について保険者が免責されるとする故意免責規定の関係についての理解から導き出そうとする構成である。いうまでもなく、故意免責規定は危険除斥に関する規定として、これについては保険者が立証責任を負う。そして、保険者が立証責任を負うということは、傷害概念規定の存在によっていかなる影響を受けるかということである。この点につき、被保険者の故意による事故招致は保険事故の要件である偶然性を欠き保険保護の対象外とされるので、これをさらに免責事由と規定しているのは単なる注意的ないし明確化のためのものにすぎないとする見解がある。[61]しかし、保険約款中の免責規定をこのように位置づけることの当否については、なお慎重な検討を要しよう。むしろ、保険者は、故意免責規定にもとづいて偶然性の不存在についての立証責任を負うこと、そして、立証責任を負うというこの結論自体は傷害概念規定の導入によっても何ら影響を受けないこと、その意味において、傷害概念規定は故意免責規定によって取って代わられていると解される余地はありうる。[62]第四は、傷害の概念は、その性質上、必然的に自由意思にもとづかないということを意味するという立場に立ちつつ、保険約款における傷害概念規定の不明瞭性を根拠とする構成である。すなわち、保険約款の規定は、それが相手方の請求権を失わせることに関する規定である場合には明瞭かつ一義的であることを要すること、それにもかかわらず不明瞭かつ二義的である場合には、それは作成者の不利益において解釈される。保険約款における傷害概念規定は決して明瞭かつ一義的であるとはいえない。そこで、故意免責規定においては保険者が立証責任を負うが、この立証責任が相手方に分配されるのは、次の場合、すなわち、保険約款の傷害概念規定による傷害概念の定めに続いて「訴訟の場合に、保険契約者は自由意思にもとづかないということを立証しなければならない」という追加条項が定められている場合に限って、可能であろうとされる。[63]この見解は、保険約款によると偶然性は保険事故の要件とされているのでこれについて保険金請求権者が立証責任を負うことになるが、それだけでは保険約款の規定は不明瞭であること、それゆえ、立証責任に関する明瞭な定めをなすことを要するとするものである。

（1）　兼子一「立証責任」民事訴訟法講座第二巻五六五頁以下（有斐閣、一九五四年）、新堂幸司・民事訴訟法第二版三四七―三五〇頁（筑摩書房、一九八一年）。

（2）H. L. Weyers, Versicherungsvertragsrecht 1986, S. 205; U. Hansen, Beweislast und Beweiswürdigung im Versicherungsrecht 1990, S. 1.

（3）Hansen, a. a. O. S. 1; W. Voit, Beweislast und Beweisführung im Versicherungsvertragsrecht, Symposion „80 Jahre VVG" 1988, S. 171.

（4）Hansen, a. a. O. S. 1; Voit, a. a. O. S. 172; とくに、保険契約法が Alles-oder Nichts-Prinzip の体系を採用している場合には、勝訴は裕富を、敗訴は貧困をそれぞれもたらすので、保険法においては立証責任に関する問題はきわめて重要であるとされる（W. Drefahl, Die Beweislast und Beweiswürdigung im Versicherungsrecht 1939, S. 11）。

（5）例えば、前述した Drefahl 及び Hansen の論文を参照。なお、朝川伸夫・保険法研究五九頁以下も参照（中央大学出版部、一九六七年）。

（6）学説の状況と学説に対する検討については、さしあたり、Vgl. W. Röhr, Die vorvertragliche Anzeigepflicht 1980, SS. 7-15.

（7）このような見解については、Vgl. Hansen, a. a. O. S. 148, S. 169.

（8）Prölss-Martin, Kommentar, S. 313 (Prölss) ; W. Römer-T. Langheid, Kommentar, S. 315 (Langheid).

（9）Gerhard-Hagen, Kommentar zum Deutschen Reichsgesetz über den Versicherungs-Vertrag 1908, S. 96; W. Kisch, Handbuch des Privatversicherungsrechtes, Bd. 2, 1920, S. 251, S. 302; E. Bruck, Das Privatversicherungsrecht 1930, S. 193, S. 207; Prölss-Martin, a. a. O. S. 313 (Prölss) ; Bruck-Möller-Sieg-Johannsen, Kommentar, 8. Aufl. Bd. 5, Teil 2, Lieferung 1, 1985, S. 670 (Winter) ; Römer-Langheid, a. a. O. SS. 315-316 (Langheid) ; Röhr, a. a. O. S. 105, S. 146, S. 160.

（10）Kisch, a. a. O. S. 251; Bruck-Möller, Kommentar, 8. Aufl. Bd. 1, 1961, S. 339; Röhr, a. a. O. S. 171.

（11）Prölss-Martin, a. a. O. S. 313 (Prölss) ; Römer-Langheid, a. a. O. S. 316 (Langheid).

（12）Kisch, a. a. O. S. 303f. ; Prölss-Martin, a. a. O. S. 313 (Prölss) ; Röhr, a. a. O. S. 118, S. 171.

（13）見解の状況については、Vgl. D. Schwampe, Überlegungen zu einer Reform der vorvertraglichen Anzeigepflicht im Versicherungsrecht, VersR 1984, S. 313 Anm. 46, 47.

（14）Schwampe, a. a. O. SS. 313-314.

（15）Bruck-Möller, a. a. O. S. 324; Prölss-Martin, a. a. O. S. 314 (Prölss).

（16）Bruck-Möller-Sieg-Johannsen, a. a. O. Bd. 5, SS. 653-654 (Winter).

（17）このような学説の状況の詳細については、坂口光男「保険事故の招致」法律論叢四三巻四・五号一九九頁—二〇〇頁注（1）

参照。

（18）Ritter-Abraham, Das Recht der Seeversicherung, Bd. 1, 1967, S. 547, S. 550, S. 557.

（19）Palandt, Bürgerliches Gesetzbuch, 63. Aufl. 2004, S. 170.

（20）Erman, Bürgerliches Gesetzbuch, 11. Aufl. 2004, S. 457（Armbrüster）; Münchner Kommentar, Bürgerliches Gesetzbuch, Bd. 1, 1984, S. 1231（Westermann）.

（21）Palandt, a. a. O. S. 170; Erman, a. a. O. S. 457（Armbrüster）; Staudigers Kommentar zum Bürgerlichen Gesetzbuch, Erstes Buch, Allgemeiner Teil 1980, S. 605（Dilcher）.

（22）Vgl. Staudiger, a. a. O. S. 605（Dilcher）.

（23）Vgl. Erman, a. a. O. S. 457（Armbrüster）.

（24）Palandt, a. a. O. S. 170; Staudiger, a. a. O. S. 605（Dilcher）.

（25）Palandt, a. a. O. S. 170; Erman, a. a. O. S. 457（Armbrüster）; このように、民法一六二条二項と保険事故招致に関する規定の適用要件にはかなり大きな相違が認められる。

（26）E. Framhein, Die Herbeiführung des Versicherungsfalles 1927, S. 68; それにもかかわらず、彼は、保険者は保険事故招致に関する保険契約法六一条の要件について立証責任を負うと述べているのは（a. a. O. S. 68）、信義則違反による条件成就説の不徹底さを示すものと思われる。

（27）詳細については、坂口光男・保険契約法の基本問題五六―五七頁（文眞堂、一九九六年）。

（28）例えば、Bruck-Möller-Sieg, Kommentar, 8. Aufl. Bd. 2, 1980, S. 540（Möller）; Drefahr, a. a. O. S. 18; Hansen, a. a. O. S. 183; これに対し、G. Baumgärtel, Handbuch der Beweislast im Privatrecht, Bd. 5, Versicherungsrecht 1993, SS. 204–205は、主観的危険事情除斥説と立証責任分配との論理的な結びつきを認めていない。

（29）Bruck, a. a. O. S. 663; Bruck-Möller-Sieg, a. a. O. Bd. 2, 1980, SS. 540–541（Möller）; Prölss-Martin, a. a. O. S. 587（Prölss）; Berliner Kommentar, SS. 1032–1033（Beckmann）; Hansen, a. a. O. SS. 183–184.

（30）Bruck-Möller-Sieg, a. a. O. Bd. 2, 1980, S. 540（Möller）; Berliner Kommentar, S. 1033（Beckmann）.

（31）Berliner Kommentar, S. 1033（Beckmann）; Römer-Langheid, a. a. O. S. 517（Römer）.

（32）Berliner Kommentar, S. 1033（Beckmann）.

（33）なお、生命保険契約における被保険者の自殺についての立証責任に関しては、次のように解されている。まず、保険者は、自殺、すなわち自殺の自発性と故意について立証責任を負う（Prölss–Martin, a. a. O. S. 925（Kollhosser）; Römer–Langheid, a. a. O. S. 1038（Römer）; Berliner Kommentar, S. 2045（Schwintowski））。この立証責任については、厳格な立証法則が適用され、一応の証明は問題となりえない。けだし、自殺は個々人の意思判断にもとづいて行われること、そして、個々人の意思判断に関しては類型的な自殺状況というものは存在しないからである（Prölss–Martin, a. a. O. SS. 925–926（Kollhosser）; Berliner Kommentar, S. 2045（Schwintowski））。一九九二年五月六日のＢＧＨ判決も（VersR 1992, S. 861）、保険者は自殺の存在については一応の証明を利用することはできないとする。そして、立証は通常は間接証拠によって行われる。これに対し、保険金請求権者は、精神作用の病的障害により自由な意思決定を行うことができない状態にあったことを立証することを要する（Prölss–Martin, a. a. O. S. 926（Kollhosser）; Berliner Kommentar, S. 2049（Schwintowski））。そして、間接証拠証明に対しては高度の要求が課されているとされる（Berliner Kommentar, S. 2049（Schwintowski））。

(34)　C. Kirsch, Die vorsätzliche Herbeiführung des Versicherungsfalles in der privaten Unfallversicherung 1942, SS. 24–25; この明確化は、それ以前の一九〇四年の保険約款の不明確性を除去したという意味において、きわめて重要である（Kirsch, a. a. O. S. 24）。

(35)　Kirsch, a. a. O. SS. 36–38; Bruck–Möller–Wagner, Kommentar, 8. Aufl. Bd. 6, Halbband 1, 1978, S. 298（Wagner）; L. Rosenberg, Die Beweislast, 5. Aufl. 1965, S. 88, S. 156.

(36)　これらの判例については、Vgl. Bruck–Möller–Wagner, Kommentar, a. a. O. S. 298（Wagner）.

(37)　Kirsch, a. a. O. S. 74f., とくに SS. 83a–84.

(38)　Kirsch, a. a. O. SS. 89–91; Baumgärtel, a. a. O. S. 397.

(39)　Wussow–Pürckhauer, AUB, 5. Aufl. 1985, S. 67.

(40)　Wussow–Pürckhauer, a. a. O. S. 67; Berliner Kommentar, SS. 2209–2210（Schwintowski）.

(41)　和仁貞吉・保険法六〇―六一頁（東京専門学校出版部、一九〇一年）。

(42)　青山衆司・保険契約法一二二頁（日本評論社、一九二九年）、三浦義道・補訂保険法論一七八頁（巖松堂書店、一九二二年）、田辺康平・新版現代保険法五二頁（文眞堂、一九九五年）。

(43)　松本烝治・商法解釈の諸問題三八三頁（有斐閣、一九五五年）、小町谷操三・海上保険法総論㈠三一六頁（岩波書店、一九五三年）。

(44)　大森忠夫・保険法〔補訂版〕一二七頁（有斐閣、一九九〇年）、西島梅治・保険法〔第三版〕五一頁（悠々社、一九九八年）、中西正明・総合判例研究叢書商法(8)九一―九二頁（有斐閣、一九六二年）。

(45) 犬丸巌・改正商法保険法論五四頁（法文社、一九四〇年）。

(46) 小町谷操三・商法講義巻二商行為・保険一九七頁（有斐閣、一九五〇年）、小町谷操三＝田辺康平・商法講義保険三五頁（有斐閣、一九七一年）。

(47) 野津務・新保険契約法論二四八頁（中央大学生協出版局、一九六五年）、小町谷＝田辺・前掲六〇頁、大森・前掲一四九頁、西島・前掲二五一頁。

(48) 大森忠夫・保険契約法の研究一二〇頁注三（有斐閣、一九六九年）、西島・前掲三八八頁、山下丈「傷害保険契約における傷害概念（二・完）」民商法雑誌七五巻六号九〇〇頁、志田原信三「判解」法曹時報五六巻三号八一四―八一九頁、最高裁平成一三年四月二〇日判決（民集五五巻三号六八二頁）。

(49) 中西正明・傷害保険契約の法理二六頁、七二―七三頁（有斐閣、一九九二年）、山下友信「判研」ジュリスト一〇四四号一三四―一三五頁。

(50) 例えば、中西・前掲総合判例研究叢書九一―九二頁。

(51) Framhein, a. a. O. S. 68.

(52) 本文で述べたことは、信義則違反による条件成就説に立つわが国の大森説（前掲保険法一四九頁）にも妥当するものと思われる。

(53) この点については、坂口光男・保険者免責の基礎理論八〇―八一頁参照（文眞堂、一九九三年）。

(54) このように、保険約款においては、偶然な事故が保険事故であると合意されているので、このような合意が存在しないときは、偶然性如何を問うことなく事故、例えば火災の発生によって保険金請求権が成立する（最高裁平成一六年一二月一三日判決（判例時報一八八二号一五三頁））。

(55) Vgl. Kirsch, a. a. O. SS. 36-38; Bruck-Möller-Wagner, a. a. O. S. 298 (Wagner).

(56) このような区別を行う見解として、西島・前掲三八七―三八八頁、山下（友）・前掲一三四―一三五頁がある。

(57) Wussow-Pürckhauer, a. a. O. SS. 61-62.

(58) ドイツにおけるこの原則については、坂口・前掲保険者免責の基礎理論三〇二―三〇三頁参照。

(59) 契約解釈の基準については、さしあたり、新版注釈民法(3)債権(4)二五頁以下参照（野村筆）（有斐閣、一九九六年）。

(60) なお、ドイツの判例は、保険約款の規定は民法一五七条に違反すると判示したことについてはすでに述べた。

（61）横山季由「判解」ジュリスト生命保険判例百選（増補版）一七二―一七三頁。
（62）Vgl. Kirsch, a. a. O. S. 83a.
（63）これは、一九三〇年一一月一八日のベルリンの地方裁判所の判決の考えである（Juristische Rundschau für die Privatversicherung 1932, S. 205）。

第三節　損害保険契約法

第一款　被保険利益概念

一　緒説

歴史的に見て、被保険利益学説は、保険概念の形成、及び保険を賭博などの他の取引から限界づけるために、困難な問題に直面せざるをえなかった。そして、被保険利益については、種々の観点から多くのことが語られることがある。例えば、「保険法のドグマの伝統的な要素」[1]、「最も古く同時に最も玉虫色の概念」[2]、「関係であるか、価値であるか、主観的なものか、客観的なものか等々…論争は既に久しく、且つその止まる所を知らない」[3]、そのために「費消されたインクの量は実におびただしく」[4]、法律学は「自己陶酔の危険に陥ることがあり」、「その危険の瞑想対象の一つが保険法における利益概念である」[5]、ローマ法によって発展させられた利益概念は、法律学のすべての分野、すなわち、国家法・行政法から手続法、刑法から私法、私法の内部における多くの分野に援用され、それぞれ異なった意味を有し、「不統一である」[6]とされる。他方、被保険利益概念は「支持することができず、かつ不必要な錯綜物として拒否すべきこと」、「立法者が学問上の命題と構造について態度表明を行い、法律上の根拠を与えたことは誤りである」[7]とされる。

二　ドイツ

(1)　被保険利益に関し、この用語が最初に使用されたのはいつであるか、この用語の使用方法と定義はどのようなものであったか、保険契約の対象は何か、被保険利益の本質は何か等々の問題をめぐる議論の歴史は実に古い。そして、このような問題をめぐるドイツの学説史は、以下のように区分されるといわれている。第一期は、海上保険制度が開始し、利益という文字が法令上で最初に使用される時期で、具体的には、最古の保険法令である一四八四年の Barcelona の法令以後の三〇〇年ないし四〇〇年間を意味する。この時期においては、利益という文字は、人と物との関係または一定物に対する人の関与という意味に解されていた。[8] すなわち、H. Langenbeck は、すでに述べた一七二七年の書物において、利益という文字を使用し、保険契約が有効であるためには利害関係を有することを要するとしていた。彼の原案にもとづく一七三一年のハンブルク保険・海損条例は、利益という文字に代えて関与という文字を使用した。これにより、利益は人と物との関係の意味に解されていたこと、このハンブルク保険・海損条例の規定は、一八四七年のハンブルク海上保険普通約款にそのまま継承され、これを改訂した一八五八年の改訂ハンブルク海上保険普通約款もこの点に関して変更を加えていないこと、この改訂約款がドイツ旧商法における海上保険関係規定の基礎の一部となっていた。一八三二年の M. Pöhls の著書において、ドイツで初めて被保険利益という熟語が使用されたといわれている。[9] 第二期は、旧商法の海上保険に関する規定の編纂会議の前後としての一八六〇年頃に開始する。この時期において、保険契約の目的は被保険利益であるということが明らかになるが、被保険利益の本質をめぐって混沌を来す時期である。すなわち、一八五九年にハンブルクで開催された編纂会議においては、保険に付されるのは利益ではなくて利益が付着している物であるとする案と、保険契約の目的は被保険利益であるとする案が提出されたが、後者の案が採用されたこと、この案が旧商法の七八二条となり、これがそのまま現行商法の七七八条に継承され、金銭に見積もり得る利益は海上保険（契約）の目的となすことを得ると定められた(10)。しかし、被保険利益の本質に関しては混沌を来していた。すなわち、ドイツ普通法における損害賠償は損害事故の発生前後における財産の差額説に立っていることに着目して、利益は事故が現実に発生したときにのみ問題となるとする見解、被保険利益と損害を同義とする見解、利益は事故発生前に既に存在する観念であって、利益を、事故が発生しなければ有すべき財産上の利益とする見解、被保険利益を価値とする見解等、混沌を来していた(11)。第三期は、被保険利益学説の完成期で、V. Ehrenberg が一八九三年に被保険利益関係説を発表した時期である。彼は、「被保険利益とは、事故が客体について発生することによって人が損害を被る人と客体との関係をいう。」と定義している(12)。

(2)　前述したように、ドイツにおける被保険利益学説史を要約すると、関係説の第一期、混沌を極める第二期、関係説が完成する第三期という、三つの時期に区分される。そして、関係説が現在の通説となっているということができる(13)。すなわち、保険に付される物が被保険利益に置き換えられることによって、被保険利益は損害保険の中心概念となり、被保険利益は物との関係を意味するということが根拠づけられること、利益は、ある物についての関与、ある物への関係を意味すること(14)、利益は、保険事故の配慮の必要性を引き起こす保険契約者または被保険者の関係であること(15)、利益は人と財産との関係であること(16)、利益は保険事故によって不利益を被りうる法的関係であること(17)、また、広く普及している定義によると、利益は、財産上の不利益を被りうる関係、またはその侵害が経済的不利益をもたらす法的主体と財産財との関係であるとされる(18)。これに対し、ドイツにおいてはきわめて異端的とも評価しうる利益説が一部で有力に主張されている。すなわち、財または価値という概念には、需要の充足に役立ち、それゆえ好都合なこと、利益となることという要素が含まれているので、利益は、財または価値によってその担い手に与えられ、それゆえ保険事故によってその担い手から失われ保険者の給付によって再び調達される利益と見られる。そこで、利益とは、保険事故が発生しなければ被保険者が有している「利益（Vorteil）」であるとされる(19)。

三　わが国

被保険利益の概念につき、明治期においては、保険事故の発生により財産上の損失を被るべき物と人との関係とする関係説、[20] 保険せられる利益、[21] 保険事故の発生により害せらるべき利益、逆にいえば保険事故が発生しなければ被らないという利益とされ、[22] 大正期における多数の学説は、保険事故の発生により被保険者が損害を受けるおそれのある利益ないし利害関係とし、[23] 昭和前期においては、関係説、[24] 保険事故の発生により損害を被るおそれのある利益とする見解が主張される一方、[25] 客観的に表現するならば事故が発生しない場合の利分（利益）、主観的に表現するならば具体的な財貨の価値とする見解が主張され、[26] 昭和後期においては、多くの学説は保険事故の発生により損害を受けるおそれのある利益とし、[27] 保険事故の発生により経済上の損害を被るべき関係、逆にいえば保険事故が発生しないことにつき経済上の利益を有する関係とし、[28] また、被保険利益の要件が明確にされれば足りるので概念の確定は余り重要でないとしつつも、財貨につき保有する法律的または経済的関係で客観的な価値であるとする見解[29]が主張されている。

四　考察

前述した学説の範囲に限定して要約するならば、ドイツでは、Ehrenberg の関係説をもって被保険利益学説は完成期に達し、現在の学説も説明の仕方の点において多少の相違が認められるものの関係説に立っている一方、わが国においては、関係説、利益説、及び事故の発生により害される利益・事故不発生のときに有する利益とする説が見られる。以下において、二点について考察することとする。

第一に、被保険利益を、保険事故の発生により損害を被るおそれのある利益と定義する見解は、被保険利益の定義のために損害という概念を使用していることから、利益と損害の循環論に陥らないかという問題が生ずる。この循環論を回避するためには、損害という概念を使用しないことである。そこで、被保険利益は、保険事故が発生しない場合の利分（利益）、具体的な財貨の価値であるとする見解が主張される。[30] これに対し、利益と損害の循環論に陥るのはやむをえないこと、[31] あるいは、循環論という点では両説の間に大きな差異はないとされる。[32] しかし、損害という概念を使用するかぎり循環論は底止する所を知らないことになる。[33] そこで、利益と損害は同一ではなく、利益は事故発生前から存在し、利益は損害が発生しなくても存在するという考えに立ち、[34] 被保険利益の概念は損害の概念を前提としないという見解に従うならば、[35] 循環論に陥るという批判を回避することが可能ではある。

第二に、損害保険契約の体系中における被保険利益の位置づけいかんにより、被保険利益概念の理解につき相違が生ずるかということである。この点につき、絶対説・客観説に従うと、被保険利益は財貨という具象的なものであることを要し、単に利害関係という抽象的なものと解することは奇異であるのに対し、相対説・主観説に従うと、被保険利益は財貨と人との利害関係と解して差支えないこと、その理由として、絶対説・客観説によると、被保険利益は保険契約の「目的」「保険せられるもの」とされるので、利益とか財貨という具象的なものでなければならないとされる。[36] しかし、まず、利害関係と、財貨ないし価値は、同一のものを異なった角度から、すなわち、前者は形式的・抽象的角度から、後者は内容的・具体的角度から観察したものにすぎないという見解[37] からするならば、相対説・主観説の立場においても被保険利益を財貨ないし価値と解することは差支えないように思われる。また、被保険利益は、仮に利害関係それ自体ではなくて利害関係のもとに認められる財貨ないし価値であると解する見解[38] に従うとするならば、相対説・主観説のもとにおいても被保険利益をこれと同様に解される余地はありうると思われる。さらに、現在においては、保険契約の目的は物ないし財貨という具象的なものではなく、物ないし財貨と人との関係と解することについてはおそらく争いはないと思われるが、このことは被保険利益の地位に関する絶対説・客観説及び相対説・主観説に同様に妥当するものと思われる。

（1）　R. Gärtner, Die Entwicklung der Lehre vom versicherungsrechtlichen Interesse von den Anfängen bis zum Ende des 19. Jahrhunderts, ZVersWiss 1963, S. 337.

（2）Berliner Kommentar, S. 813 (Schauer).

（3）木村栄一「被保険利益概念の機能と地位」保険学雑誌三九〇号八九頁。

（4）木村栄一「被保険利益学説の展望—被保険利益の定義」ビジネスレビュー一一巻三号七〇頁。

（5）H. L. Weyers, Versicherungsvertragsrecht 1986, SS. 147–148.

（6）H. Eichler, Versicherungsrecht, 2. Aufl. 1976, SS. 252–253; なお、種々の法分野における利益概念の使用については、Vgl. Eichler, a. a. O. SS. 252–253 における Anm. 3–6.

（7）W. Koenig, Schweizerisches Privatversicherungsrecht, 3. Aufl. 1967, S. 203.

（8）関与または利益という表現を用いている Barcelona の条例の九条については、近見正彦・海上保険史研究二一二—二一四頁参照（有斐閣、一九九七年）。

（9）以上の点については、加藤由作・被保険利益の構造一四五—一四七頁、一五四—一六五頁参照（巖松堂、一九三九年）。

（10）わが商法三八五条（現行の六三〇条）は、ドイツ商法七七八条に従ったものである（岡野敬次郎・商行為及保険法三六〇頁（岡野奨学会、一九二八年））。

（11）以上の点につき、加藤・前掲一四七—一五〇頁、一六九—一八四頁参照。

（12）V. Ehrenberg, Versicherungsrecht 1893, S. 286; そして、彼は被保険利益概念の主たる意味を、一物についての複数の異なった保険の可能性という点に求めている（Vgl. U. Schweitzer, Das versicherte Interesse (im Binnenversicherungsrecht) 1990, S. 50)。なお、本文における説明については、加藤・前掲一五一頁、一九三—一九六頁参照。

（13）なお、利益概念についての種々の学説の詳細については、Vgl. W. Kisch, Handbuch des Privatversicherungsrechtes, Bd. 3, 1922, SS. 12–26.

（14）E. Bruck, Das Privatversicherungsrecht 1930, SS. 476–477; そして、利益は単なる動機の意味における利益とは区別されるとする（a. a. O. S. 477 Anm. 2)。

（15）J. v. Gierke, Versicherungsrecht, Zweite Hälfte 1947, S. 180.

（16）Bruck–Möller–Sieg, Kommentar, 8. Aufl. Bd. 2, 1980, S. 66 (Sieg).

（17）Prölss–Martin, Kommentar, S. 506 (Kollhosser).

（18）Berliner Kommentar, S. 813 (Schauer)；なお、ドイツにおける最近の代表的な学説については、木村栄一「被保険利益の

概念と海上保険」損害保険研究六五巻一・二号合併号三一一八頁参照。

(19) Kisch, a. a. O. S. 23.

(20) 和仁貞吉・保険法三一頁（東京専門学校出版部、一九〇一年）、志田鉀太郎・商法保険法講義五二頁（明治大学出版部、一九〇六年）。

(21) 粟津清亮・日本保険法論・最近保険法九九頁（粟津博士論集刊行会、一九二八年）。

(22) 村上隆吉・最近保険法論全一八一頁（法政大学、一九〇八年）。

(23) 例えば、松波仁一郎・保険法一〇九―一一〇頁（明治大学出版部、一九一二年）、松本烝治・保険法七七頁（中央大学、一九一五年）、青山衆司・保険契約論上巻一二六頁（巖松堂、一九二〇年）、水口吉蔵・保険法論一九一―一九二頁（清水書店、一九一六年）、三浦義道・補訂保険法論九二頁、九六頁、九八頁（巖松堂書店、一九二三年）。

(24) 岡野・前掲三六〇頁、加藤・前掲二八―三三頁、大橋光雄・保険法講義六三頁（有斐閣、一九三七年）。

(25) 田中耕太郎・保険法講義要領七一頁（田中耕太郎発行所、一九三五年）。

(26) 野津務・保険法一六七頁（日本評論社、一九四二年）、同・新保険契約法論三五三頁（中央大学生協出版局、一九六五年）。

(27) 田中誠二・保険法一二九頁、一三四頁（千倉書房、一九五三年）、田中誠二＝原茂太一・新版保険法（全訂版）一三二頁、一三七頁（千倉書房、一九八七年）、田辺康平・新版現代保険法八六頁（文眞堂、一九九五年）、西島梅治・保険法〔第三版〕一三一頁（悠々社、一九九八年）、山下友信・保険法二四七頁（有斐閣、二〇〇五年）。もっとも、田辺・前掲八六頁は、例えば所有という関係のもとに認められる財産財ないし価値としている。

(28) 伊澤孝平・保険法一二七頁（青林書院、一九五八年）、大森忠夫・保険法〔補訂版〕六六頁、七〇頁（有斐閣、一九九〇年）、金澤理・保険法上巻〔改訂版〕一〇七頁（成文堂、二〇〇二年）。

(29) 石井照久・商法Ⅱ三〇六頁（勁草書房、一九五七年）。

(30) 野津・前掲保険法一六七頁、同・前掲新保険契約法論三五三頁。

(31) 大橋・前掲六四頁。

(32) 田中（誠）前掲一三五頁、田中（誠）＝原茂・前掲一三八頁。

(33) 野津・前掲保険法一六七頁注一。

(34) この点については、今村有・海上保険契約法論上巻二九二頁参照（損害保険事業研究所、一九七八年）。

(35) 野津・前掲新保険契約法論三五三頁注一〇。

(36) 大森・前掲六七―六八頁注(二)。
(37) 青山衆司・保険契約法一〇六頁(日本評論社、一九二九年)。
(38) このような見解として、野津・前掲新保険契約法論三四八―三四九頁、今村・前掲三〇一頁、田辺・前掲八七頁がある。

第二款　利得禁止の原則

一　緒説

保険法における利得禁止につき、これを保険法の根本原則・絶対の強行的法命題・国際慣習法命題と解する見解が存在する一方、これを否定する見解が存在する。また、損害保険契約における被保険利益の地位に関する学説における利得禁止の理解の仕方、利得禁止の根拠・意味・内容の理解、利得禁止が適用される保険の範囲、新価保険と利得禁止等をめぐって、長年にわたって活発な議論が行われている。

二　ドイツ

(1) まず、保険契約法の成立前の状況について概観する。保険法における利得禁止の思想の起源を何に求めるかについては見解が分かれているが、[1] 制定法において利得禁止を一般的に命題として定めたのは、一七九四年のプロイセン普通法であるとされている。すなわち、その第二編第八章第一三節の一九八三条は、「被保険者は、保険によって、損害に対して塡補されるにとどまり、それによって利得を求めてはならない」と定めていた。この規定は、「どの程度まで保険が引き受けられるか」という表題のもとにおける諸規定の中に位置づけられている。他方、学説も利得禁止について述べていた。例えば、利益が保険の対象をなすので、保険者は、法的拘束力のある方法で、被保険利益の財産的価値以上に高い金額の支払いに義務づけられることはないこと、被保険者は、保険によって決して利得を求めるべきでなく単に損害の回復のみを求めるべきであるとし、[2] また、「利益がなければ保険はなく、利益の額を超えて塡補はない」とし、保険契約の対象としての利益への保険者の給付義務の依存性を理由として利得禁止を主張していた。[3] 同様に、保険契約法の草案についての理由書も、次のように述べていた。すなわち、損害保険では保険者は保険事故によって生じている財産上の損害を塡補する義務を負うと定めている草案の一条一項一文につき、保険者の給付が損害額によって決定され限界づけられるということは損害保険にとって本質的(wesentlich)なことであり、物保険及びこれと類似の保険に関して保険者の給付義務を、発生した損害との関係から解き放し、保険者の給付額を当事者の自由な決定に委ねることはできないとする。その理由として、実際上の必要性が存在しないこと、保険契約としての特徴が失われて博戯・賭事となってしまうこと、保険事故の発生に対する恣意的な影響力が排除されていないかぎり故意に損害が招致されることの誘引となり、また必要な注意が尽くされないことになること、公益に対する重大な危険が生ずるとする。[4] そして、損害の塡補とのみ定めている草案の五五条は、一条一項一文を補充して、とくに、保険金額が保険事故発生時の保険価額を超過している場合にも保険者は損害額以上の塡補義務を負わないということを強調したものであると述べていた。[5] このことから、保険契約法の立法者は、草案の規定はともかくとして、利得禁止を一般的に意図していたということを推論することも可能であるとされている。[6]

(2) 保険契約法は、利得禁止の概念・性質、及び利得禁止について一般的な定めをなしていないため、基本的には二つの見解が対立している。第一説は、利得禁止を拘束力のある原則と解している。すなわち、利得禁止は保険法における最上位の原則 (Der oberste Grundsatz)、[7] 絶対の強行的性格を有する法命題ないし真の法命題であるとし、[8] その法律上の根拠規定として最も一般的に引用されるのが、保険契約法一条一項一文と五五条の規定である。保険契約法は五五条の規定に対して明文で強行法的効力を与えていること、利得禁止の結果として、五五条の規定に違反することはできないとする。[9] そして、右のように解すべきことの実質上の理由として、保険契約法の草案についての理由書、損害保険の本質、公的利益、国際的保険法原則、保険と賭博との限界づけ、保険事故招致及び注意力低下という主観的危険の回避等ということを挙げている[10]。もっとも、第一説の内部においても、とくに新価保険と利得禁止の問題をめぐって見解が分かれている。その際の論争の核心は、保険契約法五五条の損害概念をどのように解するかという点にある。まず、五五条によって塡補される損害は物の時価における損害と解し、そして新価保険を純粋の物保険と解すると、新価保険は利得禁止に反して許されないことになるが、これに対し、新価保険を物保険と費用保険が結合した保険と構成する見解に立つならば、時価と新価の差額の部分の損害は費用損害、それゆえこの部分の保険は費用保険となり、これには五五条は適用されないことになる[11]。次に、五五条によって塡補される損害には広く新価も含まれるとし、新価をもって損害額算定の基礎とするという特別の合意の存在の承認のもとに新価保険を許容しようとする見解がある。この見解によると、新価が、五五条によって保険者が塡補すべき損害の最高限度額となり、この限度額を超えることは利得禁止に反すること、この限度額の存在が損害保険と定額保険の差異を形成することになる。以上に対し、第二説は、拘束力ある法命題としての利得禁止は存在せず、利得禁止は立法者の拘束力のない指導理念（Leitidee）にすぎないとし、利得禁止が個々の保険契約に対して直接の効果を及ぼすのは、利得禁止が法律または保険約款の個々の規定の中に定められている場合に限るとする[12]。その理由として、利得禁止は理論として妥当するには余りにも一般的すぎること、保険契約法五五条は損害の存在が保険者の塡補義務の原因と範囲を決定すると定めるにとどまり、この規定から利得禁止の原則は推論されないこと、五五条においては保険者が塡補すべき損害の範囲に関する当事者の合意がどの程度において可能であるかについては未決定のままであること、危険選択と契約形成のための必要な措置は保険者に委ねられるので、主観的危険の低減のために強行的法規範は必要でないこと、保険契約者の財産上の地位の向上ないし改良（Besserung）をもたらすことについての実際上の必要性の存在は長年にわたる新価保険の実務によって証明されていること等を述べている。[13] もっとも、第二説の内部において、保険者の給付義務の上限をどの程度まで当事者の合意によって決定しうるかという問題をめぐって、見解が分かれている。まず、保険契約法五五条は当事者の合意が許される限度を定めていること、その結果、新価よりも高い価額を保険価額と合意することはできないとし、新価が合意可能な上限になるとする見解がある。[14] 次に、利得禁止は保険者の給付を確定的に限界づけるという考えに反対し、物保険における定額合意、すなわち物定額保険を承認しようとする見解があり、[15] 次のように主張している。すなわち、保険契約法五五条は変更可能な規定であり、当事者はこれと異なる合意をなすことができること、損害の塡補とは、保険者の給付義務は損害の発生にかからしめられているということを意味するにとどまるとする。[16] また、保険契約法五五条は、当事者がその適用について合意した場合にのみ適用されるが、その場合のこの合意とは、保険者の給付は損害によって限界づけられるということに向けられた当事者意思の表現を意味する。[17] もとより、物定額保険には、これを賭博から限界づけるために、上限が存在する。[18] そして保険契約法一条一項は、損害保険は損害塡補、生命保険等の人保険は定額保険と定めているが、これは単に技術的に異なった形成形態を示しているにすぎず、保険契約を損害保険と定額保険のいずれと形成するかは契約当事者の問題であるとする。[19] その結果、この見解は、非人保険、それゆえ物・財産保険は常に損害保険としてのみ締結することができ、これには利得禁止原則が絶対強行的に適用されるとする一般の見解と、[20] 正面から鋭く対立することになる。

三　わが国

ここでは、利得禁止原則の現れと考えられている、①損害保険の意義、②超過保険の無効、③保険代位の趣旨をめぐるわが国の学説を跡づけることとする。

まず、明治期においては、保険者のなすべき財産の給付は現実の損害が発生した場合に限られるのは保険の純理であること、超過保険が無効とされるのは利益なければ保険なしの原則の適用にもとづくこと、保険代位の趣旨につき、残存物代位は利益を得ることの防止、請求権代位は公平の確保にあるとする見解[21]、損害保険は実損額を塡補する保険であること、超過保険が無効とされるのは、保険契約は被保険利益の損喪を塡補回復する能動以外には出ることはできないこと、保険代位の趣旨につき、被保険者が損害のためにかえって利益を博取しうることを防止するためとする見解があり[22]、大正期においては、保険事故により一層利益を得ることは保険の観念において認められないこと、超過保険が無効とされることにつき、損害保険は実損害のみを支払う保険であり、利益を与えることは損害保険の性質に背馳し、無効とされるのは性質上当然であること、保険代位の趣旨につき、損害保険の目的は損害の塡補であって利益を与えるものではないこと、利益を与えることは損害保険の主旨に反するとする見解[23]、損害保険の意義につき、損害の塡補[24]、あるいは経済的需要充足とし[25]、超過保険が無効とされることにつき、損害塡補の観念に反すること[26]、実際上の理由として保険の賭博目的への悪用と保険事故招致の恐れの防止とし[27]、保険代位の趣旨につき、民法四二二条と同趣旨の便宜立法と解する見解が比較的多く存在していた[28]。昭和前期においては、損害保険の意義につき、損害の塡補とし[29]、超過保険が無効とされることにつき、損害塡補としての損害保険の性質[30]、利得禁止、したがって道徳的危険の防止[31]、被保険利益の欠如、保険の賭博化防止、保険事故招致の恐れの存在とし[32]、保険代位の趣旨につき、残存物代位と請求権代位とも民法四二二条と同趣旨にして二重の賠償ないし利得を得させるべきではないとされている[33]。他方、被保険利益の存在は保険契約が公序良俗に反して無効とされることのないための消極的要件にとどまるとする主観主義・相対主義の立場から、利得禁止の内容を柔軟に把握しようとする見解が現れている[34]。昭和後期においては、損害保険の意義につき、損害の塡補としつつ、損害の塡補性について次のように述べられている。すなわち、損害の塡補性を保険の悪用防止のための外面的・政策的要請に求める見解[35]、損害塡補には確定損害に対する塡補以外に不確定損害に対する救済の両者が含まれるとする見解[36]、保険事故による損害につき保険価額及び保険金額の範囲内で損害額を基準にして保険金を支払うというように厳密に定義する見解[37]が、それぞれ主張されている。また、超過保険の無効につき、理論的な観点から、保険の消極的性格[38]、損害保険の精神[39]、被保険利益の不存在[40]、利得禁止[41]が、実際的な観点から、利得を与えることによる保険の賭博目的への悪用と保険事故招致の恐れ[42]が、それぞれ述べられている。しかし、商法六三八条一項により、現実に発生した損害額以上の保険金の支払いはありえないので超過保険無効の趣旨を利得禁止に求めるのは不正確であること[43]、この不正確であるという批判は保険慣行制約説[44]にも妥当する。そこで、超過保険無効の趣旨につき、被保険利益なければ損害填補なし[45]、あるいは保険契約者保護[46]ということが述べられている。さらに、保険代位の趣旨につき、残存物代位と請求権代位ともに損害填補性にもとづく当然の要請[47]、不労利得による保険の賭博目的悪用の防止[48]、残存物代位と請求権代位を区別し、前者につき、利得禁止の大原則[49]、利得禁止の趣旨をも含む技術説[50]、後者につき、負担の公平と不当利得の防止[51]、不確定損害肩代り[52]等が、それぞれ主張されている。なお、とくに、一九六〇年代の半ばになると、主観主義・相対主義の立場から、「利得禁止」を具体的な法命題と把握する伝統的な学説に対して疑問を提起する見解が主張されている[53]。

四　考察

(1)　わが国では、前述したように、昭和前期に、被保険利益の地位に関する主観主義・相対主義が提唱され、それが契機となって、とくに一九六〇年代にこの点をめぐる論争が行われていた。そこでは利得禁止原則にも触れられていたが、論争の中心は被保険利益の地位をめぐるものであり、この問題との関連において利得禁止原則にも言及されていたということができる。これに対し、とくに一九九〇年代に入ると、利得禁止原則の内容・射程範囲について具体的に検討を加えるとともに、新たな枠組みを提唱しようとする研究が本格化したということができる[54]。

(2)　まず、利得禁止原則における利得禁止の内容につき、保険者の給付義務は被保険利益の価額及び損害額によって制限され、保険者はその範囲内でしか給付義務を負わないと説明する立場と、保険契約者は利得してはならないと説明する立場がありうる。[55] 両者は、その観点を異にしている。すなわち、後者の立場は、保険契約者の側に着眼して、保険の賭博目的への悪用防止と保険事故招致の可能性排除という公序政策を基軸とし、そこから利得禁止を導き出している。しかし、公序政策から利得禁止ということを導き出しうるか否かということである。まず、請求権代位の根拠を公序政策で説明することはできない。[56] また、保険契約者は利得してはならないという意味における利得禁止原則が現行法に存在しているといいうるか否かということである。公序は、すべての法律関係ないし法律の全体を支配する普遍的な上層の理念である。しかし、その具体的内容は時とともに変化し、その判断基準も判断する者・時・場所により異なり、限界事例について困難な問題が生ずることは避けられない。保険法における公序政策論も然ることながら、利得禁止の問題は、保険価額及び損害額が保険者の給付義務の範囲を限界づけるという、損害保険に固有な法理の枠内で検討されるべき問題ではないかと考えられる。

(3)　最近のわが国において、かつてとは異なり、利得禁止原則の意味、及びこの原則の強行的妥当範囲を厳密に確定しようとする研究が活発化している。第一の見解は、商法が予定しているような損害の塡補しか許さないという意味での利得禁止を狭義の利得禁止とし、保険によって公序良俗に反することは許されないという意味での利得禁止を広義の利得禁止とする。そして、狭義の利得禁止は保険者の給付を損害の塡補とするという原則にとどまるので、これに関する商法の規定は任意規定であるが、これに対し、公益上の理由から容認しえない著しい利得をもたらすことを禁止する広義の利得禁止は保険の賭博化を防止するものとして、損害保険と定額保険の双方について絶対的強行原則として妥当するとする。[57] 第二の見解は、右の狭義の利得禁止についても、商法が予定している時価基準による損害塡補しか許されないという意味での最狭義の利得禁止と、保険給付は損害塡補に限られるが損害の評価については商法の時価基準以外の評価基準も許されるという意味での狭義の利得禁止を区別する。そして、最狭義の利得禁止は任意規定的原則、狭義の利得禁止は強行規定的原則であること、新価保険は、最狭義の利得禁止原則からして疑問が生ずるが、最狭義の利得禁止原則は任意規定にとどまるので、無効となることはないとする。(58)右の諸見解は、利得禁止原則という具体的法命題の存否とこの原則の存在根拠、利得禁止原則における利得禁止の意味の精緻な確定、利得禁止が強行的に妥当する範囲と妥当しない範囲を区別するための基準の設定、損害保険と定額保険における利得禁止の意味の比較、物定額保険可能性の有無の示唆等、利得禁止に関する研究を一挙に掘り下げたこと、また、この問題に関する今後の研究方向を示唆するものとしてきわめて注目に値する。

(4)　次に、若干の考察を行うこととする。第一に、前述の第二の見解は、狭義の利得禁止原則に関するものとして損害の評価について時価評価基準以外の評価基準、それゆえ、新価を損害の評価基準とすることも可能であるとする。(59)しかし、評価に関して当事者の合意が許されるのは評価の方法に関するものに限られ、評価の時期に関するものではない。そして、保険者が塡補すべき損害の算定の基礎とされる保険価額は強行法的に保険事故発生時における保険価額である（商法六三八条一項）。これに対し、新価は、物がかつて有していた価額、すなわち、新調達時の価額である。このことから、新価を損害の評価基準とする合意は認められないのではないかということである。(60)のみならず、第二の見解によると、新価保険は最狭義の利得禁止原則からして疑問があるとされる。この点につき、新価保険を物保険と費用保険の結合保険と構成し、物利益についての損害を超えた部分の損害を費用損害と解するならば、(61)右で述べた諸問題は回避しうる。そうであるとしても、新価部分についての塡補が行われるためには、この部分について損害が発生することを要するが、その損害は、復旧によって費用を支出した場合に初めて発生すると解すべきか否かということである。復旧しない場合には費用の支出という損害は生じないので、この場合にも保険金を支払うことは利得禁止の原則から問題となるとはいいうる。(62)そこで、復旧と利得との関係が問題となる。一般にいわれているように、利得禁止原則は保険給付が許容される「範囲」を限界づけるもので、新価保険に付帯される減価条項は保険給付の範囲に関するのに対し、復旧条項はこれとは異なる。(63)この観点からするならば、復旧せずに現金を保持する場合と復旧した物を保持する場合とでは、経済的状況に関してはともかくとして、利得に関しては差異は認められない。それゆえ、復旧しない場合にも保険金を支払うと利得をもたらすということはできないといわなければならない。[64] そうであるとすると、復旧条項は、保険者の給付の「方法」、すなわち、保険契約者が新価部分の損害に対する保険給付を受けようとするならば、その前提として復旧という行為をなすべき責務を定めており、保険者の給付はこの責務の履行にかからしめられていると解される。

第二に、物定額保険の可能性との関連において、損害保険と定額保険における利得禁止原則について考察する。物・財産保険は損害保険、生命保険その他の人保険は定額保険と定めている法律の規定（ドイツ保険契約法一条一項）の構造につき、このような規定は単に技術的に異なった契約の形成形態を示したものにすぎないと解する見解に立つと、保険契約を損害保険契約と定額保険契約のいずれと形成するかは契約当事者の問題となる。その結果、物・財産について定額給付方式の保険契約を形成することも可能となること、この場合には損害保険に関する規定は適用されず、[65] したがって、利得禁止原則の適用の余地もないことになる。そして、このような保険に伴う賭博化危険と保険事故招致危険に対しては、保険者の自衛的措置に委ねれば足りるということも考えられる。しかし、このような考えは「あまりにも楽観的に過ぎる」[66] とされる。そこで、物定額保険を生命保険のごとき純粋な定額保険から限界づけるために、経済的に考えて真剣な目的（ernster Zweck）あるいは経済的な真剣さ（Ernst）[67] が存在することを要すること、これによって、利得をもたらす場合にも、保険と賭博の区別が行われるとされる。そして、経済的に考えて真剣な目的あるいは真剣さが認められるといいうるためには、保険給付と損害との関連性、具体的には、保険給付は損害に対する代替の等価物（vertretbares Äquivalent）であること、[68] あるいは、外面的・政策的な要請にとどまるとはいえ損害塡補性・利得禁止原則が必要であるということになる。[69] そして、物定額保険において保険給付と損害との関連性を要するとしても、それが定額保険であるかぎり損害保険との差異が認められ、また、損害保険と定額保険との間においても差異が認められる。そうであるとすると、強行的に妥当する利得禁止原則は損害保険と定額保険の両者に共通に妥当する原則であるとする前述の第一の見解には疑問があるように思われる。定額保険に利得禁止原則は妥当するのか否か、定額保険に利得禁止原則が妥当する場合と妥当しない場合の判断基準は何に求められるのか、利得禁止原則は損害保険と定額保険において同様の意味を有すると考えることが妥当かということが問題となりうる。また、損害保険と定額保険では道徳危険の抑止に関し相対的とはいえ差異が認められると考えられ、それゆえ、利得禁止原則が有する意味も両者において異なっているのではないかということである。(71)

(1)　この点については、Bruck-Möller-Sieg, Kommentar, 8. Aufl. Bd. 2, 1980, S. 29; P. Bartholomäus, Das versicherungsrechtliche Bereicherungsverbot 1997, SS. 11-12.

(2)　W. Lewis, Lehrbuch des Versicherungsrechts 1889, S. 51.

(3)　V. Ehrenberg, Versicherungswert und Schadensersatz nach dem Handelsgesetzbuch und Entwurf eines Gesetzes über den Versicherungsvertrag (Reichstagsvorlage), ZVersWiss 1906, S. 369.

(4)　Begründung zu den Entwürfen eines Gesetzes über den Versicherungsvertrag 1906, S. 11.

(5)　a. a. O. Begründung, S. 62; それ以外の規定についての理由書の説明については、Vgl. G. Winter, Konkrete und abstrakte Bedarfsdeckung in der Sachversicherung 1962, SS. 24-25.

(6)　Bartholomäus, a. a. O. S. 65.

(7)　E. Bruck, Das Privatversicherungsrecht 1930, S. 438.

(8)　Bruck-Möller-Sieg, a. a. O. S. 293 (Möller) ; H. Eichler, Versicherungsrecht, 2. Aufl. 1976, S. 274.

(9)　Bruck-Möller-Sieg, a. a. O. S. 292 (Möller) ; Prölss-Martin, Kommentar, 26. Aufl. 1998, S. 459 (Kollhosser) ; もっとも、Prölss-Martin, Kommentar, 27. Aufl. 2004, S. 530 (Kollhosser) では、保険法上の利得禁止は存在しないとする。

(10)　これらの理由づけに関する学説の状況の詳細については、Vgl. Berliner Kommentar, S. 906 (Schauer) ; Bartholomäus, a. a. O. SS. 20-21.

(11)　この点を明確に指摘するものとして、Vgl. H. Matzen, Die moderne Neuwertversicherung im Inland und Ausland 1970, SS. 40-41.

（12） R. Gärtner, Das Bereicherungsverbot 1970, SS. 34–81, とくに S. 51; Prölss–Martin, a. a. O. 27. Aufl. 2004, S. 530 (Kollhosser); W. Römer–T. Langheid, Kommentar, S. 544 (Römer); Berliner Kommentar, S. 907 (Schauer); Bartholomäus, a. a. O. S. 40f., S. 65f.

（13） これらの理由づけに関する学説の状況の詳細については、Berliner Kommentar, S. 907 (Schauer); Bartholomäus, a. a. O. SS. 25–26.

（14） E. Prölss, Zur Frage des Ersatzwertes in der Tierversicherung, VersR 1951, S. 219; A. Ehrenzweig, Versicherungsvertragsrecht, Bd. 2, 1935, S. 546.

（15） Winter, a. a. O. SS. 115–116; Gärtner, a. a. O. S. 39, S. 136.

（16） Winter, a. a. O. S. 116.

（17） Gärtner, a. a. O. S. 39, S. 136.

（18） Winter, a. a. O. S. 95f.; Gärtner, a. a. O. S. 49.

（19） Gärtner, a. a. O. S. 136.

（20） Bruck–Möller–Sieg, a. a. O. S. 4; H. Möller, Versicherungsvertragsrecht, 3. Aufl. 1977, S. 35; E. Hofmann, Privatversicherungsrecht, 3. Aufl. 1991, S. 29.

（21） 和仁貞吉・保険法三一頁、四一頁、一〇五頁、一〇八頁（東京専門学校出版部、一九〇一年）。

（22） 粟津清亮・日本保険法論・最近保険法六〇頁、三二四頁、二五三頁（粟津博士論集刊行会、一九二八年）。

（23） 村上隆吉・保険法論一巻一九一頁、二一七—二二〇頁、四五七—四七六頁（法政大学、一九〇八年）。

（24） 松波仁一郎・保険法六六頁（明治大学出版部、一九一二年）、松本烝治・保険法七七頁（中央大学、一九一五年）、水口吉蔵・保険法論四四五頁（清水書店、一九一六年）、青山衆司・保険契約論上巻一〇三頁（巖松堂、一九二〇年）。

（25） 三浦義道・補訂保険法論一八三頁（巖松堂、一九二二年）。

（26） 松本・前掲八五頁、三浦・前掲一四八頁。なお、水口・前掲四八八頁は、保険価額につき填補されれば足りるとし、青山衆司・保険契約法研究一三五頁は、超過部分につき利益と損害はないので補正の範囲を超越するとする（有斐閣、一九三九年）。

（27） 松本・前掲八五頁、三浦・前掲一四八頁。

（28） 例えば、松本・前掲一一五—一一六頁、青山・前掲保険契約論上巻二九五—二九七頁、三浦・前掲一九九—二〇〇頁。

（29） 岡野敬次郎・商行為及保険法三四八頁（岡野奨学会、一九二八年）、大濱信泉・保険法要論一三七頁（廣文堂書店、一九三四年）、犬丸巌・改正商法保険法論八七頁（法文社、一九四〇年）、野津務・保険法一五六頁（日本評論社、一九四二年）、小町谷操三・商法講義巻二商行為一七五頁（有斐閣、一九五〇年）。
(30)　岡野・前掲四三八―四三九頁、大濱・前掲一五四頁。
(31)　野津・前掲二〇一頁。
(32)　小町谷・前掲一七九―一八〇頁。
(33)　岡野・前掲五八六頁、田中耕太郎・保険法講義要領一二四―一二五頁（田中耕太郎発行所、一九三五年）、大濱・前掲一七七―一七八頁、犬丸・前掲九八―九九頁、小町谷・前掲二〇六―二〇七頁。もっとも、小町谷・前掲二〇六頁では、残存物代位につき残存物の評価の技術的困難性をも挙げている。
(34)　大森忠夫・保険契約の法的構造八一頁以下（有斐閣、一九六五年）。
(35)　大森忠夫・保険法〔補訂版〕五八頁（有斐閣、一九九〇年）。
(36)　田辺康平・新版現代保険法七一頁（文眞堂、一九九五年）。
(37)　西島梅治・保険法〔第三版〕一一七―一一九頁（悠々社、一九九八年）、金澤理・保険法上巻〔改訂版〕九六頁（成文堂、二〇〇二年）。
(38)　石井照久・商法Ⅱ三一四頁（勁草書房、一九五七年）、石井照久＝鴻常夫・増補海商法・保険法一九四頁（勁草書房、一九七六年）。
(39)　田中誠二・保険法一四六頁（千倉書房、一九五三年）、田中誠二＝原茂太一・新版保険法（全訂版）一五〇―一五一頁（千倉書房、一九八七年）。
(40)　鈴木竹雄・新版商行為法・保険法・海商法全訂第一版増補版八〇頁（弘文堂、一九九〇年）。
(41)　伊澤孝平・保険法一四〇頁（青林書院、一九五八年）。
(42)　石井・前掲三一四頁、石井＝鴻・前掲一九四頁、田中（誠）・前掲一四六頁、田中（誠）＝原茂・前掲一五〇―一五一頁、鈴木・前掲八〇頁。
(43)　田辺・前掲九六―九七頁。
(44)　大森・前掲保険法一〇三―一〇四頁。
(45)　田辺・前掲九六―九七頁。
(46)　西島・前掲一五二頁。

（47）伊澤・前掲二九八頁。
（48）大森・前掲保険法一七九頁。
（49）田中（誠）・前掲一八一―一八三頁、田中（誠）＝原茂・前掲一九一―一九三頁。
（50）田辺・前掲一三五頁、西島・前掲一七四頁、山下友信・保険法四一九頁（有斐閣、二〇〇五年）、坂口光男「残存物代位と負担の帰属」損害保険研究六五巻一・二号合併号一二六頁。
（51）田中（誠）・前掲一八一―一八三頁、田中（誠）＝原茂・前掲一九一―一九三頁。
（52）田辺・前掲一四〇―一四一頁、西島・前掲一八四頁。
（53）大森忠夫教授の例えば、保険契約法の研究二四三頁以下参照（有斐閣、一九六九年）。
（54）山下・前掲二四八頁注1参照。
（55）ドイツにおける利得禁止の内容に関する見解については、Vgl. H. Samwer, Das sogenannte Bereicherungsverbot im Privatversicherungsrecht 1937, S. 13.
（56）西島・前掲一八二頁、坂口光男・保険法一六四頁（文眞堂、一九九一年）。
（57）洲崎博史「保険代位と利得禁止原則（一）」法学論叢一二九巻一号一頁以下、同・「(二)・完」前掲誌一二九巻三号一頁以下。
（58）山下・前掲三九一―三九三頁。
（59）山下・前掲三九二―三九三頁（本文中の傍点は筆者）。この見解は、新価保険の法的構成につき物利益特別評価説に立ち、損害の時価評価を定めている規定（ドイツ保険契約法五五条、わが商法六三八条一項）を契約によって変更しうるという見解のように思われる（Vgl. H. Kollhosser, Bereicherungsverbot, Neuwertversicherungen, Entwertungsgrenzen und Wiederherstellungsklauseln, VersR 1997, S. 522)。
（60）Vgl. Matzen, a. a. O. S. 26; Bartholomäus, a. a. O. S. 134; これに対し、山下・前掲三九三頁は、損害の評価基準は多様なものでありうるとする。
（61）坂口光男・保険者免責の基礎理論一五七―一五九頁（文眞堂、一九九三年）。本文のように解すると、被保険利益（物利益と費用利益）と保険損害の同種性は常に維持される（Bruck, a. a. O. S. 522)。
（62）田辺・前掲一九五頁、山下友信「利得禁止原則と新価保険」竹内昭夫先生追悼論文集・商事法の展望七二二頁（商事法務研究会、一九九八年）、坂口・前掲保険法二一二頁注（6)。
（63）Vgl. Kollhosser, a. a. O. S. 524.

(64)　この点の詳細については、坂口・前掲保険者免責の基礎理論一五八―一五九頁参照。
(65)　Gärtner, a. a. O. S. 136.
(66)　大森・前掲保険契約法の研究二七七頁。
(67)　Winter, a. a. O. S. 96; Gärtner, a. a. O. S. 57.
(68)　Gärtner, a. a. O. S. 63, S. 66.
(69)　大森・前掲保険契約法の研究二七七頁。
(70)　その結果、物定額保険においても、例えば、生命保険のような純粋な意味の定額保険は認められないことになる。
(71)　山下・前掲保険法三九二頁、同・前掲竹内昭夫先生追悼論文集七二四頁も同旨である。なお、山下・前掲保険法六六―六九頁参照。なお議論の局面は異なるが、利得禁止の主たる目的はモラル・ハザード抑止にあるので、保険デリバティブに限らず保険であってもモラル・ハザードが生じないときは利得禁止は適用されないとする見解として、山下友信「第一一章・保険・保険デリバティブ・賭博」江頭憲治郎＝増井良啓編・市場と組織二四二頁以下参照（東京大学出版会、二〇〇五年）。

第三款　損害防止義務

一　緒説

損害防止義務に関しては、義務の法的性質・内容・開始時期・違反の効果・対象となる損害、費用負担等、理論的及び実際的にも重要で困難な諸問題が存在し、見解は必ずしも一致しているとはいえない状況にある。[1] 以下においては、とくに、この義務の対象となる損害、義務違反の効果、費用負担について、考察することとする。

二　ドイツ

(1)　まず、保険契約法の成立前における状況を概観する。損害の防止・軽減という思想は、保険の思想と同様に長い歴史を有し、保険法における一般的な原則となっている。[2] そして、損害の「防止及び軽減」という、やや抽象的な表現が法文上で初めて用いられるのは、一七九四年のプロイセン普通法においてである。すなわち、その第二編第八章第一三節二一六四条は、保険の目的物に事故が発生したことを知った被保険者は、これを保険者に通知し、保険者の指図に従って措置を講ずべきこと、二一六五条は、被保険者は、その間に、損害の防止及び軽減となりうるすべての手段を講じなければならないと定めていた。また、一八六一年の普通ドイツ商法典の八一九条は、被保険者は、保険の目的物の救護（Rettung der versicherten Sachen）及びより大きな不利益の防止について義務を負うと定めていた。右で述べた法律の規定においては、「損害の防止及び軽減」、「保険の目的物の救護」という異なった表現が用いられているが、その表現の差異が、損害防止義務の対象となる損害概念の解釈に対していかなる意味を有するかということが問題となりうるが、後に考察する。

また、保険法の体系書においては、現在において議論されている多くの問題について、すでにかなり詳細に述べられていた。例えば、V. Ehrenberg は、保険事故の発生後に利益の救護（Rettung der versicherten Interessen）について義務を負うこと、可能なかぎり救護に努めるべきこと、救護の程度及び方法は、保険に付されていない思慮ある者が行うであろうことと同一であること、被保険者は、彼が救護活動を委ねている者の作為または不作為について責任を負うこと、救護義務違反の場合、義務が適切に履行されていたならば減少させられたであろうかぎりにおいて保険者は塡補給付を拒みうること、その他、保険者が指図を与えることを拒んだ場合及び複数の保険者の指図が異なっている場合等についても、詳細に述べていた。(3) さらに、保険契約法の草案の六二条は、保険契約者の損害防止・軽減義務、六三条は、保険者の費用負担について、それぞれ定めていたが、この点につき、理由書は次のように述べていた。まず、六二条につき、誠実義務と保険者の利益への配慮から損害の防止・軽減義務が課されるが、この義務はすでにプロイセン普通法に定められており、草案はこれと同趣旨の定めをなしていること、保険者の指図は保険事故の発生前にもなされうること、保険者の指図がなされずまた期待できないときは、保険契約者自身の義務に適う裁量に委ねられること、このことは複数の保険者の指図が異なっているときにも妥当すること、この義務違反の効果は、一般原則に従って、保険者に損害賠償請求権が発生し、これを相殺の方法で行使できること、保険契約者が義務違反のときにその請求権を失うということに関する合意については、保険契約法六条二項及び三項の規定が適用されると述べていた。また、六三条につき、草案は、海上保険に関する商法典八三四条三号に従い、異なる合意が存在しないときは保険者は費用を負担すること、一部保険の場合には比例的に費用を負担すること等と述べていた(4)。なお、一九三九年一二月一九日の命令により、保険契約法六二条に二項が追加され、義務違反にもとづく効果が段階づけられた。すなわち、義務違反が、軽過失または無過失にもとづくときは保険者の給付義務は何ら減少することなく存続すること、故意にもとづくときは保険者は全部の給付義務を免れること、重過失にもとづくときは、保険者の給付義務は、義務を適切に履行しても損害の範囲は少なくなかったであろうかぎりにおいて保険者は給付義務を負う(5)。また、右の命令によって追加された保険契約法六八a条は、損害防止費用に関する保険契約法六三条の規定を強行規定とはしていない。

(2)　次に、保険契約法の成立後の状況について述べることとする。

(イ)　まず、損害防止義務の対象となる損害について述べることとする。保険契約者の損害防止義務の範囲は、客観的には、この義務の対象である「損害」の概念によって画される。ところが、従来、損害防止義務の対象となる損害概念の確定がなされないまま損害防止義務の範囲について論じられていたため、議論に大きな混乱が生じていたと考えられないでもない。ところで、保険損害は、狭義の保険損害と広義の保険損害に分類される。前者は、保険事故の発生によって保険の目的物、それゆえ、被保険利益自体について生じ、保険者が本来的ないし第一次的に塡補すべき損害を意味する。これに対し、後者は、それ自体は狭義の保険損害には属さないが、保険事故の発生を契機として保険契約者に生じ、保険者が付随的に塡補すべき損害を意味する。その具体例として、狭義の損害の調査・確定・防止のための費用等が挙げられる(6)。そこで、損害防止義務の対象となる損害は、狭義の保険損害に限られるのか、それとも広義の保険損害をも含むと解すべきかということが問題となる。損害防止義務の趣旨を単純に「保険者の負担に帰す損害」を可能なかぎり減少させるという目的に求める見解に立つならば、損害防止義務の対象となる損害には広義の保険損害も含まれること、また、保険契約者は保険者の負担に帰す損害を可能なかぎり少なくするための種々の措置を講ずべき義務をも負担することになる。この見解は、その理由として、保険契約者は保険者の合理的な利益に配慮すべきこと、保険の目的物を自らの支配圏内に置く保険契約者は保険保護が存在するために損害経過に対して無関心となることがありうるが、それは危険団体の観点からしても是認されないこと、損害防止費用について制限を加えることなく損害防止義務を負わせると「いくらかかっても」かまわない損害防止活動を容認することになること等が述べられている。(7)この見解とその理由の当否については多くの疑問があるが、後述することとする。

(ロ)　次に、損害防止義務違反の効果について述べることとする。前述したように、保険契約法六二条二項は、保険契約者の帰責事由の程度に応じて義務違反の効果を段階づけ、故意にもとづく義務違反の場合には保険者は全部の給付義務を免れると定めている。(8)故意にもとづく損害防止義務違反の場合には、違反行為と損害範囲との間の因果関係を考慮することなく、保険者は全部の給付義務を免れる。それにもかかわらず、判例は、この場合にも重要性理論（Relevanztheorie）の適用によって、損害防止義務の違反が、主観的には「保険契約者の著しい帰責事由」にもとづき、客観的には「保険者の正当な利益が重大な方法で危険に曝される」場合に、保険者は給付義務を免れるとする。学説の有力説も同様である。(9)もっとも、重要性理論それ自体の承認に対しては、激しい論争が行われたことがある。その理由として、第一に、「著しい帰責事由」という概念は、故意の内部において著しいものとそうでないものを区別するものであるが、それは妥当でないこと、第二に、故意の場合にも因果関係に関する原則を適用することは妥当でないこと、第三に、保険契約者の著しい帰責事由と保険者の正当な利益の重大な方法での侵害という要件を具体的に確定することは容易でないこと、第四に、故意による損害防止義務違反と損害との間の因果関係の存否・程度の確定には困難が伴うと述べていた。これに対し、信義則について定めている民法二四二条は全私法に適用される超法律的規範であるとして、重要性理論を支持する見解が多くなっている。[10]

(ハ)　ドイツ保険契約法六八a条は、損害防止費用の保険者負担に関する六三条の規定を強行規定とはしていないので、保険者が費用を負担しないとする保険約款の規定は有効と解される。しかし、六三条は任意規定ではあるが、損害防止費用を負担しないと定めている保険約款の規定を評価するに際して重要な基準となるので、保険約款の規定に対する評価に際しては、六三条の本質的な基本理念を確定することが必要となる。

ところで、かつての普通取引約款規制法の九条に相当するドイツ民法三〇七条は、一項一文において、約款中の条項が信義則の命ずるところに従って契約相手方に「不当に不利益」を与える場合にはその条項は無効であること、二項一文は、法規定と異なる条項が、その法規定の「本質的な基本理念」と相容れない場合には、疑わしいときは、その条項は不当に不利益を与えるものと推定されると定めている。[11]　BGHは、すでに普通取引約款規制法の施行前から、保険契約者の損害防止費用請求権を排除することは許されないとし、その理由として、契約正義の原則が不当に是認しえない方法で侵害されること、保険者の費用負担義務は、保険契約法六二条によって保険契約者に課されている損害防止義務の不可欠の裏面（Kehrseite）をなすと述べていた。[12]　そこから、BGHは、普通取引約款規制法を根拠として、保険契約者の損害防止費用請求権の完全な排除または著しい制限も、右の規制法九条一項と相容れないと解しているということが推論されるとする。[13]　他方、学説においては、この判決と異なる有力な見解が存在するが、[14]　多くは判決と同旨の主張をなしている。すなわち、損害防止費用請求権の完全な排除、[15]　または排除もしくは著しい制限[16]を定めている保険約款の規定は、右の規制法九条の規定と相容れないとする。その理由として、第一に、保険者の損害防止費用負担は、保険者の利益のために保険契約者に課されている損害防止義務の不可欠の裏面であること[17]、第二に、保険契約者は、保険金請求権を失わないために損害防止費用を支出しても損害防止義務を履行することが強制されているので、損害防止費用を本来の損害に追加して支払いを受けられること、損害防止費用は経済的には「主たる損害の別の形態にすぎない[18]」こと、第三に、損害防止義務と損害防止費用に関する保険契約法六二条と六三条の相互作用確保の重視のもとに、保険契約者は損害防止義務を履行するならば損害防止費用の支払いを受けられるということが保険契約法六三条の基本理念であるが、保険約款の規定はこの基本理念と相容れないと述べている[19]。

三　わが国

(1)　まず、損害防止義務の対象となる損害につき、明治期においては、被保険利益の救護・防衛、被保険利益についての損害の防止とし[20]、損害防止義務の対象となる損害を被保険利益について生じている損害とするのが一般的のようであり、大正期においても、被保険利益の保全と述べられていた[21]。ところが、昭和後期に入って間もなく、損害防止義務は「保険者の負担に帰する損害額を」可能なかぎり少なくする義務であるという観点から、損害の防止には、被保険利益について生じている損害の防止以外に、例えば、不法行為の加害者に対する求償権の保全・訴えの提起も含まれるとする見解[22]が主張された。しかし、その後においては、いかなる損害についていかなる範囲まで損害防止義務が及ぶのかということについて体系的な考察はなされていないようである。

(2)　次に、損害防止義務違反の効果につき、明治期においては、被保険者に損害賠償責任が発生する、被保険者は責めに任じなければならないとする見解が存在する一方[23]、保険者は損害塡補を要しない、被保険者は保険金を受け取ることができないとする見解が存在する[24]。大正期においては、被保険者は義務違反によって生じた損害について賠償責任があり、保険者はこれを控除しうるとする見解が一般的に主張され[25]、昭和前期においては、義務違反によって生じた損害について保険者は塡補すべきでないとする見解[26]、被保険者は義務違反によって生じた損害について賠償責任を負うという立場に立ちつつ、その賠償責任の発生根拠につき、債務不履行説[27]と不法行為説[28]に分かれ、また、損害防止義務は真正の義務ではないが違反のときに損害賠償責任が発生するとする見解が見られる[29]。昭和後期においても、被保険者は義務違反によって生じた損害について賠償責任を負うが、その責任の発生根拠につき債務不履行説[30]と不法行為為説[31]に分かれる一方、防止がなされたときの損害についてのみ保険者は塡補義務を負うこと、換言するならば、防止義務の違反によって発生・拡大した損害については保険者は塡補義務を負わないとする見解が有力に主張されている[32]。

(3)　さらに、損害防止費用の負担につき、明治期においては、損害塡補責任と防止費用は全く別物であるので防止費用は保険金額を超えても負担されるとし[33]、大正期においては、防止費用を負担しないという特約は無効であるという議論がありえ、保険金額まで負担するという見解には不満が感じられるとし[34]、費用を負担しないとする特約は有効であるとする見解が存在する[35]。昭和前期においては、防止費用を負担しないとする特約につき有効説[36]と無効説[37]が主張され、昭和後期においては、保険金額までしか負担しないという特約は有効とする見解[38]、防止費用を負担しないという特約も有効であるとする見解が存在する[39]。

四　考察

(1)　まず、損害防止義務の対象となる損害について考察する。損害防止義務の対象となる損害は、保険事故の発生により保険の目的物、すなわち保険の目的物につき存する被保険利益について生じている狭義の保険損害である。損害防止義務は、一般的に保険者の負担に帰すあらゆる損害についてではなく、被保険利益について生じている損害に関する義務である。より正確に述べるならば、損害防止義務の対象となる損害は、被保険利益について生じている狭義の保険損害であり、このように義務の対象が限定された損害について保険者の負担が可能なかぎり少なくなるように努めるべき義務が損害防止義務である。確かに、損害の「防止及び軽減」という表現は、一般的に保険者の負担に帰す損害を少なくすることに関する義務、場合によっては、例えば、火災によって居住が不可能となった建物の賃貸によって収益を上げることによる保険者の負担損害の軽減に関する義務であるようにも解される。しかし、ドイツにおいては、損害の「防止及び軽減」という表現は一七九四年のプロイセン普通法の規定に由来するものであるといわれ、それ以前においては、損害防止義務の対象となる損害を狭義の保険損害に限定するために、「保険の目的物の救護」という表現を用いるのが一般的であったといわれている。また、すでに述べたように、ドイツにおいては、保険契約法の成立前において、損害防止義務という表現ではなく、「被保険利益の救護」義務という表現が用いられていた。それゆえ、損害防止義務の対象となる損害を狭義の保険損害に限定し、この損害について損害防止義務を負うということを明確にするために、「損害防止」という表現ではなく、「保険の目的物の救護」、あるいは、わが国の明治期において適切にも一般的に用いられていた「被保険利益の救護」、「被保険利益についての損害の防止」という表現を用いるのが妥当である(40)。従来、この点が必ずしも明らかにされないまま被保険者の損害防止義務の範囲が論じられていたため、議論に大きな混乱が生じていたと考えられないでもない(41)。

(2)　次に、損害防止義務違反の効果について考察する。わが国の通説は、損害防止義務の違反があっても被保険者は保険金請求権を失わないという前提のもとに、この義務違反の効果を保険者に対する損害賠償債務の発生と捉え、保険者はこの損害賠償債権と保険金支払債務を相殺できるとする。その際の被保険者の損害賠償債務の発生根拠につき、まず債務不履行説がある。しかし、第一に、損害防止義務を被保険者の「債務」と解するならば、保険者はこの債務に対応する債権にもとづいて債務の履行強制の可能性を有することになるが、果たしてそれは可能であり、また、保険者はそのことについて利益を有するかということが問題とされるべきである。損害防止義務の履行について利益を有しているのは、保険者ではなく被保険者である。けだし、被保険者はこの義務違反の場合に、これによって拡大した部分の損害に対する保険金請求権を失い、保険者はその範囲において免責されるからである。第二に、損害防止義務違反の場合に保険者は損害賠償請求権を取得するといいうるためには、保険者に「損害」が発生していることを要する。いうまでもなく、被保険者が損害の防止に努めないということは、自己の所有に属する保険の目的物をその経済的目的に反して取り扱うということであり、これにより損害を被るのは被保険者自身であって保険者ではありえない。もちろん、このような損害が保険者に転嫁される場合は問題は別である。要するに、債務不履行説は、被保険者の損害防止義務の違反によって被保険者自身について生じている損害を保険者に転嫁することは許されないということを表現するために、被保険者の損害防止義務を保険者に対する債務と表現しているにすぎないと解される。(42) また、不法行為説は、「保険の目的に損害が生じない」ということについての保険者の消極的利益の存在を認め、損害防止義務の違反は保険者のこの利益の侵害を意味するとする。しかし、疑問である。すなわち、被保険者が損害の防止に努めないことは、自己の所有に属する保険の目的物をその経済的目的に反して取り扱っているということであり、これにより損害を被るのは被保険者自身であって保険者ではありえない。もっとも、保険契約を売買契約と仮装し、(43) 保険契約によって保険の目的物についての所有権が保険者に移転するとする中世的保険契約観に従うのであるならば別として、現在ではそのように解することが困難である以上、損害防止に努めないことは保険者の所有権の侵害を意味すると解することはできない。のみならず、仮に保険契約によって保険の目的物についての所有権が保険者に移転するとした場合には、損害防止に努めることは保険者の所有権に対する不当な関与と解されることになりかねない。(44) 要するに、不法行為説も、被保険者の損害防止義務の違反によって被保険者自身について生じている損害を保険者に転嫁することは許されないということを表現するために、被保険者の損害防止義務の違反を保険者に対する不法行為であると表現したものと解される。

損害防止義務の違反は、保険者に対する債務不履行でも不法行為でもなく、自己の所有に属する保険の目的物をその経済的目的に反して取り扱うという純粋の事実行為である。このような行為にもとづく損害については保険金請求権は取得できないこと、したがって、損害防止義務の履行が保険金請求権取得のための前提となる。損害防止義務の違反によって拡大した部分の損害については右の前提要件は欠け、被保険者はこの部分についての保険金請求権を失うことになると解される。(45)

(3)　損害防止費用の負担に関する商法の規定と異なる定めをなしている保険約款の規定の効力につき、無効説、条件付無効説、有効説の対立が見られるが、商法の解釈論としては有効説が妥当である。(46) もっとも、右の保険約款の規定を、商法の解釈論とは別の次元である消費者契約法の観点からどのように評価すべきかという問題がある。保険契約者が消費者として締結する保険契約には消費者契約法が適用されるからである。(47) その意味において、わが国も、前述したドイツにおけると同様の問題状況のもとにあるといいうる。

ところで、消費者契約法一〇条は、①「民法、商法その他の法律の公の秩序に関しない規定の適用による場合に比し、消費者の権利を制限し、又は消費者の義務を加重する消費者契約の条項であって」、②「民法第一条第二項に規定する基本原則に反して消費者の利益を一方的に害するもの」は無効とすると定めている。この規定は、不当条項に関する一般的・包括的規定として、重要な役割を果たす。(48) そして、この規定によって不当条項が無効とされる根拠は、第一に、事業者と消費者間の情報・交渉力の格差によって消費者に生ずる不当な不利益は信義則に反すること、第二に、不当条項は実際には事業者が一方的に作成する約款において用いられるが、約款による契約における消費者の意思表示は熟慮された意思表示ではない、という点に求められる。(49)

ところで、この規定に関する最も重要かつ困難な問題は、この規定の適用要件に関する問題である。①民法、商法その他の法律の任意規定からの逸脱である。まず、ここにいう「民法、商法その他の法律」には、純然たる民事ルールだけを規定する法律に限定されず民事訴訟法や業法等、民事・商事契約、商慣習法、最上級審判例、学説上で確立した法原則も含まれると解されている。(50) また、「任意規定」というのは例示であって、特約がなければ形成されていたであろう権利義務関係が想定されるべきこと、あるいは、当事者が交渉力の不均衡がない状況に置かれていたならば合意したであろう権利義務関係であるとされている。(51)②任意規定からの逸脱の程度として、「民法第一条第二項に規定する基本原則」に反して「消費者の利益を一方的に侵害する」ことが必要である。まず、ここでいう「信義則」は、民法上の信義則と異なること、民法上の信義則よりは厳格なもの(52)、あるいは、本条の立法趣旨からして情報・交渉力の格差を是正する原理としての均衡性原理の要請にもとづく信義則と解されている(53)。また、信義則違反と評価されるためには、情報・交渉力の格差の程度・状況、消費者が当該条項に合意するよう勧誘されたか否か、当該物品等を消費者が特別に求めたものか否か、当該条項の明確性・理解可能性の有無、契約の締結まで消費者が当該条項の基本的内容を知る機会を与えられていたか否か等の事情が総合的に考慮される。さらに、消費者の利益が「一方的に害される」とは、事業者が自己の利益を専ら優先させて消費者の利益を害することを意味し、消費者にとって不利益な当該条項を、他方では利益となる条項でカバーしている場合には、これには該当しないと解されている(54)。

そこで、損害防止費用の負担に関する商法の規定と異なる保険約款の規定をいかに評価するかということである。まず、損害防止費用の本質ないしこれに関する商法六六〇条の本質的基本理念につき、第一に、被保険者は保険金請求権の取得・保持・喪失防止のためには損害防止義務の履行を強制されており、その履行のためには必然的に費用の支出が伴うので、保険金請求権の取得・保持・喪失防止と損害防止費用は一体不可分の関係にあること、第二に、損害防止費用は、費用損害ではあるが、経済的には主たる損害の別形態にすぎないと解される余地はありうる。次に、商法六六〇条に比して、保険約款の規定の逸脱の程度が情報・交渉力の格差を是正するための均衡性原理の要請としての信義則に反するか否かであり、その判断に際しては、とくに、格差濫用の有無、保険約款の規定の事前開示、及び保険約款の規定の明確性・理解可能性の有無が考慮されるべきである。さらに、保険約款の規定が被保険者の利益を一方的に害するものであるか否かの判断に際しては、保険約款の規定が、一方的に不利益を与えるものか、それとも一方において不利益を与えるが他方において利益を与え、または不利益の程度が部分的であるか否かに区別して考えることを要する。そして、例えば、損害防止費用を、保険金額まで、あるいは一定の費用に限定して全額を支払うという保険約款の規定は、被保険者に与える不利益が部分的なものにとどまること、また保険制度の技術的構造[55]からして、一方的に利益を害すると評価するまでの必要性はないとも考えられる。これに対し、損害防止費用を全く負担しないとする保険約款の規定は、他方においてこの不利益がカバーされていないかぎり、一方的に利益を害すると評価される余地はありうる。以上で述べたことに誤りがないとするならば、消費者契約法の観点からは、損害防止費用に関する商法の規定と異なる保険約款の規定の中のある種の保険約款の規定の有効性に関し、微妙な問題が生ずる可能性は十分にありうる。[56]

（1）本文で述べた諸問題に関するわが国の体系的な研究として、木村栄一「損害防止義務に関する商法第六六〇条の規定について」田中誠二先生古稀記念・現代商法学の諸問題二〇一頁以下（千倉書房、一九六七年）、坂口光男「損害防止・軽減義務に関する若干の諸問題の考察—ドイツ法理論との関連において—」法律論叢四五巻五・六号一三九頁以下、野口夕子・保険契約における損害防止義務（成文堂、二〇〇七年）がある。

（2）例えば、ドイツにおいては、一五九一年のハンブルク海上保険証券、一六二〇年—一六二二年からのハンブルク火災条例及び契約、一六四〇年のハンブルク火災契約、一七三一年のハンブルク保険・海損条例等の中に損害防止義務と費用負担に関する規定が存在するが、この点については、Vgl. W. Siebeck, Die Schadenabwendungs- und-minderungspflicht des Versicherungsnehmers 1963, SS. 3–5; V. Stange, Rettungsobliegenheiten und Rettungskosten im Versicherungsrecht 1995, SS. 6–7.

（3）V. Ehrenberg, Versicherungsrecht 1893, SS. 436–442.

（4）Begründung zu den Entwürfen eines Gesetzes über den Versicherungsvertrag 1906, SS. 71–72.

（5）義務違反の効果のこのような段階づけの法技術は、保険事故発生後に履行すべき責務の違反の効果に関する保険契約法六条三項にすでに採用されている（H. L. Weyers, Versicherungsvertragsrecht 1986, S. 208）。

（6）Bruck-Möller-Sieg, Kommentar, 8. Aufl. Bd. 2, 1980, SS. 24–27; 坂口光男・保険契約法の基本問題九一—九二頁（文眞

堂、一九九六年）。

（7）これらの学説については、坂口・前掲保険契約法の基本問題九二―九四頁、Berliner Kommentar, SS. 1045-1046 (Beckmann) ; Stange, a. a. O. S. 60.

（8）Prölss-Martin, Kommentar, 27. Aufl. 2004, S. 598 (Voit/Knappmann) ; Berliner Kommentar, S. 1057 (Beckmann) ; W. Römer-T. Langheid, Kommentar, S. 618 (Langheid).

（9）例えば、Prölss-Martin, a. a. O. S. 598 (Voit/Knappmann) ; Berliner Kommentar, SS. 1057-1058 (Beckmann) ; Römer-Langheid, a. a. O. S. 619 (Langheid) ; Stange, a. a. O. SS. 127-129.

（10）この点の詳細については、坂口光男・保険者免責の基礎理論二八三―二八七頁参照（文眞堂、一九九三年）。

（11）「不当に不利益」を与えること、法規定の「本質的な基本理念」の意義及び具体例の詳細については、石田喜久夫編・注釈ドイツ約款規制法〔改訂普及版〕九七頁以下、とくに一一一頁以下、一三四頁以下参照（同文館、一九九九年）。

（12）Urteil des BGH vom 21. 3. 1977, VersR 1977, S. 709.

（13）Berliner Kommentar, S. 1077 (Beckmann).

（14）例えば、Bruck-Möller-Sieg, a. a. O. S. 668 (Möller).

（15）Römer-Langheid, a. a. O. S. 626 (Langheid).

（16）Prölss-Martin, a. a. O. S. 606 (Voit/Knappmann) ; P. Schmikowski, Versicherungsvertragsrecht, 3. Aufl. 2004, SS. 154-155; Stange, a. a. O. S. 262.

（17）Römer-Langheid, a. a. O. S. 626 (Langheid).

（18）Prölss-Martin, a. a. O. S. 606 (Voit/Knappmann).

（19）Stange, a. a. O. S. 262.

（20）和仁貞吉・保険法八四―八五頁（東京専門学校出版部、一九〇一年）、志田鉀太郎・日本商法論巻之三商行為一九四頁（有斐閣書房、一九〇一年）、村上隆吉・最近保険法論全二八六―二八七頁（法政大学、一九〇八年）。

（21）青山衆司・保険契約論上巻二六二―二六三頁（巖松堂、一九二〇年）。

（22）小町谷操三「損害防止義務について㈠」損害保険研究一二巻四号一三―一四頁、同・海上保険法総論㈡五六三頁（岩波書店、一九五四年）、小町谷操三＝田辺康平・商法講義保険八二頁（有斐閣、一九七一年）。

（23）和仁・前掲八五頁、村上・前掲四六八頁。

(24) 志田・前掲二九五頁、粟津清亮・日本保険法論・最近保険法二五一頁、三六七頁（粟津博士論集刊行会、一九二八年）。
(25) 松本烝治・保険法一一四頁（中央大学、一九一五年）、松波仁一郎・保険法一八二—一八三頁（明治大学出版部、一九一二年）、青山・前掲二六六頁、三浦義道・補訂保険法論一九二頁（巖松堂、一九二二年）。
(26) 岡野敬次郎・商行為及保険法六〇三頁（岡野奨学会、一九二八年）。
(27) 小町谷操三・商法講義巻二商行為二〇三頁（有斐閣、一九五〇年）、同・前掲海上保険法総論㈡五七五頁。
(28) 野津務・保険法一二四頁（日本評論社、一九四二年）、同・新保険契約法論二五八頁（中央大学生協出版局、一九六五年）。
(29) 田中耕太郎・保険法講義要領一二一頁（田中耕太郎発行所、一九三五年）。
(30) 伊澤孝平・保険法二八八—二八九頁（青林書院、一九五八年）、大森忠夫・保険法〔補訂版〕一七二頁（有斐閣、一九九〇年）。
(31) 田中誠二・保険法一八〇—一八一頁（千倉書房、一九五三年）、田中誠二＝原茂太一・新版保険法（全訂版）一九〇頁（千倉書房、一九八七年）、金澤理・保険法上巻〔改訂版〕一五四頁（成文堂、二〇〇二年）。
(32) 石井照久・商法Ⅱ三二九—三三〇頁（勁草書房、一九五七年）、石井照久＝鴻常夫・増補海商法・保険法二〇九—二一〇頁（勁草書房、一九七六年）、田辺康平・新版現代保険法一五九頁（文眞堂、一九九五年）、西島梅治・保険法〔第三版〕二一〇頁（悠々社、一九九八年）。
(33) 志田・前掲二九六頁、志田鉀太郎・商法保険法講義六九頁は、費用負担をしない特約も妨げないとする（明治大学出版部、一九〇六年）。
(34) 村上隆吉・保険法論第一巻四七三—四七四頁（法政大学、一九一五年）。
(35) 青山・前掲二六九頁註三三。
(36) 大濱信泉・保険法要論一七二頁（廣文堂書店、一九三四年）、小町谷・前掲商法講義二〇五頁、同・前掲海上保険法総論㈡五五六頁、小町谷＝田辺・前掲八三頁注四の田辺説。
(37) 大丸巌・改正商法保険法論一一七頁（法文社、一九四〇年）、野津・前掲保険法一二四—一二五頁。ただし、同・前掲新保険契約法論二五九頁では有効とする。
(38) 石井・前掲三三〇頁、石井＝鴻・前掲二一〇頁、田中（誠）＝原茂・前掲一八九頁、大森・前掲一七三頁、金澤・前掲一五五頁。
(39) 伊澤・前掲二八三頁、田辺・前掲一四九頁、西島・前掲二二三頁、山下友信・保険法四一四—四一五頁（有斐閣、二〇〇五年）、坂口光男・保険法一五三頁（文眞堂、一九九一年）、田辺康平＝坂口光男編・注釈住宅火災保険普通保険約款二一八頁参照

(坂口筆)(中央経済社、一九九五年)。

(40) ドイツの学説も「救護責務 (Rettungsobliegenheit)」という表現を用いるのが多数のようである。例えば、Prölss–Martin, Kommentar, 26. Aufl. 1998, S. 521 (Voit); Berliner Kommentar, S. 1052 (Beckmann); Römer–Langheid, a. a. O. S. 614 (Langheid).

(41) この点の詳細については、坂口・前掲保険契約法の基本問題八九頁以下、とくに九八頁以下参照。また、損害防止義務の対象は狭義の保険損害に限定されるという結論から導き出される具体的結果については、坂口・前掲保険契約法の基本問題一〇一頁以下参照。

(42) 詳細については、坂口・前掲法律論叢一四七—一四八頁参照。

(43) この点については、近見正彦・海上保険史研究三三五頁以下、とくに三三八頁以下参照(有斐閣、一九九七年)。

(44) この点に関する沿革の詳細については、近見・前掲三三五—三三八頁参照。

(45) 坂口・前掲法律論叢一四九頁。なお、前提要件説に立つと保険者の全部免責が生ずるとされるが(西島・前掲二〇九頁)、一部免責と解することは可能である(田辺康平「損害防止義務違反の効果」ジュリスト商法の争点(第二版)二五三頁(有斐閣、一九八三年))。

(46) 田辺・前掲新版現代保険法一四九頁、山下・前掲四一五頁、坂口光男・保険法一五三頁(文眞堂、一九九一年)、田辺・坂口編・前掲二一七—二一八頁参照(坂口筆)。なお、この問題に関するわが国の学説の流れの概観については、田辺康平「学説一〇〇年史・商法—保険法」ジュリスト学説百年史一一七頁以下参照(有斐閣、一九六八年)。

(47) 消費者契約法が商法に与える影響については、小塚荘一郎「消費者契約法と商法」ジュリスト一二〇〇号八四頁以下参照。

(48) 落合誠一・消費者契約法一四四頁(有斐閣、二〇〇一年)。なお、消費者契約法一〇条に関しては、山下友信「消費者契約法と保険約款—不当条項規制の適用と保険約款のあり方」生命保険論集一三九号一四頁以下も参照。

(49) 四宮和夫＝能見善久・民法総則〔第六版〕二五二頁(弘文堂、二〇〇三年)。

(50) 落合・前掲一四七頁、山下・前掲生命保険論集二七—二八頁。なお、四宮＝能見・前掲二五四頁も参照。

(51) 中田邦博「消費者契約法一〇条の意義」法学セミナー五四九号三九頁。

(52) 落合・前掲一五〇頁、河上正二「消費者契約法(仮称)について」法学教室二二一号七二頁。

(53) 中田・前掲三九頁。

(54) 落合・前掲一五〇—一五二頁。なお、不当条項の判断基準を具体的に提示するものとして、河上・前掲七三頁、同・約款規制

の法理三三―三四頁参照（有斐閣、一九八八年）。

(55) もっとも、保険制度の技術的構造の意味の理解については、論者により若干の差異が認められるが、この点については、大森・前掲一七三頁、田中（誠）＝原茂・前掲一八九頁参照。

(56) すなわち、損害防止費用を全く負担しないとする保険約款の規定は、消費者契約法一〇条にいう消費者の「権利を制限し「利益を一方的に害する」と評価される余地がありうる。

第四款　損害保険と譲渡担保

一　緒説

損害保険と譲渡担保に関しては、三つの観点からの問題が存在しうる。第一は、すでに保険契約が締結されている物をその後に譲渡担保に供する場合、それが既存の保険関係に対していかなる影響を及ぼすかということであり、この問題は、保険の目的物の「譲渡」の意義をいかに解するかという問題と関係する。その意義の解釈いかんによって、保険の目的物を譲渡担保に供した場合、これに保険の目的物の譲渡に関する規定が適用されるかという重要な問題の判断に相違が生ずる。第二は、譲渡担保に供されている物について、設定者と担保権者のいずれが保険契約を締結する可能性を有するか、その可能性を有するとしていかなる被保険利益について可能性を有するかということであり、ここでの中心的問題は、譲渡担保に供された物についての設定者と担保権者の被保険利益に関係する。第三は、可能なかぎり包括的な保険保護を得るために、譲渡担保の目的物について複数の保険契約が締結されることがあり、とくに設定者と担保権者の保険契約が競合する場合に、保険事故が発生したとき、保険者の保険金給付に関する問題をいかに処理するかということである。ここでの問題の中心は、重複保険に関する規定の適用の可否に関係する。以下においては、第一と第二の問題について考察することとする。

二　ドイツ

(1)　まず、保険契約法の成立前の状況について概観する。一七九四年のプロイセン普通法の第二編第八章第一三節二一六三条は、保険の目的物の所有者の人格における変更は、それによって同時に場所、管理、保管方法、または近隣について変更が生じない場合には、保険には何ら変更は生じないと定めていた。また、一八九七年の商法典の海上保険に関する八九九条は、保険の目的物の譲渡に関してかなり詳細な規定を定めていた。すなわち、取得者は譲渡人に代位し、譲渡人及び取得者は保険料につき連帯債務者となること、保険者は保険関係によって自己に対して生じた請求権については譲渡を知った時に初めてその譲渡を自己に対抗せしめることを要すること、保険者は譲渡がなければ発生しなかった危険に対しては責任はないこと、取得者は保険関係を解約することができること、これらの規定は、保険の目的物の強制競売にも準用されると定めていた。さらに、保険契約法の草案の六九条は、保険の目的物の譲渡の場合に、取得者は譲渡人に代位し、保険料については譲渡人と取得者が連帯債務者となるとし、保険者は保険関係によって自己に対して生じた請求権については譲渡を知った時に初めてその譲渡を自己に対抗せしめることを要するとし、七〇条は保険者と取得者の解約権、七一条は保険者に対する通知、七二条は、六九条から七一条までの規定を半面的強行規定とし、七三条は、保険の目的物の強制競売の場合には六九条から七二条までの規定が準用されると、それぞれ定めていた。もっとも、草案のこれらの規定に関する理由書においては、譲渡担保とこれらの規定との関係については、特に言及されていない[1]。また、学説においても、譲渡担保と保険の目的物の譲渡との関係については、とくに言及されていないようである[2]。

(2)　現行保険契約法の六九条から七三条は、前述した保険契約法の草案の規定とほぼ同じ規定を定めている。

(イ)　保険契約法の成立後、まもなく、譲渡担保及び所有権留保売買との関連において、保険契約法六九条の保険の目的物の「譲渡」の意義をめぐって激しい論争が始まったが[3]、現在においても見解は一致していない[4]。第一説は、判例及び通説の形式説で、保険の目的物の譲渡とは、民法の物権法におけると同様に、形式的な所有権の移転を意味すると主張している。この見解の先駆をなすのは、一九一四年四月二八日のＲＧの判決である。(5) 判決は、その理由として、保険法の規定の解釈に際しても民法典の用語慣用に従うべきこと、保険契約法の草案に関する理由書においても「所有権の変更（Eigentumswechsel）」という表現が多く用いられていること、(6) 保険関係の移転については所有権の移転という明確で単純な事象に依存させることが妥当であること等の理由を挙げている。この形式説は、右の判決が下されたと同じ年にすでに学説においても主張されており、(7) 右の判決以後においても広く支持され、(8) また、ＢＧＨ及び下級審判決もこの説に立っている。(9) 形式説に立つと、譲渡担保の設定も保険の目的物の譲渡とされ、これには保険の目的物の譲渡に関する規定が適用されることになる。(10) もっとも、解除条件付譲渡が通例である譲渡担保においては、設定者は所有権の復帰に対する物権的期待権を有しているので、保険関係は設定者のもとにとどまること、それゆえ、解除条件の成就は、所有権の復帰ではなく、復帰のときまで所有権に伴っていた制限の消滅を意味するとする見解もある。(11) これに対し、第二説の危険負担者説は、次のように主張している。すなわち、保険契約の対象は物自体ではなくて物について存在する利益であること、保険の目的物の譲渡の場合に取得者が譲渡人に代位すると定めている保険契約法六九条の規定の趣旨は、保険の目的物の譲渡とともに譲渡人が被保険利益を失うことによって保険関係が消滅することを防止することにあるので、この規定にいう譲渡とは、譲渡人の被保険利益が譲受人に移転することを意味し、それゆえ、所有権の移転と関連づける必然性は存在しないとする。もっとも、この見解の内部においても、被保険利益の主体がいつ変動するかという問題をめぐって見解が分かれている。この点につき、被保険利益は、譲受人が保険の目的物の消滅の危険を負担するときに譲受人に移転し、この時から譲受人は保険事故の発生により経済的損害を被るとする見解がある（危険負担者説）。この説は、保険契約法六九条の規定の文言と調和しえないようにも思われる。しかし、この説は、民法典の意味における譲渡の概念は保険法には妥当しえないこと、保険契約法六九条の規定の文言よりもこの規定が有する趣旨を重視するという観点に立っている。[12]さらに、第三説の経済的利益説は、次のように主張している。すなわち、保険の目的物の譲渡を民法における所有権移転と同様の意味に解することは被保険利益の特殊性と矛盾すること、利益は、対象との関係、それゆえ対象が利益の担い手に与える経済的利益であること、それゆえ重要なことは、誰が被保険利益の担い手であり、誰がいつから被保険利益の担い手となるかということである。例えば、売買契約における売主が利益を自己に留保しているときは、買主は物の引渡しを受けたとしても未だ被保険関係に入ることはなく、被保険関係は売主の側に留まっている。そこで、保険の目的物の譲渡は、所有権の移転という法技術的意味においてではなく経済的意味に解すべきこと、それゆえ、保険の目的物の譲渡とは必然的に所有権の移転を意味するのではないこと、所有権の移転は必然的に保険の目的物の譲渡を意味するのではないとする。[13]、[14]この見解によると、保険関係の移転にとって重要なことは、保険事故の発生が譲渡人にではなく譲受人に損害をもたらすという利害状況が形成されるということになる。この見解に立つと、担保の目的物を占有し危険を負担する者が所有者利益を有することになるので、譲渡担保においては譲渡担保権者は保険関係に加入しないことになる。[15]

(ロ)　譲渡担保に供された物について設定者と担保権者のいずれが被保険利益を有するか、とくに担保権者の被保険利益をどのように解するかという問題をめぐって見解が対立している。第一説は、担保権者はその債権額までの信用利益を有するにとどまるとし、その理由を、次のように述べている。第一に、完全な物価値額における実体利益の承認のためには危険負担が基準となるが、担保財産の消滅の危険を負担するのは設定者である。すなわち、担保財産の消滅にもかかわらず設定者の債務は消滅せず、彼はこの場合には通常は代り担保の設定義務を負う。担保権者は、所有権者であるとしても、担保財産については債権者としての利害を有するにとどまり、債権額に相当する信用利益についてのみ保険契約を締結しうるにとどまる。第二に、完全な物価値額における被保険利益は、物を直接に占有し、物からの利益・物使用利益を有する者のみが有する。担保権者は、法的にはともかく、経済的には質権者の地位に相当し、信用利益を有するにとどまるとする。[16] 第二説は、担保権者も、その債権額を考慮することなく、完全な物価値額までの被保険利益を有するとし、この説がＢＧＨの判例及び通説となっている。その理由として、第一に、法的な所有権者としての担保権者の被保険利益は設定者の被保険利益と同一なので、担保権者は、債権額を考慮することなく、また債務の弁済後に担保物を設定者に返還すべき義務を負うことと関係なく、完全な物価値額まで保険契約を締結しうること、[17] 第二に、担保権者は物の所有者として物の滅失・毀損の危険を負担すること、担保権者と設定者との間の内部関係における危険負担は被保険利益の評価にとっては考慮されないこと、第三に、担保権者は担保物を直接に占有せず使用していないとしても、物についての使用利益と所有利益は本質的に区別すべきであるとする。[18] 第三説は、担保財産を担保権者と設定者の両者に二重に位置づけ、担保財産の最終的な位置づけが確定するまでは、担保権者と設定者の両者が物の実体価値額まで被保険利益を有するとする。すなわち、前述したＢＧＨの判決は、担保権者は完全な物価値額まで保険契約を締結しうると判示する一方、担保設定者は、担保設定後はもはや担保物についての法的な所有者ではないとしても、経済的な所有者（wirtschaftlicher Eigentümer）として、完全な物価値額まで付保可能な所有利益を有すると判示した。[19] その際、担保設定者を経済的な所有者と解する理由として、設定者が物について直接の占有を有し、物についての負担を担い、物の消滅の危険を負担するということを述べている。[20]

三　わが国

(1)　まず、保険の目的物の譲渡の意義につき、明治期においては、保険の目的物の譲渡それ自体についてはほとんど言及されていないか、[21] 言及されているとしても保険の目的物の譲渡の意義についてまではとくに言及されていないのが一般的のようである。[22] 大正期においては、保険の目的物の譲渡それ自体について言及しているのが一般的であるが、[23] 保険の目的物の譲渡の意義についてはとくに触れられていないようである。昭和前期においては、保険の目的物の譲渡の意義についてとくに言及していないのが一般的のようであるが、[24]他方において、保険の目的物の譲渡について詳細な説明がなされるとともに、保険の目的物の譲渡の意義を明確に所有権の物権的変動と解する見解が現れている。[25]昭和後期になると、保険の目的物の譲渡の意義を所有権の物権的移転と解する見解が一般的となるが、[26]いつ譲渡が存在するかということの判断については、形式的な所有権の移転ではなく目的物についての実質的な支配の移転が基準となること、この観点から、譲渡担保を譲渡に含めることは疑問であるとする見解がある。[27]

(2)　次に、譲渡担保に供された目的物についての被保険利益につき、大判昭和一二年六月一八日[28]は、担保権者は担保のために建物の所有権の移転を受けた以上、登記未了であっても被保険利益を有すると判示し、岐阜地判昭和三四年三月二三日[29]も、譲渡担保により設定者は所有権を失っているので被保険利益を有せず、その保険契約は無効であるとし、高松高判昭和五八年一月一三日[30]は、譲渡担保は商法六五〇条及び火災保険普通保険約款八条一項二号の譲渡に該当するとし、最判平成五年二月二六日[31]は、設定者及び担保権者は共に被保険利益を有するとしている。右で述べた判決が契機となって、譲渡担保の目的物についての被保険利益をめぐる論争が活発に展開されることとなった。まず、昭和前期においては、担保権者は完全な所有者として被保険利益を有し、設定者の保険契約は被保険利益を欠くために無効となるとする見解、[32]譲渡担保の目的物についての所有権の移転を、大審院時代の旧判例理論に従って、内外移転型と外部移転型に区別し、所有者としての被保険利益は、前者の場合には担保権者のみが有し、後者の場合には担保権者と設定者の両者が有するとする見解[33]がある。昭和後期においては、譲渡担保の法的構成に関する伝統的な信託的譲渡説に従って、担保権者のみが所有者としての被保険利益を有するとする見解が主張されるが、[34]譲渡担保の担保的構成の考えを徹底させて、譲渡担保は「譲渡担保」という名の担保権で、その設定によっては目的物についての所有権は移転せず、担保権者は抵当権を有するにすぎないとする見解、[35]設定者と担保権者の両者が被保険利益を有するとする見解[36]が、それぞれ主張されている。[37]

四　考察

(1)　保険の目的物の譲渡の意義につき、ドイツにおいては、前述したように、形式的な所有権移転説、危険負担者説及び経済的利益説が主張され、各説ともかなり本質ないし根源にまで遡った深い議論を展開している。この点、保険の目的物の譲渡の意義につき、単に所有権の物権的移転と解し、それ以上の議論の展開が見られないわが国の研究状況と対照をなしているように思われる。ドイツにおける議論は、わが国における議論にとっても、きわめて示唆的かつ刺激的である。

保険の目的物の譲渡の意義を、民法におけると同様に、形式的に所有権の移転と解する見解は、一見してきわめて明快で説得力を有する。けだし、保険法における譲渡の意義の解釈に際しても民法の用語慣用に従うべきこと、用語の意義の統一的な解釈によって法律関係の明確性及び法的安定性が確保されるからである。もっとも、右で述べたことが私法の解釈論において、絶対的な妥当性を有するか、いかなる程度まで妥当性を有するかについては、なお慎重に考慮することを要する。[38] それはともかくとして、一般的に承認されているように、保険の目的物の譲渡に関する商法の規定は、保険の目的物の譲渡によって譲渡人が被保険利益を失うことによる保険関係の消滅を回避することを目的としている。この理解からするならば、問題とされるべきことは、単に形式的な所有権の移転ではなく被保険利益の移転の有無ということになるはずである。この観点からするならば、たとい形式的な所有権の移転が行われ、所有権者が交替したとしても、被保険利益が移転されていないかぎり、保険の目的物の譲渡とは解されないことになる。[39] いずれにせよ、商法六五〇条の規定の趣旨を踏まえ、右で述べた観点をも視野に入れた考察が今後の重要な課題であるように思われる。[40]

(2)　譲渡担保の目的物についての担保権者の被保険利益につき、ドイツにおいては、前述したように、債権額までの信用利益にとどまるとする見解、完全な物価値額までの被保険利益を有するとする見解、担保権者と設定者の両者が完全な物価値額までの被保険利益を有するとする見解が存在する。それぞれの見解は、その理由づけのために、担保物の滅失・毀損についての危険負担、完全な物価値額についての被保険利益と物の占有・使用との関係、所有利益と使用利益との関係、経済的所有者という概念の承認の当否等という、きわめて基本的・根源的な問題にまで遡った深い議論を展開している。この点は、わが国における議論にとっても、きわめて示唆的である。

譲渡担保の目的物についての被保険利益に関するわが国の議論は、民法学における譲渡担保の法的構成との関連において展開されてきたということができる。そして、譲渡担保の法的構成として信託的譲渡説はもはや存在しないと考えられる現在においては、被保険利益の主体を担保権者に限定する見解は採用しえない。他方、譲渡担保の法的構成として近時において有力説となっている抵当権説に依拠しつつ、設定者が被保険利益を有するとする見解は注目される。しかし、この見解にも問題点があることが指摘されている。[41] 譲渡担保は、その実質においては担保ではあるが譲渡の法形式を用いている以上は譲渡なので、目的物についての所有権ないし被保険利益は担保権者に移転すると解さざるをえない。問題は、この「移転」の意味・内容をどのように考えるかということである。この点につき、譲渡担保の目的物については担保権者及び設定者のいずれも完全な所有権ないし被保険利益を有しないこと、反対に、両者は不完全な所有権ないし被保険利益しか有しないとされ、[42] また、所有権は担保権者に確定的に移転せず、所有権の帰属変動において中間的・暫定的に特殊な転化形態を示しているとされる。[43] これらの見解によると、譲渡担保の目的物についての所有権ないし被保険利益は、不完全・暫定的とはいえ担保権者と設定者の両者に「分属」していると解すべきことになる。そうすると、一物一権主義との関連において、所有権の分属ということについての問題が生じうる。譲渡担保の目的物についての所有権の諸権能のうち、換価した代金から優先的に弁済を受ける権能としての処分権は担保権者に、処分権以外の物の占有・使用・支配権能は設定者に、それぞれ帰属している。したがって、より正確には、譲渡担保の目的物である一物についての「所有権の分属」というよりは、所有権に含まれる「諸権能の分属」と表現するのが妥当である。このように解することについて誤りがないとするならば、譲渡担保の目的物について担保権者と設定者の被保険利益を認めても一物一権主義には抵触しないと考えられる。仮に、譲渡担保の目的物について設定者と担保権者の所有権を認めるとしても、前者の所有権は物の占有・使用・支配というきわめて具体的・現実的な性格を有するのに対し、後者の所有権は処分権の行使によって実現される価値の把握という単なる抽象的・観念的な性格を有するにとどまり、両者の有する所有権はその実質的内容において異なっていると解される。(44)

（1） Vgl. Begründung zu den Entwürfen eines Gesetzes über den Versicherungsvertrag 1906, SS. 78–82.
（2） 例えば、Vgl. W. Lewis, Lehrbuch des Versicherungsrechts 1889, SS. 284–293; V. Ehrenberg, Versicherungsrecht 1893, SS. 390–394.
（3） Vgl. G. Wöhrmann, Versicherungsrecht und Mobiliarkredit 1964, S. 13.
（4） Vgl. M. Brünjes, Der Veräußerungsbegriff des §69 VVG, 1995, S. 11.
（5） RGZ 84, 409; その後の同旨の判決については、Vgl. Brünjes, a. a. O. S. 14 Anm. 41.
（6） 因みに、理由書は「所有権の変更」という表現を五回使用している（a. a. O. Begründung, SS. 78–81）。
（7） W. Kisch, Der Tatbestand der Veräußerung der versicherten Sache（§69 VVG), Wirtschaft und Recht in der Versicherung 1914, S. 68.
（8） 例えば、J. v. Gierke, Versicherungsrecht, Zweite Hälfte 1947, S. 198; Prölss–Martin, Kommentar, 27. Aufl. 2004, SS. 661–662（Kollhosser）; E. Hofmann, Privatversicherungsrecht, 3. Aufl. 1991, S. 202; W. Römer–T. Langheid, Kommentar, S. 687（Langheid）; P. Schimikowski, Versicherungsvertragsrecht, 3. Aufl. 2004, S. 49. なお、形式説の状況については、Vgl. W. Lenski, Zur Veräußerung der versicherten Sache 1965, SS. 5–6.
（9） 判例の状況の詳細については、Vgl. Lenski, a. a. O. S. 6 Anm. 44–46.
（10） Hofmann, a. a. O. S. 202; Schimikowski, a. a. O. S. 49; 形式説に立った場合の保険契約法六九条以下の規定の具体的な適用については、Vgl. Böhrmann, a. a. O. SS. 18–36.
（11） Bruck–Möller–Sieg, Kommentar, 8. Aufl. Bd. 2, 1980, S. 849（Sieg）.

(12) 危険負担者説の詳細については、Vgl. Lenski a. a. O. S. 7 Anm. 47-66.

(13) E. Bruck, Das Privatversicherungsrecht 1930, S. 558; H. Möller, Versicherungsrecht, 3. Aufl. 1977, S. 150 も、明確に、保険に付されているのは物ではなく利益なので、保険の目的物の譲渡とは「被保険利益の移転」を意味すると述べている。

(14) なお、本文で述べた諸説に対する検討については、Lenski, a. a. O. SS. 9-19 がきわめて詳細である。

(15) Bruck, a. a. O. S. 563; H. Möller, Cifgeschäft und Versicherung 1932, S. 169.

(16) Bruck, a. a. O. SS. 558-559; Möller, a. a. O. Cifgeschäft und Versicherung 1932, S. 169, S. 181.

(17) BGHZ 10, 376 (380-381).

(18) W. Kisch, Handbuch des Privatversicherungsrechtes, Bd. 3, 1922, S. 282 Anm. 5; A. Ehrenzweig, Deutsches (Österreichisches) Versicherungsvertragsrecht 1952, S. 230; なお、Ehrenzweig, a. a. O. S. 230 Anm. 17 は、設定者が物を利用し危険を負担するということは、重要なことではないとする。

(19) a. a. O. BGHZ 10, 381.

(20) Vgl. Böhrmann, a. a. O. S. 381.

(21) 例えば、志田鉀太郎教授及び粟津清亮教授の各体系書を参照。もっとも、志田鉀太郎・商法保険法講義完八〇頁参照（明治大学出版部、一九〇六年）。

(22) 例えば、和仁貞吉・保険法七二—七四頁（東京専門学校出版部、一九〇一年）。

(23) 例えば、松波仁一郎・保険法一八五—一八八頁（明治大学出版部、一九一二年）、松本烝治・保険法一三〇—一三二頁（中央大学、一九一五年）、青山衆司・保険契約論上巻三一三—三一五頁（巌松堂、一九二〇年）、水口吉蔵・保険法論四六八—四七一頁（清水書店、一九一六年）、三浦義道・補訂保険法論二一六—二一七頁（巌松堂書店、一九二二年）。

(24) 例えば、岡野敬次郎・商行為及保険法五三一—五四〇頁（岡野奨学会、一九二八年）、田中耕太郎・保険法講義要領一〇七—一一〇頁（田中耕太郎発行所、一九三五年）、大濱信泉・保険法要論一八九—一九三頁（廣文堂書店、一九三四年）、小町谷操三・商法講義巻二商行為二一二—二一四頁（有斐閣、一九五〇年）。

(25) 例えば、野津務・保険法二一三頁（日本評論社、一九四二年）、同・新保険契約法論四三〇頁（中央大学生協出版局、一九六五年）。

(26) 小町谷操三・海上保険法総論㈡六三七頁（岩波書店、一九五四年）、石井照久・商法Ⅱ三三三頁（勁草書房、一九五七年）、石井照久＝鴻常夫・増補海商法・保険法二〇三頁（勁草書房、一九七六年）、田中誠二・保険法一九三—一九四頁（千倉書房、一九五三年）、田中誠二＝原茂太一・新版保険法（全訂版）二〇四―二〇五頁（千倉書房、一九八七年）、伊澤孝平・保険法二一五―二一六頁（青林書院、一九五八年）、大森忠夫・保険法［補訂版］一七七頁（有斐閣、一九九〇年）、西島梅治・保険法［第三版］二一八頁（悠々社、一九九八年）、石田満・商法Ⅳ（保険法）［改訂版］一五〇頁（青林書院、一九九七年）、金澤理・保険法上巻［改訂版］一五九頁（成文堂、二〇〇二年）。

(27) 田辺康平＝石田満他・註釈火災保険普通保険約款一七六―一七七頁（田辺筆）（日本評論社、一九七六年）、江頭憲治郎・商取引法第三版四〇九頁（2）（弘文堂、二〇〇二年）、山下友信・保険法五九五―五九六頁（有斐閣、二〇〇五年）。

(28) 民集一六巻一五号九四〇頁。

(29) 下民集一〇巻三号五二八頁。

(30) 判例タイムズ四九二号七九頁。

(31) 民集四七巻二号一六五三頁。

(32) 豊崎光衛「判研」判例民事法昭和一二年度二四七頁。

(33) 近藤民雄「判研」損害保険研究四巻一号二五八―二六〇頁。

(34) 南出弘・保険担保の法理と実際二七五頁（金融財政事情研究会、一九六二年）、同・「判解」ジュリスト保険判例百選二一頁。

(35) 竹内昭夫「判解」ジュリスト損害保険判例百選一八頁。

(36) 大隅健一郎「判研」法学論叢六六巻四号一〇三頁。同旨の他の見解については、坂口光男「不動産の譲渡担保と被保険利益」金融・商事判例九三三号・損害保険の法律問題二九頁注（35）・（36）を参照。

(37) 本文で述べた諸見解については、さしあたり、坂口・前掲二一一―二一四頁参照。

(38) すなわち、同一の用語であっても、その意味は法領域によって異なるという「法概念の相対性」は認めざるをえず（K. Engisch, Einführung in das juristische Denken, 8. Aufl. 1989, SS. 160-162）、また、法的安定性といっても、時代及び法領域においてその有する意味は異なるのであり（我妻栄・新版民法案内Ⅰ一三〇―一三三頁（一粒社、一九七五年））、それぞれ必ずしも普遍的意味を有するものではない。

(39) もっとも、この場合、所有権を有しない譲渡人の被保険利益をどのようなものと解するかということが問題となる余地がある。

(40) なお、商法六五〇条の「譲渡」の意義を保険の目的物についての支配の変動（物の引渡し）を基準として判断しようとする見解（江頭・前掲四〇九頁（2）、山下・前掲五九六頁）は、その趣旨において本文で述べたことと相通ずるように思われる。

(41)　本文で述べた担保権者限定説及び設定者限定説の問題点については、さしあたり、坂口・前掲二一一―二一三頁参照。

(42)　大隅・前掲一〇三頁。

(43)　新版注釈民法(9)物権(4)八四六頁（福地筆）（有斐閣、一九九八年）。

(44)　以上については、坂口・前掲二四―二五頁参照。

あとがき

一　本研究は、第一章において、ドイツを中心として、時期を、保険の理論的研究の開始期、保険制度の体系的浸透期、保険学の制度化期及びその他の時期に区分して、保険学説一般について考察し、その考察をとおして、保険法と隣接の他の諸領域との関連性ないし相互作用に触れながら、多少なりとも保険法学の体系的地位が明らかになるように努めたつもりである。もっとも、その意図が第一章のどの部分に関しどの程度において達成されているかということについては確信は持てず、読者の判断に委ねるほかはない。また、第一章と、本研究の主要課題ともいえる第二章との関連性、とくに、第一章における考察が第二章における問題の考察にとってどのような意味を有しているかということについても、確信は持てないままである。

二　本研究は、第二章において、まず、ドイツ及びわが国の保険法学説史を跡づけたが、とくにドイツに関し、保険契約法成立前の状況については、資料等の制約もあって、必ずしも十分でないこと、また、考察の結果として私見を述べていることも単なる試論の域にとどまっているというところがないでもない。さらに、わが国の学説に関しては原則として一九九〇年頃までのものに言及するにとどまっていること、わが国の基本的な重要判例には全くといってよいほど触れていないことは、本研究の不徹底さを示しているという誹りを免れないと思われる。そこで、今後の課題は、第二章における考察をもとにして、とくにわが国の基本的な重要判例の分析・検討を深化させることである。それによって、ようやく、わが国の近時の保険法研究の傾向に辿り着くことができるのである。

著者紹介

坂口光男（さかぐち　みつお）

1939年９月　北海道に生まれる

1968年４月　明治大学法学部助手、その後、専任講師、助教授を経て

現　　　職　明治大学教授　法学博士

主要著作

単著

『保険法』（文眞堂、1991 年）

『保険者免責の基礎理論』（文眞堂、1993 年）

『保険契約法の基本問題』（文眞堂、1996 年）

『保険法立法史の研究』（文眞堂、1999 年）

『商法総則・商行為法』（文眞堂、2000 年）

共編著

『商行為法』（共著、青林書院新社、1980 年）

『現代商法Ⅳ保険・海商法』（共著、三省堂、1994 年）

『損害保険の法律問題』（編集代表・共著、経済法令研究会、1994 年）

『注釈住宅火災保険普通保険約款』（田辺康平＝坂口光男共編著、中央経済社、1995 年）

『政治資金と法制度』（共著、日本評論社、1998 年）

その他

保険法学説史の研究

二〇〇八年七月二〇日　第一版第一刷発行

検印省略

著　者　坂　口　光　男

発行者　前　野　　　弘

発行所　〒162-0041 東京都新宿区早稲田鶴巻町五三三
株式会社　文　眞　堂
電　話　〇三―三二〇二―八四八〇番
ＦＡＸ　〇三―三二〇三―二六三八番
振　替　〇〇一二〇―二―九六四三七番

組版　モリモト印刷
印刷　モリモト印刷
製本　イマキ製本所

http://www.bunshin-do.co.jp

定価はケース裏に表示してあります

ISBN978-4-8309-4622-6　C3032